초망

초망

楚漢

리카이위안 지음

항우에서 한신까지

김영문 옮김

글항아리

문학은 사학史學에 비해 더 진실한가?

문학과 사학은 어느 것이 더 진실한가?

문학이 추구하는 궁극 목표는 아름다움美이지만, 사학은 진실眞 추구를 최고 목표로 삼는다. 문학에서는 아름다움을 위해 허구를 지어낼 수 있지만, 사학의 입장에서 허구는 진실을 해치는 요소일 뿐 이다.

하지만 어떤 철학자는 전혀 그렇게 보지 않는다. 아리스토텔레스 는 시詩가 역사에 비해 더 진실하다고 말했다. 그가 말한 시는 문학 으로, 역사에 기록된 것은 이미 발생한 일이지만 문학에서 묘사하는 것은 발생할 가능성이 있는 일이므로, 발생할 가능성이 있는 일은 이 미 발생한 일에 비해 더 본질적이고 더 철학적일 뿐 아니라 더 진실 하다는 것이다.[1]

세간에 전해오는 이야기가 있다. 1663년 갈릴레오 갈릴레이는 종 교재판을 받으면서 지구가 태양 주위를 돈다는 태양중심설을 정식 으로 포기했다. 그러나 전설에 따르면 당시 그는 "그래도 지구는 돈다"고 중얼거렸다고 한다. 그의 이 말을 증명할 만한 증거는 발견되지 않았다. 따라서 이 대목은 역사적 사실로서는 거짓이지만 갈릴레이가 탄압을 받고 자신의 관점을 포기할 수밖에 없었던 당시의 개인적인 입장을 진솔하게 그려내고 있으므로 이 이야기에는 논리적 진실성이 담겨 있다.

이 책에서 나는 후생侯生이 항우項羽(기원전 232~기원전 202)를 설득한 이야기를 상세하게 서술했다. 후생은 감정으로 마음을 움직이고 이치로 사리를 일깨우면서 철저한 인정과 이해관계로 정세를 분석하여 항우가 유방劉邦(기원전 256~기원전 195)의 강화 요청을 수용하도록 설득하는 데 성공했다. 그리하여 항우는 결국 홍구鴻溝를 경계로 천하를 나누고 자신의 군영에 인질로 잡고 있던 유방의 부친 태공太公과 유방의 부인 여씨呂氏(기원전 241~기원전 180)를 석방했다. 후생은 역사상 매우 드문 외교 업적을 성취했다. 후생이 항우를 설득하는 이야기는 역사책에 겨우 몇 마디만 쓰여 있을 뿐 어떻게 설득했는지에 대한 상세한 내막은 큰 공백으로 남아 있다. 나의 서술은 역사의 공백을 메우기 위한 시도다.

여러 해 동안 역사학자든 문학가든 역사적 공백이라는 곤혹스런 상황에 직면해야 했다. 역사에 엄연히 존재했으나 사료에 기록되지 않은 상황에 대해 과연 침묵으로 일관한 채 근엄하고 신중하게 취급을 보류해야 할까? 아니면 침묵을 깨고 추측과 상상으로 그 진실한 모습을 재구성해야 할까?

이 책의 상권 『진붕: 진시황에서 유방까지秦崩: 從秦始皇到劉邦』를 집필할 때[2] 나는 문사철 분야를 서로 소통시키며 사마천司馬遷(기원전

145~?)을 본받으려고 많은 노력을 기울였다. 또 사람을 감동케 하는 아름다운 필치를 동원하고, 옛일을 탐구하는 촉수를 가지고 고적을 답사하여 2000년 전 일단의 역사를 복원하려 온 힘을 다했다. 진실을 찾아가는 집필 과정에서 나는 추정을 바탕으로 역사 기록의 공백을 메우려고 했다. 내가 '희수戱水 전투의 비밀'을 집필해내자 여론은 찬반으로 갈렸고, 이에 따라 비난과 찬사도 반반씩 받아야 했다.

이 책을 집필하는 과정에서도 나는 다시 같은 곤경에 직면해야 했다. 다행스러운 것은 내가 후공이 항우를 설득하는 대목을 묘사할 때 위대한 선배 두 분의 지지를 받았다는 사실이다. 한 분은 송나라의 소동파蘇東坡(소식蘇軾, 1037~1101)이고, 다른 한 분은 명나라의 왕세정王世貞(1526~1590)이다. 소동파는 역사를 읽는 과정에서 후생이 항우에게 유세하는 상세한 상황이 기록되지 않은 데 아쉬움을 느껴 「후공을 대신하여 항우에게 유세하는 글代侯公說項羽辭」이라는 글을 지었다. 그는 이 글에서 종횡무진 상상의 나래를 펼치면서도 절제된 솜씨로 역사 기록을 보충했는데, 한 편의 명문이 아닐 수 없다.[3] 왕세정은 「단장설短長說」 상하 편을 지으면서 후생이 항우에게 유세하는 대목을 넣었다. 그도 독창적인 솜씨로 글을 교묘하게 구성했다.[4] 나는 이 두 선현의 글을 읽으면서 마음이 통하는 느낌이었지만 미진한 감도 지울 수 없었다. 이에 두 편의 글을 활용하여 후공이 항우에게 유세하는 상세한 상황을 다시 부활시키고자 했다.

소동파는 기세등등하고 밝은 태도로 「후공을 대신하여 항우에게 유세하는 글」의 저술 동기를 이렇게 서술했다. "후공의 변론은 육가陸賈(기원전 240~기원전 170)보다 뛰어났다. 그러나 역사책에는 그가 항우에게 유세한 말이 빠져 있으므로 내가 마침내 그때의 사정을 탐색하여 보충하는 의미로 「후공을 대신하여 항우에게 유세하는 글」을 지었다." 여기에서도 분명하게 알 수 있듯이 그는 역사 기록의 공백에 아쉬움을 느낀 나머지 스스로 당시 역사의 형세를 탐구한 뒤 관계된 사료에 근거하여 합리적인 추론으로 문장을 지었다. 그의 글은 역사 연구에 토대한 문학적 표출임이 분명하다.

왕세정의 글은 정교하고도 복잡하다. 그는 사마천을 숭배하여 『사기열전』을 모방했다. 그는 또 소동파를 흠모하여 소동파가 『사기』를 보충한 일을 따라 배웠다. 하지만 보충할 것이 너무 많아서 직접 해설하는 방식으로 글을 쓰기가 불편했다. 이 때문에 그는 옛것에 기탁하는 방식을 쓰면서 그가 보충한 문자가 지하에서 출토되었다고 공언했다. 그는 「단장설」 서문에서 이렇게 말했다. "제齊 땅 들판에서 밭을 갈던 사람이 무덤으로 보이는 땅에서 대전大篆으로 쓰인 죽간 한 질을 발견했는데 그 제목이 「단장短長」이었다. 문장도 취할 만한 게 없었고, 거기에 기록된 사실도 군데군데 역사 기록과 어긋나는 내용이었다. (…) 이제 그것을 채록하여 패관잡기稗官雜記에 도움을 주고자 한다."

「단장설」이란 글은 틀림없이 땅에서 출토된 문헌이 아니라 왕세정의 저술일 것이다. 그러나 이 책의 내용은 절대로 뜬구름 잡는 식의 헛소리가 아니다. 오히려 역사 기록의 공백 지점에 서서 간접 자료를 운용하여 역사를 보충하고 있다. 즉 이미 알려진 역사 사실을 토대로 합리적인 추측과 가설을 세우고 있다. 이 글은 사료학의 입장에서 볼 때 위서僞書임이 분명하지만 문학적인 입장에서 볼 때는 옛 글을 모방한 가작假作에 속한다. 또 사학의 입장에서는 역사적 진실에 상당히 가까우며, 철학의 입장에서는 논리적 진실성을 갖추고 있다.

나는 일찍이 역사학의 지식 구조를 '3+N'의 세계로 개괄한 적이 있다. 사실史實은 첫 번째 역사이고, 사료史料는 두 번째 역사이며, 사서史書는 세 번째 역사다. 이 밖에는 N개로 연장된 역사다.[5] 이 '3+N'의 역사 세계에서는 사료가 사실에 가장 근접해 있지만 사실에 빠진 부분이 있으면 시야를 낮추어 추측과 상상으로 광대한 사실을 서로 이어줘야 한다. 이렇듯 사료의 공백 지점에서는 합리적인 추측과 가설이 역사의 진실로 접근하는 유력한 무기가 될 수 있다.

이러한 인식을 얻게 되자 나는 「단장설」의 내용을 자주 선택하여 이 책에 이용했다. 예를 들면 4장의 5절 '범증范增의 죽음'에서 죽음에 직면한 범증이 점술사의 자문을 받아들여 항우의 갖가지 행위를 극력 변호하는 장면을 서술하면서도 유독 항우가 부하에게 의제義帝를 살해하라고 지시한 상황에 대해서는 왕세정이 해답을 제시하지 않았다. 아마도 깊이깊이 감춰야 하는 말 못할 사정이 있는 듯하다.

이것은 왕세정이 가상한 역사 이야기이므로 역사적 사실로서는 가짜지만 범증이 항우에게 시기를 받아 쫓겨나는 원인을 진실하게 반영하고 있다. 범증은 의제를 대하는 태도에서 항씨 가족과 다른 모습을 보였다. 이 가상의 이야기에는 논리적 진실성도 상당 부분 갖춰져 있다. 이 때문에 나는 이 책에서 『사기』의 이야기를 버리고 『단장설』의 이야기를 이용했다. 게다가 소동파와 나 자신의 의견을 부록에 덧붙였다. 그것은 내가 이 이야기를 채택한 근거일 뿐 아니라 나 자신이 역사를 새롭게 읽어내는 독법이기도 하다.

옛 사건이 남겨놓은 정보는 흔히 단편적인 자구(字句)에 불과할 뿐이다. 사료가 사실보다 적다는 것은 역사학의 영원한 곤경이다. 특히 고대사는 영원히 복구되지 않는 함정이다. 역사학자들은 이러한 곤경에 직면하여 새로운 사료를 발견하려고 노력하고, 또 그렇게 하여 새로운 사료를 발견하는 행운을 누리기도 한다. 그러나 이러한 노력과 행운을 제외하고도 역사학자는 자신만의 방법을 운용하고 상상의 나래를 드넓게 펼쳐야 할 터다.

지금 내가 독자 여러분께 바치는 이 책은 옛 일을 부활시키기 위한 역사 서술이며, 고금을 이어주기 위한 기록 문학이다. 이 책을 통해 모든 역사는 추측이라는 나 자신의 생각을 표현하고자 했다. 때로는 문학이 사학에 비해 훨씬 진실하다.

차
례

제6장 초나라와 진나라의 그림자와 메아리

일러두기

- 이 책의 고대 인명은 우리말 발음으로 표기했고, 현대 인명은 국립국어원 중국어표기법을 따랐다.
- 가급적 고대 지명은 우리말 발음으로 표기했고, 현대 중국 지명은 중국어 발음으로 표기했다. 산과 관문 등의 이름은 혼동을 줄이기 위해 우리말 발음으로 표기한 것도 있다.
- 옮긴이 주석은 본문 하단에 표기했고, 원주는 미주로 처리했다.
- 부록으로 실려 있는 「후공을 대신하여 항우에게 유세하는 글代侯公說項羽辭」과 『단장설短長說』은 번역문 뒤에 한문 원문을 그대로 실었다. 두 글은 이 책의 모티프일 뿐 아니라 역사를 바라보는 또 하나의 시각을 얻을 수 있고, 또 초한 전쟁 시기를 이해하는 중요한 자료 역할도 할 수 있기 때문이다.

제 1 장

대장 한신

❶ 본래는 왕손

기원전 206년 4월 함양咸陽에 거주하던 한신韓信은 인생의 중대한 선택에 직면한다. 항우를 따라 고향 초나라로 돌아갈 것인가, 아니면 유방을 따라 한중으로 갈 것인가 하는 문제였다. 그는 결단해야 했다.

한신은 회음淮陰 사람이다. 회음은 지금의 장쑤 화이안淮安 일대다. 한신의 출생년도는 기원전 228년 전후다. 그해를 초나라 역사로 계산해보면 초 유왕幽王 10년이고, 진나라 역사로 계산해보면 진왕 정政 19년이다. 한신이 태어날 때 회음은 초나라 땅이었고, 진시황이 천하를 통일한 뒤에는 진 제국의 동해군東海郡 회음현淮陰縣으로 편성되었다. 이처럼 출생지로 보면 한신은 초나라 사람이다.

하지만 한신의 성씨를 살펴보면 연원이 한韓나라인 듯하다. 잘 알려진 바와 같이 한씨는 한나라 왕족의 성씨이기 때문이다. 한신이 한나라 왕족의 혈통을 이어받은 것이 아닐까? 물론 이런 견해는 오늘날의 추측에 불과하다. 사마천은 『사기史記』에서 한신의 열전을 저술할 때 그의 친척과 가정에 대해 전혀 언급하지 않았다. 따라서 우리는 그의 부모가 누군지, 그에게 형제자매가 있는지, 그의 아내가 누구이며 자녀가 있었는지 알 수 없다. 역사 속의 한신은 하늘과 땅 사이에 홀로 우뚝한 외로운 영웅일 뿐이다.

한신은 한漢 제국의 국토 3분의 2를 쟁취한 공로로 일찍이 제왕齊王과 초왕楚王에 봉해졌다. 한 제국 건국 시의 공로, 명성, 지위로 말하자면 유방 다음이었다. 당시 그가 명실상부한 2인자였음은 의심할 여지가 없다. 그런데 이처럼 뛰어난 역사적 인물의 가문에 대해 사마천이 끝까지 일언반구하지 않은 것은 꽤 유감스러운 일이다. 생각해보면 사마천에게도 어려움이 있었던 듯하다. 아무리 훌륭한 요리사라도 쌀이 없으면 밥을 지을 수 없는 법이므로.

우리는 한신의 찬란한 인생이 불행하게 끝나고 말았음을 잘 알고 있다. 기원전 196년은 바로 한 고조高祖 11년이었다. 그해에 한신은 여후에 의해 모반죄로 사형에 처해졌고 그의 일족도 멸문지화를 당했다. 이 때문에 그의 친척이나 가정에 관한 기록이 깨끗하게 폐기되었다. 『사기』 「회음후열전淮陰侯列傳」에 기록된 한신의 어릴 때 행적은 대부분 사마천이 회음을 직접 방문하여 수집한 소문들이다. 주목할 만한 것은 이러한 현장 취재 기사에 고대 귀족 사회의 유풍이 흘러 넘치고 있다는 점이다.

기록에 따르면 한신은 청년 시절 매우 빈궁하여 끼니조차 해결하지 못했다고 하는데, 그 원인은 근본적으로 자신의 습관에 따른 결과였다. 그는 몸집도 크고 기개 넘치는 대장부였지만 농사도 안 짓고 장사도 하지 않고 벼슬길에도 나가지 않았기 때문에 생계가 어려웠다. 그런데도 하는 일 없이 늘 칼을 차고 여기저기 돌아다녔다. 이

렁듯 생활에는 무심한 채 체면이나 차리는 모습이 바로 몰락한 귀족 자제의 형상이다.

고대 사회에서 칼을 차고 다니는 것은 본래 귀족의 특권이며, 생산 활동에 나서지 않는 것 또한 귀족의 본성이다. 한신에게 노동에 의지하여 살아가는 모습은커녕 그렇게 하려는 의지조차도 찾아볼 수 없는 이유는 그러한 습속에 기인한 것이다. 그는 늘 '남에게 밥을 빌어먹는 일從人寄食'에 익숙해 있었는데, 오늘날의 상황에 비춰볼 때 남의 집에 가서 밥을 얻어먹는 일은 그리 영예로운 일이 못된다. 하지만 한신이 살았던 전국 시대와 진한秦漢 시대에 '밥을 빌어먹는 일'은 선비들이 귀족들에게 의지하여 살아가는 생활방식으로, 이러한 고대 귀족 사회의 유풍이 전국 시대에 이르러서는 유협遊俠 사회의 기풍으로 새롭게 유행했다.[1] 전국 시대 말년에는 3000명의 빈객이 위魏나라 공자 신릉군信陵君(?~기원전 243)의 문하에서 밥을 빌어먹었고 진한 시대에도 시골 마을의 협객 유방이 패거리를 거느리고 형수의 집에서 무위도식했던 바, 이 모두가 기식寄食의 풍조에 근원을 두고 있다.[2]

한신은 회음현 시골 마을 남창南昌 정장亭長* 집에서 기식을 했다. 그가 무위도식으로 몇 달을 보내자 정장의 아내가 매우 귀찮아했다. 그리하여 정장의 아내는 비열하게도 한신이 오기 전에 일찌감치 식사를 끝낸 뒤, 한신이 식사 시간에 맞춰 오면 밥을 차려주지 않았다. 한신은 그 의미를 분명히 알아채고 다시는 정장의 집으로 가지 않았다. 얼핏 보기에 한신이 정장의 집에서 기식한 이야기와 유방이 자

---

* 중국 진한 시대에는 시골에 10리마다 정亭이란 행정단위를 설치하고 정장亭長을 두었다. 정장은 그 지방의 치안, 여행객 관리, 일반 민원 업무 등을 관장했다.

기 형수의 집에서 기식한 이야기는 유사한 면이 있는 듯하다. 그러나 자세히 살펴보면 의미가 매우 다르다. 유방은 친구 사귀기를 좋아하여 기세등등하게 자신의 패거리를 데려가서 빈둥거리며 공밥을 얻어먹었다. 그러나 한신은 고독한 사람이었다. 그가 고향에 있을 무렵 어떤 친구가 있었다는 사실을 우리는 접하지 못했다. 그는 혈혈단신으로 남창 정장의 집으로 가서 밥을 빌어먹었고, 혈혈단신으로 회음 저잣거리에서 수모를 당했다. 한신은 술과 여색을 좋아하지 않았다. 고향에 칩거할 때나 훗날 고관대작으로 지낼 때도 술이나 여색과 관련된 추문을 낳은 적이 없었다. 결혼 전에 혼외 자식을 낳아 기른 일이나 출세 후에 왕성한 성욕을 과시한 유방과는 전혀 다른 모습이다. 평생 한신은 사람을 사귈 때 조심스럽고 신중하여 대범하지 않았을 뿐더러 호방한 기상도 부족했다. 그는 협객 사회의 인물 같지 않았고, 오히려 궁지에 몰려 개에게 놀림을 당하는 호랑이처럼 몰락 귀족의 면모를 드러내곤 했다.

회음은 물의 고장이라 강과 호수가 많다. 의식을 해결할 수 없었던 한신은 시도 때도 없이 성 밖으로 나가서 낚시를 했다. 한신이 늘 찾는 낚시터에서 늙수그레한 부인이 빨래를 하고 있었다. 역사책에서는 이 부인을 '표모漂母'라고 부른다. 겉모습도 선하고 마음씨도 착한 표모는 한신을 불쌍히 여겨 가져온 밥과 반찬을 나눠줬다. 표모는 수십 일 동안 그 강변에서 빨래를 했고 싫은 내색 없이 한신에게 밥을 나눠주었다. 일찍이 남들에게 박대를 당했던 한신은 표모에게 감동하여 이렇게 말했다.

"반드시 나중에 할머니께 후한 보답을 해드리겠습니다."

화이안의 오래된 골목淮陰老街
회음현은 이름이 바뀌어 지금은 화이안淮安이 되었다. 변혁의 물결 속에서 지난날의 옛 성은 사라
져가고 있었다. 천 년의 옛 자취를 어디에서 찾을 수 있을까?(사진은 저자가 촬영했다. 아래에서도
특별히 촬영자를 밝히지 않은 것은 모두 저자가 촬영한 것이다.)

그러자 표모는 도리어 화를 내며 한신에게 훈계했다.

"사내대장부가 스스로 끼니도 해결하지 못하다니……. 내가 밥을
나눠준 건 당신의 몰골이 불쌍하기 때문이오. 안타깝게도 왕손이
이 지경으로 몰락해 있는데 내가 어찌 보답을 바랄 수 있겠소?"

한신은 할 말이 없었고 그 스스로도 부끄러움을 이길 수 없었다.

여기에서 표모는 한신을 '왕손'이라고 불렀다. 이는 또 다른 측면에
서 한신의 은밀한 내력을 제시했다고 볼 수 있다. 표면적으로 왕손이
란 왕실 자손을 의미한다. 진나라가 육국을 멸망시키자 옛 귀족 사회
가 무너지면서 각국 왕실 자손들은 하층민으로 전락했다. 파락호가
된 왕실의 금지옥엽들은 한갓되이 선량한 하층민에게 연민의 대상이

되었다.[3]

한신이 태어나기 두 해 전인 기원전 230년, 진나라가 한韓나라를 멸할 때 적지 않은 한나라 사람들이 전란을 피하여 동쪽으로 이주했다. 한신 일가도 어쩌면 그중의 한 가족이 아니었을까? 어쩌면 표모는 한신의 가문에 대한 소문을 들었을지 모르고, 또 그를 '왕손'이라고 부른 데에는 실제로 가리키는 바가 있었을지도 모른다. 사람들은 끈 떨어진 몰락한 왕손에게 자비심을 베풀곤 했다. 당시 한신은 자신이 받은 작은 은혜를 크게 갚겠노라고 속으로 맹세했을 것이다.

❷ 가랑이 사이를 기어간 치욕적인 행동에도 병법이 있다

한신의 젊은 시절 행적 중에서 가장 흥미진진하게 회자하는 이야기는 그가 불량배의 가랑이 사이를 기었던 사건이다. 전설에 따르면 한신이 칼을 차고 회음 땅 저잣거리를 지날 때 벌어진 일이다. 저잣거리에는 흔히 개백정과 같이 드센 장사치가 많았다. 당시 패현沛縣 저잣거리를 횡행하던 번쾌樊噲(기원전 242~기원전 189)와 주발周勃(?~기원전 169)도 바로 그러한 부류였다. 부지런히 자기의 손발을 놀려 가족을 부양하는 사람들은 한신과 같은 파락호를 가장 눈꼴사나워하는 법. 그는 사지四肢도 게으르고 곡식도 분별하지 못하여 입에 풀칠도 못하면서 구태의연하게 칼을 차고 다녔으므로 사람들에게 혐오감을 불러일으켰다. 그리하여 불량배들의 부추김을 받아 한 왈짜 소년이 한신의 앞을 가로막고 시비를 걸었다.

"이 자식, 허우대만 멀쩡해가지고 칼 차고 다니는 건 되게 좋아하네. 이 니미럴 놈아, 너 겁쟁이지?"

한신은 소년을 거들떠보지 않았다. 그러자 그 소년은 기가 올라

화이안에 있는 한신의 낚시터

회음은 수향水鄕이다. 내운하內運河, 외운하外運河, 장복하張福河, 이하二河, 고황하古黃河 등의 물길이 이곳에서 교차한다. 물길과 소택지 사이 곳곳에 역사 유적이 널려 있다. 한신은 용병술을 펼칠 때 물을 가장 잘 이용했다. 여러 차례 물에 의지해 군사를 부려 승리를 얻을 수 있었던 것도 모두 회음 수향의 영기靈氣에 지혜의 뿌리가 닿아 있기 때문이었다.

한신의 옷깃을 잡아끌며 소리쳤다.

"이 자식아, 죽는 게 겁나지 않으면 칼로 날 찔러봐! 찌를 자신 없으면 내 가랑이 사이로 기어서 지나가든지."

구경꾼들이 유심히 지켜보고 있었지만 한신은 한마디 대꾸도 하지 않았다. 한동안 이 왈짜패들을 주시하던 한신은 마침내 허리를 구부리더니 소년의 가랑이 사이로 엉금엉금 기었다. 구경꾼들은 크게 비웃었다. 이제 사람들은 한신을 겁쟁이로 여겼다.

가랑이 사이를 기는 치욕을 감내한 사실이나 정장의 집에서 기식하고 표모에게 밥을 얻어먹은 사실은 모두 사마천이 회음을 직접 찾아가서 수집한 민간 전설이다. 그러나 회음의 향토성과 한신의 성격

초 망

을 생동감 있게 전달해주기 때문에 2000여 년 동안 인구에 회자했다. 위대한 사마천은 이런 일화와 비사秘史를 가장 좋아했다. 그는 계속하여 이 세 가지 이야기의 결말을 들려준다. 한나라 건국 후 한신은 초왕에 봉해져 금의환향했고, 세 가지 이야기의 당사자에게 각각 상이한 조치를 내린다. 표모에게는 천금의 상을 내리고, 면전에서 자신을 꾸짖은 남창 정장에게도 덕을 베풀어 100전의 돈을 던져준다. 당년에 자신을 가랑이 사이로 기어가게 했던 왈짜 소년을 불러놓고는 부하들에게 이렇게 말했다.

"이자는 용사다. 당년에 나를 모욕할 때 내 어찌 한 칼에 이 자를 죽이고 싶지 않았겠느냐. 하지만 이 자를 죽였다면 나는 천하에 이름을 날릴 수 없었을 것이다. 내가 당년의 치욕을 참았기 때문에 비로소 오늘 같은 날을 맞을 수 있게 되었다."

그런 뒤 한신은 이 왈짜패를 초나라 중위中尉로 임명하여 도성 하비下邳의 수비를 맡겼다.

나는 『사기』를 읽을 때마다 사마천이 기록해놓은 이 역사 이야기에 큰 흥미를 느끼는 한편으로 반신반의하는 느낌을 지울 수 없다. 한신이 표모에게 천금의 상을 주고 정장을 찾아가 돈 100전을 준 사실은 민간 전설에서 흔히 이야기되는 인과응보의 고사로 볼 수 있다. 자신이 받은 은혜에 보답하는 건 충분히 이해되지만 왈짜 소년을 중위로 기용한 사실은 다소 불가사의하게 느껴졌다. 그러나 한신이 왈짜패의 가랑이 사이를 기었던 이야기(과하지욕胯下之辱)도 2000여 년간 전해지면서 중국에서 흔히 쓰이는 고사성어가 되었다. 즉 매우 참기 힘든 치욕을 견뎌야만 커다란 영광을 얻을 수 있다는 의미로 쓰이고 있다. 당시 상황을 상상해보자. 한신은 많은 사람이 바라보는 가운데 왈짜 소년의 가랑이 사이를 기어갔다. 그러한 치욕을 참을 수 있는 공력이란 보통 사람의 범주를 훌쩍 뛰어넘는 수준이라고 할 수 있다.

소동파는 「유후론留侯論」에서 이렇게 말했다. "옛날의 이른바 호걸 지사들에게는 분명 뭇 사람들을 뛰어넘는 지조가 있다. 인정에는 참을 수 없는 것이 있는데, 필부라도 그런 치욕을 당하면 칼을 뽑아들고 몸을 꼿꼿이 세워 싸우려 할 것이다. 이것은 용기라고 할 수 없다. 천하에 큰 용기를 지닌 사람은 갑자기 예상치 못한 상황에 처해도 놀라지 않고, 까닭 모를 치욕을 당해도 분노하지 않는다. 이것은 평상시의 도량이 넓고 품은 뜻이 심원하기 때문이다." 소동파의 이 명문은 본래 장량張良(기원전 250~기원전 186)을 비평하는 글이지만, 이 대목의 문장으로써 한신을 설명하는 것이 더 적합해 보인다. 한신은 이처럼 큰 용기를 지닌 호걸이었고 원대한 포부가 있었기에 보통 사람들이 참기 힘든 치욕을 견딜 수 있었다. 그는 자존심이 강한 만큼 소망도 원대해서 작은 것을 버리고 큰 것을 취할 수 있었으며, 치욕을 참아 중요한 뜻을 간직할 수 있었다. 이런 점으로 미루어볼 때, 청소년기의 한신은 대체 어떤 포부를 품고 있었을까? 회음 저잣거리에서 홀로 칼을 차고 걸어갈 때 그는 자신의 장래에 대해 어떤 꿈을 그리고 있었을까? 또 그가 젊은 마음으로 숭배한 우상은 누구였을까?

나는 한신에 관한 역사를 정리하는 과정에서 그가 장수가 되려는 뜻을 품었다고 느꼈다. 그는 어려서부터 병법을 숙독하여 『손자병법孫子兵法』은 암송할 수 있을 정도였다. 손자 또는 주周 무왕武王(기원전 1087?~기원전 1043)을 보좌하여 천하를 평정한 강태공姜太公(기원전 1156?~기원전 1017?)이 바로 젊은 시절 한신의 우상이었을 것으로 짐작된다. 한신의 일생을 볼 때 『손자병법』으로 대표되는 병가 사상이 그의 군사 생애뿐 아니라 성격에도 깊은 영향을 끼쳤음을 알 수 있다. 『손자병법』은 한신의 사람됨과 사적事績을 이해하는 열쇠라고 할 수 있다.

『손자병법』「화공火攻」 편에 이런 말이 있다. "군주는 분노로 군사를 일으켜서는 안 되고, 장수는 노여움으로 전투를 해서는 안 된다. 나라의 이익에 부합하면 움직이고, 나라의 이익에 부합하지 않으면 멈춰야 한다."⁴ 짧은 내용이지만 장수의 행동 원칙을 정확하게 설파하고 있다. 중대한 행동은 정서의 영향을 받지 말아야 하므로 분노의 충동을 가장 조심해야 한다. 움직여야 할 때와 멈춰야 할 때를 결정하는 능력은 앞일을 예측하는 자질에 있기 때문에 이익에 부합하면 행동하고 이익에 부합하지 않으면 중지해야 한다.

이어서 「화공」 편에 다음과 같은 말이 있다. "분노한 후에는 다시 기뻐할 수 있고, 노여움을 표출한 후에는 다시 즐거워할 수 있다. 그러나 나라가 망한 후에는 나라를 다시 존재하게 할 수 없고, 사람이 죽은 후에는 다시 살릴 수 없다. 이 때문에 현명한 군주는 전쟁을 신중하게 생각하고 훌륭한 장수는 전쟁을 경계할 줄 안다. 이것이 나라를 편안하게 하고 군사를 온전하게 하는 방법이다."⁵ 이러한 보충 설명은 더욱 깊이 있고 분명하다. 희로애락의 정서는 변화무쌍하지만 나라가 망하고 사람이 죽는 것은 돌이킬 수 없는 일이다. 이 두 가지를 비교해보면 어느 것이 가볍고 무거운지, 어느 것이 말단이고 근본인지 일목요연하게 드러난다.

흔히들 인생은 전쟁터이고 병법은 인생철학이라고 한다. 한신이 회음 저잣거리에서 왈짜패들의 도전을 받았을 때 그의 앞에는 두 개의 선택지가 놓여 있었다. 하나는 치욕을 참고 땅바닥을 기어서 왈짜패의 가랑이 사이를 지나가는 것이고, 다른 하나는 분노하여 칼을 뽑아 왈짜패를 찌르는 것이다. 한신이 후자를 선택했다면 그는 곧바로 왈짜패의 동료들에게 살해되었거나 살인범으로 체포되어 극형에 처해졌을 것이다. 그와 같이 되었다면 역사에서 백만 대군을 거느리고 해하에서 항우와 결전을 벌이는 장면은 없었을 것이다. 또한 금의환향하여 자신이 분봉 받은 초왕의 찬란한 장막 안에서 왈짜패의 포복 배례를 받지 못했을 것이다.

포부가 원대했기에 한신은 이성적으로 가랑이 사이를 기는 치욕을 택했다. 여러 요인을 고려해볼 때 그가 어려서부터 『손자병법』의 가르침을 따르고 자기 삶의 철학적 기반으로 삼았기 때문이라고 볼 수밖에 없다. 당시의 치욕은 한신의 의지를 단련시켜 이후 인내가 한계에 도달했을 때도 냉정을 유지할 수 있게 해주었다. 어쩌면 왈짜패가 시비를 걸었을 때 이미 자신의 성공이 시작되었다고 한신은 인식했을지도 모른다. 당시에 왈짜패는 마치 작은 바늘로 천금에 대적하고, 참새가 붕새에 대드는 꼴이었다. 결국 자신의 고귀한 생명을 걸고 한바탕 도박을 한 셈이었다. 그와 같이 과감하게 도박을 하는 사람은 혈기왕성한 장부라 할 수 있기 때문에 한신은 그 왈짜패를 용서했을 뿐 아니라 벼슬을 내리기까지 했다. 어쩌면 그는 당년의 이 왈짜패를 자신의 운명을 좌우한 사자使者로 느끼지 않았을까?

초망

❸ 한신이 항우를 보위하다

진2세秦二世 원년(기원전 209) 7월, 진승陳勝(?~기원전 208)*과 오광吳廣 (?~기원전 208)은 기현蘄縣 대택향大澤鄉(지금의 안후이 쑤저우宿州 동남) 에서 군사를 일으켜 삽시간에 진현陳縣(지금의 허난 화이양淮陽)을 점령 하고 장초張楚 정권을 세웠다. 이로부터 천하가 혼란에 빠졌다. 2~3개 월 사이에 초나라 지역을 중심으로 진가秦嘉와 주계석朱鷄石 등은 회 북淮北에서 봉기했고, 항량項梁(?~기원전 208)과 항우는 회계會稽(지금의 장쑤 쑤저우蘇州)에서 봉기했다. 또 유방 등은 패현沛縣(장쑤)에서 봉기 했고, 영포英布(?~기원전 196)와 오예吳芮(기원전 241?~기원전 201) 등은 번양番陽(지금의 장시 보양波陽 동북)에서 봉기했다. 이들은 모두 장초를 깃발로 내세우고 초나라 광복과 진나라 반대를 외쳤다.

당시 진나라와 초나라의 전쟁은 주로 사수군泗水郡 서쪽에 집중되 어 있었다. 동해군東海郡은 사수군 동쪽에 있었고 동해바다에 인접한

---

* 진승은 자가 섭涉이어서 흔히 진섭陳涉으로 불린다.

변방이었으므로 형세가 상대적으로 조용했다. 한신의 고향 회음현은 동해군 중부에 위치해 있어 진나라 말기의 폭동과 관련된 동향은 역사 기록에서 볼 수 없다. 같은 동해군 소속으로 회음현 남쪽에 있던 동양현東陽縣(지금의 장쑤 쉬이盱眙 동남)에서는 진영陳嬰(?~기원전 183)이 봉기하여 2만 명에 가까운 군사를 모았다. 하지만 동양현의 봉기 세력은 기본적으로 자신의 세력을 보존하며 형세를 관망할 뿐 결코 전쟁의 소용돌이에 말려들지 않으려 했다. 이러한 점으로 추측해보건대 회음현에서도 봉기의 동향이 없진 않았겠지만 동양현에서 그랬듯 큰 움직임은 없었던 것으로 보인다. 본래 그곳은 초나라 땅이었으므로 사람들은 난세에 편승하여 진나라에 반기를 들되 자신을 보존하며 정세를 관망하는 입장이었을 것이다.

한신은 장수에 뜻을 둔 사람이었다. 따라서 천하대란이 일어나고 군사 봉기가 빈번한 시대가 도래하자 자신의 포부를 펼치고 싶어 몸이 근질근질했을 것이다. 하지만 한신은 비바람을 부르며 일을 앞장서서 도모하는 영도자는 아니었다. 그는 타고난 재주를 자부했고 고독할 정도로 자존심이 강했지만 반란을 일으켜 천하를 탈취할 뜻은 없었다. 다만 자신의 재능을 펼칠 만한 터전에서 백만 대군을 이끌고 필승의 전략으로 전공戰功을 세우고자 했다. 회음의 젊은이들조차 적막한 인생을 거부할 만한 동란의 시대에 한신은 시종일관 냉정한 눈으로 세상을 바라보며 혼란에 휩쓸리지 않았다. 그는 상대적으로 평온한 회음이라는 환경에서 여전히 입을 것과 먹을 것을 고민하면서 강변에서 낚싯대를 드리운 채 은밀히 정세의 향방을 살피면서 기회가 오기를 기다렸을 것이다.

진2세 2년(기원전 208) 2월, 항량과 항우는 8000명의 강동江東 자제들을 거느리고 장강을 건너 북상하여 동해군으로 진공했다. 항량이 장강을 건너 북상하던 무렵은 반진反秦 투쟁이 잦아들던 시기였다. 진승은 피살되었고 장초 정권은 멸망했다. 진나라 장수 장함章邯(?~기원전 205)은 대군을 거느리고 승세를 몰아 탕군碭郡과 사수군 일대로 진공하여 위魏 땅을 포위 공격하기 시작했다. 패배하여 흩어진 각 지역 초나라 군사들은 지휘할 장수가 없으니 저항할 역량을 잃고 달아나기에 급급했다. 그때 항량이 거느린 초나라 군사가 출동하자 사람들은 이를 결집의 북소리와 호소의 깃발로 받아들였다. 한때 출구를 찾지 못하고 관망하던 초나라 군대와 백성이 항량의 진공 소식을 다투어 전하자 비바람이 몰아치듯 곳곳의 군대가 항량의 군대에 귀순했다. 항량의 군대가 광릉廣陵(지금의 장쑤 양저우)에서 장강을 건너자 곧바로 진영이 호응해왔고, 또 동양의 2만여 초나라 군사도 가담해 와서 세력을 크게 떨쳤다. 항량의 군대가 장강을 건넜다는 소식이 전해지자 진현 일대에 패퇴해 있던 영포의 군대, 여신呂臣(기원전 235?~기원전 173), 여청呂青(기원전 255?~기원전 179)의 부자군父子軍, 포장군蒲將軍[6]으로 불리던 시무柴武(?~기원전 163)의 군대가 모두 분분히 항량의 군대에 가담했다. 거소居巢(지금의 안후이 차오호巢湖) 사람 모사 범증范增과 종리鍾離(지금의 안후이 펑양鳳陽) 사람인 맹장 종리매鍾離昧(?~기원전 200)도 이 무렵에 항량의 군대에 가담했다.

　여러 군사를 합병하여 정돈한 후 항량군은 대택향을 따라 북쪽으로 고우高郵(지금의 장쑤 가오유高郵)를 거쳐 회음으로 진입했다. 회음의 군사와 백성은 식량을 마련해놓고 항량의 도착을 영접했다. 줄곧 사태를 관망하던 한신은 마침내 자신이 하산할 기회라고 여겨 『손자병법』을 품에 넣은 뒤 칼을 들고 항량군에 투신하여 전사의 일원이 되었다.

종군 이후 한신은 항량군의 거의 모든 전투에 참가했다. 항량군은 팽성을 공격하여 진가를 패배시켰고, 동아현東阿縣을 구원하고 장함을 크게 격파했다. 그리고 다시 복양濮陽에서 진나라 군사와 싸워 그들의 진격로를 끊었다. 이 모든 전투를 직접 치른 한신은 순풍에 돛을 단 듯한 항량군의 승세에 편승하여 전사로서 성장했다.

복양 전투에서 승리하자 대세가 기울었다고 생각한 항량은 교만하고 나태해졌다. 그러던 중 비밀리에 결집한 진나라 군사의 기습으로 정도성定陶城에서 항량의 장수들이 전사하고 군사는 궤멸되었으며, 항량 본인도 목숨을 잃었다. 다행히 젊은 한신은 목숨을 건졌지만 전우들은 양이나 토끼처럼 도륙되었다. 그는 패배의 교훈을 뼛속 깊이 새기느라 눈물조차 나지 않았다.

정도 전투 이후 초 회왕懷王은 팽성에서 직접 정무를 챙기며 초나라 군대를 새롭게 개편했다. 한신은 패퇴한 다른 병사들과 더불어 초나라 군대로 돌아와 항우의 부하가 되었다. 진2세 2년 9월, 초 회왕은 송의宋義(?~기원전 207)를 상장군으로 임명하여 초나라 주력군을 거느리고 북상하여 조趙 땅을 구원하게 했다. 12월, 항우는 송의를 죽이고 군사를 탈취한 후 신속하게 북상하여 평원진平原津에서 황하를 건너 진나라 제국의 운명을 결정할 거록鉅鹿 전투를 치렀다.

한신은 이 전투에서 항우의 측근 호위 군사인 낭중郞中으로 임명되었다. 전투 당시 한신이 어떠한 활약을 펼쳤는지는 알 수 없다. 그러나 보편적으로 추리해보자면, 덩치가 큰 한신은 선봉에 서서 적진을 돌파하는 항우의 호위 무사로서 그의 곁을 그림자처럼 지켰을 것이다. 한신은 아홉 번 싸워서 아홉 번 모두 이긴 초나라 군사의 일원으로, 매번 대전투의 선봉에서 부끄럽지 않은 전투를 치렀을 것이다. 하지만 한신의 성향과 사람됨으로 보아 전략은 치밀하되 전투력은 격정적이지 않았을 것이며, 따라서 적기敵旗를 빼앗고 적장의 목을 베는 등의 두드러진 공을 세우기는 어려웠을 것이다. 그가 이 전투에서 얻은 것도 대부분 스스로의 전투 경험에서 배운 교훈이었을 터다. 그가 면모를 일신하여 명성을 높이기 위해서는 아직 더 많은 단련의 시간을 거쳐야 했다.

역사는 지나가버린 먼 시간의 일이지만 그 흔적은 현장에서 찾을 수 있다. 2007년 8월 나는 북상하여 양저우揚州에서 창장강을 건넜다. 그곳에서 당년의 광릉 나루를 상상하자 뱃머리에서 깃발이 나부끼고 강에서 전마戰馬가 울어대는 광경이 떠올랐다. 당시 8000명의 강동 자제들을 이끌고 죽음으로 맹세하며 강을 건너 북상한 사람은 바로 숙질叔姪 관계인 항량과 항우였다.

나는 광릉을 지나 한거우邗溝를 거쳐 가오유호高郵湖를 따라 북상한 후 서쪽으로 둥양東陽을 바라보며 곧바로 화이안淮安 수향水鄉으로 들어섰다.[7] 회음의 고성故城은 화이안성 서쪽 마터우진碼頭鎮에 있었다. 그곳은 내운하內運河, 외운하外運河, 장푸허張福河, 얼허二河, 구황허古黃河 등의 물길이 교차하는 천 년 수운水運의 요충지였다. 물길과 소택지 사이 곳곳에 역사 유적이 숨어 있었다. 남쪽에서 북쪽으로 올라가면서 옛 회음성 유적, 매승枚乘(?~기원전 140) 옛 마을故里 비석, 감라성甘羅城 유적, 한성韓城 유적 등을 볼 수 있었다.[8] 한신이 살던 옛 마을은 화이안성 안에 있었고, 과하교胯下橋와 한후조대韓侯釣臺의 유적도 남아 있었다. 표모의 묘와 한모韓母의 묘는 강을 사이에 두고 마주보고 있었다.[9]

옛 유적을 대하자 나는 회고의 감정에 젖어 그 옛날 사마천이 이곳을 방문했을 때의 음성을 듣는 듯했다. 사마천은 이렇게 진술했다. "내가 회음에 갔을 때 회음 사람들이 내게 말하기를 '한신은 비록 포의布衣로 지낼 때도 그 뜻이 보통 사람들과는 달랐다. 자신의 모친이 죽은 후 집이 가난하여 장사를 지낼 수 없었지만 직접 사방을 다니면서 높다란 분묘를 마련하고 그 곁에 만 호의 사람들을 옮겨 살 수 있게 했다.' 내가 그의 모친 무덤을 살펴보니 진실로 그러했다."[10] 이렇게 태사공太史公 사마천은 속삭이듯 들려주고 있다.

나는 『사기』를 읽을 때 "태사공왈太史公曰" 부분을 가장 좋아한다. 어릴 때 아버지께서는 나의 귀를 잡고 분부를 내리어 몸으로 가르치시고 말씀으로 교훈을 전해주셨다. 이 대목의 글을 읽을 때 아버지께서 몸을 흔들던 모습과 리드미컬한 음성 그리고 옛사람을 우러르며 정신을 집중하던 그 자상함은 내 일생에 큰 영향을 끼쳤다. 이 모든 것이 내가 역사학을 평생의 업으로 선택하게 된 요인이었다.

나는 옛 유적지 회음에서 태사공의 발자취를 밟으며 한신을 찾았다. 향토 사학자 쉬예룽徐業龍 선생이 나를 안내하면서 1100년 동안 전해져온 영웅 이야기를 흥미진진하게 들려줬다. 한신은 군사를 부릴 때 물을 가장 잘 이용했다. 위나라를 공격할 때도 임진臨晉(지금의 산시陝西 다리大荔) 나루에 선박을 벌여놓아 적을 속인 후 하양夏陽(지금

초망

표모사漂母祠

한신 옛마을은 회안성 안에 있고, 한후조대와 표모사는 함께 있다. 전설에 따르면 당시 한신이 이곳에서 낚시를 하다가 빨래하는 아낙네漂母에게서 밥 한 끼를 얻어먹었고 뒷날 금의환향하여 천금으로 보답했다고 한다. 이 건물은 원래 명청 시대에 지은 것으로, 1977년에 다시 수리했다.

한모묘韓母墓

의 산시陝西 한청韓城)에서 특수부대와 함께 목제 물동이를 타고 황하를 건너 위나라를 일거에 멸했다. 조나라를 멸할 때도 배수진을 쳤다. 즉 정형도井陘道(지금의 허베이 징싱井陘) 면만수綿蔓水 강가에서 물을 등지고 진을 쳐서 궁지에 처한 장졸들로 하여금 조나라 군사를 대파하게 만들었다. 제나라를 공격하는 전투에서도 고밀高密(지금의 산둥 가오미高密)에서 유수濰水를 막아두었다가 적군이 강을 중간쯤 건넜을 때 물길을 열어 초·제 연합군을 대파했다.

이렇듯 대부분 물을 이용한 그의 전술은 물의 고장 회음의 영기靈氣에 뿌리를 두고 있다. 이러한 나의 생각은 꽤 믿을 만한 것이다. 그 지역을 탐사할 때 나는 옛날의 그 현장에 있는 느낌을 받았고, 항우의 군대에서 종군하던 한신의 자취를 떠올릴 수 있었다.

『사기』에는 또 이렇게 기록되어 있다. "항량이 회수를 건널 때 한신은 칼을 들고 그의 뒤를 따랐다. 항량의 휘하에 몸을 두었으나 이름이 알려지지 않았다."[11] 이 구절은 진2세 원년 2월(항량이 장강을 건너던 때)에서 9월(정도 전투)까지 한신의 경력을 개괄한 것이다. 그다음 구절은 이렇다. "항량이 패배하자 항우에게 소속되었고, 항우는 그를 낭중으로 삼았다."[12] 이 구절은 정도 전투에서 항량이 죽은 뒤 한신이 항우를 수행한 내용으로, 진2세 원년 9월에서 이듬해 12월(거록 전투)까지의 족적을 개괄한 것이다. 그리고 다시 "자주 책략을 항우에게 올렸으나 항우는 그것을 써주지 않았다"[13]는 구절이 이어진다. 이 기록은 매우 중요하다. 왜냐하면 한신의 종군 경력을 개괄하고 있을 뿐만 아니라 장차 한신이 항우를 떠나 유방에게 투신하는 동기를 드러내기 때문이다.

진2세 3년 12월 항우는 초나라 군대를 이끌고 거록 전투에서 승리를 거둔 후 반진反秦 연합군의 총사령관이 되었다. 그의 일생에서 공적과 명성이 정점에 도달한 시기였다. 그러나 이후의 항우는 자만에 빠져 강퍅하게 굴며 한 걸음 한 걸음 내리막길을 걸었다. 한신이 "자주 책략을 항우에게 올린" 시기는 진2세 3년(기원전 207년) 12월 이후에서 한나라 원년(기원전 206년) 3월 사이일 것이다. 당시 한신은 항우의 여러 가지 약점을 목도하고 자주 간언했으나 채용되지 못한 듯하다.

진2세 3년 8월, 항우는 진나라에서 항복한 장수 사마흔司馬欣(?~기원전 204)을 상장上將으로 임명하고 새로 투항한 진나라 군사 20만 명을 이끌고 관중을 공격했다. 한신은 이 싸움이 타당하지 않다고 보아 간언을 했으나 항우는 듣지 않았다.

한나라 원년 11월, 반진 연합군이 신안新安으로 진군하자 새로 투항한 진나라 군사들 사이에 불온한 동향이 생겨났다. 이에 항우는 영포·포장군과 모의하여 진나라 군사를 은밀히 생매장하기로 했고, 이때도 한신의 만류는 무시되었다. 한나라 원년 1월, 항우는 함양咸陽으로 진입한 후 동쪽 고향에 금의환향할 생각만 했을 뿐 관중 땅을 기반으로 천하를 지배할 포부를 품지 않았다. 이때도 한신이 간언했으나 역시 들어주지 않았다.

또 특별히 언급할 일은 바로 홍문연鴻門宴이다. 홍문연이 벌어질 때 한신은 집극랑중執戟郎中 직에 있었으므로 현장을 목격한 장본인이었다. 도검의 날이 번쩍이는 주연酒宴 자리에서 항우는 유치하기 이를 데 없는 태도로 패권을 장악할 수 없는 면모를 드러내고 말았다. 항백項伯(?~기원전 192)이 주도한 여러 가지 대책도 안목과 식견이 천박하여 조화롭지 못했다. 오직 범증만이 심모원려深謀遠慮를 제시했으나 항백에게 이런저런 지적을 받았고, 심지어 항우의 의심을 사기도 했다. 이즈음 한신은 항우에게 실망한 나머지 천하를 맡을 임금의 자질이 없다고 단정했을 것이다. 게다가 이때에는 항우가 자신을 중용할 가능성이 없었기에 그의 밑에서는 자신의 재능을 발휘할 수 없다고 확신한 듯하다.

홍문연 이후 한신은 항우 곁에서 떠나기로 마음먹었다.

④ 장량이 한중漢中을 얻으려 하다

홍문연에서 유방이 가혹한 조건을 모두 받아들이고 항복하자, 항우는 유방을 죽여야 한다는 범증의 의견 대신 용서하자는 항백의 건의를 채택했다. 물론 유방에 대한 경계심을 늦추지는 않았다. 이에 천하를 분봉할 때는 범증의 계책대로 처음에 유방에게 진나라의 파군巴郡과 촉군蜀郡을 분봉하고 촉왕蜀王으로 삼았다.

파군과 촉군은 사천四川 분지에 위치한 땅이었다. 파군은 분지의 동쪽에 있고 군 소재지는 강주江州(지금의 충칭重慶)였으며, 촉군은 분지의 서쪽에 있고 군 소재지는 성도成都(지금의 쓰촨 청두)였다. 이 지역에는 옛날부터 파국과 촉국이 자리 잡고 있었는데, 두 나라는 독특한 문명을 가진 이민족의 고국古國이었다. 기원전 316년에 진나라가 파촉을 멸한 후 파촉 지역은 진나라의 영토가 되었다. 자연 조건이 매우 뛰어난 파촉 지역은 기후가 따뜻하고 하천이 종횡으로 교차하며 물산이 풍부했다. 그래서 진나라는 100여 년 동안 이 지역에 성곽을 쌓고 수리사업과 제도를 정비하는 등 정성껏 경영했다. 진나라 말년에 이 지역은 진나라의 후방기지로서 관중에 버금갈 정도로 부유하여 흔히 '천부지국天府之國(하늘의 곳간)'이라 일컬어졌다.

그러나 파촉 지역은 사면이 높은 산으로 둘러싸여 있다. 서쪽은 청장青藏고원, 남쪽은 운귀雲貴고원에 가로막혀 있다. 동쪽에는 무산巫山, 북쪽에는 민산岷山, 미창산米倉山, 대파산大巴山이 솟아 있어 교통이 매우 불편하다. 중원 지역과 소통하기 위해서는 동쪽으로 강물을 따라 내려가 삼협三峽을 지나고 무산을 넘어야 강한江漢평원에 도달할 수 있다. 또 북으로는 산길을 따라 민산을 거쳐 감숙성 동쪽에 닿은 뒤 다시 농산隴山을 넘어야 관중 지역에 도달할 수 있다. 아니면 미창산과 대파산을 넘어 한중에 닿은 뒤 다시 진령秦嶺을 넘어야 했다. 두 갈래 길 모두 험준하여, 이른바 "촉으로 가는 길의 험난함蜀道難은 하늘에 오르기보다 어렵다難於上青天"는 말이 유행할 정도였다.

바로 이처럼 독특한 지리적 조건 때문에 파촉 지역은 할거하여 지키기는 쉽지만 다른 지역으로 진출하기는 어려운 땅이다. 우월한 자연과 풍부한 물산으로 파촉 사람들은 자족적인 생활에 안주했다. 폐쇄적인 환경과 불편한 교통 때문에 외부 확장에는 관심이 없었다. 설령 천하를 다스리려는 웅심雄心을 품은 자라 해도 이러한 자족적인 환경과 한적한 기풍에 물들면 폐쇄적이고 소모적인 운명에서 벗어나기 어렵다. 속담에 이르기를 "젊어서는 촉 땅으로 들어가지 말라少不入蜀"고 했고, 또 "촉 땅 사람들은 사천에서 나가지 않으면 큰일을 이룰 수 없다蜀人不出川, 不成大事"라고 했다. 이러한 이치를 잘 헤아리고 있었던 제갈량은 후한 말년에 촉 땅으로 들어간 후 나라와 군사가 쇠약함에도 불구하고 다섯 차례나 북벌을 강행했다. 그 주요한 이

유는 촉 땅의 폐쇄적 기운과 소극적 풍속을 경계하기 위한 것이었다. 「후출사표後出師表」에서 제갈공명은 "왕업은 촉도蜀都에서 편협하게 온전히 할 수 없습니다王業不得偏全於蜀都" "앉아서 망국을 기다리는 것과 나아가 정벌하는 것 중에서 어느 것이 좋은 일이겠습니까?惟坐而待亡, 孰與伐之?"라고 비분을 토했다. 이러한 비분은 소극적인 침체를 두려워하는 위기의식의 발로라 할 수 있다.

범증은 노련하고 신중한 전략가였다. 홍문연에서 항우가 유방을 죽이도록 설득하는 데 실패한 그는 항우의 쓸데없는 인정과 항백의 아둔함에 통탄하면서 기필코 유방을 제거하기로 결심했다. 항우는 육국의 옛 임금을 배척하고 군사 공로를 바탕으로 천하를 분봉하려 했다. 이 원칙으로 따지자면 가장 먼저 관중에 입성하여 진나라 도성 함양을 항복케 한 유방도 분봉의 대상이다. 유방을 어느 지역에 분봉할 것인가는 범증에게 한 걸음 물러나 차선책을 마련할 기회로 작용했다. 해로운 맹수를 죽일 수 없으면 가둬야 하고 잠재적인 적을 바로 죽일 수 없으면 철저히 봉쇄해야 함을 범증은 잘 알고 있었다. 그는 촉 땅이 거주하기에는 편하지만 나오기는 어려우며 본래 진나라 땅이므로 파군과 촉군을 유방에게 분봉할 것을 항우에게 권했다. 그렇게 하면 유방을 진왕秦王으로 삼는 명분도 얻는 동시에 그를 파촉에 가두는 실익을 얻게 되므로 일거양득이라는 것이다. 항우는 그의 말에 동의했다.

이러한 결정이 정식으로 반포되기 직전, 막후에서 이 소식을 접한 한 인물이 깜짝 놀라 몸을 떨었다. 그는 바로 장량이었다. 당시 항우는 천하를 분할한 다음 각 제후국 인물들에게 각자의 나라로 돌아가도록 조치했기 때문에 장량은 유방을 떠나 한왕韓王 한성韓成의 휘하로 돌아가 있었다. 장량은 유방이 파촉에 분봉된다는 소식을 듣고 근심스러웠다. 외부로 진출하기 힘든 파촉에 갇히면 비단 옷과 맛있는 음식으로 인해 유방의 야심과 의지가 깨끗이 사라질 것을 우려한 것이다. 유방은 연금되는 것이나 마찬가지였다. 장량은 신속하게 대응에 나섰다.

항우가 천하를 분봉한 한나라 원년 2월 전후, 당시 함양은 논공행상이라는 성대한 잔치를 마치고 작별하는 마당이자 각자의 권익을 다투는 명리名利의 각축장이었다. 항우를 따라 관중으로 진입한 제후들과 장수들은 금의환향을 앞두고 진나라 왕궁의 진귀한 보배와 아름다운 미녀에 군침을 흘리고 있었으며, 아울러 저마다 제국 영토의 왕으로 분봉되기를 기대하고 있었다. 공로가 큰 사람은 대놓고 권세를 다투었고 공로가 적은 사람도 남몰래 이익을 도모했다. 뇌물로 금전을 주거나 인정으로 청탁하거나 사기를 치는 등 옥신각신이었다. 이들의 다툼과 청탁은 결국 항우의 막하幕下로 귀결되었다.

장량은 시국을 밝게 살필 줄 아는 지자智者였다. 표면적으로는 항우가 천하 분봉을 결정하는 것처럼 보이지만 잘 들여다보면 사안을 챙겨 방안을 마련하는 배후 기획자는 범증임을 꿰뚫고 있었다. 항우는 두뇌가 단순한 군인이어서 천하 분봉에 관한 복잡한 조치와 세력 안배에 대해 감정적 호불호가 앞서는 대신 정치적 판단력은 부족했다. 그래서 범증이 제시한 안에 대해 단호히 결정하지 못하는 경우가 종종 있었다. 그런 경우 항씨 인척 가운데 가문의 수장 노릇을 하던 항백의 의견이 결정적인 영향을 끼치곤 했다. 범증이 유방을 파촉에 분봉할 것이라는 사실도 항백으로부터 새어나와 장량에게 전달되었을 것이다. 이것은 마치 홍문연 전야에 항우 집단의 비밀 정보가 장량에게 전달된 것과 똑같은 상황이었다.

장량은 소식을 접하자마자 항백을 만났다. 그리고 송별 선물이라는 명분으로 유방이 자신에게 하사한 황금 2000냥과 진주 20승升을 모두 내어놓았다. 홍문연 이래로 항백이 자신과 유방을 보살펴준 데 대한 감사의 표시이자 앞으로도 계속 유방을 보살펴달라는 청탁의 뜻이었다. 이는 영토를 분봉할 때 새로운 변통이 있게 해달라는 은근한 요청이었다. 그러나 유방을 파촉에 분봉하는 방안이 이미 항우의 윤허를 받았다는 사실을 알게 되자, 장량은 한중까지 유방에게 분봉해줄 수 있는지 알아봐달라고 항백에게 부탁했다. 한중 지역은 파촉과 가까울 뿐더러 유방의 군대가 먼저 점령한 지역이고, 지금 유방의 부하 역상酈商(?~기원전 180)이 통제하고 있으며[14] 유방도 한중에서 파촉을 다스리기를 원하고 있었다.

항백은 호방한 성격에 의리를 중시하는 사람이었다. 그는 장량에 대해 생사고락을 함께할 벗으로 생각하고 있었으며, 홍문연 이래로 스스로 유방의 보호자를 자처해왔다. 사실 항백은 안목이 천박하고 작은 이익에 탐닉하는 인물이었다. 유방은 그런 항백을 큰형님으로 받들면서 사돈 맺기를 청했고, 항백은 유방의 청을 받아들인 상태였다. 그런 상황에서 장량이 가져온 황금과 보옥을 염치없이 받았다. 항우의 군대가 관중으로 들어간 이후 범증은 항우에게 유방의 군대를 공격하라고 간언한 반면, 항백은 은밀히 장량을 방문하여 양측의 화해를 촉구했다. 홍문연에서도 범증은 항장項莊을 시켜 칼춤을 추다가 유방을 주살하려 했으나 갑자기 항백이 뛰어들어 칼을 빼들고 유방을 보호했다.

이때부터 항백과 범증 간에는 유방에 대한 입장에서부터 메울 수 없는 간극이 생겨났다. 분봉에 관한 일을 범증이 주관하면서 항백은 다소 소외된 처지였다. 그는 유방을 파촉에 봉쇄하는 일에 대해 직접 나서서 말할 수는 없었지만 범증이 기획한 가혹한 조치를 매우 못마땅하게 생각했다. 그런 중에 장량이 유방을 대신하여 자신에게 청탁을 해오자 '배 띄우고 싶은데 바람 불어주는' 격으로, 이 참에 범증의 사나운 기세를 꺾고 자신이 초왕의 제2인자임을 입증하고자 했다. 그는 마침내 장량의 부탁을 들어주기로 했다.

자신이 파촉에 분봉된다는 소식을 들은 유방은 장막 안에서 길길이 날뛰었다. 쓰디쓴 굴욕을 느낀 유방은 비분과 절망 속에서 칼을 빼들기로 결심했다. 사경에 빠진 물고기가 그물을 찢고 나오듯 군대를 일으켜 항우를 습격할 작정이었다. 그러자 심복인 번쾌, 주발, 관영灌嬰(기원전 250~기원전 176) 등이 유방을 말리면서 장량이 오면 함께 대책을 상의하자고 했다.

장량이 도착했을 때 유방은 다소 안정을 찾은 뒤였다. 장량은 파촉 분봉이 결정되었으며, 자신이 한중까지 분봉에 포함해줄 것을 항우에게 부탁했음을 이야기했다. 장량의 말을 듣고도 유방은 절망감에 빠져 말이 없었다.

이때 소하蕭何(?기원전 257~기원전 193)가 일어나 말했다.

"파, 촉, 한중 땅에서 왕 노릇을 하는 것은 한스러운 일이지만 죽을 곳을 찾아 스스로 파멸하는 것보다는 훨씬 좋은 길입니다."

유방은 마음이 동하여 소하에게 물었다.

"죽을 곳을 찾는 것보다 좋은 일이라니, 그게 무슨 말이오?"

소하가 말했다.

"군대의 규모와 실력으로 우리는 애초에 항우에 대적할 수 없습니다. 충돌하면 백전백패하게 됩니다. 이것이 죽을 곳을 찾는 게 아니고 무엇입니까? 역사를 살펴보면 상나라 탕왕과 주나라 문왕은 잠시 한 명의 지존 아래 굴복했지만 마지막에는 세상 사람들의 신임을 얻을 수 있었습니다. 대왕께서 그들을 모범으로 삼을 수 있기를 바랍니다. 장량 선생의 대책에 따라 먼저 한중 땅을 얻고, 그곳을 왕업의 터전으로 삼아 백성을 기르고 현인을 초빙하십시오. 그런 뒤 파촉의 물력과 인력을 키워 관중을 치십시오. 이와 같이 하면 다시 큰일을 도모할 수 있을 것입니다."

유방은 남의 말을 들을 줄 아는 인물이었다. 그는 소하의 말을 듣고는 몸을 일으키며 "좋소!" 하고 소리쳤다.

크게 깨달은 유방은 금세 다른 인물로 변한 듯, 소하에게 한중과 파촉을 접수할 계책을 세우라고 지시하고 장수들에게는 떠날 채비를 하라고 명령했다. 그러고는 장량을 안쪽으로 끌어들여 앞으로의 일을 상의했다. 그는 보관된 금은보화 중에서 괜찮은 것을 장량에게 고르게 한 뒤 어떤 값을 치르더라도 한중 땅을 얻을 수 있게 노력해 줄 것을 부탁했다.

장량의 노력으로 항백은 항우를 설득하여 한중을 유방에게 분봉했다. 유방은 소원대로 한중, 파, 촉 삼군을 얻어 남정南鄭(지금의 산시陝西 한중漢中)에 도읍을 정하고는 한왕漢王이라 일컬었다.

⑤

천하에
둘도 없는 인재

한나라 원년 4월, 장안 동쪽 패상灞上에 주둔 중이던 유방의 군대는
군영을 뽑아 행군에 나섰다. 그들은 두현杜縣(지금의 시안 창안구) 남
쪽을 거쳐 자오도子午道*로 길을 잡아 한중을 향해 갔다. 유방의 군대
는 3만 명에 불과했으나 유방이 초나라 탕군碭郡의 군장 노릇을 할
때부터 함께했던 본부 병마로, 줄곧 남과 북에서 전투를 치렀으며
무관武關에서 관중으로 진공했다. 진왕 자영子嬰(?~기원전 206)이 진나
라의 백관을 거느리고 투항했을 때 유방은 관중에 주둔해 있던 진
나라 군사까지 수습하여 10만 군사를 거느리게 되었다. 그러나 홍문
연에서 화의和議를 이룬 후에는 항우의 조건을 받아들여 진나라 군
사를 항우에게 넘겨주고 자신은 3만 명의 친위부대만을 거느렸다.
이 부대의 장졸은 모두 관동 출신으로, 사수군과 탕군 출신이 가장
많았다. 역사에서는 유방 병력의 핵심과 중견을 차지하는 이들을 '탕

---

* 장안 남쪽 자오진子午鎭에서 정남 방향으로 험준한 진령산맥을 넘어 한중 땅 석천石泉
에 이르는 길.

　　　　　　　　　　　　　　　　　　　　　　　　초망

사초인집단碭泗楚人集團'이라 했다. 향후 한나라 제국의 건국 공신들도 기본적으로 이 집단 소속이었다.

3만 명의 친위부대 외에 유방을 따라 몰래 한중으로 들어온 이들도 적지 않았다. 그들은 관동 각지의 제후국 출신으로, 무관에서부터 따른 자들도 있고 항우가 함곡관函谷關을 거쳐 관중으로 들어올 때 함께한 사람들도 있었다. 항우가 천하를 19국으로 분봉한 후 각자의 나라로 돌아가도록 한 조치에 불만을 품은 그들은 고향의 따뜻한 방에서 처자식과 평범하게 살기보다는 난세를 틈타 공명과 복록을 성취하고자 했다. 그렇기 때문에 유방을 따르면 큰 이익을 얻을 수 있다고 믿었고, 그런 만큼 행군의 고난을 어찌 억울해하겠는가. 역사에서는 수만 명을 헤아리는 이들을 '제후자諸侯子'라고 표현하고 있다. 이들은 줄곧 유방과 고난을 함께한 덕에 한나라 건국의 중견인사가 되었으며, 혁명이 성공한 후에는 종신토록 한나라 조정에서 특별대우를 받았다. 물론 훗날의 이야기다.[15]

초나라 동해군 출신인 한신은 유방을 따라 한중으로 향하던 수만의 제후자 중 한 명이었지만 그들 가운데 가장 야심이 컸다. 그가 정한 목표는 한나라 군사의 최고 지휘관이었다. 한나라 군사에 편입된 한신은 한중에서 연오連敖 자리를 맡았다. 이 직위는 중간급으로 초나라의 관직명이다. 유방은 군사를 일으킨 이래 줄곧 초나라 군대의 일부로 활동했고, 초왕에 복종하면서 초나라 관제를 사용했다. 그는 자발적으로 한나라로 귀의한 다른 지역 장졸들에게 이전과 대등한 직급을 부여하는 것을 원칙으로 했으며, 특히 자신의 군대에 귀의한 별부別部의 초나라 군사들은 전과 같은 직위로 대우했다. 한신의 경우 유방이 좌천되어 고난에 처했을 때 투항해왔기 때문에 환영과 우대를 받았다. 그가 항우의 군대에서 맡았던 최종 직위는 시종무관에 해당하는 낭중이었는데, 연오라는 직위가 낭중보다 낮지는 않았을 것이다.

한나라에 귀의한 한신은 단계적 승진보다는 직급을 훌쩍 뛰어넘는 자리를 바랐다. 또한 스스로를 강태공과 손자에 비견했던 만큼 유방도 주 무왕과 오왕 합려閩閭(?~기원전 496)가 되기를 바랐다. 유방은 제왕의 자질을 갖추었으나 그 휘하에 군대를 통솔할 만한 대장이 취약하다고 판단한 그는, 한나라 군사의 총사령관으로서 군대를 이끌고 항우를 격파하기를 원했다. 그리하면 자신은 주 무왕을 도와 상나라를 멸망시킨 강태공과 같은 성취를 이루고, 오왕 합려를 도와 초나라를 멸한 손자와 같은 반열에 서게 되는 것이다. 다만 연오라는 지위가 낭중보다 높은 직급이라 해도 주군의 곁에서 더 멀어진 직무였기 때문에 한왕 유방의 눈에 띌 기회가 거의 없었다. 한신은 뜻을 펼칠 수 없어 우울했고 나날이 실망이 깊어지자 인생의 밑바닥으로 떨어진 기분이었다.

역사 기록에 따르면 한신은 연오 직무를 수행하던 당시 법을 어겨 사형을 언도받았다. 한신이 무슨 죄를 범했는지 알아볼 도리는 없지만 당시 그의 처지와 심경을 감안할 때 집단 도주죄가 아니었을까? 형장에는 한신과 함께 사형 판결을 받은 자들이 있었다. 13명이 차례로 참수되고 드디어 한신의 순서가 되자 그는 고개를 꼿꼿이 들고 형장의 감독관을 향해 고함쳤다.

"한왕은 천하를 탈취할 생각이 없는 것이오? 어째서 장사를 사형시키려 하오?"

한신의 외침은 감독관 하후영夏侯嬰(?~기원전 172)의 눈길을 끌었다. 먼저 몸집이 크고 비범해 보이는 한신의 용모도 남달랐지만, 죽음을 코앞에 두고도 당당히 할 말을 하는 담대함에 일단 칼을 멈추고 대화를 나누었다. 하후영은 이 한 번의 만남에서 한신이 기이한 인물임을 직감했다. 곧이어 유방에게 천하에 드문 인재라며 추천했다.

하후영은 유방이 사수정장泗水亭長을 역임할 때부터 함께해온 고향 동료로, 패현에서 봉기한 때부터 곁을 지켜온 심복 대신이었다. 유방은 하후영의 천거를 기꺼이 받아들여 군대의 후방 공급을 책임지는 치속도위治粟都尉 자리에 한신을 앉혔다. 이에 후방의 병참보급 부장 역할을 수행하게 된 한신은 연오보다 훨씬 높은 자리에서 특별 부대의 장수 대우를 받았다. 그리고 당시 한나라의 행정 사무를 총괄하던 승상 소하와 접촉하면서부터 두각을 나타내기 시작했다. 한신을 몇 차례 접촉한 소하는 하후영의 비범한 안목을 인정했다.

소하는 인재를 분별할 줄 아는 감식안을 지니고 있었다. 유방이 난잡하게 생활하던 사수정장 시절에도 일찌감치 그의 지혜와 배포를 알아본 소하는 상관이면서도 유방을 특별하게 대했다. 뒷날 역사가 증명한바 소하의 안목은 틀림이 없었다. 그리고 이제 한신을 본 소하는 다시금 자신의 혜안을 발휘하여 독보적인 대장이 될 재목임을 예감했다. 더욱이 한신이 한중에 나타난 시기의 절묘함이 소하를 더욱 흥분케 했다. 한신이야말로 하늘이 특별히 내려준 보배라고 생각한 소하는 곤경에서 벗어날 희망을 그에게 걸어보기로 했다.

유방의 군대는 패현에서 봉기한 이래 3년여 동안 수십 번의 크고 작은 전투를 치르면서 수만의 대군으로 성장했다. 이제는 파, 촉, 한 중 삼군을 거느리고 독립 왕국을 다스리게 되었으니 그간 전사들이 영웅적으로 분투해온 결과라 할 수 있었다. 이 과정에서 모든 작전을 지휘해온 유방은 가히 주장主將의 재능을 유감없이 발휘했다. 그의 지휘 아래 유방군은 혁혁한 전공을 쌓으면서 작은 부대에서 큰 부대로, 약한 부대에서 강한 부대로 성장했다. 더 나아가 독립적으로 두 번째 단계의 전투를 수행할 때는 일거에 관중으로 진공하여 진나라 멸망을 이끌었을 뿐 아니라 이후 항우의 군에 버금가는 초나라 최강의 부대가 되었다.

하지만 소하의 눈에 유방은 군사적 재능보다 정치적 재능이 뛰어난 인물로, 당시 유방을 능가하는 정치를 펼치는 사람은 찾아볼 수 없었다. 그러나 군사적으로 논한다면 두말할 나위 없이 항우가 첫손가락에 꼽혔다. 그다음으로는 거록 전투에서 왕리王離의 군사가 패배한 후에도 반 년 동안이나 항우와 군사적 균형을 유지한 진나라 장수 장함이 손꼽히는 터였다. 당시 두 영웅이 승패를 가르기 힘든 전투를 치르는 틈에 유방이 관중으로 쳐들어갔으니, 전투적 재능의 순위를 매긴다면 유방은 세 번째 자리였다.

이제 한중으로 들어간 유방이 대적해야 할 적은 장함에 항우까지 더해졌다. 말하자면 전투에 가장 유능한 1인자와 2인자가 연합하여 3인자에 맞서는 형국이므로 유방으로서는 이미 능력 밖의 처지였다. 물론 유방에게도 번쾌, 주발, 관영과 같은 용맹한 장수가 있었으나 단독으로 대군을 이끌고 장함이나 항우에 맞설 정도는 아니었다. 유방의 군대로서는 이것이 곤혹스러운 난제였다. 소하는 이 공백을 메워줄 인물이 한신이라고 직감했다. 한신이 제 역할을 해준다면 3인자가 1인자와 2인자의 연합에 맞서는 불리한 판을 완전히 뒤엎을 수 있을지도 모른다는 생각이 들었다.

마침 유방군은 지금까지 겪어보지 못한 곤경에 처해 있었다. 한중 땅은 북으로 진령이 가로 놓여 있고 남으로 대파산에 가로막힌 협소한 산간 분지로, 몇 가닥으로 이어진 길고 험준한 산간 도로를 통해서만 파촉과 관중으로 갈 수 있었다. 범증의 세심한 조치로 장함이 총괄하는 삼진三秦*의 군사는 주로 유방을 포위하는 임무를 맡아 한중에서 관중으로 통하는 모든 도로를 철저히 봉쇄하고 있었다. 설상가상으로 지모가 뛰어난 장량은 항우의 명령으로 한왕 한성을 따라 동쪽으로 떠났다. 군사軍師를 잃어버린 유방과 부하들은 궁지에서 벗어날 길을 찾지 못해 초조와 불안에 사로잡혀 있었다.

소하는 한신과 친밀해지자 장함을 격퇴하고 한중을 탈출하는 사안에 대해 이야기를 나누었다. 그리고 이에 대해 한신이 복안을 지니고 있다는 사실을 알고 흥분했다. 한신은 눈앞의 형세를 상세히 분석하면서 "겉으로는 자오도로 나가는 것처럼 꾸미고, 몰래 진창도陳倉道로 나가서" 관중을 공격하는 계획을 제안했다.**

---

* 진나라가 망한 후 항우는 진나라 관중 땅을 셋으로 쪼개어 진나라에서 항복한 장수에게 분봉했다. 이때 장함은 옹왕雍王, 동예董翳는 적왕翟王, 사마흔은 새왕塞王이 되었다. 이를 삼진이라고 한다. 흔히 관중 땅 전체를 가리키는 말로 쓰인다.

** 진창도는 진령산맥을 넘어 관중 지역과 한중 지역을 연결하는 가장 서쪽 통로다. 북쪽 보계寶鷄에서 출발하여 진령산맥을 넘고 봉현鳳縣을 거쳐 최남단 약양略陽까지 이어진다. 또 약양에서는 동서로 난 길을 따라 한중에 도달한다. 이에 비해 '자오도'는 진령산맥 동쪽을 넘어 관중과 한중을 이어주므로, 동쪽 자오도를 따라 관중으로 진공하는 것처럼 위장하고, 실제로는 서쪽 진창도를 따라 관중으로 진입하는 작전이다.

소하는 암흑 속에서 한 줄기 빛을 발견한 듯 또는 미로 속에서 출구를 찾은 듯 머리가 환해졌다. 이에 그치지 않고 한신이 바라보는 항우라는 인물, 초한楚漢 간의 강약 형세를 반전시킬 분석 방안에 대해 듣게 되자 소하는 자신의 안목과 경험을 확신할 수 있었다. 그는 한신, 오직 한신만이 유방의 군대를 이끌고 곤경을 돌파할 장수라고 단정했다.

'천하에 둘도 없는 인재國士無雙', 이것이 바로 당시 소하가 한신에게 내린 평가였다. 그는 직접 유방을 만나게 해주겠다고 한신에게 약속했다.

6
소하가
현인을 잡기 위해
한신을 좇아가다

한신이 천하에 둘도 없는 인재이며 한나라 군사를 곤경에서 구할 유
일한 장군임을 확신한 소하는 유방에게 여러 차례 그를 천거했다. 직
접 한신을 불러들여 이야기를 들어본 뒤 파격적으로 중용하라는 견
해도 덧붙였다. 유방은 소하의 말에 동조할 수 없었다. 얼마 전 항우
의 군대에서 도망쳐온 병사를 한 달도 안 되어 장수로 선발하여 치
속도위의 중임을 맡긴 것도 큰 파격이었기 때문이다. 그런데 또 다시
중용하는 것은 유방 자신도 납득하기 어렵거니와 군대의 원로 장수
들 사이에서 잡음을 일으킬 만한 일이었다. 유방은 소하의 말을 어물
쩍 넘기면서 한신이 공적을 세우면 다시 의논하자고 했다.

소하로부터 인정을 받고 천거를 약속받은 한신은 유방이 불러주
기만을 기다렸다. 그러나 아무리 기다려도 소식이 없었다. 총명한 한
신은 어렵지 않게 그 내막을 짐작할 수 있었다. 소하는 틀림없이 자
신을 추천했지만 유방은 그를 만나거나 중용할 뜻이 없는 것이다. 소
하의 추천조차 소용없다면 더 이상은 희망이 없다고 생각한 한신은

고향으로 돌아가 다른 길을 모색하기로 결심했다. 그리하여 치속도위 인수를 남겨둔 채 그곳을 떠났다. 아마 소하에게 감사의 인사와 함께 강호로 돌아가는 자신의 심정을 토로하는 편지를 남겼을 것이다.

한신이 인사도 없이 떠나자 소하는 다급히 마구간으로 달려가 말을 타고 남정의 남문으로 내달렸다. 소하는 급하게 쫓아가느라 주위 사람들에게 사정을 알릴 겨를도 없었다. 당시 한중에서 곤궁한 처지에 있던 유방의 군대는 병사들의 연이은 탈영 도주로 골머리를 앓고 있었다. 관동 지역 출신 병사들과 몇몇 추종자는 한중으로 들어서는 자오도에서부터 이미 도주하기 시작했고, 한중에 도착한 뒤에도 북방 사람들은 남방의 풍토에 적응하지 못했다. 머나먼 땅 첩첩산중에 봉쇄되자 고향과 가족에 대한 그리움도 날로 더해갔다. 사병뿐만 아니라 장수들 중에서도 무단 이탈자가 계속 늘었다. 소하가 황망하게 산속 오솔길로 달려가는 모습을 본 병사들은 승상이 도망친 것으로 생각하여 유방에게 보고했다. 유방은 불같이 화를 냈으나 좌우의 손발이 잘린 듯한 허탈감에 빠졌다.

이틀 후 소하가 찾아와 유방을 알현했다. 유방은 노엽기도 하고 기쁘기도 하여 소하를 꾸짖었다.

"승상조차 도망을 치다니, 도대체 이유가 무엇이오?"

"신이 어떻게 감히 도망칠 수 있겠습니까? 도망자를 잡으러 갔습니다."

"누구를 잡으러 갔단 말이오?"

"한신입니다."

유방은 그의 말에 배알이 꼴리는 듯 큰소리로 꾸짖었다.

"귀신 씻나락 까먹는 소리로군! 군중에서 도망친 장수가 수십 명이 넘는데 한신만 잡으러 갔단 말인가. 나를 바보 멍청이로 취급하는 건가?"

소하는 조용하고도 단호하게 말했다.

"그러한 장수들은 얼마든지 구할 수 있습니다. 그러나 한신은 천하에 둘도 없는 인재입니다. 대왕께서 한중의 왕으로 만족하신다면 한신을 기용할 필요가 없습니다. 그러나 천하를 쟁취하고자 한다면 한신 외에는 대사를 도모할 사람이 없을 것입니다. 어떤 결정을 내리시겠습니까?"

유방이 불만스럽게 대답했다.

"물론 동쪽으로 진공하고 싶소. 내 어찌 이런 곳에서 오래도록 처박혀 있고 싶겠소?"

"바라옵건대 대왕께서 가부를 결정해주시옵소서. 동쪽으로 나가 천하 쟁패에 나설 결심을 하셨다면 한신을 기용하십시오. 그럼 한신은 이곳에 남을 것입니다. 한신을 쓰지 않으시면 그는 이곳을 떠나고 말 것입니다."

평소 언행이 진중한 소하이니만큼 심사숙고한 발언임을 유방은 알아챌 수 있었다. 그는 잠시 생각하다가 소하에게 대답했다.

"승상을 위해 한신을 장군에 임명하겠소."

그러나 소하는 추호도 타협하지 않겠다는 어조로 말했다.

"한신을 일개 장군으로 임명해서는 이곳에 잡아둘 수 없습니다."

유방은 고개를 숙이고 침묵에 잠겼다. 그러나 금세 고개를 들고 과감하게 말했다.

"한신을 대장으로 임명하겠소."

소하는 몸을 일으켜 감사의 예를 표하며 말했다.

"경하드리옵니다. 경하드리옵니다!"

유방은 소하에게 한신을 불러들이라 한 뒤 대장 임명을 준비하도록 했다. 그러자 소하가 말했다.

"대왕께선 평소에도 오만하고 무례하시더니 지금도 대장을 임명하시면서 마치 어린 아이 부르듯 하십니까? 이런 태도는 한신을 떠나가게 하는 요인이 될 것입니다. 정말 한신을 대장에 임명하기로 결심하셨다면 길일을 택하여 목욕재계하시고 장단將壇을 설치한 후 제대로 예의를 다해야 그를 잡아둘 수 있을 것입니다."

유방은 그 모든 주문에 동의했다.

소하가 한신의 뒤를 따라간 일은 역사에 기록되어 있으므로 믿을 만한 사실이다. 그러나 이와 같이 흥미진진하고 감동적인 기록에는 구전口傳을 인용한 부분도 있을 것이다. 소하가 어디까지 쫓아갔는지는 알 수 없으나 한중 현지에는 이와 관련하여 여러 가지 전설과 유적이 전해지고 있다. 한중시 서북쪽 류바현留壩縣 마다오가馬道街 북쪽에 마다오허馬道河강이 있는데, 이 강은 바오수이褒水강의 지류다. 옛날 이름은 한계寒溪로, 소하가 한신을 이곳까지 추격했다는 전설이 있다. 청나라 가경嘉慶 연간에 나온 『한중부지漢中傅志』에는 다음과 같이 기록되어 있다. "옛날에 한신이 한나라에서 도망쳐서 이곳까지 왔을 때 홍수가 나서 물을 건널 수 없었다. 이 때문에 소하가 그를 따라잡을 수 있었다." 강가에는 두 기의 비석이 있다. 하나는 청나라 가경 10년

밤에 한계寒溪에 홍수가 나다(류신劉欣 촬영)

(1805) 마도역승馬道驛丞 황수黃綬가 세운 것으로, 비문은 다음과 같다. "한나라 찬후(소하)가 회음후(한신)를 추격했다. 이 강에 밤에 홍수가 났고, 그래서 이곳에 이르러 따라잡을 수 있었다漢酇侯追淮陰侯, 因溪夜漲水, 至此, 故及之." 또 하나는 청나라 건륭乾隆 8년(1743) 포성현褒城縣 지현知縣 만세모萬世謨가 처음 세웠고, 함풍咸豐 5년(1855) 마도 현지의 선비들이 중건했다. 그 비문은 다음과 같다. "한 상국 소하가 한신을 좇아 이곳까지 왔다漢相國蕭何追韓信至此." 이 유적은 이미 현지의 관광 명소가 되었다.

2005년 8월 나는 고적을 탐방하러 한중으로 갔다. 조용한 소도시는 고풍스러웠다. 먼저 한대漢臺 유적에 갔는데, 유방이 한왕에 재위하던 당시에 그곳에 궁전이 건축되었다는 전설이 전해지고 있었다. 지금은 한중박물관이 건립되어 있었고, 그곳에 소장된 수많은 비석이 가장 볼 만한 유물이었다. 다음은 음마지飮馬池에 갔다. 전설에 따르면 유방의 군대가 주둔한 곳이라고 한다. 배장단拜將壇 유적은 한중성 남문 밖에 있었다. 남쪽과 북쪽 두 곳에 흙을 쌓아서 만든 대臺가 있었다. 전설에 따르면 한신을 대장으로 임명할 때 쌓은 장단 유적이라고 한다. 남대南臺 아래에 있는 비석 정면에는 "한나라 대장 한신 배장단漢大將韓信拜將壇"이라는 글이 새겨져 있었고, 뒷면에는 시 한 수가 새겨져 있었다.

외로운 충신 일편단심을 모두 다 저버리고	辜負孤忠一片丹
미앙궁의 달빛에 칼날만 차갑게 빛나네	未央宮月劍光寒
패공의 제업은 지금 어디에 있는가	沛公帝業今何在
회음 땅에 가지 못하고 장단만 남겨놓았네	不及淮陰有將壇

이 모든 내용은 근래의 인사들이 쓴 것이다. "새를 잡고 나면 활은 감춰두고, 토끼를 잡고 나면 사냥개는 삶아먹는다鳥盡弓藏, 兎死狗烹"는 정치의 무정함이 안타까울 뿐이다.

나는 한중에서 그곳 향토사학자 천셴위안陳顯遠 선생이 쓴 『한중사적 잡고漢中事迹雜考』라는 책을 샀는데, 그 책 속에서 「소하가 한신을 추격한 장소 고찰」이라는 글을 읽고 큰 도움을 얻었다.[16] 천 선생은 한신이 장쑤성 화이인 사람이므로 고향으로 도망갈 때 류바현으로 북상한 후 다시 옛 포야도褒斜道*를 거쳐 적진인 관중으로 들어갈 리

---

* 관중에서 진령을 넘어 한중으로 통하는 길. 남쪽 포곡구褒谷口(지금의 한중시 대종사 부근)에서 북쪽 야곡구斜谷口(지금의 메이眉현)로 통하므로 '포야도'란 이름이 붙었다.

배장단拜將壇

는 없고, 난정南鄭에서 서남쪽으로 길을 잡아 미창도米倉道*를 거쳐 다바산을 넘은 뒤 다시 쓰촨성 난장南江강으로 들어간 후 동쪽으로 방향을 틀어 후베이성 서쪽으로 나가 고향인 초나라 남쪽으로 돌아가려 했을 것이라고 보았다.

천 선생의 학설은 송나라 지리서 『여지기승輿地紀勝』에 연원을 두고 있다. 이 학설에 따르면 소하가 한신을 추격한 곳은 양각산兩角山과 미창산米倉山 사이에 있는 절현령截賢嶺이라고 한다. 이 두 산 사이에 회음공 사당이 있고, 양각산 아래에는 "한 상국 소하가 회음공 한신을 초빙하러 이 산에까지 왔다漢相國蕭何邀淮陰公韓信至此山"라고 된 각석이 있다. 당나라 집주集州(지금의 쓰촨 난장南江) 자사 양사모楊師謀는 이

---

* 한중에서 남쪽으로 미창산을 넘어 소화昭化까지 이르는 길. 금우도金牛道와 함께 촉蜀 (사천성) 땅으로 들어가는 첫 번째 관문이었다.

에 대해 「제기題記」를 지었다. 이 각석은 남송 때까지 남아 있던 것을 현학顯學으로 옮겨 보존하고 있다.

이 학설은 믿을 만하다.[17] 역사의 진실은 사람들이 주목하지 않는 곳이나 번잡하지 않은 곳 여기저기에 흩어져 있다. 유패 지역의 여러 가지 유적은 대부분 명청 이래로 상인들이 지나다니는 번화한 통로에다 더 많은 꽃을 수놓은 것이다.

역사여! 역사여! 그 한길에다 사람을 현혹하는 가십거리를 얼마나 많이 뿌려놓았는가?

❼ 한중대漢中對

유방은 예의를 갖춰 한신과 만나 그의 생각을 들어보았다. 둘의 만남에 관한 내용은 역사에 기록되어 있고, 역사가들은 그것을 '한중대'라고 부른다.

'한중대'는 『사기』「회음후열전」에 기록되어 있다. 문장은 유방과 한신이 각각 자리에 앉는 장면에서 시작되고 있다.

유방이 물었다.

"승상께서 장군에 대한 이야기를 여러 번 했소. 장군께선 과인을 깨우쳐줄 만한 어떤 방략을 갖고 있소?"

한신은 일어나 유방에게 감사의 예를 표한 뒤 반문의 형식으로 대답했다.

"대왕께선 지금 동쪽으로 나가 천하를 쟁패하려 하시는데 그 적수가 설마 항왕은 아니겠지요?"

유방이 대답했다.

"바로 항왕이오."

한신이 또 물었다.

"대왕께선 잘 헤아려보시옵소서. 군사를 부리는 용감함, 사람을 대하는 예의, 실력의 강대함 이 세 가지 면에서 항왕과 비교하면 대왕께서는 어떠하다고 보십니까?"

유방은 한참동안 침묵한 후 대답했다.

"내가 항왕보다 못하오."

한신은 다시 몸을 일으켜 예를 표하며 유방의 말에 찬동했다.

"저 한신도 대왕께서 항왕보다 못하다고 생각합니다. 하지만 신은 일찍이 항왕의 막하에서 일한 적이 있습니다. 항왕의 사람됨을 들어보시겠습니까?"

한신은 군사를 부릴 때 항우의 용감함을 분석하면서 이렇게 말했다.

"항왕이 한번 노호하면 수많은 사람이 감히 움직이지 못합니다. 그러나 항왕은 현명한 장수를 임용할 능력이 없어 혼자서 적을 맞아 싸웁니다. 이러한 용맹은 필부의 용맹에 불과합니다."

이어서 항우가 사람을 대하는 예절바르고 어진 모습을 분석했다.

"항왕은 사람을 대할 때 공손하고 예절바르며 언어도 온화합니다. 사람이 아프면 동정심에 눈물을 흘리고 자신의 음식을 나눠줍니다. 그러나 자신이 임용한 사람이 공적을 세워서 상으로 봉작을 내려야 할 때는 훌륭한 인수를 쥐고서 시간을 끌며 선뜻 내려주려 하지 않습니다. 이러한 예절과 인정은 여인네의 인정에 불과합니다."

이어서 한신은 항우의 잘못을 분석했다.

"항우는 비록 천하의 패자霸者로 칭해지며 제후들을 신하로 부리고 있지만 관중에 의지하지 않고 팽성에 도읍을 정했습니다. 이것이 그의 첫 번째 잘못입니다. 항우는 회왕과의 약속을 어기고 자신의 호오에 따라 땅을 갈라 제후왕에 봉했습니다. 이에 제후들이 마음속으로 불복하고 있으니 이것이 그의 두 번째 잘못입니다. 항왕이 옛 주인인 회왕을 강남으로 축출한 탓에 새로 분봉된 제후들도 이 일을 본받아 분분히 옛 주인을 축출하고 비옥한 토지를 강탈하고 있습니다. 이것이 그의 세 번째 잘못입니다. 항왕이 가는 곳에는 박해와 파괴가 일어나지 않는 곳이 없어서 모든 백성이 원망하고 따르지 않습니다. 단지 위세에 압박을 받아 억지로 복종할 뿐입니다. 이것이 그의 네 번째 잘못입니다."

여기까지 분석하고 나서 한신은 작은 결론을 내렸다.

"종합해보면 항왕은 명의상으로 천하의 패자이지만 실제로는 이미 천하의 민심을 잃고 있습니다. 따라서 그의 우세는 쉽게 열세로 바뀔 것입니다."

유방은 숨죽여 정신을 집중하느라 자기도 모르는 사이에 몸이 앞으로 숙여져 있었고 무릎이 앞쪽 좌석에까지 닿아 있었다.

이제까지 항우의 득실을 분석하던 한신은 주제를 돌려서 유방의 대응 방법을 이야기하기 시작했다.

"지금 대왕께서 항우가 하는 짓과 반대로 행동하면서 천하의 용맹하고 현명한 장수를 임용하신다면 그 어떤 용감한 자라도 주살하지 못하겠습니까. 또 천하의 토지와 성읍을 공신에게 분봉하신다면 그 어떤 자든 복종시키지 못하겠습니까. 그리고 의제義帝를 존중하고 회왕과의 약속을 지키면서 의병을 일으켜 동쪽으로 돌아가고 싶어 하는 장졸들의 소원을 들어준다면 어떤 장벽이라도 제거하지 못하겠습니까."

고대 역사책에 인용된 문장은 대개 발췌한 것이다. '한중대'도 완벽한 내용이라기보다는 기초자료에서 사마천이 취사선택하여 취합한 글이다. 문장의 의미를 보아 위의 대목까지는 '한중대'의 전반부로 보인다. 그 내용은 한신이 항우와 유방의 명의를 빌려 아군과 적군의 장단점을 전략적으로 비교한 것으로, 결국 유방이 약세에서 강세로 전환할 수 있다고 결론짓고 있다. 이를 기반으로 한신은 한 걸음 더 나아가 삼진의 형세를 구체적으로 분석하고 삼진에 반격을 가할 수 있는 방안을 제시했다. 이것이 '한중대'의 후반부 내용이다.

한신은 이렇게 말했다.

"삼진의 왕들은 본래 진나라 장수로, 여러 해 진나라의 자제를 이끌다가 헤아릴 수 없을 만큼 많은 병사와 장수를 잃었고 또 부하들을 속이고 제후들에게 투항했습니다. 이 때문에 마침내 신안에서 20만 장졸이 항우에게 생매장되었습니다. 그런데 장함, 사마흔, 동예 세 사람만은 도주했으니 그들에 대해 진나라 사람들은 사무친 원한을 품고 있습니다. 지금 항왕은 크게 위세를 부리며 이 세 사람을 왕에 분봉했지만 진나라 사람의 옹호와 추대는 받지 못했습니다."

"이와는 다르게 대왕께서는 무관으로 진공하신 이후 저들의 재산을 털끝만큼도 침범하지 않았고, 진나라의 가혹한 법률을 폐지한 후 백성에게 '약법삼장約法三章'을 공포했습니다. 이제 진나라 백성 중에는 대왕을 진왕으로 모시기를 바라지 않는 사람이 없습니다. 또 초 회왕과 제후들 간의 공약에 근거해보면 대왕은 응당 관중에서 왕으로 칭해져야 하며, 이런 사실을 관중의 백성은 알고 있습니다. 그런데도 지금 대왕께서는 응당 맡아야 할 직위를 잃고 파촉으로 와 있으니 관중의 백성은 통탄하며 애석해하지 않는 사람이 없습니다. 오늘이라도 대왕께서 군사를 이끌고 북상하여 다시 동쪽으로 진출하신다면 삼진 땅은 격문을 전하는 것만으로도 평정할 수 있을 것입니다."

유방은 한신의 이 말을 듣고 몹시 기뻐했으며, 그를 늦게 만난 것을 아쉬워했다. 그는 한신을 대장에 임명함으로써 계획을 수용할 결심을 굳혔다. 그는 여러 장수에게 삼진으로 진공할 준비를 시켰다.

한중대는 초나라와 한나라 쟁패의 역사적 기점이었다. 유방 집단은 이때부터 북상하여 삼진을 다시 평정하고, 동쪽으로 나아가 천하를 쟁패한다는 전략을 세웠다. 이후에 전개된 역사에 의거하여 살펴볼 때 한중대의 정확한 정책 결정과 성공적인 추진력이야말로 유방 집단을 수동적 위치에서 주체적 위치로 전환시키고 연약함을 강력함으로 바꿔놓은 변곡점이었다. 나중에 유방이 항우를 이기고 천하를 쟁취한 토대는 바로 여기에서 마련된 셈이다. 이 때문에 역사학자들은 중국 역사에서 제시된 전략 결정 중 성공적인 모범으로 한중대를 손꼽으면서 제갈량이 유비에게 답한 '융중대隆中對'*에 비견하고 있다. 물론 각각의 역사와 내용에는 서로 다른 특징이 있다.

자세히 살펴보면 한중대는 전략적 층위에서의 분석과 대책이다. 이 시기의 유방은 곤경에 처한 상황을 타개하기에 급급했는데, 한신

---

* 중국 후한 말에 유비劉備가 융중隆中에 은거해 있던 제갈량을 찾아가 천하 쟁패의 대책을 묻자 제갈량이 유비에게 '천하삼분지계天下三分之計'를 제시했다. 이것을 융중대라고 한다.

은 피아 쌍방의 우열을 비교해 보이며 유방의 군대가 약세에서 강세로 전환할 수 있다고 했다. 더 나아가 삼진의 형세를 분석한 뒤 삼진으로 반격할 구상을 들려주었다. 한신의 분석에 유방은 시야가 밝아지고 막혀 있던 생각이 뚫리면서 앞으로의 방향이 명확해지는 것을 느꼈다. 하지만 노련한 실천가인 유방은 여러 해 동안 군사를 이끌고 작전을 수행해왔기 때문에 실제 전투에서 병졸 한 명 무기 하나의 중요성 또한 익히 알고 있었다. 따라서 어떻게 북상하여 삼진을 평정할 것인가라는 구체적인 사안은 절대로 빠뜨릴 수 없는 논의거리였다. 이후 역사를 살펴보면, 이때 한신은 매우 중요한 두 가지 방안을 제시했다. 첫째 "겉으로는 자오도로 나가는 것처럼 꾸미고, 몰래 진창도로 진공하는明出子午, 暗度陳倉"구체적인 반격 계획을 제시했다. 둘째 '신군법申軍法' 시행을 제안했다. 이는 진나라의 군사 제도에 근거하여 한나라 군사를 대규모로 정비하고 대대적으로 훈련시키는 방안이다.

"겉으로는 자오도로 나가는 것처럼 꾸미고, 몰래 진창도로 진공하는"계획에 대해서는 뒷부분에서 상세하게 서술할 것이다. 한신의 신군법은 매우 중요한 의미를 지니고 있는데, 이에 대한 상세한 언급을 찾아볼 수 없으므로 여기에서 조금 설명해보고자 한다. 전국 시대 이래로 진나라 군사가 여러 해 동안 승리를 거듭할 수 있었던 데는 신장된 국력, 강력한 군주, 유능한 장수 등과 같은 다양한 요인이 있지만 근본적인 원인이 하나 더 있었다. 그것은 바로 상앙商鞅(기원전 395?~기원전 338)이 변법을 시행한 이래로 일련의 개혁을 통해 군사 제도를 정비했던 사실이다. 이 군사 제도는 20등급의 전공戰功과 포상제를 골간으로 삼고 있다. 여기에는 또 군대의 편제 훈련, 병력 동원, 상벌 제도, 깃발과 북을 이용한 통신, 제대 후 복지 그리고 나아가 군인들의 관직 전환, 개인의 재산과 신분, 사회의 기층조직 건설 등의 내용까지 포함되어 있다. 따라서 신군법은 거의 모든 면에서 국가 체제와 연관되어 있다고 할 수 있다. 이 제도의 구조와 세칙을 모두 일컬어 진군법秦軍法이라고도 했다. 진나라는 진군법에 따라 가장 선진적이고 가장 효율적인 군사 제도를 정비함으로써 백전백승을 거두면서 천하 최강의 위용을 과시했다.

진나라는 천하를 통일한 후 자국의 군사 제도를 통일 제국 전체로 확장했다. 그런데 진나라 말기에 반란으로 여섯 나라가 부활하면서 각국의 상이한 군사 제도가 부활했다. 유방의 군대는 초나라의 깃발을 걸고 초왕에게 복종하면서 부활 후의 초나라 제도를 사용했다. 이후 한중으로 들어가 제후국을 건국했을 때는 수많은 관동 출신 장졸의 뜻을 받아들여야 하는 입장이 되었다. 따라서 초나라 제도를 계속 유지하면서 천하를 쟁취하여 고향으로 돌아갈 것인지, 아니면 생각과 정책을 바꾸어 진나라 제도를 채택한 뒤 옛 진나라를 새로운 기반으로 삼아 다시 시작할 것인지를 결정해야 했다.

이 제도 개혁 문제는 한나라 입국立國의 근본을 확립하는 문제라 할 수 있었다. 이후에 전개된 역사로 볼 때 유방이 한나라를 세운 이후에 초나라 제도를 폐지하고 진나라 제도를 채택하여 옛 진나라의 국토, 백성, 제도를 전면적으로 계승한 것은 항우를 대적하여 승리할 수 있었던 근본 바탕으로 작용했다. 이러한 군사 제도 개혁이라는 측면에서 가장 먼저 '진 본위 정책'을 추진한 사람이 바로 한신이었다. 한신의 신군법에서 비롯된 군사 제도 개혁은 유방의 군대를 가장 선진적인 방식으로 엄정하게 훈련시켜 전투력이 강한 군대로 만들었다. 뿐만 아니라 진나라 사람이 진나라 군대에 입대한다는 인식을 심어줌으로써 제도적인 보장과 문화적 귀속감을 갖도록 해줬다. 나중에 유방의 군대가 순조롭게 삼진에 반격을 가하고, 진나라 사람들이 초한 전쟁에서 결사전을 벌일 수 있었던 것도 모두 이 제도 개혁에서 비롯된 것이다. 한신의 신군법은 장차 한나라 군사가 승리를 쟁취하는 출발점이었으며, 진나라 제도 계승이라는 역사의 출발점인 셈이다.

나는 『사기』 「회음후열전」을 읽으면서 한신의 신군법이 한중에서 확립되어 이후 역사 발전에 큰 영향을 끼친 사건이었음을 알게 되었고, 이 내용을 논문으로 완성하여 발표한 적이 있다. 그것은 의심할 수 없는 사실이다.[18] 그러나 여러 해 동안 관련 글을 다루면서 나는 유독 한 대목에서 불가사의한 느낌을 지울 수 없었다. 소하가 한신을 다시 데려온 후 강력히 유방에게 천거하자 처음에는 주저하던 유방이 한신을 대장에 임명한 부분이다. 그런데 이번에 다시 이 부분을 정리하는 과정에서, 유방이 어쩔 수 없이 한신을 임용할 수밖에 없었던 이유를 소하의 시각으로 보충하면서 '천하에 둘도 없는 인재國士無雙'라는 말을 떠올리자 비로소 이해가 되었다.

그렇다 해도, 한신이 대장으로 임명된 것은 파격적인 승진이라기보다 거의 파천황破天荒에 가까운 일임을 깨닫는다면 그러한 일이 어떻게 가능했는지 믿기 힘들다. 당시 유방과 한신은 어떠한 왕래도 없는 사이였고 마주친 적도 없었다. 하후영과 소하의 추천이 있었다 해도, 또 유방이 한신을 임용할 의지가 확고했다 해도, 어째서 일찌감치 만나서 대화를 나눠보고 의견을 들어보고 얼굴을 맞대고 살펴보고 나서 결정하지 않았을까? 이 상황을 현대적인 비유로 설명해보자면, 한 나라의 통수권자가 삼군 총사령관을 임명할 때나 직원 백 명의 작은 회사 사장이 20명을 관리하는 부장을 임명할 때나 최소한 그러한 과정을 거치는 것이 상식일 것이다. 따라서 우리는 역사에 기록된 불합리한 내용을 진실로 인정하기보다는 역사 이야기의 재미를 더하기 위한 장치라고 이해해야 한다. 나는 역사를 서술하면서 이런 대목을 만날 때면 역사 편찬의 구성 원리에 의거하여 합리적으로 서사를 개정하고 그 이유를 덧붙임으로써 뒷날 역사를 읽는 사람들에게 참고자료로 제공해왔다.

⑧ 전영이 초나라에 반기를 들다

한신이 한중에서 한나라 군사를 통솔하며 소리 없이 군대를 정돈하고 전투를 준비하고 있을 때 관동에서 새로운 소식이 날아들었다. 그것은 바로 전영田榮(?~기원전 205)이 반란을 일으켜 제나라 땅을 점령했고, 이에 항우가 초나라 군사를 거느리고 진압하러 갔다는 소식이었다.

제나라와 초나라의 불화는 이미 오래된 일로, 전영과 항우의 갈등도 날이 갈수록 긴박해지고 있었다. 진2세 3년 12월 항우는 안양安陽(지금의 산둥 둥핑東平)에서 제나라와 친분이 깊은 대장 송의를 격살하고 초나라 군사의 지휘권을 탈취했다. 그리고 기마병을 제나라 경내로 깊숙이 침투시켜 전영에 의해 제나라 승상으로 초빙된 송의의 아들을 잡아 죽였다. 이로써 초나라와 제나라의 관계는 악화되었고, 항우가 초나라 군사를 이끌고 북상하여 조나라를 구원하러 갈때 전영은 협조하지 않았다. 하지만 항우의 군대는 제나라의 제북군濟北郡과 박양군博陽郡 지역을 통과할 때 현지의 두 장수인 전안田安과 전도田都의 지원을 받았다. 두 장수는 군사를 거느리고 항우군과 함께 평원진平原津(지금의 산둥 핑위안平原)에서 황하를 건너 조나라를 구원했다. 이 일로 전영의 불만은 더욱 커졌다. 이때부터 전영은 항우에 대하여 모든 협력을 거부했고 항우의 연합군이 진나라로 진격할 때 한 명의 병졸도 보내지 않았다. 이로써 제나라는 모든 제후국 밖으로 고립되었고, 항우는 전영을 깊이 증오하게 되었다.[19]

항우는 제후국 연합군을 이끌고 진나라를 멸망시킨 후 논공행상을 통해 천하의 땅을 제후들에게 분봉할 때, 각국 장수들은 전공戰功의 대소에 근거하여 지위와 포상 정도가 결정되었다. 특히 거록 전투는 진나라를 멸망시킨 결정적인 전투였으므로 이를 전후로 세운 전공이 가장 중요한 요소였다. 더불어 항우를 수행하여 관중으로 진격했는가의 여부도 공적 심사에 중요한 참고사항이었다.

항우가 정한 포상 원칙에 따르면, 제나라 승상 전영은 거록 전투에 참가하지 않았고 연합군을 수행하여 관중으로 들어가지도 않았기 때문에 땅을 분봉 받아 제후왕이 될 수 없었다. 항우는 제나라를 교동膠東, 제齊, 제북濟北 세 나라로 분할했다. 그리하여 원래의 제왕齊王 전불田市(?~기원전 206)을 교동왕으로 바꾸고 즉묵即墨(지금의 산둥 핑두平度 동쪽)을 도읍으로 삼아 교동과 교서膠西 두 군郡이 포함된 제나라 동부 지역을 통치하게 했다. 또 전도를 제왕齊王으로 봉하고 임치臨淄(지금의 산둥 쯔보淄博)를 도읍으로 삼아 임치, 낭야琅邪, 성양城陽 세 군이 포함된 제나라 중부 지역을 통치하게 했다. 그리고 전안을 제북왕에 봉하고 박양博陽(지금의 산둥 타이안泰安 동남쪽)을 도읍으로 삼아 제북과 박양 두 군이 포함된 제나라 북부 지역을 통치하게 했

다.[20]

전영의 뜻을 거스르고 항우를 따라 황하를 건너가 조나라를 구원한 전도와 전안 외에도, 항우를 수행하여 관중으로 진격한 제나라 장수들은 두터운 포상을 받았다. 전불은 전담田儋(?~기원전 208)의 아들로, 전담이 죽은 후 백부인 전영에 의해 왕으로 옹립되어 전영의 감독과 보호 아래 정치를 했다. 그는 군사를 거느리고 조나라를 구원하지도 않았고 항우를 따라 관중으로 들어가지도 않았기 때문에 국토가 분할되자 편벽한 교동 땅을 얻는 데 그치는 등 홀대를 받았다.

전영은 항우의 이러한 조치에 화가 치솟아서 항우의 명령에 따르지 않기로 결정하고는 전불로 하여금 계속 임치에 남아 제왕의 지위를 유지하도록 했다. 전도가 군사를 이끌고 임치로 와서 제나라를 접수하려 하자 전영은 전도를 초나라로 내쫓았다. 그러나 담이 작은 전불은 항우의 보복이 두려워 은밀히 임치를 떠나 즉묵으로 가서 교동왕에 즉위했다. 이에 또 전영은 분노하여 교동으로 군사를 보내 즉묵에서 전불을 죽이고 자신이 제왕이 되었다.

스스로 제나라 왕이 된 전영은 공개적으로 반초反楚 깃발을 들고는 항우에게 불만을 지닌 각국의 실력자 가운데 협조자와 동맹군을 찾기 시작했다. 그가 찾은 첫 번째 협조자는 바로 팽월彭越(?~기원전 196)이었다. 팽월은 지방 군벌과 같은 인물로, 진나라 말기의 혼란기에 무장 세력을 조직하여 어떤 왕국에도 소속되지 않은 채 시종일관 자신의 이익에 따라서만 유격전을 전개했다. 진나라와 초나라의 전투가 장기전으로 이어질 때도 그는 비켜서서 관망했다. 그러다가 유방의 군대가 창읍昌邑의 진나라 군대를 공격하러 오자 군사를 파견하여 적극 협력했다. 공격이 불리하여 유방의 군대는 남하했다가 서쪽으로 후퇴했으나 그는 현지에 남았다. 그러고는 거야택巨野澤으로 돌아가 칩거한 채 군사를 모으고 병마를 사들여 정예병을 양성하여 수만 명의 군사를 갖추었다.²¹ 팽월은 거록 전투에 참가하지도 않았고 연합군을 따라 관중으로 들어가지도 않았기 때문에 항우가 천하를 분봉할 때 그의 몫은 없었다. 그는 체제 밖의 할거 세력이 되었다.

팽월은 위魏나라 사람이다. 그가 칩거한 근거지 거야택은 위나라 동군東郡, 탕군碭郡과 초나라 설군薛郡, 제나라 제북군 사이에 있는 땅으로 거대한 호수와 소택지로 이루어져 있었다. 하층민 출신인 팽월은 용감하고 싸움에 출중하여 어떤 가문에도 의지하지 않은 채 자기 역량으로써 군사와 병마를 모았고, 오직 이익만을 좇아 부귀를 누렸다. 이익에 따라 행동한다는 팽월의 인생 원칙을 간파한 전영은 제나라 왕의 이름으로 팽월에게 장군직 인수를 수여했다. 그리고 위나라에서 군사를 일으켜 제나라 군대에 협력할 것을 명했다. 전영의 정식 임명장을 받은 팽월은 군대를 거느리고 제북을 공격하여 제북왕 전안을 죽였다. 이에 전영은 제북국을 제나라에 병합하고 제북, 박양, 임치, 낭야, 성양, 교서, 교동 7군을 거느리며 제나라를 다시금 통일했다. 그는 임치를 도읍으로 삼고 전력을 정비하여 초나라에 대항했다.

전영이 전도를 공격한 때는 한나라 원년 5월이었고, 교동왕 전불을 죽이고 스스로 제왕이 된 때는 다음 달인 6월이었고, 팽월을 시켜 제북왕 전안을 죽이고 제나라를 통일한 때는 그다음 달인 7월이었다. 항우가 건립한 천하의 질서를 그는 채 3개월 만에 뒤흔든 것이다. 항우가 천하를 분봉할 때 불공정한 대우를 받았다고 생각하는 각양각색의 실력자들은 분분히 행동에 나서서 손바닥을 문지르며 장차 다가올 대회전을 준비하기 시작했다.

맨 처음 전영에 호응한 실력자는 진여陳餘(?~기원전 204)였다. 진여는 본래 조나라의 대장군으로 승상 장이張耳(기원전 264~기원전 202)와 막역한 관계였다. 그런데 거록 전투 이후에 서로의 언행을 오해하여 관계가 악화되기 시작했다. 장이에게 분노한 진여는 부하 수백 명을 대동하고 조나라를 떠나 황하 하류의 소택지로 가서 수렵을 하며 산대왕山大王이 되었다. 항우는 천하를 분봉할 때 장이를 상산왕商山王으로 봉하고 조나라 옛 도성 신도信都를 양국襄國(지금의 허베이 싱타이邢臺)으로 개명한 뒤 그곳을 수도로 삼아 조나라 동부 지역을 통치하게 했다. 또 원래의 조왕 헐歇은 대현代縣(지금의 허베이 위蔚현)으로 옮겨 대왕代王에 봉하고 조나라 북부 지역을 통치하게 했다. 그런 다음 항우는 진여가 남피南皮(지금의 허베이 난피)에 은거했다는 소문을 듣고 그를 후작에 봉하고 남피 부근의 세 현縣을 영유하게 했다. 진여는 자신이 장이와 함께 거병했으며 그 공로가 장이와 맞먹으므로 응당 왕에 봉해져야 한다고 생각했기에 항우의 분봉에 불만을 품었다. 남피는 조나라 동부 변경에 위치해 있는 땅으로, 제나라와 인접해 있었다. 전영이 제나라를 통일하는 것을 지켜본 진여는 곧바로 사신을 보내 항우와 장이에 대한 불만을 토로했다. 그는 이어서 전영에게 상산국을 공격할 원군을 보내달라고 했다. 전영과 함께 초나라에 반기를 든 것이다. 전영은 이 제의를 받아들여 군대를 상산국으로 진입케 하여 진여와 함께 장이를 공격했다. 이와 동시에 전영은 또 팽월을 남하시켜 초나라를 공격하게 했다. 이제 초나라에 반대하는 전쟁의 불길은 황하 하류의 남북 양안에서 세차게 타오르기 시작했다.

한신은 줄곧 관동 지방의 형세와 동향에 세심한 주의를 기울이고 있었다. 전영이 팽월·진여와 손을 잡고 제나라와 옛날 위나라 그리고 상산국과 연합하여 항우와 전면전을 시작하자 한신은 삼진을 평정할 시기가 도래했다고 생각했다. 한나라 원년 8월, 한신은 유방의 공감을 얻고 나서 '겉으로는 자오도로 나가는 것처럼 꾸미고, 몰래 진창도로 진공하는' 공격령을 내렸다.

⑨
한중의
지형과 교통

한중은 진령과 대파산 사이에 위치한 산간 분지다. 한수漢水는 이 분지 서쪽에 있는 반총산蟠冢山에서 발원하여 동쪽으로 흘러가면서 좁고 긴 평원을 형성하고 있다. 동서의 길이는 200여 리이며 남북의 폭은 10~50리 정도다. 이를 한중漢中평원이라고 부른다. 한중 지역은 기후가 관중 지역과 판이하고 오히려 파촉 지역과 비슷하다. 대체로 아열대 상록활엽수 지역에 속하여 온난다습하고 강수량이 많다. 벼, 보리, 과일이 풍부하여 '섬남 곡창지대陝南糧倉'라고 일컬어진다.

옛날 한중 지역에는 포국褒國이 있었다. 서주 말기에 주나라 유왕幽王(기원전 795~기원전 771)이 포사褒姒를 총애했다. 그는 포사가 웃는 모습을 보기 위해 거짓 봉화를 올려 제후를 희롱하는 일을 서슴지 않다가 결국 천하의 신망을 잃고 망국의 수렁에 빠져들었다. 천금을 주어도 웃음을 보이지 않던 그 냉혈 미녀가 바로 한중의 포국 출신이었다. 춘추 시대에 이르러 한중 북쪽에는 진秦나라가 있었고 남쪽에는 촉나라가 있어서 두 나라는 줄곧 한중을 두고 다퉜다. 기원전

387년 진나라는 촉나라의 수중에 있던 한중을 다시 탈취한 이후로 한중은 계속 진나라의 영토였다.

한중 지역은 중국 동부의 회수淮水와 사수泗水 지역과 마찬가지로 중국 대륙의 남북 분계선상에 자리 잡고 있다. 또 중국의 정세가 남북으로 대치할 때마다 한중 지역은 회수와 사수 지역과 마찬가지로 상호 쟁탈의 초점이 되었다. 진나라가 망한 후 유방은 한중으로부터 관중을 공격하여 천하 통일을 이루었다. 이 때문에 한중은 용흥지지龍興之地(천자가 일어난 곳)가 되었다. 삼국 시대에는 조조曹操(155~220)와 유비劉備(161~223)가 한중을 두고 다퉜다. 또 제갈량은 한중을 근거지로 삼아 다섯 차례나 북벌에 나섰으나 실패하고 말았다. 촉한蜀漢의 멸망도 한중을 잃으면서부터 시작되었다. 남송 시기에도 한중 지역은 다시 한 번 남북 세력의 쟁탈지가 되어 송나라는 이곳에 막강한 무장 병력을 주둔시켰다. 몽골군은 대산관大散關으로부터 한중을 공격하고, 다시 동쪽으로 진격하여 금金나라를 멸망시켰다. 이어서 다시 남하하여 촉을 멸하자 남송도 오래지 않아 멸망했다.

고금 이래로 한중으로 진출하기 위한 최대 난점은 바로 교통이었다. 한중에서 관중으로 들어가기 위해서는 반드시 산간 고도古道를 통과하여 진령산맥을 넘어야 한다. 동서 길이가 800리에 달하고 평균 높이는 해발 2000미터가 넘는 진령산맥은 산세가 험준하여 사람들이 지나다니기가 어려웠다. 그런 진령산맥을 넘어가는 네 개의 길이 진나라와 한나라 때 형성되었다. 자오도, 당락도儻駱道, 포야도, 진창도가 그것으로, 이 길들은 모두 산골짜기로 구불구불 이어진 가파른 산길이다. 중국 교통사에서 유명한 잔도棧道는 대부분 이 네 갈래 길에 집중되어 있다. 이 밖에도 한수 연안을 따라 서쪽으로 우회하여 농서隴西에 도착한 뒤 다시 농산隴山(육반산 남단)을 넘어 동쪽으로 나가는 길이 있는데, 이 길은 기산도祁山道라 부른다.

자오도는 진나라 도성 함양咸陽 남쪽 두현杜縣(지금의 시안시 창안구)에서 출발하여 자오곡子午谷(지금의 창안구 쯔우진 부근)으로 진입한 후 산골짜기를 따라 전진하여 진령을 넘은 후 한중 평원으로 가는 길이다. 중간에 성고현成固縣(지금의 산시陝西 청구成固)을 거쳐 한중군 남정현南鄭縣(지금의 산시성 한중漢中)에 닿는다. 자오도는 전체 길이가 600여 리로 아주 일찍부터 개통된 관도官道였으며, 또한 한중에서 진령을 넘은 후 함양과의 거리가 가장 가까운 통로다.[22]

당락도는 북쪽 입구가 낙곡駱谷(지금의 산시陝西 저우즈周至현)에 있다. 남쪽으로 진령을 넘어 당수儻水 골짜기(지금의 양洋현 경내)를 따라 한중 평원으로 진입하여 다시 서쪽으로 방향을 잡아 한중에 닿는다. 당락도는 함양과 한중을 연결하는 가장 짧은 길이자 가장 험한 길이었다. 하지만 이 길은 진말 한초 시기의 역사책에는 언급되지 않고 있다. 아마도 민간의 소도小道일 뿐이어서 당시에는 관도로 개통되지 않았던 듯하다.

포야도는 북쪽 입구가 야수斜水 골짜기 입구(지금의 산시陝西 메이현)에 있다. 남쪽으로 진령을 넘어 포수褒水 골짜기(지금의 류바留壩현과 한중시)를 따라 남정으로 통한다. 이 길은 전체 길이가 470여 리인데 진령의 잔도 중에서 가장 유명하다. 저명한 석문石門 유적이 바로 이 길 위에 있다. 하지만 포야도를 대규모로 닦은 것은 한 무제 때였다.[23] 진말 한초에는 아직 좁은 오솔길이었을 것이다.

고도故道라고도 불리는 진창도는 진창에서 출발하여 고도현故道縣으로 들어가 대산관을 통과한 후 가릉강嘉陵江 상류 계곡을 따라 서남쪽으로 진령을 넘는다. 그리고 대체로 지금의 바오청철로寶成鐵路 노선을 따라 가다가 산시陝西성 시펑현西鳳縣, 간쑤성 후이현徽縣, 산시陝西성 뤠양현略陽縣을 거쳐 다시 동쪽으로 멘현勉縣을 지나 한중에 닿는다.

기산도는 고대에 관중 지역과 한중 지역을 연결하는 또 다른 통로였다. 이 길도 진창에서 출발하는데, 견하汧河를 따라 서북쪽으로 농산을 넘어 농서 상규上邽(지금의 간쑤 톈수이天水)에 닿는다. 이후 다시 기산祁山을 거쳐 서쪽 한수를 따라 내려와 서현西縣(지금의 간쑤 리禮현)과 하변下辨(지금의 간쑤 청成현 서북쪽) 지역을 지난 뒤 섬서성 약양으로 진입한다. 그리고 다시 한수를 따라 직진하여 한중에 닿는다.[24]

옛 시대가 가고 새 시대가 오는 세월의 흐름 속에서 산천은 변해 간다. 한중의 지형과 교통, 특히 한수 상류 지역에 형성된 공간은 역사적으로 거대한 변화를 겪었다. 상고시대 이래로 오늘날의 한수漢水와 서한수西漢水는 교통에 이용되는 물길이었다. 서한수는 지금의 간쑤성 톈수이 서남쪽에서 발원하여 남쪽으로 룽난隴南 지역의 리禮현을 거친 후 다시 서남쪽으로 시허西和현, 청현을 지나 산시陝西성 뤠양略陽으로 진입한다. 그리고 다시 직진하여 서쪽으로 흘러가서 한수이와 연결되고* 계속해서 멘현, 한중 지역, 안캉安康 지역을 거쳐 후베이성으로 진입한 후 다시 시옌十堰, 샹판襄樊, 징먼荊門, 샤오간孝感 등지를 거쳐 우한에서 장강과 합류한다.

당시의 한수 상류 약양 일대는 거대한 산간 하천과 호수 도시여서 '천지대택天地大澤'이라 일컬어졌다. 천지대책의 물길은 저수량이 풍부하고 수심이 깊기 때문에 한수 상류의 여러 물줄기로 선박 운행이 가능하여 수로 교통이 편리했다. 한중에서 출발하여 배를 타고 물길을 거슬러 올라가면 농서까지 닿을 수 있었고, 반대로 물길을 따라 내려가면 서초西楚 땅에 닿을 수 있었다. 넓고 넓은 한수는 농남, 한중, 형초荊楚를 연결해주는 중요한 통로 역할을 했다. 기원전 280년 진나라 장군 사마착司馬錯이 진나라 군사를 거느리고 초나라를 공격할 때도 농서군隴西郡(지금의 톈수이)에서 출발하여 배를 타고 한수를 따라 동남쪽으로 내려가 한중에서 초나라 검중군黔中郡(지금의 후베이성 스옌十堰 주산竹山과 주시竹溪) 일대로 곧장 밀고 내려갔다.

한수 전역에 선박 통행이 가능했던 이런 상황은 전한 고후高后 2년, 즉 기원전 186년에 큰 변화를 겪었다. 그해 봄 섬서 약양과 영강寧強 지역에 큰 지진이 발생했다. 역사에서는 '무도지진武都地震'[25]이라 부르는 이 재난으로 산이 무너졌고, 이로 인해 한수는 서한수와 한수로 양단되어 옛 물길이 끊어지고 말았다. 이후 또 다시 지형의 변화로 약양 일대에 가릉강과 한수를 가르는 분수령이 형성되었다. 이 때문에 서한수와 부근의 물길은 남쪽 사천성으로 유입되면서 가릉강 상류의 수원이 되었다. 서한수를 잃어버린 한수는 강의 길이가 짧아지고 수량도 감소하여 선박 통행도 전과 같지 않게 되었다.[26]

＊ 전한 초기까지는 서한수가 한수와 연결되어 있었지만 전한 초에 발생한 대지진 때문에 물길이 바뀌어 지금은 서한수가 자링장강의 지류가 되었다. 따라서 지금 서한수이와 한수이는 과거의 서한수, 한수와는 완전히 다른 물길이다. 한수이는 동쪽으로 흘러 후베이성을 지나 우한에서 창장강과 합류하며, 서한수이는 자링장강으로 흘러들어 쓰촨성을 지나 충칭重慶에서 창장강과 합류한다.

고금 지형의 변화로 인해 한중 지역에서 연출된 역사극을 지금의 지리로 그려보면 다소 낯설게 느껴질 수밖에 없다. 이 점을 이해하지 못하면 이 장에서 서술한 내용, 즉 한신이 관중을 공격한 중대한 역사 사건에 대해서도 정확히 이해하기가 어려울 것이다.

⑩
장함이
잘못 판단하다

한나라 원년 7월, 관중 지역의 들판은 짙은 녹음으로 덮이고 태양은 불처럼 이글거리고 있었다. 몇 차례 소나기로 불어난 위수渭水에는 장 삿배들이 빠르게 치달리고 있었다. 하지만 위수 북쪽 연안 폐구성廢 丘城(지금의 산시陝西 싱핑興平)에 자리 잡은 옹왕 장함은 긴장된 나날을 보내야 했다.

소식에 따르면 팽성 지역에서 전영이 반란을 일으켜 왕을 칭한 뒤 팽월과 연합하여 초나라를 공격 중이었다. 이에 항왕은 전영을 토벌 하려 초나라 군사를 이끌고 북상하고 있었다. 또한 한중의 유방이 틈을 노려 관중을 공격할 수 있으므로 반드시 경계를 강화하라는 범증의 전갈이 있었다. 아니나 다를까, 한신이 한나라 군대의 대장으 로 임명되어 군사를 정비하고 전투 준비를 하고 있다는 소식이 남쪽 지역 각 관문에서 전달되었다. 한신은 이미 한중에서 관중으로 들어 가는 모든 통로를 봉쇄하여 행인의 왕래를 끊어놓았다. 『손자병법』 에 이런 구절이 있다. "전쟁을 시작하기 전에 관문을 봉쇄하고 통행증을 폐지하여 적국과의 사신 왕래를 중지해야 한다. 그리고 조정에서 계책을 마련하여 군사 행동의 방침을 결정한다." 장함은 관중을 공격하려는 한나라 군대의 계획이 이미 발동된 것으로 보고, 각 지역에 명령을 내려 경계를 강화했다.

7월 말, 농서 방면 군영에서는 대규모 한나라 군사가 한수를 따라 서진하여 육군과 수군이 합동으로 하변현下辨縣에 맹공을 퍼붓고 있다는 보고를 보내왔다. 얼마 지나지 않아 한나라 조참曹參(?~기원전 190)의 부대가 이미 하변성을 점령했으며 또 다른 한나라 군사 번쾌의 부대도 서한수를 따라 서현과 상규를 향해 돌진하고 있다는 전갈이 왔다. 한나라 대군은 일거에 농서를 탈취하고 농산을 넘어 관중으로 진입할 기세라면서 상황이 위급하니 증원군을 보내달라고 했다.

장함은 옛 진나라 군대의 대장이었기 때문에 군사 경험이 풍부하고 지략이 있으며 성품은 강인했다. 항우는 관중을 떠나기 전에 장함에게 유방의 북상을 방어하여 관중을 지키라는 중임을 내렸다. 장함이 다스리는 옹국의 도성은 폐구에 있었고, 그 영토는 함양 서쪽 관중 지역과 농서, 북지군北地郡에까지 걸쳐 있었다. 따라서 옹국은 삼진 중에서 영토가 가장 넓으며 병력도 강한 대국이었다. 그리고 한중에서 관중으로 이어지는 길들도 새국塞國 경내에 있는 자오도 외에는 모두(당락도, 포야도, 진창도, 기산도) 옹국 경내에 있었다. 유방을 한중에 봉쇄하는 책임이 장함에게 달려 있음은 의심의 여지가 없었다.

장함은 한나라 대군이 농서로 진군한다는 보고를 받고도 반신반

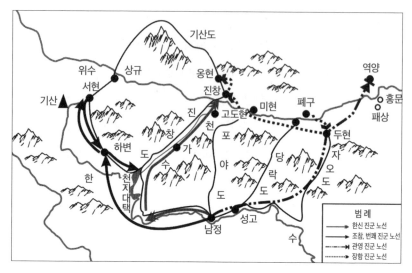

한신의 관중 공략 개념도

의했다. 이는 관중을 공격하기 위한 전주라고 볼 수밖에 없는 것이지만, 그것이 혹시 성동격서聲東擊西의 위장술이 아닌지 의심스러웠던 것이다. 장함은 진나라 사람이라 관중의 지형에 익숙했고, 근래에 한중으로 통하는 도로에 대해서도 자세히 연구해둔 터였다. 따라서 한나라 대군이 서한수를 통해 농서로 향하는 것은 물길이 편리하고 길이 평탄하기 때문이라 해도 너무 멀리 돌아가는 노정이었다. 한나라 대군이 농서를 점령하더라도 농산이 길을 막고 있으니 삼진의 군사를 조용히 파견하면 농산 서쪽에서 막을 수 있겠지만, 이와 같은 전략은 시간이 소요되고 관중 중심부를 직접 위협하기 어렵기 때문에 장함의 입장에서는 절대로 쓸 수 없는 계책이었다.

한나라 대장 한신에 대해서도 정확히 파악할 수가 없었다. 소문에

초망

따르면 한신은 일찍이 항왕 부대의 낭중이었으나 한나라로 도망가서 파격적인 대우를 받았다고 한다. 무명의 말단 군관이 갑자기 한나라 군대의 총사령관이 되었다는 사실은 유방이 고의로 퍼뜨린 연막전술이 아닐까 의심스럽기도 했다.

장함은 유방과 직접 교전한 적은 없지만 유방에 대한 소문들은 익히 알고 있었다. 유방은 초나라 군대의 장수 가운데 항우와 함께 거명되는 인물로, 단독으로 한 방면을 감당할 만한 장수로 알려져 있었다. 장함 자신이 거록에서 항우와 결전을 벌일 때도 유방은 초나라의 소부대를 이끌고서 남양과 무관을 함락한 뒤 남전藍田을 기습하여 가장 먼저 관중으로 진입하는 전공을 세웠다. 용병에 관한 한 유방이야말로 뛰어난 용기와 지모를 갖췄을 뿐 아니라 과감한 모험심도 갖춘 출중한 장수였다. 특히 홍문연 이래로 유방은 은인자중하며 본심을 숨기는 장기를 발휘했고, 지략에 따라 인재를 잘 기용하는 등의 면모를 보여주었다.

한중의 유방을 방비하는 중임을 맡은 장함으로서는 유방의 일거수일투족에 비상한 관심을 기울였다. 장함 역시 『손자병법』을 숙독했기에 "적을 알고 나를 알면 백 번 싸워도 위태롭지 않다知彼知己, 百戰不殆"는 이치를 마음속에 새기고 있었다.

유방이 한중으로 들어갈 때 자오도를 이용한 것은 장량의 건의를 받아들인 결과였다. 유방은 자오도 식중蝕中이란 곳에 있는 일단의 잔도를 불태움으로써 다시 삼진으로 돌아오지 않겠다는 의지를 보여줬다. 장함은 그 일을 단단히 기억하고 있었다. 전장에서 잔뼈가 굵은 이 노장은 상황을 매우 날카롭게 파악할 줄 알았으며, 위장술이 병법의 근본이라는 사실도 잘 알고 있었다. 공격할 능력이 있을 때는 무능력한 것처럼 위장해야 하고, 싸워야 할 때는 싸우지 않을 것처럼 위장해야 한다. 또 가까운 곳에서 움직여야 할 때는 먼 곳에서 움직이는 것처럼 위장해야 하고, 먼 곳에서 움직여야 할 때는 가까운 곳에서 행동할 것처럼 위장해야 한다. 이러한 술책은 적이 방비하지 않는 곳을 공격함으로써 의표를 찌르기 위한 것이다. 위장술에 뛰어난 유방은 관중을 치려는 의도를 감추기 위해 동쪽으로 진출할 야심이 없음을 더욱 강하게 보여야 했을 것이다. 한중으로 들어간 이후에도 유방의 행동은 장함에게 명확히 간파되고 있었다. 유방은 틀림없이 돌아올 것이며, 그 시기도 머지않을 것으로 확신하고 있었다. 더욱이 유방은 다시 자오도를 거쳐 돌아올 가능성이 높다고 보았다.

장함이 이렇게 생각한 까닭은 유방이 잔도를 소각한 의도를 간파했기 때문이기도 하지만 자기만의 다른 논리를 갖고 있었기 때문이다. 앞에서도 말한 바와 같이 진나라와 한나라 교체기에 한중과 관중을 연결하는 다섯 갈래 도로 중에서 당락도와 포야도는 아직 정식 관도로 개통되지 않았다. 이 때문에 이 두 갈래 길은 좁고 험한 민간 소로에 불과해서, 대규모 군대가 이동하기에는 어려웠다. 그러므로 유방의 군대가 관중을 공격하려면 자오도, 진창도, 기산도를 이용해야 하는데, 기산도가 가장 멀고 진창도가 그 다음이었으며 자오도가 가장 가까웠다. 자오도가 끝나는 지점에는 말을 타고 치달릴 수 있는 관중평원이 펼쳐져 있다. 두현성杜縣城은 불과 수십 리 전방에 있고, 북쪽으로 멀지 않은 곳에 함양이 있고, 동쪽 가까운 곳에 옛날 유방의 군대가 주둔했던 패상霸上이 있다. 패상은 가벼운 수레로 일거에 관중 지역 심장부로 진입할 수 있는 곳이었다. 한편 자오도는 두현에 있기 때문에 새국의 영역이었다. 새국은 삼진 중에서 가장 땅이 작아서 사마흔이 거느린 새군은 장함이 거느린 옹군에 비해 훨씬 약했다. 따라서 새군은 유방의 군대를 포위하는 가장 약한 고리라 할 수 있었다.

장함은 신중히 생각한 끝에 군사 동원령을 내렸다. 우선 농서의 군사들을 서현과 상규 일대로 집결시켜 한나라 군사의 진공을 막게 하고, 만일의 사태에 대비하여 일부 북지군北地軍을 옮겨 농서를 지원하게 했다. 그리고 진창 일대의 감시와 방어를 강화하여 한나라 군사가 진창도를 통해 침입하지 못하도록 했다. 동시에 새왕 사마흔에게 상황을 통보하여 한나라 군사가 자오도로 나오지 못하도록 두현 일대의 방어를 강화했다. 그런 뒤 폐구 일대에 옹군의 주력 부대를 집결시켜 때에 따라 진창과 두현의 방어군을 지원하도록 했고, 필요할 경우 농산을 봉쇄하라고 지시했다.

8월로 들어서서도 서부 지역 전황은 여전히 급박했다. 서현을 지키던 옹군이 백수白水 일대(지금의 간쑤 톈수이天水)에서 궤멸되었지만 장함은 움직이지 않았다. 곧이어 새국 지역에서 알려오기를, 한나라 군사가 비밀리에 길을 닦고 있으며 가벼운 군장을 한 정예부대가 자오도 입구 일대에서 출몰한다고 했다. 그러자 자신의 판단이 틀리지 않았음을 확인한 장함은 마음속이 있던 돌덩이 하나를 내려놓은 듯했다. 결국 한나라 주력군의 공격로는 자오도였던 것이다. 그는 옹군에게 군장을 꾸려 새국 지원에 나설 채비를 하라고 지시했다. 머지않아 새왕 사마흔의 사자가 폐구에 도착하여 새로운 소식을 보고했다.

한나라 선봉대가 맹장 관영의 통솔 아래 자오도 입구를 점령했고, 그 뒤로 대군이 끊임없이 자오도 산길로 진군 중이어서 두현이 긴급한 상태라는 것이었다. 장함은 더 이상 관망하지 않고 직접 옹군 주력부대를 이끌고 두현으로 내달렸다.

장함이 부대를 이끌고 동쪽으로 가고 있을 때 진창 방면에서도 한나라 군사 일부가 진창도로 나와 입구의 고도현성故道縣城을 공격 중이니 증원군을 보내달라는 전갈이 왔다. 장함은 이 상황을 예상치 못한 것은 아니었다. 그러나 한나라 군사의 진정한 공격 목표는 자오도라고 확신하고 있었다. 따라서 진창도로 진출한 한나라 군사는 기산도로 진출한 한나라 군사와 마찬가지로 위장술이라고 판단했다. 그는 옹성과 진창 일대의 방어군에게 고도현성을 지원하면서 각 지역을 굳게 지키라고 지시한 뒤 자신은 계속 동쪽으로 진군했다.

오래지 않아 농서 방면에서 한나라 군사가 공격을 중지하고 서현과 하변 일대로 후퇴했다는 보고가 전해졌다. 이어서 진창 방면에서 긴급 보고가 전해졌다. 한나라 대군이 진창도를 빠져나와 이미 고도현성을 함락시켰고, 북상하여 위수渭水를 건너 진창을 포위함으로써 대장 한신과 한왕 유방의 깃발이 군중에 나부끼고 있다는 소식이었다. 그런 반면 자오도 입구를 점령한 한나라 군사는 험한 산세에 의지하여 관망할 뿐 두현을 공격하지 않고 있었다. 그제야 장함은 한나라 주력군의 공격 방향이 자오도가 아니라 진창도였음을 깨달았다. 장함은 황망히 방향을 서쪽 진창으로 바꾸었다.

장함의 군사가 진창에 당도했을 때 이미 진창성은 한나라 군사에게 함락된 뒤였다. 승세를 탄 한나라 군사는 진창과 옹성을 잇는 선상에서 진을 친 채 대기하고 있었다. 양군이 대대적으로 맞붙은 결과 장함이 패배하여 어쩔 수 없이 폐구로 퇴각했다. 장함의 아우 장평章平은 패배한 일부 옹군을 이끌고 호치好畤(지금의 산시陝西 첸乾현 동쪽)로 퇴각하여 수비에 치중하고 있었다. 두 형제는 각각 두 성에 진을 치고 한나라의 동진을 저지하면서 새국과 적국翟國의 증원군을 기다릴 심산이었다.

한신의 지휘 아래 순조롭게 진군한 한나라 주력군은 이제 위수를 따라 동쪽으로 진격하여 폐구를 압박했다. 한편 조참과 번쾌가 이끄는 별동부대는 호치로 달려가 장평의 군대를 격파하고 호치를 포위했다.

폐구로 퇴각하여 전열을 정비하던 장함은 새국과 적국의 증원군을 얻어 다시 군세를 떨치며 서쪽 방향으로 나와 양향壤鄕(지금의 산시陝西 우궁武功 동남쪽)과 고력高櫟으로부터 반격을 감행했다. 한신은 정면으로 장함의 공격을 막아내는 동시에 호치를 포위 중이던 조참과 번쾌의 군대를 은밀히 남하시켜 장함의 군사를 측면에서 습격하게 했다. 한나라 군사의 협공을 받은 장함의 군사는 대패하여 다시 폐구로 퇴각하지 않을 수 없었다.

폐구 대전은 한나라 군사가 관중을 반격하는 과정에서 거둔 매우 중요한 승리였다. 이 대전의 결과로 삼진의 주력군이 궤멸되어 한나라 군사를 대적할 동력을 상실했다. 폐구 대전 이후 장함은 곤혹스럽게 외로운 성을 지키느라 폐구에서 한 발짝도 나오지 못했다. 장평은 호치성을 버리고 도주했다가 북지와 농서의 잔여 옹군을 결집하여 계속 저항했지만 이는 한신이 관중을 평정한 뒤의 여운에 불과했다.

한나라군은 폐구 대전에서 승리한 기세를 몰아 호치와 함양을 점령했고, 자오도 입구에서 허장성세로 장함을 속이던 관영의 군사도 대거 출진하여 새국의 도성 역양櫟陽을 일거에 함락시켰다. 관중의 중심부를 탈취한 한나라는 내친 김에 우월한 조건을 내걸고 삼진 각지의 방어군을 불러들였다. 대세가 기울자 새왕 사마흔과 적왕 동예는 달려와 투항했다. 이로써 관중 지역의 상황은 일단락을 고했다.

⑪ 자오도로 나가는 것처럼 꾸미고, 진창도로 진공한 전략

한중에서 관중으로 반격해 들어간 한신의 전략으로 유방 집단은 적의 봉쇄를 돌파해냈다. 이는 곤궁에서 발전으로, 침체에서 광명으로 나아가는 중요한 한 걸음이었다. 유방 집단이 이 일전에서 승리하지 못했다면 파촉과 한중 지역에서 구차히 쇠락했을 것이며, 풍요로 봉쇄된 천부지국天府之國에서 소모하며 살다가 스러졌을 것이다. 그랬다면 중국 역사에 한나라 제국은 존재하지 않았을 것이고, 고조 유방의「대풍가大風歌」도 지어지지 않았을 것이다. 다만 촉나라 왕에 유방이라는 인물이 한 명 보태지고 "촉나라 생활은 즐거우니 돌아가고 싶지 않다"는 노래가 한 수 보태졌을 것이다.

중국 군사 역사상 한중에서 관중을 공격한 경우를 살펴보면 한신의 승리가 유일하다. 400년 후 제갈량이 다섯 차례나 한중에서 북벌을 도모하며 과거의 역사를 다시 재연하려 했지만 실패하고 말았다. 이는 한신의 교묘한 용병술과 이 전투의 쉽지 않은 전개를 입증하는 것으로, 군 역사의 기적이라 말하지 않을 수 없다. 한나라 장졸들 사이에서 드높았던 한신의 위세도 이로부터 생겨난 것이다.

그러나 관중을 평정한 이 전투에 대한 역사적 서술이 너무 간략하여 구체적인 전개 과정을 이해하기는 힘들다. 특히 승리의 관건이었던 한신의 작전, 즉 어떻게 군사를 지휘하여 험준한 진령을 넘었고 어떻게 장함의 봉쇄를 돌파하여 일거에 관중으로 진입할 수 있었는지 역사는 수수께끼 같은 공백만 남겨놓았다. 『사기』「고조본기高祖本紀」에는 관중을 평정한 전투의 전 과정을 겨우 68자로 기록해놓았다. "8월, 한왕이 한신의 계책을 이용하여 고도故道로 돌아와 옹왕 장함을 습격했다. 장함은 진창에서 한군을 맞아 싸웠지만 옹군은 패배했고, 다시 도주하다가 호치에서 멈춰 싸웠다. 그러나 다시 패배하여 폐구로 도주했다. 한왕은 마침내 옹 땅을 평정했다. 동쪽 함양에 이르러 군사를 이끌고 옹왕의 폐구를 포위했다. 그리고 장수들을 보내 농서, 북지, 상군上郡을 공략하여 평정했다."[27] 이중 한중에서 진령을 넘어 관중으로 진입한 가장 중요한 대목은 겨우 네 글자인 "종고도환從故道還(고도를 따라 귀환하다)"으로 기록되어 있다. 먹물을 금덩이처럼 아낀 배후에는 역사의 공백이 있다.

진실이 침묵할 때는 유언비어가 생겨난다. 역사학자가 두려움에 젖어 앞으로 나가지 못할 때는 이야기꾼들이 떨쳐 일어난다. 원나라 무명씨의 희곡 「몰래 진창을 건너다暗度陳倉」에는 주인공 한신이 다음과 같이 창을 하는 대목이 있다. "번쾌에게 짐짓 잔도를 수리하는 척하게 하고, 나는 몰래 진창의 옛길을 건너가네. 초나라 병사는 이런 지혜를 알지 못한 채 틀림없이 군사를 늘려 잔도를 지키겠지. 그럼 진창의 옛길로 돌아 공격하여 적들이 손쓸 틈도 없이 마구 죽이리라

著樊噲明修栈道, 俺可暗度陳倉古道. 這楚兵不知是智, 必然排兵在栈道守把. 俺往陳倉古道抄截, 殺他個措手不及也."이 가사가 전해지자 역사는 면모를 바꿨다. 이로부터 한신의 "고도를 따라 귀환한出故道還" 역사는 창으로 불리며 "겉으로는 자오도로 나가는 것처럼 꾸미고, 몰래 진창도로 진공한明修栈道, 暗度陳倉" 역사가 되었다. 또 이 전술은 마침내 36계의 제8계로 편입되어 중국에서 익숙하게 쓰이는 고사성어가 되었다.

거짓말도 백 번 반복하면 참말로 여겨진다. '겉으로 자오도로 나가는 것처럼 꾸민' 주인공은 번쾌였고, 그 지점은 포야도였다고 알려져 있다. 지금 한중에 가면 류바현의 옛 포야도 옆에 판허樊河가 있고, 그 강물 위에 판허철삭교樊河鐵索橋가 놓여 있다. 전설에 따르면 번쾌가 잔도를 수리할 때 놓은 것이라고 한다. 그 곁에 또 신건판허철삭교비新建樊河鐵索橋碑가 있다. 이 비석은 청나라 도광道光 15년(1835)에 건립되었다. 사람들의 증언과 물증이 있지만 이것들은 모두 명청 이래 유언비어를 견강부회하여 만든 관광용 유적에 불과하다.

한신의 "從故道還(고도를 따라 귀환하다)"라는 대목에 대한 해석은 『사기』의 간략한 기록 이외에도 몇몇 증거물이 더 있다. 그중에서 가장 앞선 자료는 후한 환제桓帝 건화建和 2년(148)에 세운 비석에 새겨진 「한사례교위건위양군송漢司隸校尉犍爲楊君頌」이다.* 비문은 당시 한중태수인 왕승王升이 지었고, 지금은 한중박물관에 소장되어 있다. 비문에 이런 대목이 있다. "고조께선 천명을 받아 한중에서 일어나셨

---

* 이 비석은 「석문송石門頌」 또는 「양맹문송楊孟文頌」이라고도 한다. 한중태수 왕승王升이 석문을 개통한 양맹문의 공적을 표창하기 위해 석문 옆에 세운 장방형 비석이다. 비문은 총 655자다.

한대漢臺

네. 길은 자오도를 경유했고, 대산관大散關으로 나가 삼진으로 들어가
셨네高祖受命, 興於漢中. 道由子午, 出散入秦."

　　대산관은 진창도에 있는 관문으로 산시陝西성 바오지寶鷄 서남쪽에
있는데 그곳에는 지금도 유적이 남아 있다. 따라서 한신의 대군이 이
곳을 거쳐 관중으로 간 것은 의심할 여지없는 사실로 봐야 한다. 위
의 구절의 '자오'는 바로 자오도. '도유道由'는 도로를 경유했다는 뜻
이다. 하지만 유방의 군대가 한중으로 들어갈 때인지 나갈 때인지는
명확하지 않다. 어떤 역사학자는 이 구절의 애매한 표현은 한신의 군
사가 자오도와 진창도에서 동시 출정한 사정을 암시하는 것으로 보
았다.[28]

　　2005년 8월 나는 고적을 탐방하러 한중으로 갔다. 조용한 소도시
가 고풍스러웠다. 먼저 한대 유적지를 살펴봤다. 전설에 따르면 유방

이 한왕으로 재위할 때 건축한 궁전이 그곳에 있었다고 한다. 지금은 한중박물관이 건립되어 있는데, 소장된 유물 중에서 수많은 비석이 눈여겨볼 만했다. 한나라 군사가 "대산관大散關으로 나가 삼진으로 들어갔다出散入秦"라고 기록된 「한사례교위건위양군송漢司隷校尉犍爲楊君頌」 비석도 그곳에 있었다.

속담에 이르기를 "앞일을 잊지 않으면, 뒷일의 스승으로 삼을 수 있다前事不忘, 後事之師"라고 했다. 즉 과거의 기록을 읽어보면 현재의 득실을 감식할 수 있다는 뜻이다. 하지만 역사학자들은 현재에서 과거로 돌아가는 역逆 시간관을 사용한다. 즉 어떤 사건에 대한 뒷날의 상세한 기록으로부터 앞의 기록이 간략하다는 사실을 알 수 있다. 『삼국지三國志』「촉서蜀書 · 위연전魏延傳」의 기록에 따르면, 위연은 제갈량을 수행하여 한중에서 관중을 공격할 때 한신처럼 진격할 것을 여러 차례 권했다. 말하자면 한신의 반격 전략과 같이 군사를 둘로 나누고 위연이 정예병 1만 명을 거느리고 자오도를 거쳐 장안을 기습함으로써 위魏나라 군대의 주의를 자신에게 집중시키는 작전이었다. 그사이 제갈량이 대군을 이끌고 서쪽 포야도로 나가 양쪽에서 위나라 군대를 협공한다면 일거에 관중을 함락시킬 수 있다는 논리였다. 그러나 제갈량은 신중하게 군사를 부리는 사람이어서 기책奇策을 써서 승리를 얻는 건 그의 장기가 아니었다. 제갈량은 위연의 건의를 거절하고 정병正兵으로 정정당당하게 북벌에 나섰지만 결국 성공하지 못했다. 이로 인해 촉한의 왕업을 이루려던 꿈은 오장원五丈原에서 쓸쓸한 별로 떨어져 천고의 한을 남겼다.

흔히들 역사에는 가정이 없다고 말한다. 그러나 가정은 역사학에서 늘 사용해온 아주 효과적인 연구 방법이다. 제갈량이 위연의 건의를 받아들여 당년에 한신이 관중을 공격한 전략을 썼더라면 과연 어떻게 되었을까? 이후로 세상이 크게 변천했기 때문에 평가하기는 어려운 일이다. 다만 한신이 관중을 공격할 때 별도의 기병奇兵을 자오도로 보냈다는 사실은 위연의 건의로 증명되었다. 관영은 유방의 군에서 알아주는 맹장으로, 여러 차례 한나라 정예군을 이끌고 기습전을 벌였다. 관중으로 반격해 들어가는 전투 과정에서도 그는 한나라 본진과 함께 서쪽에서 작전을 펴지 않고 관중 동쪽으로 공격해 들어가 역양을 빼앗았다. 이에 압박을 받은 새왕 사마흔은 한나라에 투항했다. 이런 상황으로 추측해보면 자오도의 기습병도 어쩌면 그가 통솔하지 않았을까?

2010년 8월, 나는 역사의 흔적을 찾아 다시 관중으로 답사 여행을 떠났다. 먼저 셴양의 진시황 궁전을 찾았으며 다시 창링長陵*에 올라 바오지를 바라보고 동쪽으로 린퉁臨潼을 조망했다. 그러자 폐구에서 불안하게 좌고우면했을 장함의 모습이 그려졌다.[29] 나는 웨이허강(위수)을 건너 시안을 통과한 뒤 쯔우커우子午口를 통해 버려진 옛길을 따라 구불구불한 계곡으로 들어갔다. 높은 산으로 이어진 좁은 길에는 우거진 나무가 태양을 가리고 있었고, 울퉁불퉁한 흙길은 계곡물을 따라 끝없이 이어져 있었다. 무너진 담장과 스러진 흙벽에는 무심한 빛과 그림자만 일렁이고 있었다. 모두 역사의 짙은 흔적이었

---

* 한 고조 유방과 여후의 합장릉. 셴양시 동쪽 약 20킬로미터 지점인 야오뎬진窯店鎭 싼이 촌三義村 북쪽에 있다.

다. 나는 쯔우커우로 다시 돌아와 오랫동안 그곳에서 서성거렸다. 발 아래로 800리 친촨秦川이 아득하게 흐르고 있었다. 동행한 산시陝西 고고학자 리쥐강李擧剛과 사진을 찍고 담소를 나누었다. "만약 우리가 관영처럼 군사를 이끌고 이곳을 나섰다면 더 이상 삼진 땅을 지킬 만한 요새가 없으니 온 관중 땅이 두려움에 떨었겠군요." 그곳에서 나는 자오도로 군사를 보낸 한신의 전략에 감화될 수밖에 없었다.

답사에서 돌아온 나는 저우훙웨이周宏偉 선생의 장편 논문 「한나라 초기 무도대지진과 한수 상류의 수로 변화」를 읽었다. 마음속 의문이 해결되어 시원하고 즐거웠다. '고도'를 거쳐 관중을 공격한 한신의 전략과 행로에 대해 마침내 고금을 관통하는 이해의 근거를 얻었다.

한신이 대군을 거느리고 관중을 공격한 것은 기원전 186년 무도대지진 이전에 있었던 일이다. 그때는 한수가 농산 서쪽에서 호북 서쪽까지 이어져 있었고 한수 상류 지역은 선박 운행이 편리했다. 뱃길로 한중에서 서쪽으로 거슬러 올라가면 바로 농서에 닿았고, 또 천지대택에서 북상하면 옛길을 따라 진창에 접근할 수 있었다. 이러한 교통 상황에서 한신이 몰래 진창도로 나간 전략은 식량과 병력을 수송하기에 큰 장애가 없었다. 또한 한신의 대군은 진창으로 나가기 전에 반드시 서한수를 따라 옹군의 통제 아래 있는 하변과 서현을 공격해야 했다. 이 공격은 위장술을 써서 농서를 공격하는 허장성세의 일환이었던 동시에 한수의 물길을 봉쇄하여 농서의 옹군이 물길을 따라 내려오지 못하게 하려는 것이었다. 한나라 대군이 진창으로 나간 후 옹군이 한중을 습격하여 배후에서 유방의 군대를 노릴지도 모르기 때문이었다.

어떤 사람은 『노자老子』를 병법서로 보기도 한다. 노자가 "최상의 선은 물과 같다上善若水"는 말을 남겼기 때문이다. 물은 일정한 모양이 없어서 지형에 따라 변하므로 도道에 가깝다는 의미로, 많은 철인哲人이 이 말을 숭상했다. 한신은 물의 고장 회음에서 태어난 덕에 평생 군사를 부릴 때 물을 이용한 작전에 뛰어났다. 그리고 겉으로는 자오도로 나가는 것처럼 꾸미고 몰래 진창도로 진공한 전략은 한신이 지휘한 첫 번째 대전이며, 중국 역사상 한중에서 관중을 공략하여 성공을 거둔 유일한 전투이기도 하다. 한신은 여러 가지 책략을 꼼꼼하게 마련했을 뿐만 아니라 한수의 옛 물길을 이용할 줄 알았다. 생각해보면 그야말로 천혜의 조건이었다고 하지 않을 수 없다. 400년 후 제갈량이 다섯 차례나 북벌에 나섰다가 매번 실패한 데는 다른 이유도 있었겠지만 당시에 한수의 물길이 끊겨져 있었다는 사실도 중요한 원인이라 할 수 있다. 이 어찌 하늘이 돕지 않은 경우가 아니겠는가? 아! 운명이로다!

제 2 장

팽성대전彭城大戰

❶ 한왕韓王 정창鄭昌

한漢나라 원년 8월, 한신은 한중에서 군사를 거느리고 관중을 공격하여 관중 대부분 지역을 신속히 점령했다. 새왕 사마흔과 적왕 동예는 투항했고, 이에 따라 새국은 위남군渭南郡과 하상군河上郡으로 개편되었으며, 적국翟國은 상군上郡으로 개편되어 모두 한나라 조정의 직할 행정구역이 되었다. 그러나 개선가를 부르며 맹렬하게 진격하여 가는 곳마다 승리를 거두던 한나라 군사는 옹국에서 뜻밖의 저항에 직면했다.

폐구 전투에서 옹국, 새국, 적국 연합군이 한나라 군사에게 궤멸되자 장함은 폐구성으로 퇴각하여 성을 굳게 닫고서 싸움에 나서지 않았다. 장함의 아우 장평은 호치에 주둔하고 있었는데 승세를 탄 한나라 군사의 공격을 받자 성을 버리고 철수했다. 그는 먼저 농서로 갔다가 다시 북지에 도착하여 폐구성의 장함과 호응하여 계속 저항했다. 유방은 장평에게 사신을 파견하여 만호후萬戶侯의 지위를 주겠노라며 장함과 장평에게 항복을 권유했으나 거절당했다.

한신은 한나라 주력군을 지휘하여 폐구를 포위하고 몇 차례 공격을 퍼부었으나 매번 큰 손실만 입었다. 지장智將인 한신은 활동적인 전투와 야전에는 강했지만 견고한 성을 공략하는 분야는 그의 장기가 아니었다. 이 때문에 그는 공성攻城를 중지한 뒤 폐구성 밖에 새로운 성과 해자 그리고 보루를 구축하여 장기적인 포위 전략을 준비했다. 준비를 마치자 한신은 유방을 알현하여, 유리하면 움직이고 불리하면 멈추어야 한다면서 현재의 형세에 순응하는 전략으로 수정한 이유를 아뢰었다. 그러나 유방은 복안을 갖고 있었다. 그는 한신의 병권을 회수한 뒤 다시 군사를 파견하고 장수를 배치하여 서쪽은 포위해둔 채 동쪽으로 진격하도록 했다. 한신에게는 병력 일부를 내주어 계속 폐구를 포위하는 동시에 농서군과 북지군의 잔여 세력을 제거하는 임무를 맡겼다. 그리고 자신은 한나라 군사 대부분을 직접 지휘하여 새로 점령한 관중 지역을 공고히 관리하는 한편 동쪽으로 진격할 준비를 했다.

유방은 패현에서 봉기한 이래 그를 수행한 넷째 아우 유교劉交(?~기원전 179)를 제외하고는 모든 가족을 고향 풍읍豊邑에 남겨두고 있었다. 둘째 형 유중劉仲(?~기원전 193)은 아내와 아들 유비劉濞(기원전 215~기원전 154) 그리고 부친인 태공太公(기원전 271~기원전 197)을 모시고 있었다. 유방의 아내 여치呂雉(기원전 241~기원전 180)는 딸 노원魯元(?~기원전 187)과 아들 유영劉盈(기원전 210~기원전 188)을 데리고 동향인의 집에 의탁하고 있었다. 유방 부하들의 가족도 마찬가지로 모두 관동에 남아 있었다. 그들은 주로 서초西楚 관할인 패현과 탕군 지역에 살고 있었기 때문에 항우가 팽성으로 돌아가 보위에 오른 이후로 항우 수중의 인질이 되어 있었다.

　유방은 관중을 다시 공격할 때 공개적으로는 반초反楚 깃발을 내세우지 않았다. 다만 자신이 진군하는 목적은 회왕과의 약속*을 회복하고 명실상부하게 진왕秦王이 되어 관중을 통치하기 위한 것이라고 공언했다. 그렇게 할 수밖에 없었던 데는 여러 가지 이유가 있었겠지만 무엇보다도 자신과 장졸들의 가족이 모두 서초 경내에 남아 있었기 때문이다.

　한나라 원년 9월, 유방은 자신의 부장 설구薛歐(?~기원전 188)와 왕흡王吸(?~기원전 179)에게 기민한 기병대를 이끌고 비밀리에 무관을 나가 서초 경내의 남양南陽 지역으로 가서 그곳에서 활동하는 왕릉王陵(?~기원전 181)과 연계를 맺으라고 했다. 이는 그들을 패현으로 잠입시켜 유방 등의 가족을 관중으로 데려오기 위한 사전 조치였다. 그러나 부대가 동군東郡 경내로 진입했을 때 항우의 부하들에게 발각되었고, 항우는 군대를 보내 양하현陽夏縣(지금의 허난 타이강太康) 일대에서 가로막았다.

　유방이 관중을 공격할 때 항우는 초나라 주력군을 거느리고 제나라 경내에서 작전을 펴고 있었다. 반초 깃발을 세우고 제멋대로 제왕齊王을 칭한 전영을 토벌하기 위한 작전이었다. 그 무렵 진여는 전영의 군사 원조를 받아 장이가 통치하는 상산국을 공격하고 있었다. 전영의 지휘를 받는 팽월도 초나라 동군과 탕군 지역을 공격하며 분란을 일으키고 있었다. 멀리 북방의 옛 연燕나라 지역에서는 연왕 장도臧荼

---

* 초나라 회왕懷王은 진秦나라 군사를 격퇴하고 관중에 맨 처음 들어간 사람에게 관중 지역을 다스리는 왕에 봉하겠다고 약속했다.

(?~기원전 202)가 요동왕遼東王 한광韓廣을 멸하고 요동국을 연나라에 편입시켰다. 서초 패왕 체제를 뒤흔드는 이러한 변란 때문에 항우는 제대로 대응하기가 어려웠고, 삼진에 대한 주의력도 분산될 수밖에 없었다.

바로 이때 항우는 장량을 경유한 두 통의 편지를 받았다. 그중 한 통은 제왕 전영이 대왕代王 조헐趙歇(?~기원전 204)에게 보낸 밀서의 사본이었다. 한 통에는 항우의 분봉 조치가 불공평하다는 통박과 함께 조왕을 무리하게 궁벽한 대代 땅의 왕으로 봉한 것도 잘못된 일이니 연합 작전을 펴서 초나라를 멸망시키자는 요청이 담겨 있었다. 또 다른 한 통은 한왕漢王 유방이 서초 패왕 항우에게 올리는 편지였다. 유방은 자신이 삼진을 점령한 것은 단지 회왕과의 약속을 지키고 자신이 응당 영유해야 할 옛 진나라 영토를 얻기 위한 것이었을 뿐이며, 자신의 군사 행동은 회왕과 약속한 관중 지역으로 제한될 것이며 결코 관중 밖으로 나가지 않겠다고 맹세했다.[1]

서초 패왕의 체제를 파괴한 동란은 전영이 이끌었다. 제나라의 동요는 인접한 연나라와 조나라에까지 미치기 때문에 제나라의 반란을 평정하지 않으면 황하 이북의 정치질서를 안정시킬 수 없었다. 항우는 유방의 입에 발린 맹세를 믿지 않았다. 그러나 장량이 전해준 두 통의 편지는 그로 하여금 먼저 전영을 멸하고 나서 유방에게 대응할 결심을 재촉했다. 그리하여 항우는 계속해서 초나라 주력군을 거느리고 제나라 경내에 머물며 전투를 준비했다. 관중을 점령한 유방에 대해서는 황하 남북 양안에 두 갈래의 방어선을 설치하여 일단 유방의 군대가 동진하지 못하도록 방어만 하기로 했다. 황하 북쪽 연안에는 하동 지역을 다스리는 위왕 위표魏豹(?~기원전 204)에게 제1방어선을 치도록 하여 방어를 강화하도록 했다. 또 하내河內를 다스리는 은왕殷王 사마앙司馬卬(?~기원전 205)에게는 군사를 정비하여 제2방어선을 치고 전투에 대비하게 했다. 황하 남쪽 연안의 경우는 삼천군三川郡을 다스리는 하남왕 신양申陽에게 명령을 내려 관중의 유방을 빈틈없이 감시하면서 유방의 군대가 함곡관으로 나오는 것을 수시로 경계하고 하남 지역에 제1방어선을 치게 했다. 그는 또 정창을 한왕韓王에 봉하여 양적陽翟(지금의 허난 위현禹縣)에 도읍을 두고 영천군潁川郡을 다스리면서 신양의 배후에서 유방의 동진을 방어하는 제2방어선을 치라는 중요한 결정을 했다.[2]

항우는 천하를 분봉할 때 옛 한韓나라를 한韓과 하남 두 나라로 분할했다. 한왕 한성에게는 옛 국호를 그대로 쓰고 수도 또한 옛 도읍지인 양적에 두어 영천군을 다스리게 했다. 하남왕에는 조나라 장수 신양을 봉하여 낙양洛陽을 수도로 삼아 삼천군을 다스리게 했다.

한왕 한성은 본래 한나라 공자로 항량에 의해 옹립되었다. 항량이 정도에서 패배하여 죽자 한성은 팽성으로 달아나 초 회왕에게 투신했다. 이후 회왕의 명령을 받고 사도司徒 장량과 옛날 한나라 땅인 영천 지역으로 가서 군대를 조직하고 성과 땅을 공략했다. 그러나 결과적으로 승리보다 패배가 많아서 내세울 만한 공적을 세우지는 못했다. 유방은 군대를 이끌고 서쪽으로 진격하여 영천으로 들어간 후 한성을 도와 몇몇 성을 점령했다. 유방의 군대가 계속해서 남쪽으로 내려갔다가 다시 서진하여 남양의 무관 방향으로 갈 때 장량은 유방과 함께 떠났지만 한성은 영천에 남아 한나라 부흥을 위해 계속 노력했다. 그러나 여전히 국면을 타개하지 못했고 이렇다 할 성과도 얻지 못했다. 항우가 천하를 분봉할 때 견지한 기본 원칙은 전공에 따라 포상한다는 것으로, 특히 조나라를 구원하기 위해 북상한 것과 진나라를 멸망시키기 위해 관중으로 진입한 것이 확실한 지표였다. 이 두 번의 대사에서 한성은 내세울 만한 공로를 세우지 못했다. 비록 옛날의 봉토에 따라 여전히 한왕이라는 칭호는 갖고 있었지만 항우에게 인정받지는 못했다. 게다가 항우는 한韓나라 영토까지 호시탐탐 노리고 있었다. 한漢나라 원년 4월, 항우와 각 제후국 군주들이 관중을 떠나 고향으로 돌아갈 때 항우는 한성을 데리고 팽성으로 가서 그의 왕호를 박탈하고 양후襄侯로 강등시켰으며, 오래지 않아 그를 죽였다.

한성이 피살된 이후 영천군이 항우에게 병탄됨에 따라 한韓나라는 망했다. 이후 관중을 점령한 유방은 관동 지방을 병탄할 틈을 노리고 있었다. 당시의 형세는 전국 시대 후기에 진나라가 동진 확장 정책을 펼 때와 유사했다. 지난날 한韓나라에 속해 있던 삼천군과 영천군이 병탄의 첫 번째 대상으로, 두 지역은 한漢나라가 반드시 빼앗으려 하고 초나라는 반드시 지키려는 전략 요충지였다. 삼천 지역에는 초나라가 설치한 하남—신양의 제1방어선이 있었다. 초나라 측에서는 제2방어선이 있는 영천 지역에서 민심을 얻기 위해 한韓나라를 부흥하기로 결정했다. 이런 상황에서 항우가 정창을 한왕으로 삼은 것도 기실 초나라 군신들이 심사숙고 끝에 내린 결정이었다.

정창이란 위인은 본래 진나라 회계군 소재지 오현吳縣(지금의 장쑤 쑤저우蘇州)의 현령이었다. 진나라 말기에 항량이 고향 하상下相(지금의 장쑤 쑤첸(宿遷)에서 살인죄를 저지른 뒤 조카 항우를 데리고 회계로 도주하여 오현에 거주할 때 인연을 맺은 인물이었다. 진2세 원년 9월, 항량과 항우는 진나라 회계군수를 죽이고 군사를 일으켜 진승의 봉기에 호응했고, 이 행동은 정창의 지지를 받았다. 이로부터 정창은 오현의 군사와 관리를 통솔하면서 줄곧 항량을 수행했다. 항량이 죽자 정창은 항우에게 귀의하여 항씨가 거느리는 초나라 군대의 중요한 부장을 맡음으로써 두터운 신임을 얻었다.

항우는 정창의 공로에 대해 보답하기 위해 한왕에 봉한 것이지만, 다른 요인도 작용한 듯하다. 정창이 정(鄭) 땅에서 태어난 한(韓)나라 사람이라는 점이 중요했을 것이다. 우리가 알기로 진한 시대에는 지방 관리를 임용할 때 출신 본적에 제한을 두어 일괄적으로 그 지방 출신을 임명하지 않는 것이 관례로,[3] 정창은 오현 지역 사람이 아니었다. 그의 출신에 대한 기록은 없지만 그의 성씨인 정(鄭)은 원래 한(韓)나라 지명이었다. 그 옛터가 지금의 허난성 신정(新鄭)인데, 원래 정나라의 수도였다가 기원전 376년 한(韓)나라에게 멸망당한 이후로 오랫동안 한나라의 수도였고, 진시황이 육국을 통일한 뒤에 신정현(新鄭縣)으로 바뀌었다. 옛사람들은 지명이나 국명을 성씨로 삼는 습속이 있었고 또 항우가 정창을 새로운 한왕으로 삼았다는 사정을 함께 고려하여, 한 가지 대담한 추측을 해보고자 한다. 즉 정창은 옛날 한나라 땅이었던 신정에서 태어났고, 그의 조상은 정나라 왕족의 후예라는 것이다. 따라서 항우가 정창을 한왕에 분봉한 것은 한나라 출신인 그의 신분을 이용하여 한나라 사람들을 회유하기 위해서였을 것이다.

항우의 분봉을 받아 한나라에 부임한 정창은 즉시 고국 부흥에 착수했고, 또 하남왕 신양의 배후 부대로서 군사를 정비하여 유방의 동진을 방어하려 했다.

2
장이張耳의 귀의

한漢나라 2년 10월, 폐구에 있던 유방은 옛 친구 두 명을 맞아 융숭히 대접했다. 그들은 상산왕 장이와 한韓나라 사도司徒 장량이었다.

장이는 항우가 분봉한 19명 제후왕 중 한 명으로, 전영이 초나라에 대항하여 군사를 일으킨 이래 계속된 진여와 제나라 연합군의 공격으로 패배하고 말았다. 이에 옛 친구인 유방에게 투항하러 찾아온 것이다.

장이와 유방의 교류는 전국 시대 말로 거슬러 올라간다. 당시 장이는 위魏나라 외황현령外黃縣令 직에 있으면서 명성이 높은 협객으로, 관계官界와 암흑계를 두루 아우르는 명사였다. 반면 유방은 풍읍豊邑에서 방탕하게 놀던 시골 협객에 불과했다. 유방은 여러 차례 외황으로 찾아가 장이를 큰형님으로 모셨다.

협객으로서 교류하던 유방과 장이의 관계는 진시황이 천하를 통일하면서 단절되었다. 장이는 진나라 조정의 체포 대상이 되었고, 유방은 마음을 고쳐먹고 체제에 순응하여 진나라의 사수정장泗水亭長

이 되었기 때문이다.[4] 진나라 말기에 천하가 혼란해지자 장이는 진승의 군사에 투신하여 조나라에서 활약했다. 이 무렵 그는 조왕 무신武臣(?~기원전 208)과 조왕 조혈의 승상을 지냈다. 거록 전투 이후에는 조나라 주력군을 이끌고 항우를 수행하여 관중으로 진격했다. 당시 그보다 앞서 관중으로 들어간 유방과 오랜만에 상봉하기도 했다.

진나라가 천하를 통일한 것은 진시황 26년(기원전 221)의 일이었고, 항우가 군사를 이끌고 관중으로 들어간 것은 한나라 원년(기원전 206)의 일이었다. 15년 뒤에 두 사람이 다시 만났을 때 유방은 반백을 넘어선 51세였다. 장이는 유방보다 나이가 많으므로 아마 60세에 가까웠을 것이다. 이들이 관중에서 다시 만난 상황을 기록한 역사는 한 줄도 찾아볼 수 없다. 다만 우리는 두 사람이 평생토록 우정을 유지하고 사돈까지 맺은 관계에 근거하여 합리적인 추측을 해본다면, 당시의 해후는 꽤 감동적이었을 것이다.

전투에서 패배하여 나라를 버리고 도주하는 장이에게는 두 가지 선택지가 있었다. 하나는 동쪽으로 가서 항우에게 투신하는 것이다. 사실 자신은 항우에 의해 분봉 받은 제후였으므로 서초 패왕 항우에게 구조를 요청하는 게 지극히 당연했다. 다른 하나는 서쪽으로 가서 유방에게 투신하는 것으로, 이는 생사를 걸고 개인의 우정을 선택하는 결정이라 할 수 있다. 장이가 미적거리며 결정을 미루고 있을 때 천문天文을 보고 미래를 예측하는 일에 뛰어난 그의 부하 감공甘公이 이렇게 권했다.

"한왕漢王이 관중으로 들어갈 때 오성五星이 하늘의 동정東井 자리에 모였습니다. 동정은 하늘의 별자리 중에서 진나라 분야에 속하므로 관중에 먼저 들어간 사람을 진왕으로 봉한다는 초 회왕의 약속과도 부합합니다. 지금 당장은 서초가 강대하지만 미래의 천하는 틀림없이 한나라에 귀속될 것입니다."

장이는 감공의 의견에 따라 패잔병을 이끌고 서쪽 땅 관중으로 가서 유방에게 투항하기로 결정했다.

유방은 폐구를 공격할 새로운 전략을 짜고 있던 중에 장이를 맞이하자 몹시 기뻤다. 게다가 그 무렵 장량까지 초나라를 탈출하여 샛길로 폐구로 들어오자 유방은 큰 희열을 느꼈다. 그것은 옛 친구를 다시 만난 반가움을 넘어 사람들의 여망이 자신에게 기울고 있다는 만족감이기도 했다. 게다가 두 인물이 가세함으로써 정세를 유리하게 바꿀 수 있으리라는 기대도 생겨났다.

관중을 점령한 유방은 서둘러 동쪽으로 진격하여 항우와 천하를 다투고 싶었다. 그런데 동진東進하려면 하남국 경내에 있는 길을 거쳐야 했기 때문에 먼저 하남왕 신양을 대적해야 했다. 신양은 본래 조나라 장수로, 거록 전투 이후 항우가 제후 연합군을 거느리고 장함의 진나라 군대와 안양 일대에서 대치하고 있을 때 조나라 별동대를 이끌고 맹진孟津에서 황하를 건너 낙양과 신안新安 사이에 있는 하남현河南縣(지금의 뤄양 서쪽)을 점령했다. 이로써 장함이 관중 지역과 연락할 수 있는 유일한 통로가 끊어지자 장함에 대한 항우의 전략적 포위가 완성될 수 있었고, 결국 장함의 투항을 압박하는 효과를 가져다주었다. 항우는 천하를 분봉할 때 하남에 있는 삼천군三川郡을 신양에게 하사하고 그를 하남왕으로 삼았다.[5]

신양은 장이의 옛 부하였다. 장이는 여러 해 동안 조나라 승상을

역임한 데다 항우가 통솔한 제후 연합군에서 조나라 군사 총사령관
을 지냈기 때문이다. 그런 장이를 얻은 유방으로서는 하남국을 탈
취할 수 있는 새로운 열쇠를 쥔 셈이었다. 유방은 왕의 예우로써 장
이를 융숭하게 대접한 뒤, 반드시 고국으로 돌아가 산하를 다스리게
해주겠다고 약속했다. 장이도 이에 부응하여 유방에게 협력하기로
했다. 장이는 한나라 대군을 이끌고 함곡관을 나서서 섬현陝縣(지금의
허난 싼먼샤三門峽)에 당도했다. 그리고 군사적 압박과 외교적 설득이
라는 양면 작전을 펴서 신양의 귀순을 이끌었다. 이로써 유방은 항우
가 황하 남쪽 연안에 구축한 제1방어선을 순조롭게 돌파했다.

하남을 뚫은 한나라 군사는 항우가 황하 남쪽 연안에 구축한 제
2방어선을 핍박했다. 공격 목표는 영천 지역을 영유하고 있는 한韓나
라였다. 항우에 의해 새로 분봉된 한왕 정창은 양성陽城(지금의 허난
덩펑登封 동남쪽)에 근거지를 마련하고 전국의 힘을 모아 한나라의 동
진을 저지하고 있었다.

장량은 한韓나라 귀족 출신으로 여러 해 동안 한왕 한성의 사도를
역임했기 때문에 유방으로서는 비어 있던 군사軍師의 자리를 다시 채
울 수 있게 되었을 뿐만 아니라 정창이 다스리는 한나라 문제를 해
결하는 데도 지극히 유리해졌다. 유방은 장량의 계책을 써서 한韓 양
왕襄王(?~기원전 296)의 서손庶孫인 한신韓信(?~기원전 196)을 선봉대의
장수로 임명하여 정창의 한나라를 공격하기 시작했다. 유방은 이 싸
움을 이끈 한신을 나중에 한왕에 봉했다. 공교롭게도 그의 이름이
한漢나라 대장 한신과 같아서 역사에서는 이 둘을 구별하기 위해 그
를 '한왕신韓王信'이라 부른다. 한왕신은 장량이 한왕 한성을 보좌하

여 한나라를 공략할 때 얻은 인재다. 그는 몸집이 크고 용감하고 힘도 세서 군대의 장수로 임명되었는데, 나중에 장량과 함께 군사를 이끌고 유방을 수행하여 관중으로 진격했다. 유방이 한왕漢王으로 분봉되어 한중으로 갈 때 한왕신은 한왕 한성을 따라 동쪽으로 가지 않고 유방을 따라 한중으로 가서 한漢나라의 장수가 되었다. 장량은 정창을 격파하려면 한왕신을 장수로 임명하여 한韓나라 군사를 새로 조직하고 고국 부흥의 대의명분을 내세워야 한다고 유방에게 건의했다. 과연 한왕신은 순조롭게 진군하여 10여 개 성을 신속히 함락시켰다. 신양이 귀순해온 이후 유방은 친히 주력군을 이끌고 하남에 도착한 후 양성에 맹공을 퍼붓는 한왕신을 지원했다. 정창도 결국 투항했다.

한漢나라 2년 11월, 유방은 하남국을 폐지하고 하남군으로 이름을 바꿔 한나라 직속 행정구역으로 삼았다. 그는 또 한왕신을 한왕에 봉하여 영천 지역을 영유하게 하고 계속 한韓나라 군사를 통솔하여 군사 작전을 벌이게 했다. 하남국과 한韓나라 문제를 원만하게 해결하고 황하 남쪽 연안의 방어선을 돌파한 유방은 이제 관중으로 돌아와 관중 지역의 안정화와 새로운 건설에 매진하기 시작했다.

유방이 한왕漢王으로 봉해졌을 당시에 도읍으로 정한 곳은 남정이었다. 그런데 영토를 관중과 하남으로 확장하자 역양櫟陽(지금의 시안 시 린퉁 북쪽)으로 도읍을 옮겼다. 역양은 지난날 진秦나라 수도였던 적이 있으며, 사마흔이 새왕으로 분봉되었을 때도 도읍으로 삼았던 곳이다. 한나라 조정에서는 이곳에 있는 옛날 진나라 왕실의 원림園林과 연못을 백성에게 개방하여 농사와 벌목을 허락했다. 이에 민간의 생산이 늘어나고 수입이 증가했다. 또 대사면령을 시행하여 민심을 어루만졌다.

2월에 이르러 전국의 형세와 새로운 도읍이 안정되자 한나라 조정에서는 사회의 민생을 돌보기 시작했다. 먼저 진나라의 사직을 철거하고 한나라 사직을 세웠다. 우리가 알다시피 '사社'는 땅의 신이고, '직稷'은 곡식의 신이다. 고대 농업사회에서는 조정의 임금에서 민간의 서민에 이르기까지 땅의 신 '사'와 곡식의 신 '직'을 섬겼으며, 제사를 지내기 위한 건축물을 따로 두었는데, 이를 '사직社稷'이라고 했다. 이곳에서 임금은 두 신에게 정기적으로 제사를 올렸고, 이로 인해 '사직'은 국가를 상징하는 대명사로 여겨졌다. 그런 측면에서 한나라 조정이 진나라 사직단을 한나라 사직단으로 개조한 것은 새로운 국가의 신앙을 선포하는 행위였다. 이에 옛 진나라의 관리와 백성은 한나라로 귀의하였다. 즉 멸망한 진나라가 새로 일어난 한나라로 바뀌면서 진나라와 한나라는 일체가 되었고, 한나라는 진나라를 계승함으로써 과도기가 순조로웠다. 정치 군사적 측면에서 종교 신앙적 측면으로 깊이 파고 들어가고, 국가의 조정에서 민간의 마을로 점점 스며들어가는 이런 정책은 그 의미가 매우 심원하다.

파촉과 한중 지역은 유방이 최초로 분봉된 곳이므로 한나라 왕국이 발흥한 땅이라 할 수 있다. 도읍을 옮긴 이후 한나라 조정에서는 이 지역 백성에게 2년간 세금과 부역을 면제하여 그 동안의 은혜에 보답하겠다고 했다. 또 한나라에 종군한 관중 지역 백성에게도 1년간 세금과 부역을 면제해주었다. 주지하다시피 한나라 정권의 핵심과 상류층은 모두 유방을 따라 들어온 초나라 사람들이지만 진나라의 토지와 백성을 왕국의 기반으로 삼았다. 한나라 조정에서는 신구 세력을 융합하고 상하 계층을 소통하고 기층 사회에 대한 통제를 강화하기 위해 현縣과 향鄕에 삼로三老 제도를 설치하고, 지역에서 덕과 명망 있는 노인을 뽑아 관리를 맡겼다. 이들은 지방 관리를 보좌하여 민간 풍속으로 바르게 이끌면서 관官과 민民을 중개하는 역할을 하는 대신 세금과 부역을 면제받았다. 이로써 한 걸음 한 걸음 새로운 정권에 공감하는 민간 사회가 형성되기 시작했다.

관중을 안정시키기 위한 조정의 업무는 승상인 소하가 주관하고, 한신은 관중 지역의 군사를 주관했다. 한신은 폐구의 장함을 포위하는 한편 농서와 북지로 도주하여 완강히 저항하고 있는 장평을 진압하기 위해 역상을 파견했다. 이후 농서와 북지는 차례로 평정되었고 장평도 사로잡혀 포로가 되었다. 북지의 잔적을 소탕하자 한나라의 북쪽 경계는 오르도스河套* 지역의 황하 남쪽 연안에까지 이르렀다. 한나라 군사는 진나라 제국 시기에 황하를 따라 만들어진 관문과 요새를 다시 수리하여, 진나라 말기의 혼란을 틈타 다시 오르도스 지역으로 진출하려는 흉노의 기병을 방비했다.

파촉, 한중, 관중 지역은 새로 일어난 한나라의 바탕이며 근거지였다. 소하와 한신은 각각 이곳의 정치와 군사를 관리했는데, 이 둘의 다스림은 옥과 구슬처럼 조화를 이루어 가히 문무文武 합작의 모범을 선보였다. 소하와 한신의 도움으로 배후의 걱정을 덜어낸 유방은

---

* 황허강이 닝샤寧夏를 거쳐 북으로 흘러가다가 다시 산시陝西 북방에서 동쪽으로 흐르고 다시 산시山西 경계 지역에 이르러 남쪽으로 굽이쳐 흐르는데, 그 일대 전체를 오르도스라고 한다.

재차 친정親征을 감행하여 황하 북쪽 연안으로부터 초나라로 진군할
준비를 했다.

❸
아내 덕을 본
진평

한나라 2년 3월, 승세를 타고 동진에 나선 유방은 임진관臨晉關(지금의 산시陝西 다리大荔)에 결집한 후 황하 서쪽 연안의 위나라를 위협했다. 당시 위표는 항우의 영토 분할에 불만을 품고 있었기 때문에 유방은 군사적 위협과 더불어 외교적 설득으로 귀의를 이끌어냈다. 위표를 초나라에 반대하는 자신의 진영에 가담시킴으로써 항우가 황하 북쪽 연안에 구축했던 제1방어선도 순조롭게 돌파했다.

유방의 군대는 위표의 협조를 얻어 황하를 건넌 뒤 하동군의 길을 빌려 동쪽으로 진격했다. 그리고 하내군河內郡을 다스리는 은왕 사마앙을 핍박하여 황하 북쪽 연안에 항우가 구축한 제2방어선을 돌파하는 수순을 밟았다.

은왕 사마앙은 본래 조나라 장수였다. 그는 거록 전투 후 조나라 일부 부대를 이끌고 연합군에 참여하여 항우와 함께 군사 작전을 펼쳤다. 장함을 포위하는 작전에서 사마앙은 조나라 군사 본진을 거느리고 상당군上黨郡에서 남하한 뒤 하내군 서쪽 지역으로 진격함으로써 하나를 고수하던 장함과 하동군에 근거지를 둔 진나라 군사와의 연계를 끊어냈다. 이로써 장함을 투항하게 하는 데 큰 공을 세웠다. 나중에 항우는 천하를 분봉하면서 하내군을 사마앙에게 주고 은왕으로 삼아 공로에 보답했다.[6]

앞서 언급한 바 있듯이 장이는 본래 조왕 무신과 조헐의 승상으로, 조나라 주력군을 거느리고 항우를 따라 전쟁에 나선 대장이었다. 하남왕 신양과 은왕 사마앙은 그의 옛 부하였다. 그는 신양을 한나라에 귀의하도록 설득한 데 이어 이번에도 같은 역할을 맡아 대군을 이끌고 은왕의 경계를 압박하면서 유방에게 귀의하도록 설득했다. 사마앙은 마침내 초나라를 등지고 한나라 진영에 가담했다. 이렇게 해서 항우가 황하 북쪽 연안에 구축한 제2방어선도 붕괴되었다.

개괄하자면 유방의 군사는 한나라 원년 8월에 한중을 출발하여 한 달 만에 관중을 점령했고, 새나라와 적나라를 멸망시켰으며, 옹나라는 폐구 한 곳만 남겨둔 상태였다. 이어서 한나라 2년 10월에는 하남왕 신양의 항복을 받아냈고 정창의 한韓나라를 멸망시켰다. 3년 3월에는 서위왕 위표를 귀의하게 만들고 은왕 사마앙을 사로잡는 데 성공했다. 짧다면 짧은 8개월 동안 한나라 군대는 항우가 유방을 포위하고자 구축한 관중 방어선과 황하 남북 방어선을 차례로 허물고 초나라 본토를 직접 겨냥하게 되었다. 이때부터 초한 전쟁의 형세는 크게 변화하기 시작했다. 제나라와의 전투로 허우적거리던 항우는 먼저 제나라를 평정한 뒤에 한나라와 싸우는 전략을 견지하는 한편 범증의 건의로 중요한 군사적 결정을 내렸다. 그것은 바로 초나라 진영에 소속된 위나라 출신 장졸을 모아 자신을 배신한 은왕 사마앙을 공격하여 유방을 견제하기로 한 것이다. 초한 전쟁에서 혁혁한 명성을 날린 영웅이자 음모가인 진평陳平이 이때부터 역사의 무대에 등장하기 시작한다.

진평은 전국 시대 말기 위나라에서 태어났다. 그가 태어난 곳은 양무현陽武縣 호유향戶牖鄉(지금의 허난 란카오蘭考현 동북)이었다. 진나라가 천하를 통일한 후 이곳은 진나라 탕군에 소속되었다.

진평의 부모는 일찍 세상을 떠난 듯하다. 그는 어린 시절 형에 의지하여 성장했으며, 가난했던 그의 형은 30무畝의 땅을 경작하여 가족의 생계를 책임졌다. 진평은 어려서부터 독서를 좋아했고 빈객과 사귀기를 즐겼지만 집안일에는 무관심했다. 그러나 그의 형은 자신이 아버지 어머니를 대신하여 아우를 돌보기로 했기 때문에 자신이 고생할지언정 아우에게는 힘든 일을 시키지 않고 천성대로 행동하도록 내버려뒀다.

진평은 가난한 집에서 성장했지만 키도 크고 용모도 수려하여 누군가는 이런 농담을 했다.

"진평! 자네는 집이 가난하다더니, 어떤 좋은 음식을 먹기에 이렇게 피둥피둥 살쪘는가?"

이때 빈둥거리는 시동생을 눈엣가시로 여기던 진평의 형수가 못마땅한 표정으로 말참견을 했다.

"무슨 좋은 음식이 있겠어요? 쌀겨나 처먹지! 저런 시동생은 없는 게 더 나아요!"

이 사실이 알려지자 진평의 형은 아내를 집에서 쫓아냈다.

진평이 성장하여 아내를 맞아들일 나이가 되었다. 부잣집에서는 가난한 진평이 빈둥거리며 노는 것을 탐탁지 않아했으며, 진평 자신은 빈궁한 집안의 규수는 거들떠보지도 않았다. 그는 스스로 고귀한 지위에 오르리라 자부하고 있었기에 쉽사리 혼처를 구할 수 없었다. 당시 호유 고을에는 장부張負라는 부자가 있었다. 그에게는 이미 다섯 번이나 혼인을 한 손녀가 하나 있었는데 남편들이 하나같이 일찍 죽어버린 것이다. 그런 탓에 그녀에게는 '남편 잡아먹는 여자'라는 딱지가 붙게 되었고 아무도 장가들려 하지 않았다. 진평은 그런 미신 같은 말을 믿지 않았다. 오히려 그녀의 용모와 집안이 마음에 들어 아내로 맞이하고 싶었으나, 예물을 마련할 수 없어 혼담을 꺼내지 못했다.

그때 마을에 상사喪事가 나서 진평이 일을 도와주게 되었다. 그는 가난했기 때문에 아침 일찍 가서 저녁 늦도록 열심히 일을 봐주고 보수를 많이 받으려 했다. 마침 조문을 온 장부는 훤칠하고 수려한 진평의 외모가 마음에 들어 관찰했다. 눈치가 빠른 진평은 더욱 열심히 문상객의 시중을 들었다. 마침내 장부는 진평을 불러 이야기를 나눈 뒤 그의 집을 방문하고 싶다고 했다. 진평은 장부의 마음을 읽고 그를 집으로 안내했다. 외성外城 성벽 가의 흙길을 따라 가다가 작은 골목으로 꺾어들자 대문 대신 헤진 돗자리가 걸려 있는 누추한 초가집이 나타났다. 장부는 누추한 집보다는 대문 앞마당을 자세히 관찰했다. 뜻밖에도 진평의 집 앞에는 수많은 수레바퀴 자국이 나 있었다.

장부는 집으로 돌아와 둘째아들을 불러 이렇게 말했다.

"나는 손녀를 진평에게 시집보내고 싶다. 네 생각은 어떠냐?"

장부의 둘째아들 장중張仲은 부친의 생각을 이해할 수 없어 되물었다.

"진평은 가난한 주제에 빈둥거리며 일을 하지 않아서 온 고을 사람들에게 조롱받는 자입니다. 왜 제 딸을 그런 놈에게 시집보내야 합니까?"

장부가 말했다.

"나는 사람 보는 눈이 있다고 자부한다. 진평의 집 대문 앞에 호걸들의 수레바퀴 자국이 많았다. 또한 용모가 그처럼 수려한 사람이 어찌 오랫동안 빈궁하게 살겠느냐?"

장중도 딸의 혼사 문제로 걱정이 많았던지라 흔쾌하지는 않았지만 부친의 의견을 따를 수밖에 없었다.

혼사는 장부의 계획에 따라 진행되었다. 장부는 먼저 진평에게 돈을 빌려주고 그 돈으로 예물을 마련하여 청혼하도록 했다. 그는 또 진평에게 술과 고기를 마련할 비용을 주어 혼인 잔치를 번듯하게 벌이게 했다. 그리고 손녀를 타일렀다.

"가난한 집에 시집간다고 남편에게 태만하거나 소홀해서는 안 된다. 친정아버지를 섬기듯 남편의 형을 섬기고, 친정어머니를 섬기듯 남편의 형수를 섬겨라."

장부의 손녀를 아내로 맞이한 진평은 장씨 집안의 지원 덕분에 씀씀이가 풍족해졌다. 이 때문에 사교의 폭이 나날이 넓어지면서 고을에서의 지위도 높아졌다. 진나라 말기 유방의 진영에 속한 영웅들은 대부분 하층민 출신으로, 그야말로 풀뿌리 민중 호걸이라 할 수 있었다. 역사서에는 이런 풀뿌리 호걸들이 몸을 일으킬 때 흔히 혼인

관계로 행운을 잡는다고 기록하고 있다. 예컨대 장이가 가문을 일으킨 것은 외황에서 이혼한 미녀와 혼인하여 부유한 처가의 도움을 받았기 때문이다.[7] 유방도 여공呂公의 인정을 받아 여치呂雉를 아내로 맞은 후 여씨 집안의 도움을 받았기에 출세할 수 있었다.[8] 이와 마찬가지로 진평도 처가의 도움으로 빈곤을 극복하고 출세 기반을 마련하게 되었다.

실리를 중시한 고대 그리스 철학자는 이렇게 말했다. "천리니 인정이니 세세히 따질 필요 없이 혼인을 할 때는 이익을 따져서 추진할 필요가 있다."[9] 고금 이래로 성공한 혼인은 대부분 인연에 의한 상호 보완적 성격이 짙다. 가난하고 외로운 영웅은 부유하고 힘 있는 처가의 도움을 받는 것이 성공으로 향하는 가장 편리한 지름길이었다. 속담에도 "대개 성공한 남자 뒤에는 그 성공을 도운 여자가 있다"고 한다. 나는 이 속담에 이어서 이렇게 말하겠다. "대개 남자의 성공을 도운 여자 뒤에는 혜안을 가진 부친이 있다."

4
진한秦漢 시대
시골 마을의 제사

행운을 잡은 진평은 지역 사회에서 두각을 나타내기 시작했다. 진평이 살고 있던 외성 성벽 가의 골목은 고상리庫上里라고 불렸는데, 당시에는 골목을 '이里'라고 불렀다. 명칭으로 보아 창고 근처였던 듯하다.

진한 시대에 군, 현, 향은 국가의 기본 행정 단위였고 이里는 향 아래에 설치된 거주 지역이자 주민 조직이기도 했다. 군, 현, 향 가운데 군은 군사 관할지역에서 발전되었기 때문에 변화의 폭이 비교적 컸다. 그러나 현은 본래 군왕의 직할지여서 상대적으로 안정적인 편이었다. 그리고 향은 자연 취락으로 구성된 행정 단위여서 상고 시대이래로 기층민의 생활 원형이 간직되고 있었다.

진한 시대의 향은 위로는 현의 명령을 받고 아래로 이里를 다스리면서 호적, 세금, 부역, 치안, 교화, 인재 추천 등 각 부문에서 직접적으로 백성을 관리하는 행정 말단 조직이었다. 이는 현대 중국 농촌의 진鎭과 도시의 가도街道에 설치된 사무소에 해당한다. 각 향의 호수는 수백에서 수천 정도로 일정하지 않았지만 전국 평균을 내보면

2000호 정도를 이룬다. 향에는 향장鄕長에 해당하는 향색부鄕嗇夫가 행정 사무를 담당했고, 그 아래에 유요游徼를 두어 치안을 책임졌다. 또 향좌鄕佐 직을 설치하여 부역 동원과 세금 징수 등을 담당하게 했다. 이들 직급은 모두 국가가 녹봉을 지급하는 기층 간부직이었다. 또 진한 시대에는 그 지역에서 덕망과 명성이 높은 인물에게 관官과 민民의 중개자 역할을 하도록 하는 삼로三老 제도가 있었다.

이里는 정부가 지도하는 주민자치 조직으로, 자연 부락의 실제 상황에 근거하여 조성되었기 때문에 조직 단위가 10여 호에서 100호 이상까지 일정치 않았다. 일반적으로 진한 시대의 이는, 특히 평야 지대의 경우 폐쇄적인 작은 구역으로 존재했다. 각 이에는 마을 문門이 있어서 낮에는 열고 밤에는 닫도록 했다. 이里의 문은 대체로 현대 중국 도시에 남아 있는 옛날 성안의 후통胡同에 출입문이 달려 있는 것과 유사하다. 농촌 지역에서는 이 주위에 흙담장을 둘러쳐서 마을을 이루기도 했다. 이 안에는 골목이 있고 주민들의 살림채가 이 골목을 따라 지어졌고 각 집마다 대문이 설치되어 있었다.[10]

이에는 '이정里正'을 두었고, 그 아래에 또 십장十長과 오장伍長을 두어 10호와 5호의 민가를 관리했다. 그리고 마을 출입문을 열고 닫는 일을 하는 이감문里監門 직도 있었다. 하지만 이의 여러 가지 일을 담당하는 이들은 조정에서 파견된 관리가 아니라 주민 추천에 의해 임명된 관리였다. 현대로 말하자면, 도시 진鎭의 가도위원회街道委員會와 농촌의 촌장 및 그 아래의 소조장小組長(통장이나 반장급)에 해당하는 직위라 할 수 있다. 지역의 출입문을 지키는 이감문 직이 가장 말단이었는데, 일자리가 없어서 처지가 어렵거나 생활 기반이 없는 자를 주민들의 갹출로 고용했다. 따라서 신분도 가장 낮았다.[11] 진나라 말기에 활약한 영웅들 중에서 장이, 진여, 역이기酈食其(?~기원전 203) 등은 생활이 곤궁할 때 이감문 직을 맡은 적이 있다.

고대 사회에서 '이'는 사회의 기층 조직이자 주민들이 공동으로 생활하는 장소였다. 이에서 사社와 사제社祭는 공동생활을 하는 주민들에게 중요한 의미를 지니고 있었다. '사社'란 토지신으로 원시 사회의 토지 숭배 관념에서 유래했다. 땅과 거주지를 중시하는 옛날 사람들에게 사신社神(토지신)은 민간 신앙의 주신主神이었고, 사제社祭는 향리 사회의 연례행사 중 가장 큰 행사였다. 봄 3월에는 춘제春祭로 풍년을 기원했으며, 가을 9월에는 추제秋祭로 한 해의 수확에 감사를 올렸다. 제사는 고정된 장소에서 올렸는데, 대개 가지와 잎이 무성한 큰 나무나 숲속을 골라 그곳에 흙 담장을 두르거나 사당을 짓고 제단을 만들어 '사단社壇'이라고 불렀다.

이里에서 토지신에게 제사를 올릴 때는 주민이 자금을 걷어 술과 고기 등 제수를 장만했고, 제사가 끝난 후에는 함께 음복을 하고 연회를 열었다. 상고 시대 이래로 신과 사람이 함께 즐기는 사제는 향리 사회의 엄숙한 제삿날이었을 뿐 아니라 성대한 경축 연회이기도 했다. 소박하게는 닭이나 개를 잡고 옹기와 병을 두드리며 노래를 불렀고, 여유가 있으면 양이나 소를 잡고 북과 종을 치며 춤을 추기도 했다. 부유한 상인들이 원조를 하는 큰 사제 때는 슬瑟을 타고 생황을 불며 광대를 초청해 전통극도 공연했다. 이런 제사는 공전의 성황을 이루기도 했다.

옛날 시에서도 사제의 풍경을 볼 수 있다. "농사짓는 늙은이가 사제 날이 다가왔다고, 나를 초청해 춘주를 맛보라 하네田翁逼社日, 邀我嘗春酒"* "뽕나무 그림자 비낄 때 봄 사제가 끝나니, 집집마다 취한 사람 부축해 느긋하게 돌아가네桑柘影斜春社散, 家家扶得醉人歸"** 등의 시들은 당나라 때의 것이지만 진한 시대 사제 잔치의 분위기를 그대로 전해준다.¹²

사제는 마을에서 가장 큰 행사였기 때문에 이정里正이나 그 마을에서 가장 덕망 있는 어른이 사제를 주관했다. 그리고 마을 사람들이 공동으로 출자하는 행사인 탓에 제사를 마친 후 제육祭肉을 나눌 때 시시콜콜한 뒷말이 많았다. 즉 제육을 공평하고 합리적으로 분배해서 모든 사람을 기쁘게 하는 데 신경 써야 했기 때문에 일처리가 정확하고 주도면밀한 사람이 이 일을 진행해야 했다. 역사에 기록된 바에 따르면 진평은 고향인 고상리에서 이 일을 주관했다. 그는 모두가 만족스럽게 제육을 적절하고 공평하게 나눠서 찬사를 받았다. 특히 마을 노인들은 "한 마을의 주재자 역할을 훌륭하게 담당했다善爲一里之宰"라고 높게 평가했다. 큰 뜻을 품고 있던 진평은 이때 이렇게 탄식했다. "아! 만약 나에게 천하를 주재하게 한다면 오늘 제육을 분배한 것과 똑같이 할 수 있을 텐데!"

진평이 제육을 공평하게 나눈 일은 사마천의 『사기』 「진승상세가」에 기록되어 있는 일화다. 이 작은 일화를 통해 우리는 진평의 지향과 풍격을 감지해볼 수 있을 뿐 아니라 진한 시대 향촌 사회의 풍토

---

* 당나라 시인 두보杜甫의 오언시 「우연히 만난 농부가 끈덕지게 술을 권하며 엄중승을 찬양하다遭田父泥飲美嚴中丞」의 두 구절.
** 당나라 시인 왕가王駕의 오언절구 「사제 날 마을에서社日村居」의 두 구절.

초망

와 인정도 체감할 수 있다. 그의 고향인 호유향은 진류현陳留縣(지금의 허난 카이펑開封 동남)에서 멀지 않은데, 후한後漢 이후로는 동혼현東昏縣으로 편입되어 진류군에 귀속되었다. 후한 말년의 저명한 문인이며 여류시인인 채문희蔡文姬의 부친 채옹蔡邕(133~192)은 일찍이 진평이 제육을 나눠준 고상리 신사神社에 비석을 세우고 「진류 동혼 고상리 사명陳留東昏庫上里社銘」이란 비문을 남겼다.[13] 그 주요 내용은 다음과 같다.

아! 이곳 고리庫里는 옛날 양무의 호유향이다. 춘추 시대에 (이곳 출신) 자화子華가 진나라 승상이 되었다. 한나라가 일어날 때 진평은 이곳 사제社祭의 제육을 나눠주다가 마침내 한 고조를 보좌하여 천하를 평정하고 우승상에 올랐으며 곡역후曲逆侯에 봉해졌다. 후한 영평永平(명제明帝의 연호) 연간에는 우연虞延(?~71)이 태위, 사도를 역임하며 삼공三公의 대열에 들었다. 후한 연희延熹(환제桓帝의 여섯 번째 연호) 연간에 이르러 우연의 아우의 증손자 우방虞放(?~169)은 자字 자중子仲으로 상서직을 역임했다. (…) 이후 조칙에 의해 도정후都亭侯에 봉해졌으며 태상太常, 태복太僕, 사공직을 지냈다. (…) 발걸음을 이어서 배출된 재상들이 모두 이 마을 출신이다. 진나라에서는 1명, 한나라에서는 3명이 재상을 역임했고, 우씨는 대를 이어 재상이 나왔다. 이는 비록 그 사람이 덕을 쌓아 경사를 맞은 것이라 할 수 있지만 이 또한 고을의 사社(토지신)가 도우신 결과다. 이에 비석을 세우고 송頌을 지어 후손들에게 알리고자 한다.

惟斯庫里, 古陽武之戸牖鄕也. 春秋時有子華爲秦相. 漢興, 陳平由此社宰, 遂佐高祖, 克定天下,爲右丞相, 封曲逆侯. 永平之世, 虞延爲太尉·司徒·封公. 至延熹, 延弟曾孫放, 字子仲, 爲尙書. (…) 詔封都亭侯, 太常·太仆·司空. (…) 僉以爲宰相繼踵, 咸出斯里. 秦一漢三, 而虞氏世焉. 雖有積德餘慶終身之致, 亦斯社之所相也. 乃興樹碑作頌, 以示後昆.

진나라 승상 자화는 역사 기록에서 찾아볼 수 없지만 진평, 우연, 우방은 모두 고상리에서 태어난 사람들이다. 오늘날에 비유하자면 어느 현縣의 한 거리에서 두 왕조 수백 년 동안 4명의 총리를 배출한 것과 같다. 이 얼마나 영광스럽고 신기한 일이겠는가? 속담에 "인걸은 지령地靈"이란 말이 있다. 진류 일대는 옛날부터 경제가 발달했고 인문의 정취가 가득해서 인재가 많이 배출된 고장이었다. 2008년 8월 나는 역상 형제의 자취를 찾아 진류를 방문했고, 옥수수 밭 사이에서 채옹의 분묘를 발견했다. 채옹은 진류 사람이니 진평과 동향이라고 할 수 있다. 그가 고상리에 사비社碑를 세우고 명문銘文을 쓸 때 진류의 인걸과 지령 사이에는 고유 풍속이 있었고, 고상리 숲속 깊은 사단社壇에도 복을 이어받는 옛 기풍이 이어지고 있었다. 내가 그곳을 방문했을 때도 그런 기풍이 역력하게 눈앞에 펼쳐지는 듯했다.[14]

⑤
고대의 KGB

2000년 동안 진평은 어두운 듯 밝은 듯 애매모호한 인물로 비쳐왔고, 또 맑지도 깨끗하지도 않은 사람으로 인식되어 왔다. 이는 마치 혼탁한 물속의 미꾸라지와 같이 종잡을 수 없는 인물이라는 평가와 다르지 않다.

사마천은 진평의 평생 사적을 기술한 후 다음과 같이 평가했다. "진평은 어렸을 때 황로학黃老學을 좋아했고, 제육을 나눌 때 이미 상당히 원대한 뜻을 품고 있었다. 천하대란이 일어난 후 그는 먼저 위나라와 초나라 사이에서 갈등하다가 마침내 유방에게 귀의했는데, 매번 기이한 계책으로 위기를 극복하고 국난을 해결했다. 시작도 좋고 끝도 좋았으니 출중한 지혜를 갖춘 사람이라고 할 만하다."

그러나 청나라의 저명한 사학자 왕명성王鳴盛(1722~1797)은 진평을 야비한 소인배로 인식했다. 왕명성은 다음과 같이 진평을 평가했다. "진평은 유언비어를 빌미로 유방으로 하여금 운몽雲夢으로 가는 체하면서 한신을 체포하도록 종용했다. 이 때문에 한신은 무고하게 퇴출

되어 결국 여후呂后에게 피살되고 말았다. 또 진평은 유방의 병이 위중할 때 그의 명령을 받들어 번쾌를 체포해 죽이려 했다. 그러나 번쾌는 여후의 제부娣夫였기 때문에 번쾌를 죽이지는 않고 함거檻車에 태워 호송했다. 도중에 유방이 숨을 거두었다는 소식을 받은 진평은 급히 여후에게 달려가 그 앞에서 통곡하며 충성을 보였다. 이후에 그는 여후의 심복이 되었으니, 가히 시류와 권세에 빌붙어 살아가는 인간의 전형이라 할 만하다."[15] 게다가 진평은 여후의 생전에는 온갖 아첨을 일삼으며 여씨 일족의 제후 책봉을 공개적으로 찬성했다. 그러나 여후가 죽자 그 시신의 온기가 채 식기도 전에 유씨가 아니면 제후가 될 수 없다고 큰소리를 치며 여씨 일족을 주살하는 데 앞장섰다. 이런 사정으로 미루어 볼 때 진평의 모든 행적은 항상 자신이 먼저 불을 지르고 나중에 불을 껐으며, 또 먼저 음식에 독을 타고 나중에 해독약을 쓰는 특징을 보였다. 그는 진정 겉과 속이 다른 사람이라 할 수 있다. 이런 행태가 그의 공적인지 죄과인지 잘 모르겠으며, 그것이 인간의 모습인지 악귀의 모습인지도 잘 모르겠다.

나는 여러 해 동안 진나라와 한나라의 역사를 연구하면서 사마천 이래로 역대 학자들이 진평에 대해 평가한 내용을 접할 수 있었다. 그런데 그 내용들은 시종일관 신발을 신고 가려운 곳을 긁는 것처럼 명쾌하지 않았다. 그러던 중 최근에 진평의 역사를 새롭게 정리하는 과정에서 진평이 발휘한 지혜가 대부분 공개하기 어려운 곳에 숨어 있음을 느꼈다. 진평 자신의 말을 빌리자면, 그의 지모는 대부분 음모다. 즉 덕망에 손상이 될 만한 일들을 꾸민 탓에 그 스스로도 음모에 걸려들지 않을까 근심했다. 진평은 음모가다. 이것은 그의 인격을 정확하게 규정하는 말이다. 그러나 음모가였기 때문에 그의 사적 중 일부는 공개되지 않았다. 설령 공개된 자료를 읽어봐도 비밀 계책이기 때문에 후세 사람으로서는 내포된 의미를 파악하기 힘들다. 하지만 이외에도 다른 중요한 원인이 있다. 바로 진평이 맡았던 직책과 시행했던 업무가 무엇이었는지 알기 어렵다는 점과 관련이 있다.

진평은 유방에게 귀의한 이후 먼저 호군도위護軍都尉에 임명되었고, 나중에 또 호군중위護軍中尉직을 맡아 오랫동안 한나라 군사의 호군護軍 업무를 책임졌다. 당시의 호군도위는 군사 정보기관의 부관이며, 호군중위는 군사 정보기관의 최고 책임자였다. 이 기관의 대내 업무는 임금을 대신하여 신하와 장수를 감독하는 것이었고, 대외 업무는 스파이 활동이었다. 이처럼 대내외의 정보를 장악하고 있었기 때문에 자연스럽게 최고위층의 중요한 정책 결정에 참여하면서 왕의 측근 참모가 될 수 있었다.[16] 현대의 용어로 말하자면 호군은 미국의 FBI와 CIA의 업무를 겸임한 부서라고 할 수 있다. 그러나 호군중위는 직접 군주의 명령을 받아 오직 군주에게만 보고하기 때문에 성격상 KGB에 더 가까워 보인다. 여러 해 동안 이 직무를 수행한 진평의 진정한 면모는 바로 간첩 두목인 정보부장이었다. 이는 마치 스탈린 신변에 라브렌티 베리야Lavrenti Pavlovich Beria가 있었고, 장제스蔣介石 신변에 다이리戴笠가 있었던 것과 유사하다. 다만 진평의 지혜가 더 고차원적이었고, 시야도 더 넓었으며, 삶이 더 안락했을 뿐이다. 이러한 인식을 토대로 진평의 일생을 다시금 살펴보면 어두운 듯 밝은 듯 애매모호한 측면이나 맑지도 깨끗하지도 않은 오점을 대체로 납득할 수 있다.

진나라 말기에 진승과 오광이 군사를 일으킨 이후 육국六國이 분분히 다시 나라를 일으키자 중국 전역에 포스트 전국 시대가 도래했다. 진평은 위나라 사람이었으므로 자연스럽게 위나라로 귀의했다. 당시 진승陳勝의 부장 주불周市(?~기원전 208)은 군사를 이끌고 위나라 옛 땅을 공략하여 위나라 공자 위구魏咎(?~기원전 208)를 위왕으로 옹립하고 임제臨濟(지금의 허난 펑추封丘 동쪽)에 도읍을 정했다. 이에 진평은 형과 형수 및 아내와 이별하고 같은 마을의 한 소년과 함께 위구에게 투신했다. 위구는 진평을 태복太僕에 임명하고 수레와 말의 출입을 관리하도록 했다. 모략이 장기인 진평은 여러 차례 계책을 올렸지만 위구는 채택하지 않았다. 오히려 진평은 참소를 당해 그곳을 떠나기로 결정했다.

오래지 않아 항우가 초나라 군사를 거느리고 각지를 공략하며 황하에 도착하자 진평은 항우에게 달려가 투신했다. 이때부터 진평은 항우를 수행하면서 팽성에서 군사를 정돈하고, 북상하여 조나라를 구원하고, 거록 대전에 참여하고, 장함의 항복을 받아내는 데 관여했다. 항우의 신임을 얻은 그는 줄곧 측근에서 직무를 수행했다. 그의 지위는 당시 낭중 직이던 한신보다 훨씬 높았다.

홍문연에서 번쾌가 불쑥 장막 안으로 쳐들어와 유방을 위기에서 구하려 할 때 유방은 소변을 핑계로 자리를 떴다가 돌아오지 않았다. 진평은 항우의 명령을 받고 유방을 찾으러 가다가 장량과 만났다. 영웅은 영웅을 알아보는 격으로 그 둘 사이에는 모종의 묵계가 이루어졌다. 진평은 밖에서 시간을 보내다가 돌아가 항우에게 대충 둘러댐으로써 반진군反秦軍 내부에서 벌어진 일촉즉발의 위기를 해소했다. 홍문연에서 벌어진 이 에피소드는 군사정보 요원으로 활동한 진평의 행적을 보여줄 뿐 아니라 나중에 유방에게 투신하는 복선을 감지하게 해준다.

진평은 항우로부터 봉작을 받아 경卿을 칭하게 되었고, 이후 항우 곁에서 군사정보 참모로서 여러 가지 계책을 올렸다. 한나라 2년 3월, 위왕 위표가 초나라에 반기를 들고 유방의 진영에 가담하자, 유방은 장이의 협조로 은왕 사마앙까지 반초反楚 깃발을 들게 만들었다. 이로써 초나라가 유방의 동진을 방어하기 위해 황하 북안에 구축한 두 줄기 방어선이 차례로 무너졌다. 그러자 북쪽에서 제나라를 정벌 중이던 항우는 진평을 신무군信武君으로 봉한 뒤 초나라 군대에 소속된 옛 위나라 군사를 통솔케 함으로써 은왕 사마앙에 대응할 전권을 주었다. 은왕 사마앙의 봉토인 하내河內 지역은 본래 위나라 영토로, 사마앙이 은왕으로 봉해지긴 했으나 본래 조나라 장수였던 터라 나라의 근본이 불안정했다. 반면 진평은 위나라 사람인데다 그가 이끄는 옛 위나라 군대는 동군과 탕군에서 모집한 병사들이었다. 동군과 탕군은 본래 위나라 영토였지만 항우가 천하를 분봉할 때 서초 땅으로 귀속되었다. 따라서 이 두 지역에서 모집된 군대는 옛 위나라와 천 갈래 만 갈래로 연결되어 있을 뿐 아니라 문화적인 측면에서도 동질감을 갖고 있었다.

항우가 진평을 이 군대의 수장으로 임명한 것은 범증이 건의했기 때문이다. 진평의 기지와 재능을 눈여겨보고 있던 범증은 마침내 그가 동군과 탕군에서 모집한 군대를 거느리고 은왕을 공격하는 전략을 짰다. 이는 위나라 장수가 위나라 군사를 거느리고 조나라가 점령한 위나라 땅을 공격하는 셈이므로 이보다 더 적합한 조치는 없었다. 항우는 그의 전략에 동의했다.

진평은 범증의 기대에 부응하여 은왕 사마앙에게 적절한 조치를 취했다. 군사적 위협과 외교적 설득이라는 양동 작전으로 사마앙을 유혹하여 다시 한 번 창을 거꾸로 들게 한 것이다. 사마앙은 마침내 다시 서초 진영으로 귀의했다. 항우는 크게 기뻐하며 항한項悍을 보내 진평에게 황금 400냥을 하사하고 도위都尉로 임명했다.

그러나 형세는 돌변했다. 진평이 막 은殷 땅을 떠나려 할 때 사마앙이 다시 또 창을 거꾸로 들었다. 진평에게 상을 내리자마자 뒤통수를 맞은 항우는 대노하여 이 문제를 담당한 부장을 엄중히 추궁하라고 명령했다. 진평은 자신이 주살당할까 두려운 나머지 사신을 통해 벼슬 인수와 황금을 항우에게 돌려주고 떠나기로 결심했다. 서쪽으로 가서 유방에게 투신할 작정이었다.

역사책에는 이렇게 기록되어 있다. 진평은 유방에게 투신할 생각으로 칼 한 자루만 차고 오솔길을 따라 걸음을 재촉했다. 황하에 도착하여 배를 타고 건너는데 노를 젓던 사공은 훤칠한 진평의 모습을 보고 도망치는 장수라고 생각했다. 그렇다면 황금과 보옥을 몸 안에 숨겼을 것이라 여기고 그를 죽이려 결심했다. 눈치 빠른 진평은 사공의 눈에서 살기를 느끼자 재빨리 웃통을 벗어젖히고 사공을 도와 배를 저었다. 그제야 진평의 몸에 아무 것도 없음을 확인한 사공은 자신의 계획을 거둬들였다.

황하를 건넌 진평은 유방의 군대가 동진을 위해 대본영을 차린 하내군 수무현修武縣(지금의 허난 휘자獲嘉)으로 갔다. 당시 유방은 각국

각로의 인재를 모집하여 초나라와 싸울 것을 선포한 상태였다. 이곳에 신릉군의 손자로 유방의 모사로서 신임을 받고 있는 위무지魏無知가 있었다. 위무지는 진평과 같이 위나라 출신이며 서로 친분을 나누던 사이였기 때문에 진평은 유방을 만나게 해달라고 부탁했다. 진평은 다른 10여 명과 함께 알현을 허락받았다. 중연中涓 직을 수행하던 석분石奮(?~기원전 124)이 이들을 유방에게 안내했다. 유방은 이들에게 음식을 하사하고 함께 식사를 했다. 식사가 끝나자 유방이 그들에게 말했다.

"여러분, 수고하셨소. 오늘은 여기서 마치기로 하겠소. 각각 관사로 돌아가 쉬도록 하시오."

이때 진평이 일어나 정중하게 예의를 표하며 말했다.

"신은 오늘 말씀 드릴 일이 있어서 왔습니다. 이 말씀은 오늘을 넘길 수 없습니다."

유방은 다소 놀라 진평과 단독으로 대화를 나눴다. 이야기를 마친 후 유방은 흡족해하며 진평에게 물었다.

"경은 초나라에 있을 때 무슨 관직에 있었소?"

진평이 대답했다.

"도위직에 있었습니다."

유방은 그날로 진평을 도위에 임명한 뒤 함께 수레를 타고 군영을 순시했다. 뿐만 아니라 각 부대의 장수를 감독하는 기관인 호군을 담당하게 했다. 이에 한나라의 장수들 사이에서는 불만의 소리가 높았다.

"하루도 안 되어 대왕께서는 초나라에서 항복한 일개 병졸을 수레에 타게 하고, 어떤 장기가 있는지 알 수 없는 그에게 고참 병사와 노련한 장수를 감독하게 하셨다."

전설에 의하면 이런 불평에도 불구하고 유방은 진평을 더욱 신임했고 초나라를 공격하는 큰일에 진평의 참여를 허락했다고 한다.

6
의제義帝의 죽음

한나라 원년 4월, 유방은 수무를 떠나 평음진平陰津(지금의 허난 멍진 孟津)에서 황하를 건너 낙양에 도착했다. 그리고 장량과 진평 등과 더불어 동쪽 초나라를 공격할 대사를 준비했다.

이 무렵 낙양 지역에 거주하던 한 지혜로운 노인이 유방을 뵙기를 청했다. 그는 신성현新城縣(지금의 허난 이촨伊川)의 향관과 삼로 직을 맡고 있던 동공董公으로, 항우가 비밀리에 의제를 살해한 사실을 알려주고는 내친 김에 다음과 같이 건의했다.

"신이 듣건대 '덕에 순응하는 사람은 번창하고 덕에 역행하는 자는 멸망한다'고 합니다. 군사를 출동시킬 때도 명분이 없으면 거사를 이루지 못합니다. 따라서 적군이 역적이라는 사실을 명확히 해야만 대의를 내세워 정복할 수 있습니다. 이제 항우는 패역무도하게도 군주를 살해했으므로 천하가 함께 성토하고 주살해야 할 역적이 된 것입니다. 스스로 어진 행동을 하면 천하의 민심이 귀의하므로 무력을 쓰지 않고도 천하를 복종시킬 수 있습니다. 스스로 의로운 행동을 하면 천하가 나를 따를 것이므로 강한 힘을 쓰지 않고도 천하를 안정시킬 수 있습니다. 바라옵건대 대왕마마께서는 의제를 위해 장례를 마련하십시오. 소복素服 차림으로 삼군을 이끌어 의제의 죽음을 기리시고, 각지의 제후들에게 동쪽의 항우를 정벌할 대의를 두루 밝히십시오. 그와 같이 하면 해내의 사람들 가운데 대왕의 덕행을 우러르지 않는 사람이 없을 것입니다. 그리고 대왕의 행적은 이로부터 삼대三代의 성군에 비견될 것입니다."

유방은 훌륭한 의견이라고 칭찬한 뒤 감탄하며 말했다.

"선생께서 오시지 않았다면 저는 이런 좋은 말씀을 듣지 못했을 것입니다."

그리하여 유방은 정식으로 의제를 위한 장례를 준비했다. 그는 사흘 동안 군사와 백성이 모인 가운데 상복을 입고 어깨를 드러낸 채 대성통곡하여 슬픔을 표했다. 이어서 항우 토벌을 호소하는 격문을 각 제후국에 보냈다. 격문에 유방은 이렇게 말했다.

"천하가 함께 의제를 옹립하여 북면北面을 하고 스스로 신하로 칭하며 함께 모시기로 했습니다. 지금 항우는 강남에서 의제를 시해하는 대역무도한 짓을 저질렀습니다. 과인은 친히 의제를 위해 장례를 마련하고 장졸들에게 소복을 입혀 전군의 애도를 바친 뒤 역적을 성토하게 했습니다. 장차 관중의 장병을 모두 징발하고 삼천三川의 군사를 받아들여 장강과 한수에 선박을 띄워 남쪽으로 우회하고자 합니다. 과인은 각 제후와 더불어 의제를 살해한 원흉을 토벌하고자 합니다."

항우가 의제를 살해한 것은 한나라 원년 10월의 일이었다. 항우와 의제 사이의 갈등과 알력은 거록 전투를 통해 조나라를 구원하던 당시로 거슬러 올라간다. 거록 전투 이전에 회왕은 관중으로 가장 먼저 들어가는 이에게 진왕秦王을 내리겠노라는 공약을 선포했다. 항우가 나서서 그 임무를 맡아 본진의 병마로 관중을 공격하겠다고 했으나 회왕은 이를 거절하고 유방에게 진나라 공격의 중임을 맡겼다. 이 때부터 둘 사이에는 간격이 벌어졌다.

거록 전투 도중 항우는 회왕이 신임하는 대장 송의를 참수하고 그의 군사를 빼앗아 스스로 초나라 군대의 총사령관을 맡았다. 그러고는 회왕에게 자신의 군사 행동을 기정사실로 추인할 것을 요구했다. 이는 국가의 위기를 해결한다는 명분 아래 군왕의 명령에 항거하고 군왕의 권력을 탈취하려는 불신拂臣의 대열에 서는 행위였다. 이로써 항우는 회왕과 동일한 체제 내에서 공생할 수 있는 여지를 잃게 되었다.[17]

항우는 조나라 구원에 성공하고 진나라 주력군을 섬멸했다. 그리고 제후 연합군을 통솔하여 관중으로 들어간 후 스스로를 서초 패왕에 봉하고, 천하를 분할하여 전국에 19개 제후국을 세워 19명의 왕을 봉했다. 이는 중국 역사상 맨 처음 패왕霸王이 봉건 왕국을 세운 것이라 할 수 있지만, 회왕과의 약속을 어긴 행위이며 근본적으로 전국 칠웅의 부활과 각국의 왕정복고를 부정하는 일이기도 했다. 또한 기존의 질서를 부정하는 일이었다. 구질서와 구체제에 반하는 항우의 중대한 변혁 조치로 인해 가장 먼저, 게다가 가장 큰 타격을 받은 사람은 바로 초 회왕이었다.

초 회왕은 본래 육국 연합군을 조직하여 진나라를 멸망시킨 맹주였으며 초나라 장수 항우의 주군이었다. 그런데 이제 항우가 서초의 패왕을 자처하며 천하의 맹주가 되었으므로 세상의 질서를 재편하려면 초 회왕을 어떻게 처리할 것인가가 첫 번째 당면 과제였다. 격렬한 논쟁과 세심한 계획을 거쳐 항우는 초 회왕에 대해 '허수아비 만들기架空' '거주지 옮기기遷徙' '암살'이라는 세 단계 조치를 취하기로 했다.

항우는 초 회왕의 칭호를 한 계단 높여 '의제義帝'로 존칭하게 했다. 이것이 첫 번째 조치인 '허수아비 만들기'였다. 의제라는 칭호의 '의義'란 명분 또는 명의名義를 뜻하며, '제帝'는 덕행이 왕보다 높은 군주를 가리킨다. 즉 '의제'란 명의상 천하에 군림하는 군주라는 뜻으로, 허울뿐인 칭호로써 초 회왕을 각국의 왕 위에 군림하는 천자로 추대해놓고 실질적인 초나라 통치권을 박탈하는 조치였다.

서초 패왕이 된 항우는 위나라와 초나라에 소속되어 있던 9개 군을 자신의 영토로 획정하고 장차 서초의 수도를 팽성으로 정했다. 이에 따라 팽성에 거주하던 초 회왕과 조정은 자연히 장애물이 되었다. 천하 분봉을 끝낸 항우는 초나라로 돌아가기 전에 먼저 사자를 팽성으로 보내 회왕에게 서찰을 전달했다. 그 내용은 이러했다. "옛날부터 제왕은 천 리의 땅을 통치하면서 반드시 강물의 상류에 거주했습니다. 지금 장사군長沙郡 침현郴縣은 장강의 상류에 자리 잡고 있어서 제왕이 거주하기에 매우 적합한 곳입니다. 그곳으로 옮기시기 바랍니다."

항우가 송의를 죽이고 초나라 군대의 지휘권을 탈취한 이후로 초 회왕은 부하를 잃은 허수아비 사령관이 되었고, 조정은 지휘 기능을 상실할 수밖에 없었다. 더욱이 '초왕'이라는 이름마저 박탈당하고 말 았으니 어찌 항우의 명령에 저항할 수 있겠는가. 약자는 강자를 이길 수 없는 법, 의제는 도리 없이 행장을 꾸려 남쪽으로 거처를 옮겨야 했다. 나무가 쓰러지면 원숭이들도 흩어지는 격으로, 조정의 신하들도 뿔뿔이 흩어져 제 살길을 찾아야 했다.

　항우가 의제의 거처로 지정한 침현은 오늘날의 후난성 천저우郴州다. 자연지리로 말하자면 우링五嶺산맥의 치톈령騎田嶺 북쪽 기슭이다. 샹장湘江강의 지류인 레이수이耒水의 상류로 물도 끊어지고 산도 끊어진 벽지라 할 수 있다. 하지만 샹장강이 옛날 운몽택雲夢澤(지금의 둥팅호洞庭湖)에서 장강으로 합류하기 때문에 항우가 억지 논리로 제왕이 거주하기에 적합한 상류 지역이라고 한 것이다. 또 행정지리로 볼 때 진나라 장사군 동남쪽에 있는 이 땅은 옛 기전령을 넘으면 바로 진나라의 남해군南海郡으로 들어갈 수 있다. 그러나 우리가 알고 있는 바와 같이 당시의 영남嶺南*은 진나라의 남해군, 계림군桂林郡, 상군象郡을 포함하는 지역으로, 이미 진나라 제국 남부군 총사령관인 조타趙佗가 독립적으로 남월국南越國을 세우고 왕을 자처하고 있었기 때문에 영남 지역과 화중華中 지역은 교통이 단절되어 있었다. 결국 침현은 항우가 분봉한 장사국과 남월국 간의 경계지역이며 중국 문명이 미칠 수 있는 최남단으로, 이민족과 화하족華夏族이 섞여서 살아가는 '하늘 끝天涯' 땅이었다. 의제를 그곳으로 옮기게 한 것은 수천 리의 유배형과 맞먹는 조치였다.

* 중국의 영남은 오령五嶺 남쪽으로 지금의 광둥성廣東省, 광시성廣西省, 하이난성海南省 등지를 가리킨다.

의제가 남하하여 침현으로 가려면 반드시 항우가 분봉한 구강국九江國이나 형산국衡山國 또는 임강국臨江國을 거쳐야 했다. 항우는 구강왕 영포, 형산왕 오예, 임강왕 공오共敖(?~기원전 204)에게 밀명을 내려 의제가 그곳을 지날 때 반드시 죽인 뒤 비밀에 부치도록 했다. 한나라 원년 10월, 의제 일행이 구강국 앞을 경유하여 침현으로 향할때 영포가 부장을 시켜 뒤를 밟다가 침현에서 은밀히 의제를 살해했다.

의제의 죽음은 항우와 의제 간의 은원恩怨이 종결되었음을 의미하는 것이자 초나라 정권 쟁탈전이 완료되었음을 의미한다. 또한 진나라 말기의 대란 이후 잠시 부활된 포스트 전국 시대와 왕정복고 시대의 종결을 의미하기도 한다. 이때부터 중국 역사는 초나라와 한나라 양웅兩雄의 주도 아래 여러 제후국이 분쟁을 벌이는 시대로 접어든다. 잠시 일어났다가 스러진 다수의 제후국들은 초나라에 의지하기도 하고 한나라에 의지하기도 하면서 동서 두 강국이 천하의 패권을 놓고 다투는 전란에 휘말려들 수밖에 없었다. 이는 마치 전국 시대 말기의 합종연횡이 재현된 것과 같았다.

새로운 초한 전쟁의 역사에서 항우는 초나라를 계승하여 합종책의 패왕이 되었고, 유방은 진나라를 계승하여 연횡책의 맹주가 되었다. 하지만 항우와 유방은 모두 초나라 출신으로 본래 초 회왕의 부장이었으므로 고국의 옛 주군 초 회왕의 정통을 계승하는 것은 천하 쟁패에서 반드시 통과해야 할 관문이자 처리해야 할 난제였다. 이후의 결과로 말하자면 자신의 주군을 시해한 행위는 항우에게 도덕적 약점이 되었고, 유방은 이것을 가지고 그의 부도덕을 천하에 호소

하는 대의명분으로 삼았다. 이로써 항우는 곳곳에서 수세적인 입장
에 놓일 수밖에 없었다.

⑦

연합군이
팽성을 점령하다

한나라 원년 8월 이후, 초나라 주력군을 거느린 항우는 제나라와 치열한 전쟁을 벌이고 있었다.

전영은 초나라를 배반한 5월 이후로 3개월 만에 제齊, 교동膠東, 제북濟北 세 제후국을 전복함으로써 초나라 배반의 형국을 이끌었다. 그는 제나라를 병탄하고 스스로 제왕齊王이라 칭한 이후 진여를 지원하여 상산왕 장이를 쫓아냈고, 대왕代王 조헐을 조왕으로 추대했으며, 이후 진여가 대왕의 봉호를 받는 걸 승인했다. 이로써 전영은 항우가 심혈을 기울여 건립한 패왕 분봉 체제를 교란시켰다. 더욱이 항우가 용납할 수 없었던 일은 전영이 팽월로 하여금 초나라 국경 안을 공격하게 한 것이었다. 팽월은 초나라 장수 소공각蕭公角의 군사를 대파하고 곧바로 동군 남부로 깊이 침입하여 제음현濟陰縣(지금의 산둥 딩타오定陶 동남쪽)을 점령함으로써 코밑에서 초나라의 안전을 위협했다.

항우가 보기에 제나라는 동란의 근원이었고 전영은 도랑물을 탁하게 하는 미꾸라지와 같았다. 전영을 처치하지 않고선 천하의 안정을 이룰 수 없다고 판단한 항우는 각국의 병마를 징집하여 제나라를 정벌하기로 결정했다.

8월 초나라 군사 및 동맹국을 결집한 항우는 먼저 초나라 동군으로 깊이 들어가서 제음 일대를 점령하고 있는 팽월을 향해 공격을 퍼부었다. 이에 팽월은 성양成陽(지금의 산둥 허쩌荷澤 동북쪽)으로 퇴각했으나 지원군을 이끌고 달려온 전영과 합세했다. 한나라 2년 봄, 항우군은 성양에서 전영·팽월 연합군과 맞붙어 대승을 거뒀다. 팽월은 옛 근거지 거야택으로 달아나 몸을 숨겼고, 전영은 평원현平原縣(지금의 산둥 핑위안平原)으로 물러나 황하 건너 조나라 경내로 후퇴하려 했다. 그러나 평원현의 군사와 백성이 전영을 죽인 뒤 성문을 열어 초나라 군대에 투항했다.[18]

항우는 제나라 수도 임치를 점령하고 전가田假를 다시금 제왕으로 세웠다. 전가는 전국 시대 말기 제나라 마지막 왕이었던 전건田建(기원전 280?~기원전 221)의 아우로, 여러 해 동안 전영에 맞서 싸웠다. 이보다 앞서 진2세 2년 4월, 전영의 형 전담이 전장에서 죽고 전영 자신은 동아東阿에서 장함에게 포위된 적이 있었다. 그러자 제나라 일부 대신들이 정변을 일으켜 전가를 제왕으로 옹립하고 새로운 정권을 세웠다. 동아에서의 포위를 헤치고 제나라로 돌아온 전영은 크게 분노하여 전가를 격퇴한 뒤, 전담의 아들 전불을 제왕으로 추대하고 자신은 승상이 되었으며, 아우 전횡田橫(?~기원전 202)을 대장에 임명했다. 제나라 정권이 전복되자 전가는 남쪽 초나라로 도주하여 초 회왕을 수행하다가 나중에는 항우를 수행했다.

전영이 피살된 후에도 그의 아우 전횡은 제나라 군사와 백성을 거느리고 동부 지역에서 항우군에 맞서 싸웠다. 그러자 항우는 적진으로 달려가 저항하는 성곽을 평평하게 허물고 전쟁 포로를 생매장했으며 노약자와 부녀들을 인질로 잡았다. 이런 무도한 행위는 제나라 백성의 강렬한 반항을 낳았다. 제나라 각지에서 초나라 군사는 항거의 진흙탕 속으로 빠져들기 시작한 반면 전횡의 세력은 갈수록 더욱 커졌다. 그는 성양 지역(지금의 산둥 쥐莒현, 린이臨沂 일대)에서 수만 명의 부대를 만들었다.

제나라의 반란은 천하대란으로 번져갔다. 옛 초나라 국경 안에 있는 구강, 임강, 형산을 제외한 각지의 제후국은 삽시간에 불안정한 형국을 맞았다. 한중에서 빠져나오려 전력을 다하는 유방의 동향도 초나라의 심각한 우환거리였다. 뒤죽박죽 뒤엉킨 동란의 형세에서 초나라 군신들은 먼저 제나라를 평정한 뒤에 한나라를 공략하기로 하고, 북쪽으로 공격을 가하면서 서쪽으로 방어를 굳히는 전략을 쓰기로 결정했다. 이에 근거하여 초나라는 북쪽의 제나라와 서쪽의 한나라를 주적으로 설정하고 먼저 제나라 중심의 반란군을 평정하여 북쪽을 안정시키기로 했다. 서쪽 유방의 군대에 대해서는 방어 전략을 구사하다가 나중에 공격할 심산이었다. 유방의 공격에 대해서는 네 갈래의 방어선을 구축했다. 제1방어선은 삼진의 옹왕 장함, 새왕 사마흔, 적왕 동예가 담당하고 제2방어선은 하남왕 신양, 위왕 위표가 담당하고 제3방어선은 한왕 정창, 은왕 사마앙이 담당했다. 제4방어선은 초나라 경내의 정도, 곡우曲遇(지금의 허난 중머우中牟 동쪽), 양하를 거점으로 하는 방어선이었다. 네 개의 방어선은 상당히 엄밀하고 완벽하여, 제나라를 평정한 후 한나라를 공략하고 북쪽으로는 공격을 가하면서 서쪽으로는 방어를 군히는 전략이 타당하고 정확했음을 말해준다.

그러나 형세는 늘 의외의 결과에서 틀어진다. 유방의 군대가 진령이라는 천험天險의 요새를 일거에 뚫고서 순식간에 관중을 점령한 것이다. 1개월 만에 초나라의 제1방어선이 붕괴된 셈이다. 이어서 유방은 군사 공격과 외교 설득이라는 양면 작전을 구사하여 위왕 위표, 하남왕 신양, 은왕 사마앙의 항복을 받아내고 한왕 정창을 격퇴했다. 이로써 초나라의 제2방어선과 제3방어선도 무너졌다. 초나라 측에서는 짧다면 짧은 8개월 만에 서쪽의 형세가 이토록 악화될 줄 상상할 수 없는 일이었다. 뿐만 아니라 제나라 전씨 형제가 영도하는 저항이 이렇게 완강하여 지리멸렬한 싸움이 이어질 줄도 예상할 수 없었다. 이런 판단 착오로 인해 항우는 유방이 제후 각국과 연합하여 뚜벅뚜벅 다가오는 모습을 빤히 지켜볼 수밖에 없었다. 이에 따라 초나라 경내에서 초나라와 한나라가 결전을 치르게 될 전망이 점점 더 명확해졌다. 항우는 유방에게 대응하지 않는 대신 전횡을 계속 공격하면서 정세의 변화를 면밀히 주시하고 있었다.

한나라 2년 4월, 유방은 초나라를 공격하기 위한 대내적 조치와 외교 및 군사 전략을 완료했다. 우선 한신에게는 폐구에 머물며 계속 장함을 포위하도록 하고 소하에게는 당시의 수도 역양에 머물며 도성을 지키도록 한 뒤, 자신은 갑옷을 입고 말에 올라 군사를 통솔하기로 했다. 그는 한나라 군사를 주축으로 상산왕 장이, 위왕 위표, 한왕 한신과 연합하고 또 전 하남왕 신양, 전 은왕 사마앙, 전 새왕 동예와 연합군을 결성하여 대규모로 초나라를 공격할 계획이었다. 여기에 대왕 진여, 조왕 조헐, 제왕 전영과 유격장군 팽월의 호응과 협력을 얻어냄으로써 60만에 가까운 대군이 남, 북, 중 세 갈래로 초나라를 향해 밀고 들어갈 예정이었다. 초나라 수도 팽성을 탈취하여 일거에 초나라를 멸망시키려는 이번 군사 행동은 기세등등했다.[19]

북로군北路軍은 조참, 번쾌, 관영, 역상 등의 장수가 거느리는 한나라 군사를 주력 부대로 삼아 위왕 위표 및 전 은왕 사마앙의 군대와 연합하고, 여기에 진여가 배치를 통일한 대代나라 군사와 조나라 군사의 협력을 얻었다. 이어서 북로군은 황하 북안으로부터 하동·하내에 이르는 전선을 통과하여 위진圍津(지금의 허난 화滑현 동북쪽)에서 황하를 건넜다. 우선 동군과 설군 등 초나라 북부 지역을 탈취하여 제나라 경내에서 전투를 벌이는 항우의 귀로를 끊은 뒤, 남하하여 중로군中路軍을 도와 팽성을 점령하려는 작전이었다.

중로군은 유방이 직접 지휘하면서 장량을 군사軍師로 삼고 진평을 감군監軍으로 임명했다. 이어서 주발, 근흡靳歙(?~기원전 183), 노관盧綰(기원전 256~기원전 194) 등의 장수가 이끄는 한나라 군사를 주력군으로 삼아 상산왕 장이, 한왕 한신, 전 하남왕 신양의 군사와 연합했다. 이후 낙양을 출발하여 성고成皋, 형양滎陽을 지나 삼천에서 동해에 이르는 대로를 따라 동쪽으로 내려가서 직접 팽성을 손에 넣으려 했다.

남로군은 한나라 장수 왕릉, 왕흡, 설구가 통솔하여 남양군으로부터 북상하라고 명령을 내렸다. 양하를 함락한 후 다시 중로군과 힘을 합쳐 팽성을 탈취하려는 작전이었다.

북로군은 순조롭게 황하를 건넌 후 초나라 장수 용저龍且(?~기원전 203)와 항타項它를 격파하고 초나라의 주요 군사 거점인 동군 정도를 함락했다. 이어서 승세를 타고 추격전을 감행하여 설군으로 진입했고, 다시 호릉胡陵(지금의 산둥 위타이魚臺 동남쪽)에서 용저와 항타를 격파하고 호릉을 점령했다. 그 후 계속 북상하여 추현鄒縣(지금의 산둥 쩌우현 동남쪽), 노현魯縣(지금의 산둥 취푸), 하구瑕丘(지금의 산둥 옌저우兗州 북쪽)를 점령했고, 여세를 몰아 제나라까지 진격해 들어갔다. 북로군은 초나라 주력군을 제나라 경내에 묶어두는 목적을 이룬 뒤 남쪽 팽성 방면으로 접근해갔다.

　이 무렵 중로군은 곡우에서 초나라 군사의 탄탄한 방어선을 돌파하고 동쪽으로 진격하여 외황外黃(지금의 허난 란카오蘭考 동남쪽)에서 팽월의 군대와 힘을 합친 후 순조롭게 팽성 동쪽으로 진출했다. 남로군도 양하에서 초나라 저지선을 돌파하고 팽성을 향해 접근해갔다.

　4월 말, 삼로 연합군은 팽성 동쪽 탕현碭縣(지금의 안후이 당산碭山현 남쪽)과 소현蕭縣(지금의 장쑤 쑤현 동남쪽) 일대에서 합세하여 한왕 유방의 지휘 아래 초나라 수도 팽성을 점령했다.[20]

　팽성 점령은 유방이 패현에서 거병한 이후 두 번째로 거둔 위대한 승리였다. 첫 번째는 초나라 탕군장碭郡長의 신분으로 군사 수만을 이끌고 관중을 공격하여 함양을 점령한 일이었다. 당시의 승리로 유방이 관중왕의 기반을 닦았다면, 이번에는 한왕 자격으로 수십만의 군사를 거느리고 초나라 깊숙이 들어가 승리함으로써 장차 천하 패주의 기반을 마련했다.

　승리는 또 다른 승리로 이어졌다. 순풍에 돛을 단 듯 팽성으로 진입한 이후 유방은 승리의 기쁨에 도취하여 정신을 차리지 못할 정도였다. 역사에는 "한왕이 마침내 팽성으로 들어가 항우가 거느리던 미인들과 재물을 몰수하고 술을 내어 성대한 잔치를 베풀었다"[21]고 기록되어 있다. 완승을 거둔 연합군이 군왕에서 병졸에 이르기까지 전대미문의 환희에 빠져 있었음을 이 짧은 구절에서 엿볼 수 있다. 심지어 욕심이 적고 냉정한 장량과 지모가 뛰어나고 변신에 능한 진평조차도 이 위대한 승리에 취해 있었다.

🔞 항우의 반격

유방 진영의 군신과 연합군 장졸들이 음주가무로 승리를 만끽하고 있을 때 항우는 냉철한 자세로 행동에 나섰다.

팽성이 함락되었다는 소식에 진노한 항우는 맹호가 산을 나서듯 행동에 나섰다. 먼저 모든 소식을 봉쇄하게 한 뒤 두 가지 결정 사항을 지시했다. 공개된 하나의 결정은 원래 계획대로 계속 전횡을 공격하여 제나라를 평정하라는 것이었다. 그러나 또 다른 결정은 비밀리에 기병과 거병_{車兵}을 모아 3만 명의 기동대를 이끌고 자신이 직접 신속하게 이동하기로 했다.

제나라 성양군은 대체로 지금의 산둥 르자오_{日照}와 린이_{臨沂} 일대로, 군 소재지는 쥐현_{莒縣}(지금의 산둥 쥐_莒현)이었다. 이 지역의 북에서 남으로 기수_{沂水}가 흘러 팽성 동쪽 하비_{下邳}에서 사수_{泗水}와 합류한다. 항우의 군사가 성양에서 팽성을 습격할 때 가장 가깝고 편리한 길은 바로 기수 물길을 따라 남하하여 양도_{陽都}(지금의 산둥 이난_{沂南}현 남쪽) → 계양_{啓陽}(지금의 산둥 린이 북쪽) → 난릉_{蘭陵}(지금의 산둥 창산_蒼

거국莒國

山현 서남쪽) → 부양傅陽(지금의 산둥 짜오좡棗莊 남쪽)으로 가는 것이다. 그러나 항우군은 양도 남쪽의 계양성으로 진격한 후 갑자기 방향을 바꿔 서쪽 준하浚河 물길로 거슬러 올라갔다. 그리고 비성費城(지금의 산둥 페이費현)과 오성部城(지금의 산둥 쓰수이泗水현 남쪽)을 지나 사수의 물길을 따라 내려가서 초나라 설군 노현에 도착했다.[22]

　2012년 9월, 나는 성양 지역 고적 탐방에 나서서 먼저 쥐현(莒현)으로 갔다. 쥐현은 서주 시대 이래로 거莒나라의 도성이었고 나중에 제나라로 귀속되었다. 그 옛날 대국의 웅대한 도읍지 안과 밖에는 이중으로 둘러친 옛 성의 성벽과 해자가 아직도 드문드문 남아 있었다.

　쥐현에서 이수이沂水와 수수이沭水 사이의 강변을 따라 남하하여 린이로 들어가는 길은 옛날부터 동서남북으로 통하는 주요 도로였다. 린이(임기)는 한나라 시대에 계양啟陽이라 칭했다. 인췌산 한나라

린이臨沂 인췌산銀雀山

분묘가 성 안에 있고 그곳에서 『손빈병법孫臏兵法』이 출토되어 세상에 알려졌다.

　신속하고 은밀하게 설군으로 진격한 초나라 3만 군사는 낮에는 숨고 밤에만 행군했다. 그들은 성곽 전투는 피하되, 지형에 익숙한 현지 군대의 장점을 이용하여 연합군의 연결 고리 지역을 뚫고 노현에서 호릉으로 이어지는 길로 번개같이 팽성 지역에 잠입했다. 그러나 항우는 바로 돌격하지 않고 팽성 서쪽으로 우회하여 어둠을 틈타 소현을 점령했다. 이는 연합군의 퇴로를 끊기 위한 조치였다.

　유방은 초나라 군대가 잠입하여 팽성 서쪽으로 우회하는 작전을 예상하지 못한 채 북쪽(초 설군), 동쪽(초 동해군), 남쪽(초 사수군) 세 방향으로 전투를 벌여 전과를 넓혀놓았다. 그리고 대군의 주력은 팽

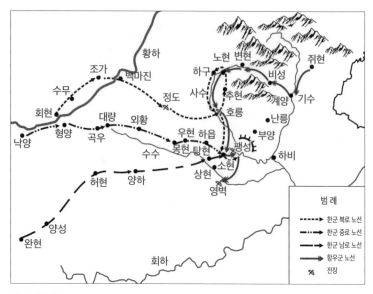

팽성 전투 개념도

성 동북쪽 방향으로 배치하여 계양-난릉-부양 노선으로 반격해올
초나라 군대를 대비 중이었다. 따라서 항우가 초나라 정예군을 이끌
고 소현을 점령하여 연합군의 퇴로와 보급선을 끊었다는 소식이 전
해졌을 때 유방은 방어 대책도 없이 황급히 항우를 맞아 출병했다.

다음 날 새벽, 붉은 태양이 구름 사이로 떠오를 때 행운의 빛은
다시금 초나라 군사의 철갑 위를 비추고 있었다. 초나라 군사는 창
졸지간에 전투에 나선 연합군을 맞아 공격을 퍼부었다. 철기군은 양
쪽 날개를 펼쳐 연합군을 포위했고, 병거兵車 부대는 정면으로 돌격
하여 연합군이 팽성 방면으로 후퇴하게끔 압박했다. 적개심에 가득
한 초나라 3만 병거 부대와 철기군은 멀리 조국의 도성을 바라보며
팽성 외곽까지 연합군을 결사적으로 몰아갔다. 항우는 무거운 갑옷

에 강궁強弓을 들고 선봉에서 돌격하여 적병을 각자도생의 길로 분열시켰다.

정오까지 계속된 전투 끝에 연합군은 대패했다. 깃발 신호와 징소리와 북소리가 어지럽게 뒤엉킨 가운데 연합군은 지리멸렬하게 붕괴되었고, 지휘부를 잃은 수십만 병사들은 팽성 남쪽 곡수谷水와 사수 북안까지 밀렸다. 그곳에서 참살되거나 물에 빠져 죽은 사람이 10만 명에 이르렀다. 곡수와 사수를 건넌 연합군은 팽성 서남쪽 산악 지역으로 후퇴했지만 영벽靈璧(지금의 안후이 수계濉溪 서쪽) 동쪽 수수濉水 북안에서 다시 초나라 군사의 추격을 받았다. 퇴로조차 끊긴 대혼전 속에서 다시 10만 명에 가까운 연합군 장졸이 전사했다. 이때 수를 헤아릴 수 없는 병사가 강에 떨어져 죽었는데, 역사에는 익사한 연합군의 수가 너무 많아서 수수 강물이 거의 흐르지 못할 정도였다고 되어 있다.

황망히 도주하던 유방도 초나라 철기군에게 포위되었다. 그때 하늘이 도왔는지 팽성 교외 서북쪽에서 갑자기 거센 돌풍이 일더니 모래와 돌멩이를 날렸다. 나뭇가지가 꺾이고 지붕이 날아가는 가운데 하늘이 컴컴해지자 초나라의 전마戰馬들이 두려워 날뛰기 시작했다. 초나라군의 대형이 혼란해진 틈을 타 유방은 경호 기병들의 엄호를 받으며 포위망을 뚫고 패현 쪽으로 도주했다. 유방은 고향인 패현으로 도주하는 중에도 고향 풍읍豊邑에 남아 있는 부친, 형제, 아내, 자녀를 구출하여 데려가려 했다. 그러나 초나라 기병 분대가 한 발 앞서 유방의 가족을 잡아간 뒤였다. 부친 유태공과 아내 여치, 형 유중의 가족은 행방을 알 수 없었고, 딸 노원은 동생 유영을 데리고 도주하다가 유방 일행과 만나게 되었다. 유방은 자녀를 수레에 싣고 도주하는 중에 몇 번이나 초나라 기병에게 추격을 당했다. 급기야 말이 지쳐서 빨리 달리지 못하게 되자 다급해진 유방은 노원과 유영을 발로 차서 수레에서 떨어뜨리기도 했다. 그때마다 수레를 몰던 하후영이 뛰어내려 노원과 유영을 안아 올리곤 했다. 신경이 날카로워진 유방은 하후영을 죽이려 칼을 뽑아들기도 했지만 차마 베진 못했다. 이 대목에서 우리는 당시의 긴박하고 곤혹스러운 패배의 형세를 엿볼 수 있다.

목숨을 잃을 뻔했던 유방 일행은 하읍下邑(지금의 안후이 탕산碭山)으로 도주하여 간신히 안정을 찾고 반격 대책을 마련하기 시작했다. 그곳에는 여택呂澤(여후의 오빠)의 부대가 대기하고 있었다. 팽성에서 대패할 때 여택은 부대 하나를 이끌고 먼저 퇴각한 덕분에 혼란한 전투의 소용돌이에 휘말리지 않을 수 있었다. 유방은 패잔병을 수습하여 서쪽으로 철수했고, 형양 지역에 이르러 진영을 세웠다.

팽성 전투의 패배로 한나라가 이끈 반초反楚 연맹은 와해되었다. 연맹에 참여한 제후 중에서 새왕 사마흔과 적왕 동예는 다시 항우에게 투항했고, 은왕 사마앙은 전사했고, 하남왕 신양은 행방이 묘연했다. 위왕 위표는 서위西魏로 돌아가서 다시 초나라에 귀의했다. 대왕 진여와 조왕 조헐도 창을 거꾸로 잡고 항우의 진영에 가담했다. 제나라 전횡도 항우와 화해하는 길을 선택했다. 모든 기반을 잃은 팽월은 하상河上(지금의 허난 활현滑縣 북쪽) 일대로 숨어들어 유격전으로 맞섰다. 이제 상산왕 장이와 한왕韓王 한신만이 유방을 따라 형양으로 후퇴하여 한나라 진영에 남았다.

『사기』「고조공신후자연표」의 기록에 따르면 한나라 군대에서 연오連敖 직위를 맡았던 증하繪貿는 유방의 군대에 갓 참여한 신인이었으나 혼란한 와중에도 대형을 질서 있게 유지했으며 추격하는 초나라 기병의 길을 끊어 유방을 무사히 탈출시켰다. 도주하기 전 유방은 증하에게 이렇게 명령을 내렸다.

"너는 팽성에 남아서 성벽과 보루를 견고하게 지키며 항우를 기습하라!"

증하는 최대의 위기에서 명령에 따라 후퇴하지 않고 성을 고수했다. 이는 팽성 전투 와중에 한나라 군사가 보여준 유일한 빛발이었다. 유방은 이 일을 잊지 않았다. 초한 전쟁이 끝나고 공신을 분봉할 때 증하를 기후祁侯에 봉하고 지금의 산시山西성 치祁현 동남쪽 1400호를 식읍으로 내렸다. 한나라 건국공신 140여 명 가운데 증하의 서열이 51위에 해당하므로 찬란한 영예를 얻었다고 할 만하다. 이것은 진실로 소개할 만한 가치가 있는 일화다.[23]

⑨
유방의 한계

팽성의 패배는 유방의 생애에서 가장 참담한 결과였다. 패배의 원인에 대한 역대 역사학자들의 견해는 분분하지만 유방이 팽성을 장악하고서 승리에 도취되어 판단력이 흐려졌다는 데는 모두 동의하고 있다. 당시 유방은 항우의 궁에 있는 미인과 보물을 거둬들였고, 하루가 멀다 하고 연회를 즐기느라 항우의 기습에 무기력하게 궤멸했다는 것이다. 교만한 군사는 반드시 패배한다는 교훈은 더 이상 강조할 필요가 없다. 하지만 곰곰이 생각해보면 연전연승하던 60만 강군이 먼 길을 치달려온 3만 군사에게 하루 만에 궤멸되어 20만 명 가까운 병사를 잃었다는 것은 불가사의한 일이 아닐 수 없다.

나는 팽성 전투의 역사를 정리하면서 이 중대한 사실에 관심을 기울였다. 그리고 팽성 전투 때 한신이 폐구에 남아 장함을 포위하고 있었다는 점에 주목했다. 한신이 전투에 나섰다면 과연 어떻게 되었을까. 역사에는 가정이 없다는 말을 누가 했는지는 알 수 없지만, 사실 가정은 역사학에서 늘 사용해온 효과적인 연구 방법 중 하나다.

합리적인 가설은 의미 있는 결과를 낳기 때문이다. 한신이 팽성 전투를 지휘했으면 어땠을까 하는 가정 아래 나는 중국 역사상 유명한 대화를 상기했다. 그 대화는 『사기』「회음후열전」에 기록되어 있다. 유방은 항우를 격파하고 천하를 얻은 후 한신의 병권을 박탈했다. 또 진평이 제공한 속임수로 한신을 잡아들여 수도 장안에 연금했다. 유방이 한신의 왕위를 박탈하고 열후列侯로 강등시키자 비단 옷과 진수성찬에 둘러싸인 한신은 할 일이 없었다. 이때 유방이 불시에 한신을 조용히 불러 옛일을 회고하면서 여러 장수의 통솔 능력에 대해 이야기를 나눴다. 유방이 이렇게 물었다.

"나 같은 사람은 군사를 얼마나 부릴 수 있는가?"

한신이 대답했다.

"폐하께서는 불과 10만 명을 부릴 수 있을 뿐입니다."

유방이 또 물었다.

"그럼 자네는 얼마나 부릴 수 있는가?"

한신이 대답했다.

"신은 많으면 많을수록 좋습니다多多益善."

유방이 웃으면서 물었다.

"많으면 많을수록 좋다면서 어째서 나에게 사로잡혔는가?"

한신이 대답했다.

"폐하께서는 군사를 거느리는 데는 뛰어나지 않지만 장수를 거느리는 데는 뛰어나십니다. 이 점이 바로 저 한신이 폐하에게 사로잡힌 원인입니다. 하물며 폐하의 자질은 하늘이 부여했으니 인력으로 미칠 수 없습니다."

이 대화는 오랫동안 인구에 회자하며 세상에 널리 유포되었다. 이 이야기에 대해서는 숱한 해설이 따랐으며, 고사성어 '다다익선多多益善'의 어원이기도 하다. 나는 팽성 전투의 역사를 정리하면서 유방의 60만 대군이 항우의 3만 군사에게 참패한 원인을 생각하던 중 이 대화에서 합리적인 힌트를 얻었다.

진나라 말기의 전란 속에서 유방과 한신은 수많은 전투를 지휘한 장수이며, 그들의 삶은 전쟁의 역사였다. 위의 대화에서 유방과 한신은 자신들의 역사를 총괄한 후 진말秦末 이래 활동한 각 장수들의 지휘력, 특히 대군단을 지휘하는 작전 능력에 대해 의견을 교환하고 있다. 잘 알려져 있다시피 중국 고대의 전쟁은 소규모에서 대규모로 발전했기 때문에 참전 국가가 동원할 수 있는 군사 규모는 국력과 제도에 따라 제한적일 수밖에 없다. 주나라가 상나라를 멸망시킨 목야牧野 전투는 최대 규모였지만 주 무왕이 거느린 연합군은 5만을 넘지 않았다. 춘추 시대의 가장 유명한 전쟁으로는 진晉나라와 초나라 사이에 벌어진 성복城濮 전투를 들 수 있는데, 당시 초나라를 중심으로 모인 연합군은 10만을 넘지 않았다. 진시황이 초나라를 멸망시킨 전쟁도 전국 시대에서 가장 규모가 큰 전쟁이었다. 당시 왕전王翦이 통솔한 진나라 군사는 60만 명에 달했다. 이후의 역사를 살펴봐도 중국 고대 전쟁에서 한쪽이 동원할 수 있는 군사력의 최대치는 60만 정도로 보인다.

고대의 전쟁 지휘는 깃발, 징, 북 등에 의지했다. 보급은 사람, 가축, 수레, 배를 이용했고, 이동은 흙길 보행이었다. 이러한 조건에서 60만 대군단의 전투를 지휘하기란 불세출의 군사적 천재가 아니고선 감당하기 어려운 일이다. 우리가 알기로 진한 시대에 60만 대군단을 지휘하여 작전을 펼칠 수 있었던 자는 두 인물에 불과했다. 한 명은 왕전이었고, 다른 한 명이 한신이었다. 기원전 224년 왕전은 진나라의 60만 대군을 이끌고 초왕 웅계熊啓(창평군, 기원전 263~기원전 223)와 항연項燕(?~기원전 223)을 크게 격파하고 초나라를 멸망시켰다. 기원전 206년 한신은 해하垓下 전투에서 60만 연합군을 지휘하여 서초를 멸망시켰다. 이처럼 의연하게 60만 대군을 지휘하여 작전을 수행한 것이 바로 한신이 자부한 '다다익선'의 내용이었다.

그러나 유방의 경우 관중으로 진격하여 함양성 아래까지 쳐들어갈 때 3~4만 병력에 불과했다. 그 이후 투항한 진나라 군사를 대폭 받아들였을 때도 15만으로 알려져 있다. 한중에서 관중을 공격할 때는 한신에게 대군의 지휘를 맡겼고, 이후에는 한신을 관중에 남겨두고 자신이 60만 대군을 지휘하여 초나라로 진격했다. 당시 항우는 먼 제나라 땅에 있었기 때문에 연합군은 여러 갈래로 순조롭게 팽성에 당도할 수 있었다. 그러나 팽성에 모인 60만의 전 병력을 조화시키고 원활하게 작전을 펼치는 일은 유방의 한계를 넘어서는 대사大事였다. 결과적으로 지휘 실패로 여러 용은 우두머리를 잃었고, 각 부대 사이도 간격이 벌어져서 60만 대군은 오합지졸이 되고 말았다. 결국 항우가 정예 기병 3만을 이끌고 노현에서 호릉에 이르는 길을 경유하여 연합군 각 부대의 느슨한 연결고리를 뚫고 팽성 서쪽으로 잠입할 때까지 연합군은 속수무책이었다. 항우가 소현을 점령하여 연합군의 퇴로와 보급선을 끊었을 때 이미 연합군은 동요하기 시작했고, 그랬기 때문에 항우는 수적 우세를 점하고 있는 연합군 진영으로 돌격할 수 있었다. 이것은 항우가 줄곧 소수의 최정예 돌격부대로 승리를 얻어온 득의의 전법으로, 회심의 비법이 아닐 수 없다.

이와 반대로 수십만의 연합군을 직접 지휘한 유방은 창졸간에 대응에 나선 탓에 손발을 자유자재로 쓰지 못한 채 혼란만 가중시켰다. 연합군은 적보다 20배나 많았지만 그러한 수적 우세에도 역부족으로 퇴각하다가 20만 명의 장졸이 강물에 뛰어들어 자멸했고, 총지휘관인 유방 자신도 군사를 버리고 도주하다가 포로로 잡힐 뻔했다. 여기에서 우리는 연합군 지휘부가 완전히 자중지란에 빠져 있었음을 간파할 수 있다.

역사는 승자의 기록이다. 팽성 전투에 대한 역사의 기록이 겨우 몇 줄로 간략할 뿐만 아니라 당시 최고 지휘관인 유방의 실수에 대해서는 언급조차 없는 이유는 팽성 전투를 기록한 역사서를 한나라 사관이 썼기 때문이다. 이들은 고조 유방의 실수를 은폐할 수밖에 없었으며, 더욱이 군사 지휘력에 관한 유방의 한계에 대해서는 말을 삼가야 했다. 한나라의 천하는 말안장 위에서 쟁취한 것이고 그것을 쟁취한 최고 지휘관이 유방이었으니, 어찌 사관들이 유방의 체면을 구기는 서술을 할 수 있겠는가?

유방의 일생을 총괄해볼 때 그는 자신의 군사 지휘력에 자못 자부심을 갖고 있었다. 그는 걸핏하면 "어린 아이를 전쟁터에 보낼 순 없고, 이 몸이 직접 가야겠다豎子固不足遣, 乃公自行耳"라고 큰소리치곤 했다. 또한 수레를 몰아 전투에 나서기를 좋아했고 병법에 대해 토론하기도 좋아했다. 그런 탓에 다른 이의 군사적 능력은 인정하지 않았지만, 오직 한신의 면전에서만은 기를 펴지 못했다. 이렇게 볼 때 유방은 자신의 군사적 재능에 대해 한신의 인정과 찬양을 가장 원했을 것이다. 그가 한신에게 한 질문, 즉 "나는 병력을 얼마나 지휘할 수 있다고 보는가?"라는 물음에서 자부심은 있지만 자신감은 부족했음을 엿볼 수 있다. 반면 "폐하께서는 불과 10만 명을 부릴 수 있을 뿐입니다"라는 한신의 대답은 완곡하면서도 냉정한 표현이다. 이 말은 곧 "10만을 넘으면 폐하의 힘이 미칠 수 없습니다"라는 뜻이기 때문이다. 한신이 유방의 능력을 이렇게 평가한 것은 팽성 전투에서 드러난 유방의 실망스러운 행위에 근거한 것으로 보인다.

여러 측면으로 살펴볼 때 유방에게 60만 대군을 지휘하여 작전을 펼치는 일은 확실히 능력 밖이었을 뿐 아니라 팽성 전투에서 패배한 중요한 원인이기도 했다.

⑩

팽성 전투를
돌아보다

팽성 전투는 항우의 군사 생애에서 정점을 찍은 천하대사였다. 그는 3만의 초나라 군사로 60만의 연합군을 궤멸시킴으로써 역대 전투사에서 소수의 정예로 다수의 군사를 이기는 기적을 다시 한 번 재연했다. 전쟁은 예술이자 경기라 할 수 있다. 항우가 보여준 군사적 재능은 길이길이 사람의 눈을 현란케 할 만한 사건이다.

나는 고대사의 기록이 하나만 싣고 만 가지를 빠뜨렸다는 사실을 깨닫고 탄식한 적이 있다. 역사라는 드넓은 바다에서 고대사의 기록은 겨우 작은 물거품일 뿐이며, 지극히 제한된 사료를 가지고 무궁무진한 역사를 부활시키는 것이 고대사 연구의 숙명이자 매력이다. 나는 『사기』의 기록을 단초로 팽성 전투의 역사를 재구성해보려 했으나 겹겹의 의문 속에서 허우적거려야 했다. 가장 이해할 수 없었던 것은 항우가 제나라에서 회군하여 팽성을 기습한 경로였다.

역사에는 성양에서 전횡을 공격하던 항우가 팽성이 함락되었다는 소식을 접하자 부하들에게는 전횡을 계속 공격하게 하고, 자신은

3만 정예병을 이끌고 노현, 호릉, 소현을 지나 팽성을 공격했다고 기록되어 있다. 진나라의 노현은 현재의 산둥성 취푸曲阜이고, 호릉은 산둥성 위타이魚臺 동남쪽이며, 소현은 장쑤성 샤오현蕭縣 동남쪽이다. 이 경로는 당시 간선도로였다. 진나라 말기에 항량과 유방의 군대도 이 경로를 수차례 지나다녔다는 사실은 의문의 여지가 없다. 문제는 항우의 군대가 출발한 성양이 어디인가 하는 점이다. 이에 대한 물음은 거의 2000년 동안 해소되지 않았다. 이 지역을 알아내는 것은 팽성 전투의 진상을 복원하는 관건이며, 또 항우가 최소의 병력으로 최대의 전과를 이룬 기습 전략을 이해하는 핵심 열쇠다.

당나라 이래로 역대 역사학자들은 항우의 군사가 출발한 성양이 진나라 동군 성양현이며 그 유적이 지금의 산둥 허쩌시菏澤市 동북쪽에 있다고 인식했다. 그러나 초한 전쟁 때 동군은 초나라에 소속되어 있었다. 당시 항우는 제나라의 전씨 형제를 토벌 중이었는데 어떻게 초나라 국내에 체류한 채 전횡을 공격할 수 있단 말인가? 이것이 내가 느낀 첫 번째 의문이었다. 두 번째 의문은 항우가 동군 성양현에서 팽성을 습격하려면 동쪽 노현으로 갔다가 다시 돌아와 호릉을 거쳐 소현으로 올 수 없다는 점이다. 이처럼 멀리까지 갔다가 다시 돌아와 팽성을 공격한다는 것은 군사 상식에도 위배될 뿐 아니라 습격이라는 표현에도 어울리지 않는다. 따라서 이 학설은 신뢰할 수 없다.

사마천은 『사기』를 저작할 때 『지리지地理志』를 쓰지 않았다. 지명과 지리 정보가 혼란스러운 점이 『사기』의 가장 큰 결점으로, 진나라의 지리와 행정구역에 대한 지식이 불분명했기 때문으로 보인다. 원나라 역사학자 호삼성胡三省은 『자치통감自治通鑑』에 주석을 달면서 항우가 제나라를 정벌하는 경로에는 성양이라는 지역이 두 군데 존재하며, 서로 다른 지역이라고 지적했다. 즉 항우와 전영이 전투를 벌인 성양현은 한나라 제음군濟陰郡 성양현으로, 지금의 산둥 허쩌 동북쪽에 있다. 그러나 항우가 전횡을 공격한 성양은 한나라 성양국城陽國으로, 지금의 산둥 쥐현 일대라는 것이다. 이것은 상당히 일리 있는 관점이다. 다만 성양현의 '성成'을 '성城'으로 잘못 썼고, 성양국을 설명하는 논리가 모호할 뿐이다.[24]

왕궈웨이王國維(1877~1927) 선생은 진나라 때 이미 성양군이 설치되어 있었으므로 항우가 전횡을 토벌한 성양은 현의 명칭이 아니라 군의 명칭이라고 지적했다.[25] 허우샤오룽 선생은 진시황이 천하를 통일한 후 행정 구역을 새롭게 획정할 때 제나라의 낭야군 서쪽을 나눠서 성양군을 설치했으며 그 소재지는 쥐현에 있었다고 보았다. 이 성양군의 강역은 대체로 동쪽으로는 산둥성 쥐현까지였고, 서쪽으로는 몽음蒙陰까지였으며, 북쪽으로는 기원沂源까지였고, 남쪽으로는 임기까지였다. 기몽산沂蒙山 지역과 기수, 술수 지역이 모두 성양군 경내에 속했다.[26] 이렇게 하나하나 정리해놓고 보니 당시 상황이 대체로 분명해진다.

이 성양 지역은 역대로 제나라가 외적의 침략을 받을 때 후퇴하여 지키던 땅으로, 제나라의 뒷마당이라 할 수 있다. 기원전 284년 연燕나라와 다섯 나라 연합군이 합종책으로 제나라를 공격하여 수도 임치가 함락되었을 때 제나라 민왕湣王(기원전 323?~기원전 284)은 성양으로 후퇴하여 난을 피했다. 그 뒤 전단田單은 제나라의 잃어버린 땅

남무성南武城

을 수복한 후 성양에서 제 민왕의 아들 제 양왕襄王(?~기원전 265)을 맞아 임치로 돌아갔다. 기몽산 지역이 분명해 보이는 성양은 고금 이래로 지키기는 쉽고 공격하기는 어려운 피난처였다.

항우가 제나라를 공격할 때도 서쪽에서 동쪽으로 진격했으며, 평원平原에서 임치로 나아갔다. 그리고 여기에서 더 전진하여 북해北海(지금의 산둥 가오미高密 일대) 지역으로 깊이 쳐들어가 제나라 땅 절반을 점령했다. 전횡은 성양의 기몽산 지역에 의지하여 병력을 집결한 후 초나라 군대에 완강히 저항했다. 3년 후 한신이 제나라로 진군하여 임치를 함락시킬 때도 제왕齊王 전광田廣(?~기원전 204)은 고밀로 후퇴했고, 유수濰水에서 대패했을 때도 성양으로 후퇴했다. 성양은 피난지였을 뿐만 아니라 산둥성에서 유명한 재기와 부흥의 땅이기도 했다.

또 평읍현不邑縣 남쪽에 가니 남무성 옛터가 있었다. 일면은 창산蒼山을 병풍처럼 의지했고 삼면에는 원형으로 성벽을 쌓아서 기이하고도 웅장했다. 남무성은 동주東周 시대에 처음 쌓았고 이후 노나라와 제나라에 속해 있다가 전국 시대 말기에 초나라의 영토가 되었다. 진나라로 들어서서는 성양군에 귀속되었고 그런 상황이 북제北齊 때까지 이어졌다. 공자의 뛰어난 제자 증자曾子와 담대멸명澹臺滅明의 고향이기도 하다.

역사서에는 항우가 군사를 돌려 팽성을 기습하기 전에 성양에서 전횡을 공격했다고 기록되어 있는데, 위의 분석으로 미루어 보아 기록에서 지칭하는 성양은 진나라 성양군 지역으로 봐야 한다. 항우는 바로 그곳에서 출발하여 팽성을 습격했던 것이다.

2012년 9월, 나는 성양 지역 고적 탐방에 나서서 먼저 쥐현으로 갔다. 쥐현은 서주 시대 이래로 거莒나라의 도성이었는데 나중에 제나라로 귀속되었다. 그 옛날 대국의 웅대한 도읍지 안과 밖에는 이중으로 둘러친 옛 성의 성벽과 해자가 아직도 드문드문 남아 있었다. 쥐현에서 이수이와 수수이沭水 사이의 물길을 따라 남하하여 린이로 들어가다가 잠시 차를 멈추고 멀리 창산과 란링을 조망했다. 그런 후 서쪽으로 쥐허 강물을 거슬러 오르며 항우가 당년에 지났던 길을 다시 걸어보았다.

준하 하류는 지금 벙허祊河라 불리는데, 이 물길이 임기에 이르러 기수와 합류한다. 나는 벙허 연안을 따라 페이費현으로 가서 진한 시대 비현의 옛 성을 찾아보았다. 벙허 북쪽 연안 상예진上冶鎮 서쪽 비청춘畢城村에 그 성터가 잔존해 있었다. 또 핑이현苄邑縣 남쪽에는 남무성 옛터가 있었다. 한 면은 창산蒼山을 병풍처럼 의지했고 나머지 세 면은 원형으로 성벽을 쌓아서 기이하고도 웅장했다. 역사를 살펴보면 춘추 시대에서 진한 시대를 거쳐 북제 시대까지 성이 있었다. 쥔허강은 핑이 북쪽 산간에서 발원하여 동남쪽 페이현으로 흘러든다. 남무양南武陽 옛 성은 쥔허강 서쪽 중춘진仲村鎭 창러촌昌樂村에 있고, 지금도 논밭 사이에 그 유적이 남아 있다. 그리고 서쪽으로 멀지 않은 곳에 진한 시대 변현卞縣 옛터가 있었다. 사수의 발원지가 있는 그곳은 지금 쓰수이현泗水縣 첸린진泉林鎭으로 불린다.

항우가 팽성을 기습하기 위해 경유했던 산동성 중부의 산간 노선은 옛 지명으로 계양-비현-변현-노현으로 이어지며, 지금의 지명으로는 린이臨沂-페이費-핑인苄邑-쓰수이泗水-취푸曲阜로 이어진다. 자연지리로 말하면 멍산蒙山과 이산沂山 사이의 쥔허강과 쓰수이강이 흐르는 구역으로, 이 일대는 고대에 교통 요지였을 뿐 아니라 인문의 향취가 가득한 곳이기도 했다. 공자, 증자, 정현鄭玄(127~200), 왕희지王羲之(307~365), 유협劉勰(465?~520) 등이 이곳과 인연을 맺어 찬란한 별처럼 역사를 수놓았다.[27]

취푸에 도착하여 쉬저우徐州를 바라보면 일망무제의 평원이 펼쳐져 왕래하기에 장애가 없었음을 알 수 있다. 쉬저우에 팽성 옛터가 있어 나는 여러 번 그곳을 찾아가 머물기도 했다. 야트막한 야산들인 주리九里와 구이산龜山은 북쪽에 있고 윈룽雲龍과 평황鳳凰은 남쪽에 있다. 또 서쪽에는 워뉴臥牛와 마산馬山이 있고, 동쪽에는 뤄퉈駱駝와 스쯔獅子가 있다. 모두 고립된 모습으로 일망무제의 벌판에 솟아

쥔허浚河강

쉬저우를 둘러싸고 있지만 교통은 사통팔달로 연결되어 공격하기는 쉽고 지키기는 어려운 땅임을 알 수 있다. 그런 탓에 고금 이래로 군웅들의 쟁탈이 반복되고 주인이 빈번하게 바뀐 군사 거점이었다.

초한 전쟁 당시를 상상해보면 유방은 60만 연합군을 이끌고 초나라 정벌에 나서서 일거에 팽성을 점령했다. 같은 시기 항우는 초나라 주력군을 이끌고 천리 밖 성양군 일대에서 전횡과 전투를 벌였다. 그러나 환난이 더욱 깊어지면서 결국은 진흙 수렁에 빠지고 말았다.

이 무렵 연합군은 이미 초나라 동군과 설군으로 쳐들어와 서쪽에서 동쪽으로 항우 군대의 날개를 위협하고 있었다. 멀리 성양군에 있던 항우가 신속하게 팽성으로 군사를 보내려 했다면 기수를 따라 남하하여 임기, 창산, 난릉을 경유하는 노선을 선택했을 것이다. 이는 팽성까지 이르는 가장 빠른 경로였기 때문에 유방은 연합군의 무장 병력을 서주의 동북쪽에 배치하여 초나라 군사에 대비했다. 이 대목에서 뒷날의 역사로 당시 역사를 추측해보기로 한다. 2000년 후 항일 전쟁 시기에 자오둥膠東을 점령한 일본군은 쉬저우를 점령하기 위해 남하할 때 바로 이 노선을 선택했다. 그러자 리쭝런李宗仁(1891~1969)이 지휘한 국민당 주력군은 서주 동북쪽 타이얼좡臺兒莊에 부대를 배치하고 일본군을 맞아 경천동지할 혈전을 벌였다.

당시 팽성에 있던 유방은 승리의 기쁨에 도취되어 있는 듯했지만 수많은 전투를 경험한 노장으로서 항우의 천부적인 용맹함을 잘 알고 있었기 때문에 경솔하게 행동하지 않았다. 그는 팽성 동북쪽에서 항우와 결전을 치를 계획이었고, 그런 복안을 마련해두었기에 감히 음주를 즐기며 성대한 잔치를 벌일 수 있었다. 그러나 이상하게도 서주 동북쪽에서 항우의 군이 나타나지 않았다. 기다리고 기다려도 적은 오지 않았다. 불길한 적막이 이어지는 가운데 급보가 날아들었다. 적이 준하를 거쳐 산동성 중부의 산길을 뚫고 노현에서 호릉에 이르는 노선으로 남하하여 소현을 점령한 후 연합군의 퇴로와 식량 보급로를 끊었다는 소식이었다. 마치 자신에게 패배한 적수를 어둠 속에서 찾고 있는데 갑자기 뒤에서 적이 나타나 칼을 휘두르는 듯한 느낌이었을 것이다. 그가 몸을 돌렸을 때는 이미 가슴팍으로 칼날이 겨누어진 상태였고, 본능적으로 피하긴 했지만 칼에 맞아 중상을 입을 수밖에 없었다.

팽성 전투와 해하 전투는 초한 간의 전쟁 중에서 최대 규모의 결전이었다. 해하 전투 때 한신이 지휘하는 60만 연합군은 항우가 이끄는 10만 대군을 격파하여 초나라를 멸망시켰다. 팽성 전투에서는

쉬저우의 초나라 궁궐

항우가 지휘한 초나라 3만 정예군이 유방의 60만 연합군을 격파했으나 한나라를 멸망시키지 못했다. 오히려 이 패배를 통해 한나라는 힘을 다지게 되었다. 이후 전투를 거듭할수록 더욱 강력한 전면전을 전개하여 마침내 최후의 승리를 쟁취했다. 유사한 두 차례 대전의 결과는 어찌하여 달랐을까?

독일 군사학자 칼 폰 클라우제비츠Carl von Clausewitz(1780~1831)가 훌륭히 개괄한바 전쟁은 정치의 연속이다. 국가 간 전면 대결의 최종 승부는 쌍방의 정치, 군사, 경제, 외교 등 모든 역량의 총체적 대결로써 결정된다. 유방이 한중에서 반격을 개시한 이래로 팽성에서 참패할 때까지의 과정을 관찰하여 쌍방의 득실을 분석해보면 종합적으로 이렇게 말할 수 있다.

"유방은 잃은 것보다 얻은 것이 많았고, 항우는 얻은 것보다 잃은 것이 많았다."

나는 쉬저우에 있는 팽성 옛터를 여러 번 찾아가 머물곤 했다. 쉬저우는 야트막한 야산들에 둘러싸여 있고 도로는 사통팔달로 막힘이 없어서 고금 이래로 군웅들의 쟁탈이 반복되면서 주인이 빈번히 바뀌었던 군사 거점이다. 성 안에 있는 시마타이戱馬臺는 항우가 병사를 사열하던 곳이라는 설이 전해지고 있다.

이는 다른 군사학자들이 다음과 같이 지적한 내용과도 부합한다. "유방은 팽성 전투로 심각한 손실을 입어 성공 직전에 실패하고 말았지만 이미 관중 및 관동의 주요 지방을 쟁취하여 거점 지역으로 삼았다. 인력, 물력, 영토가 확장되었기 때문에 나아가면 공격할 만하고 물러서면 지킬 만한 우위에 섰다. 이는 유방이 홍문연을 전후로 항우에게 생명을 위협받던 처지에서 완전히 벗어났음을 의미한다."[28]

항우의 처지는 어떠했나? 그는 군사적 대승을 거두어 잃어버린 초나라 땅을 수복하고 다시 초한 전쟁의 주도권을 탈환했지만 손실은 참담했다. 일단 옹, 새, 적, 하남, 하내, 한韓 등 주요 우방을 잃었기 때문에 이제부터는 촉, 한중, 관중 지역을 공고히 점유하고 있는 강대한 한漢나라와 정면 대결을 피할 수 없게 되었다. 그리고 항우는 천하를 주재하던 절대적 패권을 잃고 제나라와 조나라 지역 그리고 남초南楚 지역 제후국의 자주 독립을 용인하지 않을 수 없었다. 더 나아가 팽성 전투 이후 초나라 군대는 형양 지역 서쪽으로 진출할 수 없었고, 그로 인해 한나라의 견고한 방어벽을 맞아 소모적인 공성전 위주의 싸움에 매달려야 했다. 결국 항우는 자신의 장기인 속전속결의 유격전을 발휘하지 못한 채 점차 전략적 우위를 상실했다.

팽성 전투 이후 초한 전쟁은 상호 대치 국면으로 들어섰다.

제 3 장

남북 양대 전장

❶ 유방의 강인함

"인생의 가장 큰 영광은 한 번도 실패하지 않음에 있는 것이 아니라, 실패할 때마다 다시 일어서는 데 있다The greatest glory in living lies not in never falling, but in rising every time we fall."[1] 한 유명한 인사가 한 말이다. 그러고 보면 유방의 일생은 수많은 실패와 재기의 연속이었으며, 팽성 전투는 의심할 여지없이 가장 참담한 실패라고 할 수 있다. 그러나 그는 가장 강인하게 떨쳐 일어났다.

역사에는 다음과 같이 기록되어 있다. "팽성에 이르러 한나라 군사는 패배하여 귀환하게 되었다. 하읍에 당도하자 한왕 유방은 말에서 내려 안장에 기대 물었다. '나는 관동 등지의 땅을 여러분에게 봉토로 주고자 하는데 누가 나와 함께 공을 세울 수 있겠는가?'"[2]

진나라의 하읍현은 지금의 안후이 탕산현(팽성 서쪽, 풍읍 남쪽)에 있는데 팽성으로부터 200리도 되지 않는다. 당시 이곳에는 혼란한 전투 상황에 휘말리지 않고 먼저 퇴각한 여택이 성을 지키고 있었다. 유방 일행은 하읍에 당도하여 겨우 숨을 돌릴 수 있었다. 놀라운 사실은 수십만 대군을 잃고 모래 폭풍 덕분에 구사일생의 상태에서 유방은 실의와 후회의 빛을 내비치지 않았다는 것이다. 그는 어떻게 하면 항우를 꺾을 수 있을까 전략을 짜는 데 골몰할 뿐이었다. 실로 심리적 강인함이 대단한 천재적 영수領袖라 할 만한 인물이다. 역사적으로 그와 유사한 인생 경력을 겪은 인물로, 나는 적벽대전에서 참패한 조조曹操(155~220)와 국민당의 압박으로 만 리 대장정을 수행한 마오쩌둥毛澤東(1893~1976)을 떠올리곤 한다. 이 위인들은 고난의 단련을 거쳐 백절불굴의 강인한 모습을 보여줬다. 권력에 대한 집착과 마지막 승리에 대한 자신감 측면에서 보통 사람의 경지를 초월한 사람들이다.

유방이 하읍에서 말안장에 기대 질문을 했을 때 그의 곁에는 장량이 있었다. 팽성 전투에서 유방이 보여준 군사능력의 한계로 인해 장량은 유방이라는 한 인물에 의지해서는 항우를 꺾을 수 없음을 씁쓸히 인정해야 했다. 그는 한신을 냉대하는 유방의 심정과 그 후과를 명확히 느끼고 있었으나 입 밖에 꺼내기는 불편했을 것이다. 다만 유방 스스로 반성하면서 천하를 나누겠다는 마음으로 인재를 등용하려는 것만 해도 다행한 일이라 여겼다. 장량은 이렇게 말했다.

"구강왕 영포는 본래 초나라의 맹장이지만 지금 항왕과 사이가 벌어져 있습니다. 또 팽월도 전영과 함께 양梁 땅에서 초나라를 배반했습니다. 이 둘에게 급히 사자를 보내십시오. 대왕의 부하 중에서 단독으로 큰일을 맡을 수 있는 사람은 한신입니다. 대왕께서 관동 지역을 이들에게 내줄 생각이시고, 이 세 사람을 인정한다면 항우를 격파할 수 있을 것입니다."[3]

유방은 장량의 건의를 받아들여 영포와 팽월을 어떻게 회유할지, 또 한신의 능력을 어떻게 이용할 것인지를 고민하기 시작했다.

역사에서는 한신, 영포, 팽월을 '멸초삼걸滅楚三傑'이라고 부른다. 5년간의 초한 전쟁에서 유방이 항우를 이길 수 있었던 까닭은 이 세 인물의 도움을 받았기 때문이다. 한신은 팽성 전투 때 관중에 남겨져 홀로 폐구를 지키는 장함에 대응하고 있었고, 팽월은 유방의 우군이었지만 항우에게 패배한 이후로 황하 건너편 하상 지역에서 칩거하고 있었다. 따라서 이 둘을 기용하기란 그리 문제될 것이 없었다. 다만 오랫동안 항우가 중용해온 애장愛將인 영포를 한나라 진영으로 끌어들이기란 간단치 않은 일이었다.

유방 일행은 하읍에서 잠시 휴식을 취한 뒤 군대를 정비하여 서쪽으로 후퇴했다. 우현虞縣(지금의 허난 위청虞城 북쪽)에 도착했을 때 고민을 거듭하던 유방이 갑자기 좌우 측근들을 질책했다.

"어떻게 네놈들과 함께 대사를 도모할 수 있겠나?"

아닌 밤중에 홍두깨를 맞은 측근들은 유방이 무슨 생각을 하는지 알 수 없었다. 알자謁者 수하가 이해할 수 없어서 물었다.

"대왕께서 무슨 말씀을 하시는지 모르겠습니다."

유방은 여전히 깊은 생각에 잠겨 있다가 마치 수하의 질문에 대답이라도 하는 듯 혼잣말로 중얼거렸다.

"누가 나를 위해 구강으로 가서 영포가 초나라를 배반하도록 만들 수 있을까? 몇 달이라도 항우를 붙잡아둔다면 천하를 얻으려는 계획을 이룰 수 있을 텐데."

수하가 당장 대답했다.

"신이 가겠습니다."

유방은 반신반의했지만 한 나절 심사숙고한 끝에 결국 20여 명의 사신단을 수하에게 붙여 구강국으로 보냈다.

이후 유방은 흩어졌던 패잔병을 모아 전투를 치르면서 후퇴하는 식으로 형양에 당도했다. 그곳에서 비로소 군사를 이끌고 온 한신의 도움을 받아 후퇴를 멈추고 튼튼하게 군영을 세웠다.

앞서 서술했듯이 유방은 연합군을 거느리고 초나라를 공격하러 갈 때 소하와 한신에게 관중을 지키게 했다. 소하에게는 병력 동원과 군량미 징발 등 모든 후방 업무를 맡겼고, 한신에게는 폐구를 고수하고 있는 장함을 포위 공격하도록 했다. 그러나 동쪽 정벌 군사가 대패했다는 소식에 소하는 긴급히 종군 가능한 청장년을 징발하여 군대를 편성하고 관중의 식량과 물자를 끌어모아 형양으로 운송했다. 한신도 폐구 공격을 대강 마무리 짓고 함곡관에서 형양으로 군사를 이끌었다.

소하와 한신의 지원으로 유방의 군대는 다시 기세를 올렸다. 가장 먼저 하남성 동쪽의 오창敖昌(지금의 허난 싱양滎陽 동북쪽), 형양, 색정素亭(지금의 싱양 쒀허가도素河街道 근처), 경현京縣(지금의 싱양 남쪽)으로 이어지는 노선에 견고한 방어선을 구축했다. 이에 유방을 추격하던 항우군은 이 방어선 앞에서 주춤하게 되었다. 한신의 지휘로 진영을 갖춘 한나라 주력군은 색정과 경현 일대에서 일전을 벌여 초나라 군대를 격파했다. 이로써 서쪽으로 진격하던 초나라 군대의 예봉이 꺾이면서 초한 전쟁은 대치 단계로 들어섰다.

초한의 대치 상황은 2년 3개월 동안 남·북·중 3곳의 전장에 걸쳐

지속됐다. 즉 유방이 형양으로 후퇴한 때로부터 항우와 화해하기까지인 한나라 2년 6월부터 4년 9월까지였다. 장강과 회수 지역의 남부 전장에서는 구강왕 영포가 초나라를 배반하고 한나라에 귀의하여 반 년 동안(한나라 3년 5월~11월) 초나라 군사와 맞서다가 패배하긴 했지만 적군의 서진을 견제할 수 있었다. 초한 전쟁의 승패를 좌우한 황하 이북의 전장에서는 한신이 위·조·연·제나라를 상대로 전승을 거두었다. 형양 지역의 중부 전장에서는 유방과 항우가 대치하고 있었는데 줄곧 초나라가 전략적 우세를 점하고 있었다. 나는 이 대목의 복잡다단한 역사를 좀더 명쾌하게 재현하기 위해 먼저 남부와 북부의 전투 상황을 서술하고자 한다. 냉면冷面 살수 영포부터 살펴보기로 하겠다.

❷ 냉면 살수 영포

영포는 항우가 몹시 사랑한 장수였다. 그는 용맹하고 전투에 뛰어나기도 했지만 '냉혈 살수'라 불릴 만큼 냉혈한이었다. 그가 싸늘한 표정의 냉면冷面 인간이 된 것은 먹물로 얼굴에 죄인의 낙인을 새기는 경형黥刑을 당한 이후부터였다.

영포는 진나라 때 구강군에 속해 있던 육현六縣(지금의 안후이 루안六安 서쪽) 사람이다. 육현의 옛 땅에는 하·상·주로 이어지는 나라가 있었으며, 하나라 시조 우禹임금 때 상고 시대의 성인인 고요皐陶의 후예가 이곳을 분봉 받았다는 사실이 갑골문에 기록되어 있어, 육六나라의 역사는 적어도 상나라까지 거슬러 올라간다. 이후 기원전 622년까지 명맥을 잇다가 초나라에 멸망되었으니 최소한 1500여 년간 존속되었다.

영포의 성씨는 영英으로, 이 또한 옛 나라의 이름이다. 영나라의 역사는 육나라와 같은 땅, 같은 근원을 갖고 있다. 두 나라는 모두 우임금이 분봉한 고요의 후예다. 영나라 땅 역시 육나라와 이웃해 있었다. 지금의 안후이 진자이현金寨縣이 그곳이다. 고대 중국에서는 나라 이름이 땅 이름, 씨족 이름, 성씨로 사용되었기 때문에 사마천은 영포의 성씨가 영나라 명칭에서 비롯된 것으로 보아 그가 고요의 후예이고 조상은 영나라 왕족이었다고 했다. 이는 매우 일리 있는 추측이다.

영나라도 초나라에 의해 병탄되었고 그 시기는 육나라가 초나라에게 멸망한 때와 동일하다. 역사에서 여러 번 부침을 겪은 영씨 일족은 진시황이 천하를 통일할 무렵 이미 완전히 평민으로 전락하여 영광스러운 조상에 대한 기억마저 희미해진 상태였다. 영포가 어렸을 때 누군가 그의 관상을 보고 말했다.

"형벌을 받고 나중에 왕이 될 운명이로다!"

성년이 되었을 때 과연 그는 얼굴에 먹으로 죄인 표식을 새겨 넣는 경형을 받게 되었다. 그러자 영포는 기뻐하며 말했다.

"일찍이 관상쟁이가 '먼저 형벌을 받고 나중에 왕이 될 운명'이라 하더니 이 일이 바로 그 일이 아닌가?"

그의 말에 주변 사람들은 모두 비웃으며 조롱거리로 여겼다.

영포는 천부적으로 오만불손한 강골의 사나이로, 경형을 당한 후에 자신의 이름을 '경포黥布'로 바꿨다. 뛰는 놈 위에 나는 놈 있듯이, 그는 의식적으로 자기 운명에 정면으로 맞섰으며 눈앞에 닥친 재난으로써 미래의 액운을 극복하고자 했다. 얼굴에 경형을 당하자 '그래! 니미럴! 어찌되는지 두고 보자'는 식으로 이름에 '경黥' 자를 넣고, 먹물이 새겨진 얼굴을 쳐들고 다니면서 "하늘 네놈이 무슨 지랄을 하는지 두고 보자!"라고 소리치곤 했다.

경형을 받은 뒤에 영포는 관중으로 압송되어 여산驪山의 진시황릉 노역장에서 강제 노동을 하게 되었다. 당시 전국 각지에서 여산으로 징발되어 온 복역자와 죄수들은 수십만 명에 달했고, 온갖 인간 군상이 뒤섞여 있었다. 영포는 자신의 운명에 안주하지 않고 여산의 공사장을 강호 삼아 각 지역에서 온 불량배들과 의형제를 맺어 패거리를 만들었다. 시기가 무르익자 영포는 자신의 패거리를 이끌고 집단 탈주를 감행했다. 그리고 팽려택彭蠡澤(지금의 포양호鄱陽湖 지역) 소택지로 숨어들어 강호의 대도大盜가 되었다.

진2세 원년 7월, 진승과 오광이 대택향에서 거병하여 천하 대란이 시작되었다. 구강군은 춘추전국 시대 초나라의 옛 땅이었으므로 거병 소식이 퍼져나가자 많은 사람이 동참하기 시작했다. 그중에는 진나라 현임 지방 관리의 신분으로 군사를 일으켜 반진反秦 진영에 참가한 번양현령番陽縣令 오예도 있었다. 당시에 적지 않은 전공을 세운 그는 항우가 천하를 분봉할 때 형산왕으로 봉해졌다. 그 후 형산국은 50여 년간 지속되다가 한 문제 말기에 후손 단절로 멸망했다. 그러나 오예는 제후왕으로 분봉된 여러 영웅 가운데 가장 길게 통치한 편이었고 본인의 운명도 평탄했다. 번양현령으로 일할 당시 오예는 민간 사회의 동향에 관심을 기울여서 강호의 민심을 얻었다. 특히 중국 동남부 지역에 거주하던 월인越人들 사이에서 상당히 명성이 높았다. 오예와 관련된 여러 가지 사적과 인연에 대해서는 따로 언급하겠다.

영포는 오예가 반진 군사를 일으켰다는 소식을 듣자 자신의 의형제들과 함께 달려가 투항했다. 오예는 그 화답으로 자신의 딸을 영포에게 시집보냈다. 오예와 영포는 번양현에서 수천 명의 장졸을 모아 장초張楚를 지지하고 진나라에 반대하는 깃발을 세웠다. 그리고 사방으로 출동하여 반진 전쟁에 적극 참여했다.

진2세 12월, 진승이 싸움 중에 사망하자 장함의 군대가 장초의 도성 진현을 점령했다. 이때부터 반진 저항은 침체기로 접어들었고 진현은 진나라와 초나라가 점령을 주거니 받거니 하는 쟁탈의 요충지가 되었다. 1월에는[4] 진승의 부장 여신呂臣이 군사를 이끌고 진현을 탈환했다가 오래지 않아 진나라 군사의 공격을 받고 철수했다. 그 과정에서 영포의 군대와 조우했다. 영포는 애초에 오예를 수행하여 장강 이남에서 활동했으나 전장이 옮겨지자 북상하여 회수 북쪽 지역으로 진격했고, 여신의 군대와 합세하여 다시 진현을 함락했다. 그러나 이윽고 돌격해온 장함에게 쫓겨 사수군 방면으로 후퇴했다. 이 무렵 항량과 항우는 강동의 초나라 군사를 거느리고 장강을 건너 진영陳嬰의 군대와 합친 후 회수를 건넜다. 이들이 기세등등하게 사수군 팽성 방면으로 진격하자 흩어졌던 각지의 초나라 군사들이 분분히 투항해왔다. 영포는 여신과 의논 끝에 동쪽으로 달려가 항량의 군대에 가담했다. 이로부터 그들은 항씨가 거느린 초군楚軍의 부장이 되었다.

용맹하고 전투에 능했던 영포는 항씨의 초군에 가담한 이후로 두각을 나타내어 오래지 않아 가장 뛰어난 선봉장이 되었고, 마침내 당양군當陽君에 봉해졌다. 역사책에는 항량이 지휘한 여러 차례의 전투에서 영포가 크게 활약했고, 이 때문에 그의 부대는 '상관군常冠軍'이라 불렸다고 한다. 상관군이란 전투가 벌어질 때마다 항상 선두에서 싸웠다는 의미이기도 하고, 1등 용사의 전공을 평가받았다는 의미이기도 하다. 오늘날 각종 경기에서 우승한 자를 '관쿤冠軍'이라고 표현하는 것도 여기에서 비롯된 것이다. 항량이 전사한 후 영포는 항우의 부하가 되어 거록 전투에도 선봉장으로 나섰다. 가장 먼저 군사를 이끌고 황하를 건넌 그는 거록에 포위된 채 곤경에 처한 왕리의 군대와 극원棘原 일대에서 후방 보급을 맡은 장함의 틈새로 파고들어갔다. 그 결과 소수 정예로 다수의 적을 격파하고 왕리 군대의 식량 보급선을 끊어 왕리군과 장함군을 갈라놓음으로써 조나라를 구원하는 전공을 세웠다.

거록 전투 후 항우는 뭇 장수들보다 영포를 총애하여 각별히 대우했다. 장함의 투항으로 진나라 20만 군사를 신안에서 몰살할 때 항우는 먼저 영포의 의견을 듣고 그 일을 집행하게 했다. 또한 항우가 연합군을 이끌고 관중으로 진격할 때도 영포가 선봉에 서서 함곡관을 깨뜨리고 함양에 입성했다. 영포는 항우가 가장 인정하고 신뢰한 장수로서 중요하고 어려운 전투를 이끌었다.

한나라 원년 2월, 항우는 영포를 구강왕에 봉하고 육현을 도읍으로 정하게 했다. 그리고 영포로 하여금 진나라의 구강군을 영유하여 지금의 안후이 화이수이淮水강 남쪽과 장시성 간장贛江강 동쪽에 이르는 광대한 지역을 통치하게 했다. 구강왕에 봉해진 영포는 자신의 고향인 육현에 금의환향하여 '먼저 형벌을 받은 후 나중에 왕이 될 운명'을 증명해 선조들의 이름을 빛냈다. 영포는 이제 술과 미녀와 더불어 쾌락의 삶을 누리고자 했다.

그러나 그해 7월, 전영이 제齊, 교동, 제북 세 나라를 점령하고 반초의 기치를 올리자, 항우는 자신이 분봉한 각국에 군사 동원령을 내리고 제나라로 달려가 전영을 정벌할 것을 요구했다. 바야흐로 일생 최대의 향락에 젖어 있던 영포는 이제 싸움에 염증을 냈다. 푹신한 침대를 떠나 풍찬노숙하기가 꺼려졌고 품안의 미녀를 버리고 차가운 갑옷을 걸치고 싶지 않았다. 그는 몸이 아프다는 핑계로 원행에 나서지 않고 부하 장수에게 4000명의 병사를 내주어 출정하도록 했다.

영포에게 기대를 걸었던 항우는 단칼에 영포를 베어버리고 싶을 만큼 분노했다. 그러나 눈앞에 큰 적을 마주한 상태에서 어찌 경솔하게 새로운 적을 만들겠는가. 항우는 범증 등의 권유로 가까스로 화를 삭였다. 삼군에서 으뜸가는 영포의 용기를 아끼고 있었던지라 장차 그를 기용할 기회가 있으리라 여긴 것이다.

기대가 크면 실망도 크고 실망이 크면 원한도 깊다는 옛말이 있다. 강한 군주와 유능한 장수 사이가 틀어지면 미움이 자리하게 마련이다. 미움은 불안한 마음에서 생겨나곤 하기 때문에 술자리에서 털어낼 수도 있다. 또한 미움은 오해가 쌓여 생길 수도 있기 때문에 얼굴을 마주하고 솔직히 대화하면 풀어질 수 있다. 그러나 그런 감정을 풀지 못한 채 시간을 보내면 오해가 깊어지고 짙은 의심으로 변질되어버린다. 유방이 수하를 구강국의 영포에게 사신으로 보낼 때 항우와 영포 사이의 미움은 어중간한 상태에 놓여 있었다.

❸
외교관 수하

사신단을 이끌고 육현으로 간 수하는 구강왕 영포에게 알현을 청했
다. 그러나 사흘이 지나도록 회신이 없었다. 그는 궁중 요리를 담당
하는 태재太宰를 시켜 수하에게 좋은 술과 맛있는 음식을 대접할 뿐
이었다. 영포에게는 나름의 속셈이 있었고, 수하는 눈치가 빠른 사람
이라 그런 영포의 심리를 간파했다. 더 이상 시간을 끌 필요가 없다
고 판단한 그는 거리낄 게 없다는 투로 태재에게 말했다.

　"왕께서 이 수하를 만나지 않는 까닭은 틀림없이 초나라를 강하
게 생각하고 한나라를 약하게 보기 때문일 것이오. 그렇다면 왕께서
는 천하 형세의 향방에 대해 이해를 못하신 것이오. 이 문제에 대한
나의 견해를 왕께 말씀드릴 생각이며, 그것이 바로 내가 구강을 찾아
온 이유요. 내 말을 들어본 뒤 타당하다면 받아들이시면 되고, 타당
하지 않다면 나와 20명의 사신을 이 도성의 저잣거리에서 참수하면
될 것이오. 이는 왕 스스로 한나라의 적이고 초나라의 친구임을 명
확히 밝히는 일이오."

태재는 이 말을 영포에게 전달했고, 영포는 마침내 수하를 불러들였다.

수하는 입궁하여 영포에게 물었다.

"한왕께서 신을 보내 왕께 서신을 올리라 했습니다. 신이 이번에 이곳으로 와서 좀 기이한 느낌이 들었습니다. 왕께서는 어찌하여 초나라와 친하게 지내십니까?"

영포가 대답했다.

"과인은 신하의 신분으로 항왕을 모시고 있소."

수하가 말했다.

"왕께서는 항왕과 동렬의 제후이신데 항왕의 신하를 칭하는 까닭은 틀림없이 초나라가 강대하다고 생각하시어 스스로 기댈 산으로 삼고자 하심이 아닙니까? 지금 항왕은 제나라를 토벌하려고 친히 축성에 필요한 목판을 나르고 계시며 또 병졸들보다 앞장서서 전투에 나서고 있습니다. 그러므로 왕께서는 당연히 구강의 군사를 모두 이끌고 초나라 군대의 선봉을 맡아야 할 것입니다. 그런데 겨우 4000명의 군사만 파견하셨습니다. 신하의 신분으로 주군을 모신다는 분이 어찌 그렇게 하신 겁니까?"

영포는 묵묵히 듣기만 할 뿐 아무 말도 하지 않았다.

수하가 계속 말했다.

"한왕이 팽성을 점령했을 때 항왕은 제나라 땅에 있었습니다. 당시 왕께서는 모든 군사를 이끌고 회수를 건너 팽성으로 진격하여 전투를 벌여야 했습니다. 그런데 실제로는 어땠습니까? 왕께서는 수만의 군대를 보유하고도 병졸 한 명 보내지 않고 승패의 결과를 관망했습니다. 항왕으로부터 국가를 위탁받은 사람이 어찌 그리 하신 겁니까?"

영포는 여전히 아무 말도 하지 않았다.

수하는 조금 목소리를 높여서 계속 말했다.

"왕께서는 초나라에 의지한다고 말씀하시면서도 속으로는 자신의 힘을 보존할 궁리만 하시는데, 신이 보기에 이는 취할 만한 계책이 아닙니다. 생각해보건대 왕께서 초나라를 버리지 않는 까닭은 우리 한나라가 약하여 기댈 만하지 못하다고 판단했기 때문인 듯합니다. 하지만 목전의 초나라는 강한 군대를 가졌지만 이 밝은 하늘 아래에서 불의의 죄명을 쓰고 있습니다. 항왕은 회왕과의 약속을 어겼을 뿐 아니라 회왕을 살해했기 때문입니다. 지금은 비록 항왕이 승전의 기세를 타고 일시에 강대한 힘을 떨치고 있지만 한왕도 이에 대응할 만한 계책을 갖고 있습니다. 한왕은 제후 연합군을 형양과 성고 일대로 후퇴시키고 파촉과 한중의 군량미를 옮겨왔습니다. 또 참호를 깊이 파고 성벽을 높이 쌓은 후 군사를 나누어 요새를 튼튼하게 지키고 있습니다. 만약 초나라 군대가 계속 서진하여 위나라 옛 땅을 뚫고 한나라 방어선 안으로 800~900리 깊이 들어온다면, 그들은 싸워도 이길 수 없고 공격해도 취할 게 없는 곤경에 빠질 것입니다. 설상가상으로 초나라 군대는 노약자의 힘으로 천 리 밖에서 군량미를 운송하지 않을 수 없을 것입니다. 이는 후방의 보급조차 보증할 수 없다는 뜻입니다. 한 걸음 양보해서 초나라 군대가 무장을 가벼이 하여 형양에서 성고에 이르는 곳까지 깊이 쳐들어온다 해도 한나라 군대는 성을 굳건히 지키며 나오지 않을 것이니, 그들은 공격하여 얻을 것이 없고 물러나고자 해도 몸을 빼낼 수 없을 것입니다. 따라서 잠시 득세한 초나라 군대에 오래 의지할 수는 없을 것입니다. 다시 또 한 걸음 양보하여 말씀드리면, 초나라가 한나라에 승리한다 해도 제후 각국은 자신에게 피해가 미칠까 우려하며 군사를 지원할 것입니다. 즉 초나라의 승리는 틀림없이 제후 각국의 연합 대항을 유발하게 될 것입니다. 이런 이치로 판단해볼 때 초나라가 한나라보다 못하다는 것은 명약관화한 일입니다. 이와 같은 형세에서도 왕께서 안전한 한나라와 손잡지 않고 위태로운 초나라에 의지하려 하시는 것에 대해 신은 곤혹감을 느끼지 않을 수 없습니다."

이 대목에 이르자 침묵하고 있던 영포의 얼굴에 동요의 빛이 비쳤다. 꼿꼿하던 그의 몸도 조금씩 앞으로 숙여졌다. 수하는 영포의 표정과 심리의 미묘한 변화를 하나하나 관찰하고 있었다. 그는 기회를 놓치지 않고 어기를 누그러뜨리며 자신이 사신으로 온 목적을 조목조목 짚어서 설명했다.

"신은 구강국의 모든 병력을 기울인다 해도 초나라를 멸망시킬 수 있다고는 생각하지 않습니다. 다만 왕께서 군사를 일으켜 초나라를 반대하는 기치만 세우셔도 항왕은 틀림없이 머뭇거리며 서쪽으로 진격할 수 없을 것입니다. 이처럼 몇 달만 시간을 끌어주셔도 한왕은 천하를 취하는 데 만전의 계책을 마련할 수 있을 것입니다. 그때가 되면 신이 왕과 함께 갑옷을 입고 칼을 찬 채 한나라로 갈 것이고, 한왕은 왕께 천하를 나눠주실 것입니다. 그때 받게 될 봉토가 어찌 구강 한 곳에 그치겠습니까? 구강은 광대한 봉토의 한 구석에 그칠 것입니다. 한왕께서는 이와 같은 마음에서 특별히 신을 이곳으로 보내셨습니다. 이제 신의 어리석은 계책이나마 말씀드렸으니 왕께서는 깊이 유념해주시기 바랍니다."

영포는 수하의 말에 수긍했다. 그는 자신이 칭병稱病한 이래 항우가 자신에게 불만을 품고 있다는 사실을 잘 알고 있었다. 그런 항우의 미움과 노여움을 알고 있었으므로 영포 자신도 불안감에 전전긍긍할 수밖에 없었다. 그가 수하를 접대한 까닭도 자신의 퇴로를 마련해두기 위함이었다. 이때 영포는 연신 고개를 끄덕이며 이렇게 말했다.

"가르침을 따르겠소."

영포는 수하가 가져온 유방의 제의를 받아들여 초나라를 등지고 한나라에 귀의하겠다고 응답했다. 그러나 사안이 중대하고 아직 형세를 관망해야 할 형편이라 이 사실이 새나가지 않도록 비밀을 지켜줄 것을 당부했다.

그때 마침 항우의 사자도 육현을 찾아와 신속히 군사를 보내 한나라를 함께 공격하자고 재촉했다. 이 소식을 들은 수하는 다시 영포의 입장이 변할까 봐 걱정스러웠다. 그래서 그는 즉시 영포가 초나라 사자와 만나는 궁정으로 가서 이렇게 소리쳤다.

"구강왕께선 이미 한왕에게 귀의하셨는데 초나라는 무엇을 믿고 구강왕에게 구원병을 요청하십니까?"

돌발적인 상황에 영포는 깜짝 놀라 아무 대응도 할 수 없었다. 초나라 사자는 당장 몸을 일으켜 자리를 떴다. 수하는 내친 김에 영포에게 말했다.

"이왕 이렇게 된 마당에 왕께서는 사자를 죽이고 신속히 군사를 일으켜 한왕과 함께 초나라를 공격하시옵소서."

이미 항우의 의심을 받는 영포의 입장에서는 퇴로가 없었다. 이러지도 저러지도 못하는 처지에서 그는 결국 수하에게 이렇게 말했다.

"말씀대로 하겠소. 군사를 보내 초나라를 공격하리다."

그리하여 영포는 항우의 사자를 죽이고 군사를 징발하여 초나라를 공격하기로 했다.

수하가 영포를 설득하여 초나라를 배반하게 한 일은 일반적인 외교와는 다른 의의를 지닌다. 단기적으로 드러난 결과는 유방 측에서 예상한 바와 같았다. 영포가 한나라로 귀의하자 항우는 군사를 나눠 구강 방면의 반란에도 대응하지 않을 수 없었다. 우선 대장 용저와 항성項聲에게 초나라의 별동대를 이끌고 남하하여 영포군에 맞서 싸우도록 했다. 이 때문에 승세를 타고 한나라를 공격하던 초나라의 공격력은 약화되었고, 일거에 서쪽 한나라 안으로 깊이 진격하려던 발걸음도 늦춰질 수밖에 없었다. 이로써 숨 돌릴 겨를을 얻은 유방은 형양과 성고 일대에 튼튼하게 군영을 설치하고 항우와 대치할 수 있게 되었다. 장기적 결과로 볼 때 항우는 가장 강력한 용장을 잃었을 뿐 아니라 가공할 만한 적수가 한 명 더 늘어난 셈이었다. 이로부터 초나라는 안정된 후방을 잃고 배와 등 양쪽으로 적을 맞아야 했고, 심지어는 동시다발적으로 싸워야 하는 불리한 국면에 처했다. 유방이 해하 결전에서 승리할 수 있었던 가장 중요한 계기도 초나라를 배반하고 한나라에 귀의한 영포와 구강국 때문이었다. 도주하던 항우는 음릉陰陵(지금의 안후이 딩위안定遠)에서 농부에게 속아 길을 잃었고, 동성東城(지금의 딩위안 둥청)에서 악전고투 끝에 절망했으며, 오강烏江(지금의 안후이 허현和縣)에서 칼로 목을 찔러 자결했다. 그가 한 걸음 한 걸음 죽음을 향해 나아간 지점이 모두 구강국 경내에 있다. 이 지점들은 수하가 영포를 설득하여 한나라로 귀의하게 만든 의미를 여실히 드러내는 듯하다.

영포가 초나라를 배반한 일은 초한 전쟁 과정에서 한나라가 거둔 최대의 외교적 성과였다. 이 외교의 제안자는 장량이지만 그것을 성공시킨 공로는 단연 수하의 몫이다. 수하는 이 외교 활동에서 기민하고 과감한 수완을 발휘하여 중국 외교사상 전형적인 범례의 하나를 창조했다. 200년 후 후한後漢의 반초班超(32~102)도 사신으로 서역 선선국鄯善國을 찾아가 거의 동일한 방식으로 외교적 성공을 거둠으로써 천고에 유전되는 미담을 만들었다.[5]

수하는 역사서에 열전으로 조명받지 못한 인물로, 그가 구강국에 사신으로 간 사실 외에는 아무 것도 알려져 있지 않다. 다만 그와 관련된 기록은 드문드문 남아 있다.[6] 그 기록을 대략 소개하면 다음과 같다. 유방은 항우를 격파하고 천하를 통일한 후 낙양의 궁궐에서 주연을 크게 열고 공신들을 후하게 대접하며 논공행상을 했다. 한나라는 본래 유방 집단이 말 위에서 얻은 천하이고, 또 전공으로 상을 주는 진나라 제도를 답습했기 때문에 군인이 아닌 문신들은 앞자리에 쉽게 나설 수 없었다. 특히 유방은 문자깨나 익힌 유생들을 업신여겨 모욕을 주곤 했다. 술을 마시고 흥이 오른 유방은 수하의 코를 가리키며 조롱했다. 수하 또한 책을 많이 읽은 인물로, 군사를 거느리고 전투를 한 적이 없기 때문이다.

"네 녀석은 썩어빠진 유생에 불과하다! 천하를 얻을 때 너 같이 썩어빠진 유생이 무슨 일을 했느냐?"

그 말을 들은 수하는 바로 무릎을 꿇은 채 급하지도 느리지도 않게 반문했다.

"당초에 대왕께서 팽성으로 진격하셨을 때 항왕은 멀리 제나라에 있었습니다. 그때 폐하께서 보병 5만, 기병 5000을 거느리고 구강국을 공격했다면 과연 성공할 수 있었겠습니까?"

유방은 말문이 막혔다. 껄껄거리던 그는 얼굴을 찡그리며 억지로 대답했다.

"성공할 수 없었겠지."

수하가 계속 말을 이었다.

"그때 폐하께서는 신에게 20명의 사신을 데리고 구강으로 가라 하셨습니다. 신은 구강에 도착하자마자 구강왕으로 하여금 온 나라를 들어 우리 한나라에 귀의하게 했습니다. 이로써 폐하의 소원이 이루어진 것입니다. 이렇게 계산해보면 신의 공로는 보병 5만과 기병 5000을 훨씬 뛰어넘습니다. 그런데 지금 폐하께서는 이 수하를 썩어빠진 유생이라고 하시고 천하를 얻는 일에 썩어빠진 유생이 무슨 힘을 썼느냐라고 말씀하셨습니다. 신은 이 말이 무슨 뜻인지 모르겠습니다."

유방도 눈치가 빠른 사람이라 다시 한 번 껄껄 웃으며 떠벌렸다.

"내가 그렇게 말한 것은 자네의 공로를 높게 평가하려는 의도일세."

그리고 당장 수하를 호군중위로 임명했다. 이로써 수하는 진평 대신 한나라 군사정보기관의 수뇌가 되었다.

4
기마 부대
장수 관영

유방은 기본적으로 보병 부대와 병거兵車 부대에 의지하여 전투를 전
개했기 때문에 전문적인 기병 부대가 없었다. 그런데 팽성 대전에서
는 항우의 3만 기병에게 60만 대군이 궤멸되었고 유방 자신은 끈
질긴 추격에 사로잡힐 지경까지 가기도 했다. 이에 기병의 중요성을
통감한 유방은 기병과 전마戰馬를 모아 기병군단을 조직하도록 명령
했다.

　기병군단을 조직하기 위해서는 먼저 기병을 통솔할 장수를 임명
해야 했다. 주변에서는 이필李必과 낙갑駱甲을 추천했다. 이필과 낙갑
은 모두 옛 진나라의 기병 장교로, 공히 관중 내사內史* 지역 중천현
重泉縣(지금의 산시陝西 다리大荔) 출신이었다. 기병에 대해 정통한 인물이
었던지라 유방은 이 인선에 동의하여 이필과 낙갑을 정식 임명하도
록 했다. 그러나 뜻밖에도 이필과 낙갑은 사양했다. 그들은 이렇게 말

---

* 진시황은 천하를 통일한 후 도성 함양 주위 경기京畿 지역을 내사內史가 다스리게 했다.
따라서 경기 지역을 내사라고도 불렀다. 진한 시대의 삼진三秦 지역에 해당한다.

했다.

"우리는 옛 진나라 사람이라 군사들의 신임을 받을 수 없을 듯합니다. 바라옵건대 대왕의 좌우 측근 중에서 기마술에 뛰어난 사람을 선택하여 기마부대 장수로 삼으시옵소서. 우리는 뒤에서 전력으로 돕겠습니다."

이필과 낙갑의 우려는 지역적인 연고성을 제기한 것으로, 인사에 관한 한 일리 있는 견해였다.

유방이 맨 처음 회수 북쪽에서 군사를 일으킬 때 초기 구성원은 대부분 옛 초나라 사수군과 옛 위나라 탕군 출신이었다. 탕군은 사수군에 인접해 있어서 항우가 천하를 분봉할 때 탕군을 초나라에 귀속시켰다. 이 때문에 역사학자들은 초기의 유방 집단을 뭉뚱그려서 '탕사초인陽泗楚人' 집단이라 부른다. 탕군과 사수군이 있는 회수 북쪽은 농경 지역인 만큼 여기서 조직된 군대도 주로 농민 출신이었다. 그들에겐 말을 타고 활을 쏘는 전통이 전혀 없어서 대부분 보병전과 병거전 훈련을 받았다. 상고 시대 이후로 말을 타고 활을 쏘는 민족은 중원 지역 서쪽과 북쪽 변경 일대의 초원지대에 거주하는 유목 민족에 집중되어 있었다. 그리하여 전국 시대에 대규모 기병 부대를 보유한 나라로는 조趙나라와 진秦나라가 있었고, 규모가 조금 작은 나라로는 연燕나라가 있었다.

그런데 전문적인 기병 부대를 보유하지 못한 유방의 부대가 두 차례 관중으로 진격하는 과정에서, 특히 한중에서 관중으로 진격하여 옛 진나라를 한나라의 근거지로 삼은 이후에 옛 진나라 병사들이 대거 한나라 군대에 가담했다. 한나라 군대의 새로운 주체가 된 그들은 항우에 대해 원한이 있었기 때문에 죽음을 무릅쓰고 항우군에 대적했다. 이렇듯 그들은 한나라 왕국의 견고한 병력인 동시에 민의와 민력民力의 바탕을 이루었다. 이에 더불어 다수의 진나라 기병들도 유방의 군대로 투항해왔다.

유방은 한나라 군대의 각 지대에 분산 배치되어 있는 진나라 출신 기병 가운데 기병술에 뛰어난 장졸을 선발하여 부대를 조직하고자 했다. 이필과 낙갑도 그중의 출중한 인재였다. 능력과 경험으로는 새로운 기마 부대의 장수로 삼기에 충분한 인물들이었으나, 정치적 신뢰의 측면에서는 한계가 있었다. 초기 유방 집단은 대부분 회수 북쪽 탕군과 사수군 출신이라는 게 문제였다. 이들은 유방과 함께 거병한 후 각지를 전전하다가 관중으로 들어와서는 자연스럽게 유방 집단의 핵심과 중견으로 자리 잡았다. 항우가 천하를 분봉하면서 유방을 한중으로 내쫓았을 때도 그들은 유방을 수행하여 남정으로 가는 길에서 고초를 겪었고, 또 관중으로 되돌아올 때 유방의 기본 역량이 되어준 사람들이다. 이후의 역사를 살펴봐도 그들 옛 부대는 유방이 천하를 쟁취할 수 있게 해준 토대였으며, 한나라 건국 이후에는 통치 계층의 핵심 역량이었다.[7]

이러한 과정을 살펴볼 때 유방 집단이 관중에서 나라를 세우는 것은 외래의 초나라 사람들이 진나라 본토를 통치하는 형국이었다. 즉 한漢나라는 옛 진나라 땅과 옛 진나라 백성을 기반으로 하되 정권의 핵심과 상층부는 옛 초나라 사람들인 것이다. 따라서 진나라 출신은 신진 정권의 핵심부에 진출하기 어려웠고 신임을 얻을 수도 없었다. 이필과 낙갑은 이러한 정치 구조와 지역 차이를 인식하고 있었다. 만약 자신들이 새로 조직된 기병 부대를 통솔한다면 옛 진나라 기병으로 조직된 부대를 옛 진나라의 장수가 통솔하는 것이므로 한나라 군부 내에서는 외인부대로 간주될 수밖에 없었다. 일시적으로 유방의 신임을 받을 수는 있다 해도 다른 부하나 핵심계층으로부터 인정받기 어렵기 때문에 조만간 문제로 불거질 일이었다.

유방은 대세를 살펴 인재를 등용하는 데 뛰어난 사람이다. 그는 이필과 낙갑의 말이 일리 있다고 판단하여 관영을 기마 부대의 대장으로 임명하고, 이필과 낙갑을 좌우교위左右校尉로 삼아 부장으로써 관영을 보좌하게 했다. 이후 전쟁에서 관영은 여러 번 신비한 전공을 세웠는데, 그러한 업적은 기병 부대와 밀접한 관련을 맺고 있다.

관영은 진나라 탕군 수양현睢陽縣(지금의 허난 상추商丘) 사람으로, 본래는 고향에서 비단 장사를 하던 상인이었다. 진2세 2년 9월, 유방이 초 회왕에 의해 탕군장碭郡長에 임명되어 탕현에 주둔하게 되자 관영은 장사를 접고 유방의 군대에 들어갔다. 이후 그는 용장으로 활약을 펼쳐 한 제국의 개국공신이 되었다.

관영은 유방 군단의 원로 장수들 가운데 가장 어렸기 때문에 '관소아灌小兒'라는 별명으로 불렸다. 또는 어린아이라는 뜻을 지닌 그의 이름 '영嬰' 때문에 '소아小兒'라고 불리기도 했다. 그는 몸집이 작았지만 민첩하고 날쌔어 여러 차례 비범한 전투력을 선보임으로써 유방에게 두터운 신임을 얻었다.

진2세 2년 9월에서 한나라 원년 10월까지, 짧다면 짧은 1년 동안 유방을 수행하는 동안 관영은 혁혁한 전공을 세웠다. 이 무렵 칠대부七大夫인 집백執帛, 집규執圭*의 작위를 받고 선릉군宣陵君과 창문군昌

文君의 봉호도 받았다. 유방은 한왕이 되었을 때 관영을 불러들여 낭중령郎中令에 임명하고 자신의 경호를 맡겼다. 그리고 한중으로 들어가 남정에 도읍을 정한 후에는 관영을 중알자령中謁者令[8]에 임명하여 백관들의 알현 업무를 담당하게 했다. 이는 그에 대한 유방의 신임과 총애를 말해준다.

유방이 관중으로 진격할 때 관영은 다시 군영으로 돌아와 한신에게 중용되었다. 한신이 그에게 내린 임무는 정예 유격병 부대를 이끌고 자오도로 들어간 뒤 두현을 공격하는 척 위장하는 것이었다. 그는 한나라 대군이 자오도를 거쳐 관중으로 향하는 것처럼 작전을 펼쳐 관중에 있는 장함을 동쪽으로 유인했다. 그러는 동안 한신의 대군은 진창도를 통해 관중으로 진입하여 장함의 군사를 격파하고 동쪽으로 진격했고, 그러자 관영은 신속히 자오도 입구로 나와서 일거에 새국塞國의 도성 역양을 함락했다. 이로써 '겉으로는 자오도로 나가는 것처럼 꾸미고, 몰래 진창도로 진공하려는' 한신의 계획이 성공할 수 있었다. 이후 더욱 한신의 총애를 받아 관영은 한나라 군대 내에서 유격전奇兵의 으뜸 장수로 간주되었다.

이필과 낙갑은 중천현 출신으로, 중천현은 진나라 때 수도 내사內史 지역에 소속되어 있었다. 항우가 천하를 제후들에게 분봉하면서 진나라 관중 지역을 옹, 새, 적 세 나라로 분할할 때 중천현은 새국에 소속되었다. 관영이 자오도로 나와 새국을 함락할 때 이필과 낙갑

---

* 진나라의 20 등급의 작위 중 제7급에 해당하는 작위다. 이어서 나오는 집백은 초나라 관직명으로 고경孤卿의 별칭이며 고경은 삼사三師, 삼부三傅, 소보삼고少保三孤를 가리킨다. 집규는 초나라 관직명으로 흔히 대부를 가리킨다.

은 새왕 사마흔과 함께 투항했고, 이때부터 한나라 군대의 일원이 되어 관영의 휘하에 배속되었다. 이러한 내력을 기반으로 할 때, 옛 부대와 새 장수의 조화라는 측면에서 또는 초나라 사람과 진나라 사람의 융합이라는 측면에서 관영을 새로운 기마 군단의 대장으로 정한 것은 꽤 타당한 인선이라 할 수 있다.

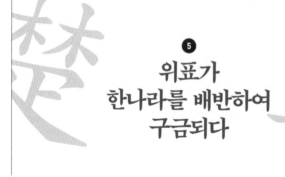

⑤ 위표가 한나라를 배반하여 구금되다

팽성에서 대패한 이후 위왕 위표는 유방과 함께 형양으로 후퇴했다. 위표는 병환이 위중한 모친을 보살펴야 한다는 이유로 귀국할 뜻을 비쳤고, 유방은 이를 허락했다. 그러나 위표는 황하를 건너 위나라로 돌아가자마자 황하 나루와 위나라로 통하는 모든 도로를 봉쇄하고 초나라에 귀의해버렸다.

위표는 전국 시대 위나라 왕실의 후예였으나 위나라의 멸망과 함께 일반 백성으로 몰락했다. 이후 진나라 말기의 혼란 속에서 칠국七國이 다시 일어나자 그의 사촌형 위구가 위왕의 보위에 올랐다.[9] 그러나 진2세 2년 3월, 도성 임제에서 진나라 장함에게 포위당하자 위구는 백성의 도살을 막기 위해 항복 문서에 서명한 후 스스로 분신焚身했다. 이에 위표는 초나라로 달아났다가 초 회왕으로부터 수천 병마를 얻어 위나라를 재건하기 위해 돌아왔다. 거록 전투 후 항우와 장함이 장수漳水 일대에서 장기 대치전을 벌일 무렵 이미 위표는 위나라 경내의 20여 개 성을 함락한 상태로, 그는 곧이어 항우군을 도와

용문龍門

장함군에 대한 포위 압박으로 투항을 이끌었다. 이후 항우가 제후 연합군을 이끌고 관중으로 진격할 때 위표도 군사를 이끌고 관중으로 들어갔다.

　관중에서 위표는 위왕으로 봉해졌으나 위표가 통치하는 영토에 중대한 변화가 발생했다. 전국 말기 위나라의 수도는 황하 남부의 대량大梁(지금의 허난 카이펑開封)이었고, 그 영토는 황하 북부의 하동河東 지역(지금의 산시山西 서남쪽)과 하내河內 지역(지금의 허난 동북쪽)을 포괄하고 있었다. 진나라 통일 후의 군현으로 구분하면, 위나라 영토는 대체로 하동군·하내군·동군·탕군 등 광대한 지역을 점유하고 있었다. 그런데 항우는 천하를 분봉하면서 동군과 탕군을 서초 땅으로 귀속시켜 자신의 영토로 삼았으며, 하내군에 은국殷國을 설치하여 조나라 장수 신양에게 분봉했다. 그리고 남은 하동군에 위표를 봉하고 평양平陽(지금의 산시山西 린펀臨汾)을 도읍으로 삼고 국호를 서위西魏라 부르게 했다. 또 분봉 과정에서 잃어버린 위나라의 영토를 보상하기 위해 원래 조나라에 속해 있던 태원군太原郡과 상당군上黨郡을 서위 땅으로 귀속시켰다.[10] 옛 위나라 땅으로 자신의 이익을 챙긴 항우의 처사에 위표는 불만을 품을 수밖에 없었다.

용문은 오늘날 산시陝西성 한청시韓城市 동북쪽 30킬로미터 지점에 있다. 황하를 사이에 두고 산시山西성 허진시河津市와 서로 마주보고 있다. 황하가 협곡에서 벗어나는 출구이기도 하다. 전설에 의하면 "우 임금이 용문을 뚫었다大禹鑿龍門"고 한다. 또 "잉어가 용문으로 뛰어올 랐다鯉魚跳龍門"는 신화도 있다. 전국 시대 위魏 무후武侯가 서하西河에 배를 띄우고 하류로 흘러가면서 오기吳起를 돌아보며 이렇게 말했다 고 한다. "훌륭하구나, 산하의 견고함이여! 이것은 우리 위나라의 보 배로다美哉乎, 山河之固, 此魏國之寶也!" 그곳이 바로 이 일대일 것이다.

한나라 2년 3월, 유방은 한韓과 위魏의 경계가 교차하는 임진관에 대군을 결집한 후 군사적 위협과 외교적 설득으로 위표를 압박하여 자신의 진영에 가담시켰다. 초나라에 반기를 든 위표는 팽성 대전 당시 은왕 신양과 함께 한나라 조참, 번쾌, 관영 등의 부대와 협조하여 북로군을 구성했다. 북로군은 하동에서 하내 일대에 이르는 전선으로 가서 위진圍津에서 황하를 건넜다. 그리고 옛 위나라 영토인 동군과 탕군을 뚫고 동남쪽으로 내려와 유방이 거느리는 중로군 주력 부대와 힘을 합친 후 팽성으로 진입했다.

팽성 전투 이후 연합군에 참여했던 나라들은 분분히 한나라를 등지고 초나라에 귀의했다. 위표는 본래 항우가 분봉한 제후여서 여러 해 동안 초나라와 친밀한 관계를 유지했다. 이때 항우가 군사적 승리를 거두고 강한 힘을 떨치자 위표도 동요하기 시작했다. 이렇듯 천하의 형세가 변하자 위표는 다시 항우에게 귀의하기로 결심했지만, 여기에는 다른 개인적인 이유도 작용했다. 무엇보다도 자신을 오만하게 대하는 유방의 태도에 불만이 컸다.

유방은 역량을 집중하여 항우의 공격에 대응해야 했기 때문에 위표라는 새로운 적을 상대할 수 없었다. 이에 역이기를 위나라로 보내 위표를 설득하려 했으나 위표는 거절했다. 거절한 이유가 매우 감정적이다. 위표가 말했다.

"인생은 괴롭고도 짧아서 마치 흰 당나귀가 작은 틈새를 홀쩍 지나가는 것과 같소. 지금 한왕은 오만한 태도로 남을 모욕하고 제후와 신하에게 꾸짖기를 마치 자기 집 노예에 대하듯 하고 있소. 상하上下나 존비尊卑에 관한 예절이 전혀 없는 사람이오. 나는 더 이상 그런 사람을 만나고 싶지 않소."

결국 유방은 한신을 좌승상으로 임명한 뒤 위나라 정벌의 전권을 위임했다. 그리고 조참과 관영을 부장으로 삼아 각각 보병과 기병을 통솔하면서 한신의 명령을 따르도록 했다. 군사를 움직이기 전에 유방은 역이기에게 위나라 장수들에 대해 자세히 물었다.

"위나라 대장은 누구요?"

역이기가 대답했다.

"백직柏直입니다."

유방은 콧방귀를 뀌며 경멸하는 말투를 드러냈다.

하양夏陽 황하

　　"젖비린내도 가시지 않은 애송이가 어찌 한신에 대항할 수 있겠는
가?"

　　또 물었다.

　　"위나라 기병 부대 장수는 누구요?"

　　역이기가 대답했다.

　　"풍경馮敬(?~기원전 142)입니다."

　　유방이 말했다.

　　"진나라 장수 풍무택馮無擇의 아들이다. 현명하고 유능하기는 하지
만 관영을 당해낼 수는 없을 것이다."

　　또 물었다.

　　"위나라 보병 부대 장수는 누구요?"

　　역이기가 대답했다.

"항타입니다."

유방은 마음을 놓으며 말했다.

"조참의 적수가 아니다. 걱정할 필요가 없겠다."

2012년 10월, 나는 사마천 전기문학 연구회司馬遷傳記文學硏究會에 참가하러 한청韓城에 갔다. 그때 사마천 사당을 참배하고 나서 다시 허양에 있는 황하 옛 나루를 탐방했다. 황하는 룽먼을 지나면 강폭이 점점 넓어지고, 지금의 즈촨진芝川鎭 쥐수이澽水와 즈수이芝水에서 허커우河口 일대에 진입하면 물살이 느려지고 강폭이 넓어진다. 이곳이 옛날의 황하 나루터다. 기원전 205년 한신은 앵부罌瓿(입이 작고 배가 큰 나무통)를 이용하여 부교를 설치하고 일거에 황하를 건너 위나라로 진격했다. 1937년 주더朱德(1886~1976)도 팔로군을 이끌고 동진할 때 이곳에서 황하를 건넜다.

한신도 군사를 일으켜 위나라를 공격하기 전에 위나라 장수들의 사정에 대해서 특별한 관심을 보였다. 그의 관심은 유방보다 더 깊은 곳까지 미치고 있었다. 그는 걱정스럽게 역이기에게 물었다.

"위나라에서 주숙周叔을 대장으로 기용하지 않았소?"

역이기가 "대장은 백직이오"라고 대답하자 한신은 유방과 같이 "애송이로다"라며 안심하고 공격 부대를 배치하기 시작했다. 백직과 주숙이 어떤 인물인지는 역사 기록이 없어서 알아볼 방법이 없다. 다만 위의 대화를 통해 우리는 한신이 출정하기 전에 초나라 장수 항타가 군사를 이끌고 위나라로 들어가 공동 작전을 벌이고 있었음을 알 수 있다.[11] 한신의 용병술은 '용간用間(스파이 활용)'과 '묘산廟算(치밀한 계획)'**12**에 뛰어나며, 이미 위나라 군대 내부의 상황을 세밀히 파악하고 있었다. 그는 위나라 대장에 임명될 만한 인물군을 짐작하고 있었을 뿐 아니라 이들이 구사할 다양한 전략 전술도 예측하고 있었다. 즉 한신은 위나라를 격파할 대책을 마련해놓고 있었다.

한나라 2년 8월, 한신은 한나라 주력군을 황하 서안 임진臨晉 나루 일대로 집결시킨 뒤 깃발을 펄럭이며 황하를 건널 준비를 했다. 이 소식을 들은 위표도 중무장한 병력을 임진 나루 맞은편 포판蒲阪(지금의 산시山西 융지永濟)에 배치했다. 그의 계획은 한나라로 통하는 모든 교통을 끊고 황하를 건너려는 한나라 군사를 포판에서 저지하는 것이었다.

한신은 일찌감치 이곳의 지형을 탐색하여 황하가 하양에 이르러 강폭이 넓어지고 물살이 상대적으로 느려진다는 사실을 파악한 터였다. 그리하여 관영의 기병 부대를 임진 나루에 모은 뒤 북을 울리며 깃발을 펼치게 한 뒤 배를 대는 연습을 지시했다. 강을 건널 태세를 일부러 위나라 군대에게 노출하려는 의도였다. 한편 조참에게는 한나라 주력군을 이끌고 은밀히 임진 북쪽 하양夏陽(지금의 산시陝西 한청)으로 이동하도록 했다. 위나라 주력군을 포판 일대에 결집케 함으로써 하양 일대의 방어를 소홀하게 만든 것이다. 이에 앞서 한신은 고읍에게 지령을 내려 다량의 나무통을 준비하고 밧줄과 나무판자까지 만들어 하양으로 운반하게 했다. 조참의 주력군이 하양에 당도하자 고읍은 신속히 황하에 부교를 설치하여 한나라 군사가 무사히 강을 건너게 했다.**13**

황하를 건넌 조참군은 위나라 군사 요충지 안읍安邑(지근의 산시陝

西 허현夏縣 서북쪽)으로 파고들었다. 그들은 동장東張(지금의 산시陝西 융지 동북쪽)에서 위나라 장수 손속孫遬을 대파하고 곧장 안읍을 함락했다. 이 과정에서 위나라 수비 대장 왕양王襄을 사로잡고 포판과 위나라 도성 평양 간의 교통을 끊었다. 조참의 군대가 갑자기 배후에서 나타나자 위표는 포판에서 갈팡질팡하는 위나라 군대를 되돌릴 수밖에 없었다. 그러자 한신은 관영에게 황하를 건너 위나라 군사를 추격하라고 지시했다. 결국 앞뒤로 한나라의 공격에 처한 위나라는 대패했다. 위표는 곡양曲陽(지금의 산서山西 허현과 형취恒曲 사이)으로 후퇴했다가 조참의 공격을 받고 항현恒縣(지금의 형취 동남쪽)으로 도주했다. 그러나 조참군의 추격으로 군사는 궤멸되고 위표 자신도 포로가 되었다.

9월 한신은 서위의 수도 평양을 함락하고 위나라를 평정했다. 그는 52현을 얻어서 유방의 지시에 따라 하동, 상당, 태원 3군을 한나라 직속으로 설치했다.

⑥
한신이 북방의
전장을 열다

팽성 대전에 앞서 유방은 조나라와 연합하여 서초를 공격할 작정으로 조왕 조헐과 승상 진여에게 사신을 보냈다. 조나라에서는 군사를 출병하는 조건으로, 한나라로 달아난 장이를 죽인 뒤 그 수급首級을 보내줄 것을 요구했다. 장이는 유협 시절에 유방이 모시던 형님이자 오랫동안 친분을 이어온 벗이었다. 환난을 피해 자신에게 의지해 온 벗을 어떻게 배신할 수 있겠는가? 이는 장차 천하의 영웅들이 유방에게 귀의할 길을 끊는 일이기도 했다. 하물며 조나라와 갈등을 빚고 있는 하남국, 은국殷國 등의 문제를 해결하느라 유방 자신도 장이에게 의지하는 바가 적지 않은 처지였다. 모사들과 협의 끝에 유방은 양수겸장의 초식을 발휘했다. 즉 장이와 비슷하게 생긴 사람을 찾아내 머리를 잘라 조나라로 보냈고, 이로써 조나라는 한나라와 동맹을 맺고 초나라 공격을 지원했다.

속담에 "한때는 속일 수 있어도 한 세대는 속일 수 없다騙得了一時, 騙不了一世"라는 말이 있다. 유방이 조작한 사실을 알게 된 진여는 분노하여 동맹 관계를 끊었다. 그리고 새로운 형세에 따라 제나라 등 제후국들과 마찬가지로 항우와 화해하고 서초 중심의 반한反漢 동맹에 가담했다. 그런 상황에서 한신이 위나라를 점령하자 한나라와 조나라는 팽팽한 긴장 국면을 맞았다. 본래 위나라의 태원군과 상당군은 조나라의 영토였지만 항우가 천하를 분봉할 때 보상으로 서위에 할양했다. 이 때문에 한나라 군사가 위나라를 공격하자 조나라는 적극적으로 위표를 지원했다. 진여의 지시로 대국代國 승상 하열夏說(?~기원전 205)은 군사를 거느리고 위나라로 들어와 연합하여 한나라에 맞섰다. 그러나 위나라가 점령당하여 한나라와 조나라 사이에 완충지대가 사라지자 서로 칼끝을 겨눈 채 일촉즉발의 상황에 처했다.

이 무렵 한신은 유방에게 상소문을 올려 북방에서 전장을 열겠다고 했다. 한신의 상소문에 따르면, 팽성 패전 이후 반초 연맹이 와해되고 새롭게 반한 연맹이 결성되어 패퇴한 한왕신과 지금 고전 중인 구강왕 영포를 제외하고는 위·조·대·연·제 등의 나라가 모두 항우에게 기울어 남쪽에서 북쪽까지 전면적으로 한나라를 포위하는 형세였다. 이에 따라 현재 한나라는 형양에서 성고까지 초나라의 서진을 저지하여 대치 중이지만 항우가 직접 초나라 주력군을 거느리고 형양 일대에서 공격을 퍼붓고 있기 때문에 단기간에 포위를 뚫어내기 어려운 상황이었다. 다행히도 한왕 유방의 명령으로 위표를 사로잡고 위나라를 점령하여 반한 포위망의 일부를 찢었으므로 지금이야말로 황하 북쪽 연안에서 새로운 전장을 개척할 절호의 기회라는 게 한신의 판단이었다.

그는 유방에게 지원군 3만 명을 요청하면서, 이 승세를 타고 대나라와 조나라로 진공한 후 북쪽 연나라까지 공격하겠다고 했다. 그 이후에는 남쪽으로 내려가 초나라 군사의 식량 보급로를 끊고 다시 서진하여 형양에서 유방의 군사와 합류하겠다고 했다. 이 작전대로 수행하면 항우의 공격 역량과 후방 보급이 약화될 수밖에 없으며, 지금 정면에서 적을 맞는 유방의 입장에서는 불리한 상황을 돌파할 대책이자 결과적으로는 전세를 역전시켜 반초 포위망을 형성할 수 있다고 전망한 것이다.

북방에서 전장을 열겠다는 한신의 계획은 한나라 2년 9월에 제출되었다. 당시 한신은 점령한 위나라 군영에 있었고, 이 상소문은 포로로 잡은 위표와 함께 전담 사자에게 맡겨져 형양의 유방 본진으로 전달되었다. 『사기』에는 이 계획에 대한 기록이 없고 『한서』에 짤막하게 기록되어 있을 뿐이다.[14] 그러나 이후의 역사로 판단해볼 때 이 계획은 '한중대漢中對' 이후 한신이 제출한 매우 중요한 전략으로, 비유하자면 항우의 오른팔을 자르는 계획이라 할 수 있다. 팽성 전투 이후 초한 전쟁의 형세가 역전될 수 있을지, 유방과 항우의 장기 대치 국면이 최종적으로 어떻게 결판날지는 결국 한신이 제의한 북방 전장의 결과에 달려 있었다.[15]

유방은 장량 등 모신謀臣과 상의한 후 북방 전장을 열기로 했다. 동시에 유방은 중요한 인물 한 명을 파견하여 한신과 함께 작전을 수행하게 했다. 중요한 인물이란 바로 장이였다.

당시 조나라의 수도는 신도信都(지금의 허베이 싱타이邢臺)였다. 한나라 2년 10월, 진여는 전영의 지원을 받아 장이를 격파하고 대현代縣(지금의 허베이 위현蔚縣)에서 대왕 조헐을 영접했다. 조헐은 항우에 의

초 망

해 대왕에 봉해졌다가 다시 조왕으로 옹립되었다. 조왕 조헐은 진여에게 감사를 표하기 위해 진여를 대왕으로 임명하여 도읍을 대현에 정하게 하고 안문군雁門郡과 대군代郡을 영유하게 했다. 진여는 조헐의 세력이 허약하여 혼자서는 국사를 지탱하기 어렵다고 보았다. 그리하여 부하 하열을 대국의 승상으로 임명하여 자신을 대신하여 국사를 맡을 전권을 주고서 자신은 조나라 승상 자격으로 조헐의 곁에서 조나라 재건에 힘썼다.

한나라 3년 9월, 한신과 장이는 수만 명의 군사를 이끌고 대국을 공격했다. 전투는 매우 순조롭게 진행되었다. 하열은 패배하여 포로가 되었고 한나라 군사는 안문을 점령하고 대군을 통제했다. 대나라 주력군을 궤멸시킨 한신과 장이는 태원군으로 돌아와 대군을 정형도井陘道 서쪽 입구 일대(지금의 산서山西 펑딩平定 서쪽)에 주둔하고 조나라 공격을 준비했다.

조헐의 조나라는 화북 평원의 항산恒山, 한단邯鄲, 거록鉅鹿 3군을 주요 영토로 삼고 있었다. 이 지역은 한신이 막 점령한 태원군과 상당군 근처로, 태항산太行山이 양쪽 땅을 갈라놓고 있었다. 달리 말하자면 고금 이래로 화북 평원과 산서 분지는 태항산을 넘어가는 산길로 연결되어 있다. 저명한 '태항팔형太行八陘'도 바로 이곳의 여덟 갈래 산길을 가리키며, 그중에서 '정형도井陘道'가 가장 유명하다.[16] 진한 시대에 정형도는 산서에서 태항산맥을 넘어 화북 평원으로 진입하는 주요 통로였다. 기원전 229년 진秦나라 장수 왕전이 조나라를 멸망시킬 때 북로北路의 대군이 바로 정형도를 따라 곧바로 한단을 직격했다.[17] 25년 후 한신은 이와 유사한 역사 재연을 앞두고 있었다.

소식이 조나라로 전해지자 조헐과 진여는 조나라 주력군을 이끌고 정형도 동쪽 입구 일대(지금의 허베이 루취안鹿泉 동쪽)에 주둔했다. 그들은 20만 대군이라고 일컬으며 '편안히 쉬면서 지친 군대를 맞이하는以逸待勞' 전략으로 한신의 군대가 정형도 입구로 나올 때 일거에 섬멸할 준비를 했다. 그러나 아직 역사가 도대체 어떻게 전개될지는 알 수 없는 상황이었다. 진여의 부하 광무군廣武君 이좌거李左車는 지략이 뛰어난 사람이었다. 그는 진여에게 이렇게 건의했다.

"소문을 듣건대 한나라 장수 한신이 동쪽으로 황하를 건너 먼저 위왕 위표를 포로로 잡고 이후 대국의 승상 하열을 생포했다 합니다. 또한 알여 땅을 붉은 피로 씻고 지금은 장이의 협조를 얻어 우리 조나라를 공격할 준비를 하고 있다 합니다. 이는 승세를 타고 본거지를 떠나 원정에 나선 것이니, 저지하기 힘든 날카로운 형세입니다. (…) 신이 듣건대 천릿길을 따라 식량을 운반하면 병사는 배고픔을 면하기 어렵고, 땔감을 임시로 마련하여 밥을 해먹으면 군대가 배부르게 먹을 수 없다고 합니다. 지금 정형도는 병거 두 대가 나란히 다닐 수 없고 기마병도 횡렬로 전진할 수 없는 곳입니다. 대군이 행진하려면 그 줄이 수백 리가 될 것이고, 식량과 무거운 군장은 분명 뒷줄로 처지게 될 것입니다. 바라옵건대 족하께서 3만 군사를 징발하시어 저와 함께 기습병을 편성한 뒤 측면 갈림길로 한신의 치중輜重 부대를 습격하십시오. 그러면 족하께서는 해자를 깊이 파고 보루를 높이 세워 군영을 지키면서 한신과 정면으로 싸우지 않아도 될 것입니다. 그리고 한신은 전진해서는 싸울 수 없고 후퇴해서는 돌아갈 길이 없게 됩니다. 저들의 배후를 우리의 기습병이 끊어버리면 들판의

초망

식량을 약탈한다 해도 병졸들을 먹이기에 역부족이니 열흘도 안 되어 한신과 장이의 머리가 족하의 장막 아래에 떨어질 것입니다. 간절히 바라옵건대 족하께서는 저의 의견을 깊이 헤아려주십시오. 그렇지 않으면 오히려 한신과 장이에게 사로잡히게 될 것입니다."

진여는 유생儒生이라 인의仁義의 군대는 속임수를 써서는 안 된다는 말을 해왔다. 그는 이좌거에게 이렇게 대답했다.

"병법에서 이르기를, 적보다 병력이 열 배 많으면 적을 포위할 수 있고 두 배 많으면 맞서 싸울 수 있다고 했다. 지금 한신은 수만의 병력이라 떠벌리고 있지만 기실 수천 명에 불과하다. 간덩이 크게도 감히 천릿길 고생을 감수하면서 쳐들어온다 한들 저들은 정신이 피폐해지고 힘도 고갈될 뿐이다. 이러한 형세에서 통렬하게 공격하지 않는다면 이후에 더욱 강대한 적군이 침범해왔을 때 어떻게 대응할 수 있겠느냐? 또 이것이 소문나면 각 제후국은 틀림없이 조나라 군사를 겁쟁이로 여길 것이다. 그렇게 되면 각자 사소한 빌미를 만들어 우리나라를 침범할 것이니, 번거로운 사태가 생길까 두렵구나."

진여는 이좌거의 계책이 솔깃하지 않아 쓰지 않았다.

⑦
배수진

손자孫子가 말했다. "나를 알고 적을 알면 백 번 싸워도 위태롭지 않다知己知彼, 百戰不殆."[18] 어떻게 적을 알 수 있는가? 가장 중요한 방법은 바로 첩자를 이용하는 것이다. 한신은 정형도 서쪽 입구에 주둔한 후[19] 일찌감치 조나라 안에 각 분야의 첩자를 심어 정보를 캐내고 있었다. 진여가 어리석게도 적을 가볍게 보고 이좌거의 계책을 무시했다는 소식에 한신은 크게 안심하고 부대를 정형도로 진입시켰다.

청석령青石嶺 일대에 정형북도井陘北道의 유적이 아직 남아 있다. 네모 난 돌멩이로 만든 산비탈 길이었다. 지형이 험준하고 노면이 좁아서 폭이 3미터도 되지 않는 곳도 있다. 정말 "병거 두 대가 나란히 다닐 수 없고 기마병이 횡렬로 전진할 수 없다車不得方軌, 騎不得成列"라고 일컬을 만하다.

정형북도는 청석령촌을 지나간다. 이 마을 동쪽에는 아직도 옛길 가에 허물어진 누각과 무너진 폐가의 벽이 남아 있다. 곳곳에 역사의 잔해가 가득하다.

정형고도井陘古道

　정형도 동쪽 입구를 30리 정도 앞둔 곳에서[20] 한신은 행군을 멈추고 장졸들에게 군영을 세워 일찌감치 휴식을 취하게 했다. 그러곤 한밤중에 대열을 정돈한 뒤 깃발과 북을 감추고 신속히 전진하게 했다. 동시에 기마병 2000명을 뽑아 기습 부대를 편성하여 한나라를 상징하는 붉은 깃발을 지급하고는 정형도를 빠져나가 동쪽 입구 샛길로 꺾어들어 산비탈 위에서 매복하도록 했다. 한신은 기병대를 이끄는 장수에게 명령했다.

　"내일 교전이 벌어지면 우리 주력부대는 먼저 후퇴할 것이다. 조나라 군사는 우리가 패퇴한다고 생각하여 추격할 것이다. 이때 너희는 조나라 군영을 공격하여 저들의 깃발을 뽑고 아군의 붉은 깃발을 꽂아라. 그리고 조나라 군사가 동요하여 후퇴하면 배후에서 공격을 퍼붓도록 하라."

　부대 배치가 끝나자 한신은 부하들을 시켜 병사들에게 식사를 제
공하고 앞으로의 계획을 알리게 했다. 오늘 조나라 군사를 격파한 후
에는 술과 고기로 가득한 연회를 열어 전공을 축하하고 모든 장졸을
위로할 것이라는 내용이었다. 싸우기도 전에 전공 축하연을 거론하
는 것은 터무니없는 일이라 여긴 부하들은 의아할 뿐이었다. 장수들
은 일단 명령을 받들기는 했지만 내심 불안한 마음을 지울 수 없었
다. 그러자 한신은 부하들의 심리를 간파하고 또 다시 명령을 내렸다.
　"조나라 군사는 이미 유리한 지형을 선점하고 군영을 튼튼하게 세
웠다. 저들은 편안하게 휴식하면서 피로한 우리를 맞이하여 궤멸을
꿈꾸고 있다. 따라서 저들이 아군의 대장기와 북수레鼓車가 보이지
않으면 먼저 공격하지 않을 것이다. 왜냐하면 저들은 우리가 지금 곤
경에 빠져 있다고 생각하여 우리 주력군이 철수하지 못하도록 계획
하고 있기 때문이다."

초망

이윽고 어둠을 틈타 선봉대 1만 명이 먼저 정형도 입구로 나갔다.

조나라 진영은 면만수綿蔓水 동쪽에 있었고, 면만수는 남쪽에서 북쪽으로 흘러 정형도 입구 바깥을 지나고 있었다.[21] 따라서 조나라 진영에서는 한나라 군사가 정형도를 빠져나가는 움직임을 파악할 수 있었다. 그러나 한신이 예상한 바와 같이 한나라 선봉대를 보고도 관망만 할 뿐 공격에 나서지 않았다. 한신의 대장기가 정형도 입구로 나오기를 기다려 전군을 섬멸할 심산이었다. 그런데 한나라 선봉대는 면만수 서쪽에 진채를 세우지 않고 동쪽으로 와서 조나라 진영을 향해 배수진을 치기 시작했다. 진여는 보루 위에서 부하 장수들을 거느리고 줄곧 한나라 군대의 동향을 감시하고 있었다. 그들은 한신이 병법에서 금하는 배수진을 침으로써 스스로 퇴로를 끊는 것을 보고는 비웃었다.[22] 진여는 한신을 더욱 경시하며 한나라 군대를 일거에 섬멸하기로 결심을 굳혔다.

날이 밝자 한신은 펄럭이는 대장기 아래 중군을 크게 벌려 세우고 정형도 입구로 치달려왔다. 그리고 면만수를 건너고 선봉대를 지나서 직접 조나라 진영을 향해 싸움을 걸어왔다. 한신의 동향이 자신의 예상과 딱 맞아떨어졌다고 생각한 진여가 공격 명령을 내리자 힘을 비축하고 있던 조나라 군사는 맹렬히 공격을 퍼부었다.

대전이 길어지면서 조나라의 공격이 우세해졌다. 이에 한나라 군사들은 깃발과 북과 수레를 버리고 면만수까지 퇴각했다. 그곳에 진을 치고 있던 한나라군이 진영을 열어 퇴각하는 중군을 맞아들인 후, 추격하는 조나라 군사를 맞아 한바탕 격전을 벌였다. 그러나 본영에 남아 있던 조나라 군사들은 한나라 군사들이 깃발과 수레를

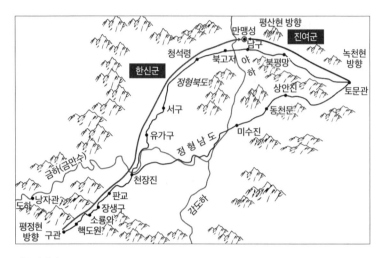

배수진 개념도

버리고 후퇴했으니 이겼다고 판단하여 본영을 열고 나가 깃발과 수레 등 전리품을 거둬들였다. 이때 정형도 밖 산비탈에 매복해 있던 2000명의 한나라 기병대는 줄곧 전투의 상황과 조나라 본영의 동향을 주시하고 있다가 조나라 본영의 수비대가 밖으로 나오자마자 뛰쳐나와 텅 빈 적진을 습격했다. 그리고 한신의 지령에 따라 조나라의 군기를 모두 뽑아버리고 한나라의 붉은 깃발을 세웠다.

한신과 장이의 통솔 아래 조나라 군사를 맞아 싸우는 한나라 군사들은 퇴로가 끊겨 있었기 때문에 목숨을 걸고 싸워야 했다. 조나라 군사는 수적으로 우세했지만 죽음을 무릅쓰고 달려드는 한나라 군사의 기세에 눌려 동요하기 시작했다. 진여는 한나라 군사의 숫자와 전투력이 자신의 예상을 뛰어넘자[23] 공격을 중지하고 징을 울려 군사를 거두었다. 그러나 그들이 본영에 이르자 진영의 문은 굳게 닫

진여묘陳餘墓와 진여사陳餘祠

진여묘와 진여사는 모두 정형남도 근처에 있다. 눈으로 직접 보기 어려운 유적이라 진귀하다는 생각이 들었다. 청나라 때 세운 묘비에는 "조 수비대장 백면장군 진여의 묘趙守將白面將軍陳餘之墓"라고 쓰여 있다. 안타깝게도 진여는 훌륭한 유학자인데 전투에 참여해 패배했다. 장군의 투구와 갑옷으로 백면서생의 본질을 덮기는 어려웠다고 할 수 있다.

혀 있고 보루 위에는 붉은 깃발이 펄럭이고 있었다. 보루에 늘어선 장수들도 모두 한나라 기병 장수들이었다.

한나라 군사가 조나라 기습에 성공하여 조왕 및 부하들을 사로잡았다고 생각한 조나라 장졸들은 대경실색한 나머지 혼란에 빠져들었다. 결국 대열도 이루지 못한 상태에서 한나라 군사의 협공에 대패하고 말았다. 진여는 남쪽의 도성 양국襄國 방향으로 달아나다가 추격해온 한나라 군사에게 붙잡혀 지수泜水 북쪽 연안의 호현鄗縣(지금의 허베이 바이샹현柏鄉縣 북쪽) 일대에서 살해당했다. 조왕 조헐도 한나라 군사에게 포로가 되었다.

대승을 거둔 한나라 군사는 전장을 정리한 뒤 전과를 계산하여 군법에 따라 논공행상을 했다. 한신은 당초의 약속대로 많은 술과 고기로 연회를 베풀어 전군을 위로했다. 연회 자리에서 부장들은 술잔을 높이 들어 승리를 경축했고, 병사들은 너나할 것 없이 통쾌하게 술을 마시면서 무용담을 주고받았다. 개전 초기에 불안함을 품었던 몇몇 장수는 약속이나 한 것처럼 일어서서 한신에게 경의를 표하며 말했다.

"장군의 신묘한 계책에 힘입어 우리가 대승을 거뒀습니다. 하지만 소장들이 아직도 이해할 수 없는 일이 한 가지 있으니 가르쳐주시기 바랍니다. 병법에 이르기를 군영을 설치할 때 오른쪽과 등 뒤에는 산을 의지해야 하고, 왼쪽과 앞쪽으로는 물을 마주봐야 한다고 했습니다. 그런데 이번 작전에서는 소장들에게 물을 등지고 배수진을 치게 했습니다. 또 '조나라 군사를 격파하고 크게 잔치를 열겠다'라고 하셨습니다. 당시 저희는 마음으로 복종할 수 없었습니다. 그러나 결국 이 전술로 승리를 거뒀는데, 이것이 대체 무슨 전술입니까?

좀처럼 웃음을 보이지 않는 한신이었지만 잠시 미소를 띠며 대답했다.

"이것도 병법에 있는 전술인데 제군들이 주의하지 않았을 뿐이오. 병법에 이르기를 '사지死地에 떨어진 후에야 살 수 있고, 궁지에 놓인 후에야 생존할 수 있다'고 하지 않았소? 이번에 이끌고 온 부대는 내가 가르치고 훈련시킨 일사불란한 부대가 아니오. 이런 부대를 지휘하는 것은 저잣거리의 백성을 내몰아 작전을 펴는 것과 진배없소. 이런 상황에서는 장졸들로 하여금 죽음을 무릅쓰고 싸우게 할 수밖에 없소. 내가 병법의 상식에만 의지하여 퇴로가 있는 곳으로 배치했다면 전황이 불리해졌을 때 그들은 틀림없이 도주했을 것이오. 그랬다면 어찌 싸움에서 승리할 수 있었겠소?"

이 말을 듣고 장수들은 기꺼이 복종하는 마음으로 대답했다.

"탄복합니다. 장군의 지략에 소장들은 도저히 미칠 수 없습니다."

한나라 군사가 출병하기 전, 한신은 광무군 이좌거를 죽이지 않고 생포한 자에게는 천금의 상을 내리겠다고 선언했다. 전투가 끝난 후 어느 장사에 사로잡힌 이좌거가 한신의 막사 앞으로 끌려왔다. 한신은 이좌거의 포박을 풀어주고 자신의 자리를 양보했다. 한신은 이좌거로 하여금 서쪽 상좌에 앉아 동쪽을 바라보도록 했고, 자신은 동쪽 하좌에 앉아 서쪽을 바라보며 앉았다. 한신은 이좌거에게 스승의 예를 갖추더니 허심탄회하게 가르침을 구했다.

"저는 승세를 타고 북쪽 연나라를 친 후 동쪽 제나라까지 토벌하고 싶습니다. 선생의 밝으신 지혜로 살펴보실 때 어떻게 하면 성공할 수 있겠습니까?"

이좌거는 사양하며 말했다.

"패배한 장수는 용기를 입에 담을 수 없고 망국의 신하는 살기를 바랄 수 없습니다. 지금 저는 패배한 장수에다 망국의 신하에 불과한데 어찌 큰일을 상의할 자격이 있겠습니까?"

한신이 말했다.

"제가 들은 바로는 백리해百里奚가 우虞나라에 있을 때 우나라가 멸망했지만, 진秦나라에 있을 때는 진나라가 패자霸者를 칭했습니다. 이것은 백리해가 우나라에 있을 때는 어리석었고 진나라에 있을 때는 현명했기 때문이 아닙니다. 우나라는 백리해를 중용하지 않았고 진나라는 그를 중용했기 때문입니다. 만약 진여가 선생의 계책에 따랐다면 저 한신은 지금 포로가 되어 있을 겁니다. 진여가 선생을 중용하지 않았기 때문에 오늘 제가 선생을 모시고 가르침을 청할 수 있게 되었습니다."

한신은 단호하고 고집스럽게 가르침을 청했다.

"저는 성심을 다하여 선생의 의견을 듣겠습니다. 사양하지 마시기 바랍니다."

한신의 정성에 이좌거는 이렇게 대답했다.

"제가 듣기로 '지혜로운 사람이라도 천 번 생각에 한 번 실수가 있을 수 있고, 어리석은 사람이라도 천 번을 생각하면 한 가지 얻는 것이 있다'고 했습니다. 따라서 미치광이의 말이라도 성인에겐 선택의 여지가 있는 법입니다. 제 의견이 채택되지 않더라도 어리석은 충정이나마 성심을 다해 말씀드릴까 합니다."

이좌거는 자신의 심정을 밝히고 나서 계속 말을 이었다.

"성안군成安君 진여는 백전백승의 계책을 가지고 있었지만 한순간의 실수로 군사는 호성鄗城에서 패배하고 자신은 지수에서 죽었습니다. 지금 장군께서는 황하를 건너 위왕 위표를 사로잡았고 또 군사를 알여 땅까지 보내 대나라 승상 하열까지 생포했습니다. 또 일거에 정형관으로 나와 오전이 되기도 전에 조나라 군사 20만을 격파하고 성안군을 주살했습니다. 진실로 명성이 나라에 두루 퍼졌고 위엄은 천하에 진동하고 있습니다. 보잘것없는 농부들조차도 두려워 떨며

초 망

밭갈이조차 멈추었습니다. 저들은 따뜻한 옷을 입고 배불리 먹는 일을 젖혀놓은 채 장군의 명령이 떨어진 이후에 행동하려 하고 있습니다. 이런 것들은 모두 장군에게 유리한 점입니다. (…) 그러나 계속된 전쟁으로 백성은 고통을 당하고 있고 병졸은 피로에 젖어 있습니다. 더 이상 전쟁은 어려운 상황입니다. 그런데 장군께서 피로한 군사를 이끌고 견고한 연나라 성곽 밑에 주둔한다면, 속전속결로 승리하지 못할 경우 시간이 지날수록 불리해질 뿐입니다. 그러면 군대의 위엄과 사기가 약화될 것이고, 식량이 부족해지면서 결국 진퇴양난의 궁지에 몰릴 것입니다. 그리하여 약소국인 연나라조차 항복시킬 수 없으면 제나라는 반드시 국경을 굳건히 지킬 것입니다. 장군께서 연나라와 제나라 모두를 항복시키지 못한다면 유방과 항우의 전쟁도 승패를 판단하기 어렵게 됩니다. 장군에게는 불리한 일입니다."

이좌거는 한신의 장점과 단점을 분석한 뒤 자신의 의견을 제시했다.

"저는 연나라와 제나라를 공격하려는 장군의 생각이 잘못된 계책이라고 생각합니다. 왜냐하면 용병에 뛰어난 사람은 자신의 단점으로 적의 장점을 공격하지 않고, 자신의 장점으로 적의 단점을 공격하기 때문입니다."

줄곧 정신을 집중하여 이좌거의 말을 듣던 한신이 물었다.

"그럼 어떻게 해야 합니까?"

이좌거가 대답했다.

"지금 장군을 위한 계책으로는 병졸들에게 휴식을 주고 조나라를 안정시키면서 전쟁 고아들을 구제하는 것이 가장 좋습니다. 그리고 사방 백 리 안에서 소고기와 양고기, 술과 음식을 두루 모아 날마다 장졸들을 위로하십시오. 군사들의 힘을 기르는 동시에 북상하여 연나라를 공격하겠다는 자세만 보이십시오. 그런 후 유세객 편에 연나라로 서신을 보내 한나라의 강한 힘과 아군의 장점을 펼쳐 보이십시오. 이와 같이 하면 연나라는 복종하지 않을 수 없을 것입니다. 연나라가 항복하면 다시 유세객을 제나라로 보내 항복을 권유하십시오. 제나라도 목전의 형세에 순응하여 바로 항복할 것입니다."

한신은 찬탄하는 어투로 말했다.

"훌륭합니다."

한신은 바로 이좌거의 계책을 받아들였다.

한신이 연나라로 사신을 파견하여 항복을 권유하자, 연나라는 바로 항복했다. 이는 모두 이좌거가 예상한 바였다.

한신은 또 형양으로 사신을 보내 유방에게 조나라를 격파한 전과를 보고하게 했다. 그리고 장이를 조왕에 봉하여 조나라의 민심을 무마할 것을 요청했다. 유방은 이에 동의하여 정식으로 장이를 조왕에 책봉했다.

8

정형井陘에서 옛 전장을 탐방하다

나는 고금 내외 명장들의 전기를 읽으며 지리와 지도에 대한 그들의 관심이 거의 입신의 경지에 이르렀음을 깊이 느끼곤 했다. 『손자병법』 「지형地形」에 이런 기록이 있다. "지형이란 용병의 보조 수단이다. (…) 이것을 알고 전투를 하는 자는 반드시 승리할 것이고, 이것을 모르고 전투를 하는 자는 반드시 패배할 것이다地形者, 兵之助也. (…) 知此而用戰者必勝, 不知此而用戰者必敗." 이는 전쟁에서 지형의 중요성을 지적한 말이다. 이와 마찬가지로 고대의 전투를 부활하는 작업 역시 실제 지형을 자세히 살펴보는 게 가장 중요하다.

이 책의 배수진에 관한 장은 내가 정형관井陘關에 가기 전에 탈고되었다. 유일한 근거는 『사기』 「회음후열전」이었다. 그러나 이 기록은 역사 이야기일 뿐 전투 기록이 아니고, 대부분은 전국 시대 유세가들이 전한 미담이라서 믿을 수도, 믿지 않을 수도 없었다.[24]

이런 역사 이야기들은 대부분 문학적 색채를 띠고 있어서 목소리와 웃는 모습을 눈앞에서 보는 듯 묘사가 생생하고 뚜렷하다. 하지만 전쟁 상황에 대한 서술은 간략하고 애매하여 대부분 복원하기가 불가능하다. 태사공은 너무 낭만적이어서 『사기』에 「지리지」도 포함하지 않았다. 따라서 2000여 년 동안 『사기』에 담긴 교통 노선과 지명·지리에 관한 착오가 줄줄이 이어져 왔다. 특히 주요 전쟁의 행군 노선과 전투 지점들은 수수께끼가 되어 지금까지도 논란을 거듭하고 있다.

『사기』의 기록에 따르면 한신과 장이는 태원을 점령한 후 수만 군사를 이끌고 동쪽 정형관으로 나가 조나라를 공격할 준비를 했다. 조왕 조헐과 승상 진여는 이 소식을 들은 후 정형도 입구에 20만 대군을 파견했다. 전투가 벌어지기 전의 상황에 근거하여 한나라 군사의 동태를 복원해보면, 한신은 태원에서 동쪽으로 나가서 지금의 산시山西 핑딩현에 집결한 뒤 계속 동진하여 정형도로 들어섰다. 이 행로에 관해서는 예나 지금이나 아무런 이의가 없다. 왜냐하면 정형도의 서쪽 입구가 지금의 핑딩현 구관舊關 일대이고, 그곳이 바로 한신이 동쪽 정형도를 향해 출발한 입구이기 때문이다.

그러나 『사기』의 기록에 근거하여 조나라 군사의 동태를 복원해보면 문제가 발생한다. 정형도의 동쪽 입구는 지금의 허베이 루취안의 투먼관土門關인데, 진여의 주력군은 이곳에 주둔할 수 없다. 토문관에서 면만수까지는 거리가 너무 멀고 중간에 산이 가로막혀 있어 서로 바라보는 것이 불가능하기 때문이다. 합리적으로 추측해보면 조나라 군사는 자기 땅에서 전투를 하는 것이므로 정형도를 따라서 방어시설을 설치해야 한다. 따라서 당시 조나라 장수 진여는 조나라 주력군을 이끌고 토문관에서 정형도를 따라 서진하여 면만수 동쪽 어느 지점에 주둔지를 마련한 뒤 유리한 지형을 선점한 채 쉬고 있다가 피로한 적을 맞이하는 전략, 즉 정형도를 따라 진격하는 한신의 군대를 일거에 섬멸하고자 대비했을 것이다.

좀더 나아가 추측해보면 진여 군의 주둔지는 면만수에서 멀지 않은 곳이어야 하고, 성벽과 보루가 있어서 한신 군의 배수진을 내려다볼 수 있어야 한다. 이러한 토대로 볼 때 배수진의 현장을 찾는 것은 진여의 주둔지를 찾는 데 달려 있다고 할 수 있다.

2012년 6월, 나는 역사를 따라 옛 정형도 일대에서 고적을 탐방했다. 출발 전에 다시 한 번 문헌을 숙독하고 고금의 지도를 열람했다. 또 바이두를 검색하고 구글 어스를 이용하여 실제 위치를 추적하면서 마음속에 대체적인 상상 노선을 그려보았다. 그것은 마치 컴퓨터로 당시 전투를 재연하는 것과 같았다. 이제 현지에서 직접 눈으로 살펴보고 몸으로 그 땅을 밟아보는 일만 남은 셈이었다.

그리하여 나는 차를 몰고 베이징을 출발하여 징강아오고속도로京港澳高速公路*를 타고 스자좡石家莊에 도착해서도 차를 멈추지 않았다. 이후 계속해서 루취안시를 지나 성도省道와 현도縣道를 달린 후 다시 몐허綿河강을 따라 서진하여 냥쯔관娘子關에 도착했다. 지금의 몐허강이 바로 고대의 면만수다. 산시 핑딩현에서 발원한 강으로 냥쯔관娘子關 위쪽은 타오허桃河라 하고 냥쯔관을 통과한 후에야 비로소 몐허라 부른다. 징싱현으로 유입되어 간타오허甘陶河와 합류한 후에는 예허冶河라 부른다. 그리고 북쪽으로 흘러 지금의 핑산현平山縣으로 들어선

---

* 베이징에서 홍콩을 거쳐 마카오까지 가는 고속도로. 징주고속도로京珠高速公路라고도 한다.

후 후퉈허澤沱河강과 합류한다. 냥쯔관은 멘허강 물길 요충지에 자리 잡고 있어서 주위 지세가 험준하다. 유명한 옛 관문이면서 전장이지만 그 연대는 많이 늦어서 대체로 수당隋唐 이후에 설치된 것으로 본다. 청나라 학자 왕셴첸은 배수진 전투가 바로 이 일대에서 벌어졌다고 여겼지만 근거 없는 억측에 불과하다.[25] 현지를 답사해보니 관문 앞 타오허가 너무 좁아서 대군이 진을 펼치고 전투를 할 수 없음을 한눈에 알 수 있었다.

냥쯔관에서 구관까지도 답사했다. 구관은 정형도의 서쪽 입구다. 지금은 이미 유적이나 관문은 남아 있지 않고 지명만 전해질 뿐이다. 구관에서 307번 국도를 따라 지금의 징싱현으로 가는 길은 대체로 정형도 옛길이었다. 허타오위안核桃園, 샤오룽워小龍窩, 창성커우長生口, 반차오板橋, 톈창진天長鎭을 거쳐 직진하면 지금의 징싱현 소재지인 웨이수이진微水鎭에 이른다. 배수진 전장은 흔히 이곳으로 비정되곤 한다. 현지답사 전까지는 나도 그렇게 생각했다.

나는 현 소재지에 도착하여 그곳 문물보호관리소 두셴밍杜鮮明 소장의 소개를 받고서야 톈창진을 기점으로 정형도가 남북 두 갈래로 나뉜다는 사실을 알았다. 정형남도는 톈창진에서 몐허 물길을 따라 동진하여 예허를 건넌 후 다시 웨이수이진을 통과하고 둥톈먼東天門, 상안진上安鎭을 지나 루취안시로 진입하여 마지막으로 투먼관에 당도한다. 진황고역도秦皇古驛道가 바로 이 노선일 것이다. 왜냐하면 둥톈먼의 관문 성벽 유적과 수레 궤도 흔적이 잘 보존되어 있어서 이미 유명 관광지로 개발되어 있기 때문이다. 그러나 이 정형남도는 이후 명나라 만력萬曆 연간에 본격적으로 개통되었기 때문에 진황고역도 외

배수진 전장背水戰場

에는 오래된 유적이 아직 발견되지 않고 있다.

정형북도는 톈창진을 기점으로 몐허를 건너 북상하여 류자거우劉家溝를 지나 광구礦區로 진입한다. 그리고 다시 시거우西溝, 칭스링青石嶺을 거쳐 베이구디北固底에 도착한 다음 예허강을 건넌다. 그 후 동진하여 웨이저우진威州鎭 남쪽의 난거우南溝, 베이핑왕北平望을 지나 루취안시 경내로 들어서서 투먼관에 당도한다. 이 도로가 바로 전국 시대와 진한 이래의 정형도 옛길로, 정형관 내에서 전국 시대와 진한 시대 유적은 모두 이 노선에 집중적으로 분포해 있다. 웨이저우진 베이안춘北岸村 북쪽에는 웨이저우 고성威州古城 유적이 있다. 이 성은 전국 시대에 쌓았고, 중산왕국 남부에서 정형도를 지키던 요새였고 옛날에는 만음성蔓蔭城이라 불렀다. 조나라와 중산국의 잦은 전투도 모두

이곳을 전장으로 삼았다.[26]

한 번도 들어보지 못한 사실을 현지에서 듣자 눈이 환히 열리는 것 같았다. 당장 정형북도를 따라 웨이저우진에 가기로 결정했다. 배수진의 전장이 웨이저우 고성 일대가 아닐까 하는 예감이 밀려왔다.

칭스링靑石嶺 일대를 돌아보니 정형북도의 유적이 아직도 남아 있었다. 네모 난 돌멩이로 만든 산비탈 길이었다. 지형이 험준하고 노면이 좁아서 폭이 3미터도 되지 않는 곳도 있었다. 과연 "병거 두 대가 나란히 다닐 수 없고 기마병이 횡렬로 전진할 수 없다"라고 일컬을 만했다. 이 길은 칭스링촌을 통과한다. 이 마을 동쪽에는 아직도 옛 길 가에 허물어진 누각과 무너진 폐가의 벽이 남아 있었다. 곳곳에 역사의 잔해가 가득했다. 또 웨이저우 베이안촌 옛 묘지에는 진나라 벽돌과 한나라 기와가 도처에 눈에 띄었다. 인근의 웨이저우 고성 유적에는 공장들이 건설되어 밖에서 대체적인 지형을 바라볼 수 있을 뿐이었다.

웨이저우의 옛 성 유적은 예허冶河강(즉 옛날의 면만수) 동쪽에 있었다. 그곳은 정형도에서 북쪽 중산국(지금의 핑산현平山縣 방향)으로 가는 길목의 요로일 뿐 아니라 또 정형도에서 동쪽 조나라(지금의 루취안 방향)로 가는 길목의 요새이기도 했다. 옛 정형도 동쪽 길의 중요한 관문이라 할 만했다. 진여의 주둔지가 바로 이 일대임에 틀림없었다. 웨이저우 고성과 예허강의 거리는 2킬로미터에 불과했다. 지형이 넓고 평탄하여 진영을 펼치고 결전을 벌일 만한 옛 전장이 분명해 보였다. 당시 위주성 성곽 위에 있던 조나라 장수들은 강변에서 배수진을 치는 한신의 군사들을 내려다보며 껄껄 소리 내어 웃었으리라.

예허 강변에는 많은 나무가 짙은 녹음을 이루고 있었고 맑은 물이 끝없이 흐르고 있었다. 정말 영기가 충만한 곳이어서 나는 금방 물의 고장 회음을 떠올렸다. 한신은 물의 고장 회음에서 태어났다. '인걸은 지령地靈'이란 말이 있듯이 한신은 물길에 의지한 용병술에 가장 뛰어난 사람이었다. 그는 세심하면서도 담대했다. 첩자를 활용하여 적 내부를 잘 파악했고, 척후병을 보내 지형을 꼼꼼하게 조사했다. 진여 군의 동향을 철저히 조사하여 정면의 결사전과 배후의 기습전을 벌여 놀라운 대승을 거뒀다.

근래에 나는 역사의 진상을 복원하기 위해 역사의 현장을 탐방해왔다. 유적지를 방문할 때면 나의 생각은 먼 옛날까지 날아가곤 했고, 고금이 교차하는 순간에 뜻하지 않은 수확을 얻곤 했다. 이번에 한신의 발자취를 따라 정형도 옛길을 걷고 유적을 돌아보는 동안 몇 차례 우여곡절을 거쳐 웨이저우 고성威州古城 아래 예허 강변에서 배수진 옛 전장을 발견했다. 내가 촬영한 사진은 역사의 기념으로 남을 것이고, 내가 답사한 기록은 한 전문가의 저서로 남을 것이다. 이 것들은 '벽돌을 던져 옥돌을 끌어오는 것抛塼引玉'처럼 후세에 많은 답사객을 유혹할 수도 있을 것이다.

제 4 장

형양 대치

❶ 형양 대치 개관

초한 전쟁의 대치 국면을 살펴보면 남부 전장에서는 영포의 짧은 실패로 종언을 고했고, 북부 전장에서는 한신이 연승을 거두었다. 따라서 진정한 대치전은 시종일관 형양을 중심으로 한 중부 전장에서 이루어지고 있었다.

형양 지역에서 항우와 유방의 군사는 오랫동안 혼전 양상을 끝내지 못하고 있었다. 역사서에도 관련 기록이 상이한 편장篇章에 분산된 채 교차되어 있는지라 눈이 어지러워 실마리조차 잡기 어려운 지경이다. 따라서 나는 이 전쟁을 본격적으로 서술하기 전에 요점을 간명하게 제시하는 방식으로 조감해보고자 한다. 이렇게 살펴보면 대체적인 방향 감각을 얻을 수 있어 혼란한 전쟁 상황에 두서없이 빠져들지는 않을 것이다.

초나라와 한나라의 형양 대치는 크게 전반과 후반으로 나눠볼 수 있다. 전반은 한나라 2년 6월부터 이듬해 6월까지, 즉 항우가 팽성 대전에서 이긴 기세를 타고 유방을 추격하여 형양에 도착한 때로부터 그가 형양 전투에서 승리하기까지 1년의 기간을 가리킨다. 이 기간 초나라는 능동적인 공격자였고 한나라는 수동적인 방어자였다. 이후 형양에서 벌어진 정면 대결에서 항우가 잠시 승리를 거뒀다.

이 기간에 초나라의 전략은 뚜렷하고 명확했다. 항우가 초나라 주력군을 거느리고 형양 지역에서 정면으로 한나라의 방어선을 돌파하는 계획이다. 삼천군에서 관중으로 공격해 들어가는 동시에 황하 이북에서는 제, 연, 조, 위 등과 연합하여 북쪽 날개로 한나라 군사를 견제하고, 서쪽과 남쪽으로 한나라와 경계를 맞대고 있는 위나라에 대해서는 항타를 파견하여 방어를 도와주고 공격을 지원했다. 장강과 회수 지역은 튼튼한 맹방 임강국을 중심으로 형산국과 구강국을 남쪽 날개로 삼아 그곳에서 한나라를 위협할 심산이었다. 특히 항우는 구강국 영포에게 두터운 기대를 품고 수차례 사자를 보내 압력을 행사했다. 영포가 적극적으로 참전하도록 하여 남양 무관으로부터 남부 전장을 열게 하려는 의도였다.

유방은 팽성 참패 이후 전체적으로 전세가 위축된 탓에 방어 전략으로 바꿨다. 기본 전략은 관중 근거지와 낙양 지역에 의지하여 다중의 종심 방어선을 견고하게 구축하고 초나라의 동진을 전력으로 저지하는 것이었다.[1] 제1방어선은 오창, 형양, 색정, 경현 일대를 연결하는 저지선을 가리킨다. 유방은 이중 군사 거점인 형양을 방어의 중심으로 삼고 군량미 저장기지 오창을 후방 보급의 중심으로 삼아 황하 남쪽 연안 산악 지대의 좁은 통로에 중무장한 병력을 배치하고 요새와 보루를 수축하여 관동에서 관중으로 통하는 대로인 삼천도三川道의 길목을 지키려고 했다. 제2방어선은 낙양 지역에 의지하여 공현鞏縣, 성고 일대에 병력을 주둔하고 요새와 보루를 수축하여 제 1방어선의 후방 보위를 맡고 또 제1방어선이 무너졌을 때 적의 공격에 대비하는 저지선이었다. 제3방어선은 관중 지역을 의지처로 삼아 관중의 출입구인 함곡관을 중심으로 방어병을 주둔시켜 제2방어선이 파괴되고 낙양 지역이 함락되었을 때 적의 공격을 막아내기 위한 저지선이었다.

초반에 유방은 남부와 북부 두 지역에서 수세에 몰렸다. 이 때문에 그는 외교적 방법으로 적을 벗으로 바꾸기 위해 위왕 위표와 구강왕 영포에게 사자를 파견하는 동시에 팽월에게는 초나라 지역에서 소요와 파괴 공작을 수행케 하여 후방에서 항우를 견제했다.

1년간 이어진 중부 지역의 정면 대결에서 항우는 오창, 성고, 형양을 점령하고 한나라의 제1방어선을 돌파하여 승리를 거뒀다. 그러나 남부 전장에서는 영포가 한나라에 귀의한 탓에 남양 무관에서 한나라를 공격하려는 계획이 무산되었다. 더욱이 영포를 진압하기 위해 중무장 병력을 보내는 바람에 중부 전장에 영향을 끼치고 말았다. 북부 전장에서는 한신의 군사가 속전속결로 위나라와 조나라를 점령함으로써 하서와 하북에서 한나라를 위협하려던 작전은 역전되었다. 즉 한나라 군사가 황하를 건너 남하하여 형양으로 진격하는 상황이 전개된 것이다. 여기에 한나라가 동쪽으로 초나라와 제나라를 위협하는 형세가 조성되었다. 초나라 후방에서는 팽월의 유격 활동이 이어지고 있었기 때문에 항우가 친히 소탕에 나서지 않을 수 없었다.

초나라와 한나라의 후반 대치전은 한나라 3년 7월부터 이듬해

9월까지, 즉 초나라 군사가 공현에서 저지당한 때로부터 양국의 화의가 성립하기까지 1년 2개월의 기간이라 할 수 있다. 이 시기에 한나라는 북부 전장에서 전면적인 승리를 거둔 이후 적 후방까지 전장을 확대했다. 정면 대결에서도 한나라는 방어 태세에서 공격 태세로 전환하여 점차 전장의 주도권을 쥐었다. 이와는 반대로 승세를 타고 정면으로 서진하던 항우의 주력군은 북부와 배후의 불리한 전황 때문에 공현에서 한나라에 저지당하게 되었다. 이후로 항우는 싸움을 주도하기보다는 방어전으로 전환하다가 정전停戰 협의를 받아들이지 않을 수 없게 되었다.

구체적으로 말해서 오창, 형양, 성고를 잃은 한나라는 낙양 지역으로 퇴각하여 공현을 사수하면서 초나라 군사를 제2방어선에 묶어두기 위해 온 힘을 기울였다. 성고를 탈출한 유방은 황하를 건너 하내군 수무 일대에서 한신의 군대를 맞이했다. 그는 황하를 건너 남하하여 형양 지역을 탈환하려는 기미를 드러내어 항우의 군사를 북방으로 분산시키려 했다. 이는 공현 방어선에 대한 항우의 압박을 완화하려는 작전이었다. 이와 동시에 유방은 유가와 노관에게 군사 2만을 이끌고 백마진白馬津에서 황하를 건너 초나라 동군 지역으로 들어가 그 일대에서 활약하고 있는 팽월을 지원하도록 했다. 이는 적 후방까지 전선을 확대함으로써 배후에서 항우를 잡아두기 위한 작전이었다. 이처럼 서쪽에서는 방어벽을 치고, 북쪽에서는 공격을 유인하고, 후방에서는 뒷목을 잡아끄는 유방의 전략은 마침내 초나라 군사를 성공적으로 공현 일대에 묶어두는 효과를 발휘했다.

한편 초나라는 강공으로 한나라의 제1방어선인 형양 방어선을 돌파한 후, 제2방어선인 공현 방어선을 공격하기 시작했다. 이 무렵 팽월, 유가, 노관이 초나라 후방에서 대규모로 파괴적인 공격을 감행하여 항우가 다시금 초나라 주력군을 거느리고 후방 전투에 나서게 만들었다. 항우는 공현 공격을 중지하지 않을 수 없었고 성고와 형양 일대에서 방어 전략으로 돌아서야 했다. 이 틈을 타고 남하한 유방에게 성고와 오창을 빼앗긴 데다 형양까지 포위되었다. 그러나 항우가 팽월 등의 위협을 제거한 뒤 형양으로 돌아오자 유방은 방어 태세로 전환하여 전투에 나서지 않았다. 또 다시 형양 지역에서 한나라와 대치하는 교착 상태에 빠져들었다. 다만 이번의 대치 지점은 북쪽으로 옮겨졌는데, 바로 황하 남안南岸인 광무간廣武澗 일대였다.

대등한 형세로 팽팽하게 대치하던 흐름이 깨진 계기는 바로 한신이 제나라로 진격한 사건이었다. 그때 항우는 대장 용저에게 주력군 일부를 이끌고 북상하여 제나라를 지원하게 함으로써 초나라의 정면 공격 역량이 약화될 수밖에 없었다. 더욱이 용저의 부대가 한신에게 섬멸되었고, 도성인 팽성 지역도 텅 비게 되어 한신의 공격에 노출된 상태에 이르렀다. 이제 초나라의 전세는 완전히 기울었다. 전방의 군대는 군량미가 부족했고 후방의 군대는 불안에 떨었다. 언제든 공격당할 처지에 놓이자 코앞에 있는 유방을 공격할 수 없었을 뿐 아니라 한신의 군사가 남하하여 서진하는 날에는 섬멸될 가능성도 높았다.

형세가 불리하게 흘러가자 항우는 어쩔 수 없이 고개를 숙이고 제나라로 사신을 파견해 한신에게 중립 유지를 권하면서 천하를 삼분하려고 했다. 한신이 이 제의를 거절하자 항우는 이제 유방과의 전쟁에서 이길 수 없음을 깨닫고 화의 제의를 수락할 수밖에 없었다.

❷ 진평이 참소를 당하다

팽성에서 대패한 이후 진평은 유방을 수행하여 형양으로 후퇴했다. 유방은 그를 아장亞將으로 임명하고 한왕신의 진영으로 파견해 형양 북쪽의 군사 요충지 광무廣武에서 참모장 역할을 하게 했다. 이로써 진평은 한漢나라 군사의 호군도위에서 한韓나라 군사의 아장으로 전 출되었다. 품계로 보면 승진한 셈이지만 유방을 떠나 한왕신의 곁으로 간다는 것은 권력의 주변부로 밀려나는 것으로, 이는 엄청난 추락이라 할 수 있다.

총명한 진평은 누군가 자신을 참소했음을 직감했다. 그리고 유방의 신임과 지지를 잃으면 자신이 설 자리가 없을 뿐 아니라 예측할 수 없는 일을 당할 수 있다는 것도 알았다. 진평은 유방의 명령에 따라 한왕신의 진영으로 가서 묵묵히 직무를 수행하면서도 위무지와 긴밀한 관계를 통해 입수한 적군과 아군의 정보들을 끊임없이 유방에게 제공하면서 참을성 있게 기다렸다. 그러잖아도 호군도위에 임명할 만한 인물을 찾지 못하던 유방은 진평으로부터 각종 소식과 정보를 받아보고는 그 누구도 진평을 대신할 수 없음을 깨달았다. 결국 유방은 다시 진평을 불러들여 호군도위에 복귀시키기로 했다.

진평은 유방 집단과의 관계망이 일천한 데다 성을 공격하거나 들판에서 싸운 공적이 없었기 때문에 공적이 큰 노장들은 그를 쓸 데 없이 똑똑한 체하는 소인배로 간주했다. 그러나 유방은 인재를 알아보고 기용할 줄 아는 용병의 천재였다. 처음 진평과 대화를 나눠보자마자 진평이 기민하고 총명하며 지모가 풍부할 뿐만 아니라 남의 말과 안색을 살피는 데 뛰어나다는 것을 간파했다. 그래서 유방은 자기의 개인적인 뜻을 받들어 처리해줄 인물로 진평을 호군도위에 임명한 것이다. 한편으로는 진평이 오랫동안 항우 곁에서 정보 업무에 종사했기 때문에 누구보다 초나라 군대 내부 사정에 대해 밝다는 점을 고려한 인선이기도 했다. 그리고 또 다른 이유가 있었다. 유방은 공로만 믿고 거드름피우는 노회한 장수들을 감독하고 통제하기 위해 그들과는 아무 인연이 없고 자신에게만 충성하는 기민한 신하가 필요했던 것이다. 진평의 출현은 유방의 수요와 딱 맞아떨어졌다.

진평이 호군도위로 임명되자 군부의 불만이 높아졌다. 첫 번째 표출은 장수들 사이에서 터져 나왔다. 그들은 초나라를 배반하고 한나라로 귀의한 신출내기가 무슨 자격으로 군사정보 요직을 꿰차고서 대선배 혁명가들에게 이래라 저래라 하느냐 하는 태도였다. 진평이 호군도위를 맡아 대적 첩보 활동을 위한 기구를 관장하는 데는 이견을 제시하는 장수가 별로 없었다. 그러나 진평이 각 군에 파견한 호군교위를 통해 각 군의 장수를 감독하고, 군대 내의 기밀과 정보에 관한 보고서를 작성하여 유방에게 바치는 것에 대해서는[2] 가만

　　　　　　　　　　　　　　　초망

히 있지 않았다. 우선 팽성 대전에서 패배한 후 책임을 추궁하는 과정에서 진평에게 불만을 품고 있던 장수들은 항우의 기습전에 관한 정보를 파악하지 못한 것을 핑계로 참소했다. 이것이 진평에 대한 두 번째 역풍이었다. 유방은 하는 수 없이 그를 멀리 떼어놓을 수밖에 없었고, 결국 그를 한韓나라 진영으로 보내 폭풍우를 피하게 해야 했다.

그런데 유방이 마음을 바꿔 다시금 진평을 호군도위에 복직시키자 세 번째 역풍이 불어 닥쳤다. 이번 역풍을 주도한 사람은 혁혁한 공을 세운 장수들 가운데 소장파들이었다. 나중에 강후絳侯로 분봉을 받은 주발과 기병 대장으로 임명된 관영이 이 역풍의 주도자였기 때문에 역사에서는 이들을 '강관지속絳灌之屬'이라고 부른다.[3]

이들은 단체로 유방을 알현하고 말했다.

"진평은 본래 돋보이는 인재로 훤칠한 미남입니다. 그러나 이런 사람은 관모에 장식하는 옥돌에 지나지 않아, 겉보기만 좋고 쓸모가 없으니 본심이 좋을 리가 없습니다. 신들이 듣건대 진평은 평소 집에서 형수와 사통한다고 합니다. 위왕을 모실 때도 용납되지 않자 초나라로 도망쳤습니다. 초나라에 귀순한 뒤에도 마음이 맞지 않자 또 다시 우리 한나라로 의탁해왔습니다. 대왕께서는 진평을 총애하여 그를 호군도위에 임명하고 신들을 감시하게 하셨습니다. 신들이 듣건대 진평은 공직에 있으면서 감시당하는 장수들로부터 뇌물을 받아먹었다고 합니다. 돈을 많이 주는 사람에 대해서는 좋게 보고하고 돈을 적게 주는 사람에 대해서는 나쁘게 보고했다고 합니다. 진평이란 자는 늘 마음을 바꾸는 난신적자亂臣賊子입니다. 바라옵건대 대왕께서는 밝게 살피시어 그의 외관에 속지 마시기 바라옵니다."

주발과 관영 등의 말에 유방은 진평에게 문제가 있다는 걸 깨닫게 되었다. 이에 위무지를 불러 진평 같은 자를 추천하지 말라고 질책했다. 위무지는 여러 해 동안 유방의 곁을 지킨 사람이라 유방의 습성을 잘 알고 있었다. 그는 유방의 질책을 예사롭게 들으면서 그의 말이 끝나고 분노가 가라앉기를 기다려 조용하게 대답했다.

"신이 대왕께 인재를 추천할 때는 주로 그의 재능을 봅니다. 그런데 대왕께서 신을 질책하는 말씀은 모두 덕행에 관한 것입니다. 덕행이 고상한 사람에 대해서 말씀드리자면, 약속을 잘 지킨 사람으로는 고대의 미생尾生*을 들 수 있고, 효성이 지극한 사람으로는 상나라의 효기孝己**가 있습니다. 그러나 승패를 가르는 전쟁터에서는 아무 쓸모가 없습니다. 대왕께서는 이런 사람을 임용하시겠습니까? 초와 한이 전쟁을 치르는 지금 신은 대왕께 지모가 뛰어난 사람을 추천했습니다. 신은 그의 지모가 종묘사직에 유리한지 아닌지만 따졌습니다. 형수와 사통했는지, 뇌물을 받았는지를 더 의심할 필요가 있겠습니까?"

위무지의 말을 듣고 나서 유방은 일리 있다고 인정했다. 그러나 여전히 진평에 대한 의심을 해소할 수 없어서 진평을 불러 얼굴을 마주보고 물었다.

---

* 『장자』「도척盜跖」에 등장하는 인물. 융통성 없이 신의를 중시하는 사람을 비유함.
** 『사기』「은본기殷本紀」에는 조기祖己로 되어 있고, 은허복사殷墟卜辭에는 형기兄己 또는 조기且己로 되어 있다. 이때 '且'는 '祖'의 본 글자다. 효기는 상나라 임금 무정武丁의 맏아들이고 조경祖庚의 형으로, 효성이 지극하여 무정의 총애를 받아 '효기孝己'로도 불렸다.

초망

"자네는 위나라를 섬기다가 용납되지 못하자 초나라고 갔고, 초나라를 섬기다가 용납되지 못하자 내게 와서 일을 하고 있다. 신의 있는 사람이 이처럼 쉽게 마음을 바꿔먹을 수 있는가?"

진평이 대답했다.

"신이 위왕을 섬길 때 위왕은 신의 계책을 써주지 않았습니다. 그래서 초나라로 가서 항왕을 섬긴 것입니다. 항왕도 외부 사람을 중용하지 않았습니다. 그가 믿고 등용한 사람은 항씨 일족이 아니면 처가 쪽 친척이었습니다. 설령 지모가 뛰어난 사람이 있다 해도 신임하지 않아서 신이 초나라를 떠난 것입니다. 신은 한왕께서 인재를 두루 등용한단 소문을 듣고 한나라로 귀의했습니다. 신은 무일푼으로 이곳에 왔기 때문에 돈을 받지 않으면 일상 비용을 댈 수가 없어서 계책을 펼치기 어렵습니다. 만약 신의 계책 중에 쓸 만한 것이 있으면 대왕께서 채택하시면 됩니다. 만약 쓸 만한 것이 없으면 제가 받은 돈은 밀봉한 채로 모두 그대로 두었으니 국고로 환수하시고 신을 고향으로 돌려보내시옵소서."

진평의 해명을 들은 유방은 의문이 해소되어 그에게 사과했다. 그리고 후한 상금을 내리는 동시에 호군중위에 임명하라고 명령했다. 유방은 아예 그를 호군기구의 정식 직책에 임명하고 자신의 곁에 남아 한나라 정보 부문의 모든 업무를 책임지게 했다.

이런 우여곡절을 겪고 나서 한나라 장수들은 모두 유방이 굳은 마음으로 진평을 임용했다는 걸 알았다. 이로부터 진평에 대해서 이러쿵저러쿵 참소를 일삼는 사람이 없어졌다.

❸ 장량이 육국 후예를 분봉하는 데 반대하다

한나라 3년(기원전 204) 10월, 초한 전쟁이 3년째로 접어들자 대장 한신과 조왕 장이는 조나라를 안전하게 지키고 연나라를 위무하는 데 힘을 기울였다. 또 한신은 제나라로 사자를 보내 항복을 권유했다. 그러나 그들은 계속 초나라와 연합하여 한나라에 대항했다. 제나라의 지원을 받은 초나라 기동 부대는 불시에 황하를 건너 진여의 잔존 부대를 지원했다. 또한 채 전열을 정비하지 못한 한나라 군사를 공격하여 한신과 장이의 시선을 돌리지 못하게 만들었다.

12월, 남부 전장에서 불리한 소식이 전해졌다. 초나라 군사와 몇 달간 고전을 거듭하던 영포가 초나라 장수 용저와 항성에게 패배하고 구강국의 도성 육현마저 함락되었다는 소식이었다. 처자식을 잃은 영포는 수하와 함께 샛길을 통해 형양으로 도주해왔다.

영포는 바로 유방의 부름을 받고 찾아갔다. 그러나 유방은 침상에 비스듬히 기대 발을 씻고 있었다. 초나라 삼군에서도 으뜸가는 용장이었던 영포는 지난날 항우에게 가장 총애받았으며 유방과 동일한 자격으로 제후왕에 책봉될 때도 도도한 태도로 자부심을 감추지 않았다. 그런 영포로서 유방의 태도는 크나큰 수모였다. 그는 초나라를 배반하고 한나라로 귀의한 자신을 원망하며 당장 생을 마감하고 싶었다. 그런데 영포가 유방의 궁궐을 나와 자신의 관사로 인도되었을 때 갑자기 눈앞이 환해지는 느낌을 받았다. 관사의 규모, 기물의 격조, 수행원의 격이 방금 전 한왕의 궁궐과 거의 똑같았다. 그를 최고 대우로 맞이하기 위해 준비해두었음을 한눈에 알 수 있었다. 침울했던 영포는 유방이 자신을 모욕하지 않았음을 깨닫고 기뻐했다.

유방은 앞에서는 억누르지만 뒤에서는 올려주고, 모욕을 주고 난 뒤에는 포상하는 용인술을 구사했다. 즉 면전에서 한바탕 욕설을 퍼붓고 나서는 좋은 술과 맛있는 고기를 대접하면서 다정한 말로 사람을 떠받들곤 했는데, 특히 자부심이 강하고 포악한 상대를 굴복시킬 때 흔히 이 방법을 썼다. 이전에는 미치광이처럼 날뛰는 역이기에게, 이번에는 영포에게 구사했다. 유방의 이 같은 초식은 이익을 중시하고 예절을 경시하는 염치없는 호걸들에게 효과를 발휘했다.[4]

퇴로가 없었던 영포는 유방을 수행하는 데 목숨을 바치기로 결심하고, 구강으로 사람을 보내 수천의 옛 부하를 모집했다. 그리고 유방의 병력 지원을 받아 군대를 조성한 뒤 유방과 함께 형양 일대에서 항우와 싸웠다.

초나라 장수 용저는 영포를 격파하고 구강국을 평정한 다음 형양으로 북상하여 항우와 힘을 합쳤다. 용저의 지원을 받은 항우의 군사들은 세력을 떨치며 빈번히 유방을 공격했다. 초나라 군사는 오창을 공격하여 한나라의 가장 중요한 군수 보급 기지를 탈취했다. 이로써 초나라가 황하의 조운을 통제하자 한나라 군사의 군량미 공급에 차질이 생기기 시작했다.

형양에 포위되어 궁지에 몰린 유방은 하루하루 형세가 악화되자 불리한 상황을 타개하기 위한 대책을 궁리하고 있었다. 어느 날 그는 항우의 세력을 어떻게 약화시킬까에 대해 모사 역이기와 의견을 나눴다. 역이기가 말했다.

"옛날에 상나라 탕왕은 하나라 걸왕을 토벌하고 나서 하나라 왕실 자손들을 기杞나라에 봉했습니다. 주 무왕은 상나라 주왕紂王을 토벌하고 나서 상나라 후손들을 송宋나라에 봉했습니다. 이후의 진나라는 덕행과 도의를 포기한 채 제후들의 영토를 침범하여 여섯 제후국의 후사를 끊었고, 이로써 각국의 왕실 후예들은 발붙일 곳이 없게 되었습니다. 대왕께서 육국을 부흥하여 그 후예를 책봉하시면 그들 군신과 백성은 틀림없이 대왕의 은덕에 감격할 것이며, 대왕마마의 기풍을 사모하여 머리 숙여 신하를 칭할 것입니다. 이와 같이 도의와 덕행을 펼친 후 남쪽을 향해 천하에 패자로 군림하시면 초나라도 반드시 의관을 정제하고 달려와 대왕을 알현할 것입니다."

속담에 "병이 급하면 약을 마구 쓴다"라고 했다. 곤경에 빠져 대책을 찾을 수 없었던 유방은 한 가닥 희망을 얻어 역이기의 건의대로 다음과 같이 결정했다.

"좋소! 공께서 즉시 육국의 옥새를 만들어 각국으로 갖고 가서 계획에 맞게 일을 처리하도록 하시오."

역이기가 출발하기 전, 장량이 돌아와 유방을 알현했다. 식사를 하던 유방은 장량의 모습을 보자 다급한 마음에 그를 불렀다.

"자방子房(장량의 자)! 자방! 어서 들어와 앉으시오!"

장량이 들어와 좌정하자 유방은 씹던 음식을 삼키지도 않고 말을 시작했다. 육국의 후예를 분봉하여 초나라를 약화시키겠다는 대책을 늘어놓되, 역이기의 제안이라고는 밝히지 않았다. 유방은 장량에게 의견을 물었다.

"자방은 어떻게 생각하오?"

장량이 대답했다.

"누가 대왕께 이런 계책을 건의했습니까? 이렇게 하면 대업은 무너지고 말 것입니다."

유방이 놀라며 물었다.

"무엇 때문이오?"

장량이 말했다.

"신이 지금 앞에 있는 젓가락으로 육국의 후예를 분봉할 수 있는지 없는지 살펴드리겠습니다."

장량은 젓가락을 한 움큼 집어 들고 손짓을 하며 말했다.

"상 탕왕이 하 걸왕을 토벌한 후 하나라의 후예를 기나라에 분봉한 것은 걸왕의 목줄을 자신이 쥐고 있다고 생각했기 때문입니다. 지금 대왕께서는 항우를 죽음에 이르게 할 수 있습니까?"

유방이 대답했다.

"할 수 없소."

장량은 젓가락 하나를 내려놓고 말했다.

"이것이 육국의 후예를 분봉해서는 안 되는 첫 번째 이유입니다.

주 무왕이 상 주왕을 토벌한 후 상나라의 후예를 송나라에 분봉한 것은 자신이 주왕의 머리를 벨 수 있다고 생각했기 때문입니다. 지금 대왕께서는 항우의 목을 벨 수 있습니까?"

유방이 말했다.

"할 수 없소."

장량은 또 젓가락 하나를 내려놓으며 말했다.

"이것이 육국의 후예를 분봉해서는 안 되는 두 번째 이유입니다. 주 무왕이 상나라 도성으로 들어가서 지자智者 상용商容*의 마을을 표창하고, 감금된 현인 기자箕子**를 석방하고, 성인 비간比干***의 무덤에 가토를 했습니다. 지금 대왕마마께서는 성인의 무덤에 가토를 하고, 현자의 마을을 표창하고 지자의 집에 들려 경의를 표할 수 있습니까?"

유방이 대답했다.

"할 수 없소."

---

* 상나라 마지막 임금 주왕 때 예악을 관장한 현신이다. 주왕이 폭정을 그치지 않자 그를 예악으로 교화하고자 여러 차례 간언을 올렸으나 실패했다. 결국 벼슬에서 물러나 산속으로 은거하여 세상을 마쳤다. 주 무왕이 주왕을 정벌한 후 상용이 살던 마을로 찾아가 정려문을 세우고 그의 충정을 기렸다. 『사기』「은본기殷本紀」, 『예기禮記』「악기樂記」, 『순자荀子』「대략大略」 등에 관련 기록이 있다.

** 상나라 주왕의 숙부로 주왕의 폭정에 자주 간언을 올렸으나 불가하자 미치광이를 가장하여 민간에 숨었다. 주 무왕이 주왕을 정벌한 후 기자를 찾아가 천하를 다스릴 방안을 묻자 「홍범구주洪範九疇」를 설파했다. 이후 조선으로 이주했다는 전설이 있다. 『사기』「은본기」, 『상서尙書』「홍범洪範」 등에 관련 기록이 있다.

*** 상나라 주왕의 숙부다. 비간이 폭정을 바로잡기 위해 간언을 올리자 주왕은 "성인의 심장에는 일곱 개의 구멍이 있다는데 그것을 확인해봐야겠다"며 그의 배를 갈라 죽였다고 한다. 주왕 정벌 후 무왕이 비간의 분묘를 찾아가 성묘와 가토를 했다고 한다. 『사기』「은본기」 등에 관련 기록이 있다.

초망

장량은 또 젓가락 하나를 내려놓으며 말했다.

"이것이 육국의 후예를 분봉해서는 안 되는 세 번째 이유입니다. 주 무왕은 상나라를 평정한 후 거교鉅橋의 식량 창고와 녹대鹿臺의 금고를 열어서 식량과 재물을 가난한 백성에게 나눠줬습니다.* 지금 대왕께서는 창고를 열고 식량과 돈을 백성에게 베풀 수 있습니까?"

유방이 말했다.

"할 수 없소."

장량은 또 젓가락 하나를 내려놓으며 말했다.

"이것이 육국의 후예를 분봉해서는 안 되는 네 번째 이유입니다. 주나라는 상나라를 멸한 후 전투 수레를 개조하여 승용 수레로 만들었고, 방패와 창을 거꾸로 세우고 호피虎皮로 장막을 쳤습니다. 이로써 천하를 향해 다시는 무기를 사용하지 않겠다고 선포한 것입니다. 지금 대왕께서는 문치를 시행하시며 다시는 무기를 들지 않을 수 있습니까?"

유방이 대답했다.

"할 수 없소."

장량은 또 젓가락 하나를 내려놓으며 말했다.

"이것이 육국의 후예를 분봉해서는 안 되는 다섯 번째 이유입니다. 주 무왕은 전투용 말을 화산華山 남쪽에 놓아주고 다시는 타지 않겠다고 선포했습니다. 지금 대왕께서는 전투용 말을 놓아주고 다시 타

---

* 거교는 상나라 주왕이 백성에게서 착취한 곡식을 저장하기 위해 세운 거대한 창고이고 녹대는 상나라 주왕이 조가朝歌에 세운 화려한 궁궐로, 금은보화를 가득 채워놓았다고 한다.

지 않을 수 있습니까?"

유방이 대답했다.

"할 수 없소."

이에 장량은 또 젓가락 하나를 내려놓으며 말했다.

"이것이 육국의 후예를 분봉해서는 안 되는 여섯 번째 이유입니다. 주 무왕은 수레 끄는 소를 도림새桃林塞 북쪽에 풀어놓고 다시는 군량미 수송에 사용하지 않겠다고 선포했습니다. 지금 대왕마마께서는 수레 끄는 소를 풀어놓고 군량미나 무기 수송에 사용하지 않을 수 있습니까?"

유방이 대답했다.

"할 수 없소."

장량은 다시 젓가락 하나를 내려놓으며 말했다.

"이것이 육국의 후예를 분봉해서는 안 되는 일곱 번째 이유입니다."

장량은 어기를 부드럽게 하여 말을 이었다.

"지금 천하의 유세객들은 자기 가족과 이별하고 조상의 분묘를 버리고 고향 친구를 떠나와 대왕을 수행하고 있습니다. 그들이 밤낮으로 바라는 것은 봉토를 한 조각이라도 받는 일입니다. 만약 육국을 부흥하여 한, 위, 연, 조, 제, 초 왕실의 후예를 왕으로 봉하면 천하의 유세가들은 고향으로 돌아가 고국의 군왕에게 충성을 바칠 것입니다. 그리고 가족과 단란히 지내면서 친구들에 의지하고 조상의 분묘를 지키는 삶을 살 것입니다. 그러면 대왕께서는 누구와 함께 천하를 쟁취하시겠습니까? 이것이 육국의 후예를 분봉해서는 안 되는 여덟 번째 이유입니다."

이에 장량은 또 젓가락 하나를 내려놓았다. 그리고 손에 쥐고 있던 젓가락 하나를 앞서 내려놓았던 여덟 개의 젓가락 옆에 내려놓더니 목소리를 높여서 말했다.

"지금 천하의 최강은 오직 초나라입니다. 분봉한 여섯 나라가 다시 초나라에 굴복한다면 대왕께서는 어찌 그들을 불러들이겠습니까? 결국 육국의 후예를 분봉하는 계책은 대왕의 대업을 연기처럼 흩뜨릴 것입니다."

꼼짝 않고 귀를 기울이던 유방은 모호하게 "할 수 없소"라는 대답을 일고여덟 번 내뱉은 것 외에는 아무 말도 하지 않았다. 그리고 그의 마음은 경악에서 분노로 바뀌었다.

장량의 말이 끝나자 유방은 아직 다 씹지도 않은 음식을 뱉어내더니 꿈속에서 깨어난 듯 크게 욕설을 퍼부었다.

"썩을 놈 같으니! 나의 대업을 거의 망칠 뻔했구나!"

사태를 깨달은 유방은 만들어놓은 육국의 옥새와 인수를 모조리 폐기하고 육국의 후예를 분봉하려던 계획도 취소했다.

나는 이 대목에서 감탄을 금치 못했다. 역이기는 빈민 출신으로 미치광이 같은 책사策士다. 육국을 부흥하여 육국의 후예를 분봉하고 육국의 왕정을 재건하자는 그의 주장은 이익을 위하여 군왕의 마음을 뒤흔드는 책략이었음을 이해할 수 있다. 그러나 장량은 귀족 중의 귀족으로, 그의 몸에는 옛 귀족 사회의 유풍이 깃들어 있고 그의 혈액 속에는 옛 귀족 가문의 혈통이 흐르고 있다. 그런 장량이 육국의 왕정복고를 단호히 반대하고 귀족 사회의 부흥을 거부하고 있으니, 그것이 시국에 대한 정확한 이해와 승리에 대한 치밀한 계산에서 비롯된 것임은 자명하다. 나는 그에게서 이러한 현실적인 계산 외에도 한계를 뛰어넘는 초월적 인식을 느꼈다.

한韓나라 멸망 직후를 회상해볼 때, 장량은 한나라를 위해 복수하는 데 아낌없이 자기 전 재산을 바쳤다. 진시황을 격살하려던 계획에 실패하고,* 그는 『황석공서黃石公書』를 전수받아 지자智者로서의 총기를 밝게 펼칠 수 있게 되었다.**

진秦나라 말기에 천하대란이 발생하자 그는 초왕 항우에게 투신하러 가는 길에서 우연히 유방을 만났고, 유방에게 귀의하기로 마음먹었다. 이후 한왕 신을 수행하며 한韓나라 부흥을 도모했으나 시종일관 현실을 타개하지 못하다가 다시금 유방의 진영으로 되돌아가서 물고기가 물을 만난 것처럼 뜻을 펼쳤다. 그는 파란만장한 경험과 냉혹한 현실을 통해 멸망한 나라는 부흥시킬 수 없고 끊어진 후사後嗣는 다시 이을 수 없다는 것, 또한 옛 귀족 사회는 강물 위의 꽃잎처럼 영원히 흘러가버렸다는 사실을 깨닫게 되었다. 지혜롭고 총기 있는 그는 이제 새로운 평민 사회가 도래하고 있으며 유방이 그 사회의 기수라는 사실을 예감하고 있었다.

---

* 진시황 29년(기원전 218)의 3차 순행 때 장량은 역사와 박랑사博浪沙에서 진시황을 암살하기 위해 철퇴를 던졌으나 실패했다. 『사기』「유후세가留侯世家」에 관련 기록이 있다.
** 박랑사에서 진시황 암살에 실패한 장량은 동해 하비下邳로 숨었는데, 하비의 다리 위에서 황석공黃石公을 만나 『태공병법太公兵法』이란 비기秘記를 전수받는다. 이 『태공병법』을 『황석공서』라 하는데 전하지는 않는다. 지금 전해지고 있는 『황석공소서黃石公素書』와 『황석공삼략黃石公三略』은 후세인의 위작으로 알려져 있다.

초망

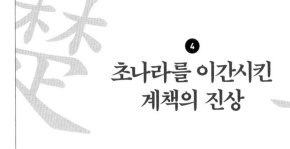

④
초나라를 이간시킨
계책의 진상

한나라 3년 4월, 유방이 항우에게 오창을 잃고 형양에 포위됨으로써 초와 한의 대치 형국은 긴박해졌다. 유방은 항우에게 화의를 청하여 형양을 경계로 서쪽은 한나라로 동쪽은 초나라로 귀속시키기를 희망했다. 항우는 항백의 권고에 따라 그 제의를 받아들이려 했으나, 범증이 단호하게 반대하며 말했다.

"이제 유방과 관련된 문제를 완전히 해결할 때가 되었습니다. 지금 풀어주면 나중에 반드시 후회하게 됩니다."

항우는 범증의 의견을 받아들여 화의를 거부하고 공세를 더욱 강화했다.

다급해진 유방은 진평과 대책을 상의했다. 진평이 말했다.

"항왕은 사람을 대할 때 공경스럽고 예의바릅니다. 그래서 행실이 깨끗하고 예의바른 선비들은 기꺼이 그에게 귀의합니다. 하지만 논공행상과 봉작 하사의 측면에서 보면 그는 너무 인색해서 선비들이 그를 떠나는 원인이 되기도 합니다. 대왕께서는 오만하고 예의가 없지만 봉작을 하사할 때는 부하들과 함께 나누십니다. 이로써 이익을 좋아하고 예의가 없고 염치를 모르는 인사들을 많이 불러들일 수 있었습니다. 대왕께서 자신의 장점을 취하고 단점을 보완한다면 천하를 쟁취하는 일은 어렵지 않을 것입니다."[5]

호군중위인 진평의 입장에서는 안으로 장수들을 감시하고 밖으로 적국을 이간시키기 위한 발언이었다. 유방이 더 많은 권익을 내세워 부하들을 격려하기를 희망했고, 또 더 많은 권익을 내세워 적군을 매수하기를 바란 것이다. 이 견해가 유방의 공감을 얻자 진평은 초나라의 군신을 이간시키는 반간계反間計를 정식으로 제안했다. 진평은 유방에게 이렇게 말했다.

"초나라 내부에는 우리가 교란시킬 만한 부분이 있습니다. 항왕의 진영에서 충직하게 직간을 올릴 수 있는 동량棟梁으로는 범증, 종리매, 용저, 주은周殷 등 몇 명이 있을 뿐입니다. 그러나 항왕은 의심과 질투가 많아서 참언讒言에 쉽게 넘어갑니다. 대왕께서 황금 수만 근으로 반간계를 써서 초나라 군신을 서로 의심하게 만들면 저들은 틀림없이 내홍을 겪다가 서로를 살상할 것입니다. 그 틈을 타고 우리 군사가 출정하여 공격을 퍼부으면 초나라 군사를 격파할 수 있습니다."

유방은 진평의 의견에 찬동하여 황금 4만 근을 진평에게 내주고 마음대로 사용토록 했다.

『사기』「진승상세가」에서는 진평이 반간계로 초나라 군신을 어떻게 이간시키는지 대략 다음과 같이 기록하고 있다. 진평은 막대한 금전으로 초나라의 내부 인사를 매수하여 종리매 등 장수들이 논공행상에 불만을 품고 있다는 유언비어를 퍼뜨렸다. 분봉된 땅의 군왕으로 책봉되지 못한 것에 분개하여 유방과 손잡고 항씨를 쫓아낸 뒤에 천하를 재분할하려 한다는 것이었다. 이 유언비어는 곧 항우의 의심을 불러일으켰다. 이 무렵 초한 간에는 강화 교섭이 진행되고 있었다. 유방은 항우의 사신이 형양에 도착하자 친히 접견하고 소고기·양고기·돼지고기 등 이른바 '삼생三牲'을 갖춘 태뢰太牢 잔치를 마련하여 그들을 후대했다.* 이 세 가지 고기가 들어올 때 유방은 짐짓 놀란 척하면서 사신들에게 말했다.

"내가 오해했소. 나는 공들이 아보亞父(범증)의 사신인 줄 알았소."

유방은 태뢰를 물리고 낮은 등급의 술과 요리로 사신을 대접했다. 사신들이 돌아와 항우에게 그 일을 보고하자 범증에 대한 항우의 의심이 깊어졌다. 결국 범증은 사직하고 항우 곁을 떠나게 되었다.

『사기』의 기록이 사실이라면 진평이 이용한 반간계는 다소 초보적이고 저급한 것이다. 이런 초등학생 수준의 방식으로 항우와 범증을 분열시켰다니, 참으로 믿기 어려운 사실이다. 명나라 학자 진의전陳懿典은 『사기』를 읽다가 이 대목에 이르러 "진평의 이런 수단은 노옹老翁이 조삼모사의 방식으로 원숭이를 희롱하는 수준이다. 초나라 사신과 항우가 좀더 생각해보았다면 아연 실소를 터뜨렸을 것이다"라고 했다.[6] 청나라 건륭황제乾隆皇帝는 오랜 전쟁 경험도 갖추었고 권력 농

---

* 태뢰란 본래 고대 제왕이 사직社稷에 제사지낼 때 쓰던 희생을 가리켰다. 소, 양, 돼지를 모두 쓰는 것을 태뢰太牢, 양과 돼지만 쓰는 것을 소뢰少牢라 한다. 천자는 태뢰를, 제후는 소뢰를 썼다. 나중에는 예의를 갖춘 풍성한 음식이나 잔치를 가리키게 됐으며, 소·양·돼지를 갖춘 잔치는 천자나 제후에게 베푸는 최고의 의례였다.

단에도 뛰어난 인물로, 그도 이 대목을 읽고 웃음을 참지 못했다.

"진평의 이 계책으로는 세 살 박이 어린아이도 속일 수 없을 것이다. 그런데도 역사에서는 기이한 계책이라 추앙하며 후세에까지 전하고 있으니 참으로 실소를 금할 수가 없다."[7]

잘 알려져 있다시피 사마천은 『사기』를 편찬할 때 당시 세상에 유행하던 전국 시대와 진한 시대 이야기 가운데 흥미로운 내용을 택하여 기록했다. 유방이 잔칫상을 바꾼 이야기도 그중 하나다. 그러나 이 이야기는 신빙성이 낮고 졸렬하면서 비합리적이라는 데 누구나 동의할 것이다. 전국 시대와 진한 시대 이야기를 제대로 이해하고 재구성한 뒤 당시 초한 쌍방의 내부 사정과 연결하여 살펴보면 진평의 이간계는 시종일관 항백을 매수하는 것과 관련이 있는 듯하다. 이것은 물론 또 다른 상황에 속한다.

항우 정권은 주로 두 부류의 세력에 의해 지탱되고 있었다. 한 세력은 항씨 가족 및 인척으로 역사에 이름이 남아 있는 사람으로는 항백, 항장, 항타, 항성, 항관項冠, 항한項悍 등이 있다. 군부와 정권을 장악한 이들은 항우 정권을 지탱하는 핵심 역량이었다. 진평이 유방을 위해 항우의 임용 인물과 친분 인사를 분석할 때 언급한 "여러 항씨가 아니면 아내의 형제非諸項即妻之昆弟"가 바로 이들이다.[8] 항우의 숙부인 항백은 항씨 가문의 족장으로, 항량이 죽은 후 항우 정권의 제2인자이자 항씨 가문의 대표자가 되었다. 그는 항우가 가장 중시하고 신임한 인물이었다.

항우 정권을 지탱하는 또 다른 정치 세력은 오랫동안 항량과 항우를 수행한 초나라 장수들이다. 거론할 만한 사람으로는 범증, 진영,

용저, 종리매, 주은 등으로, 대부분 옛 초나라 출신이다. 각자 초나라 군부와 정권에서 공적을 쌓아 항우 정권을 이끄는 동량이 되었다. 진평이 말한 항왕의 '골경지신骨鯁之臣(골간이 되는 신하)'이 바로 이들이고, 대표적인 인물이 범증이다.

안타까운 것은 항백과 범증의 불화가 오래전부터 시작되었다는 점이다. 홍문연을 기점으로 유방을 한왕에 분봉할 때까지 항백은 틈틈이 유방을 보호하며 범증을 견제했다. 두 사람 간의 갈등은 날이 갈수록 심해졌다. 항우는 나이가 젊고 정치적 경험이 부족하여 가장 중요한 지위에 있는 두 대신의 갈등을 조정할 능력이 없었을 뿐 아니라 항백과 범증으로 대표되는 두 정치 세력 간의 관계도 조화시킬 수 없었다. 더욱이 항우는 감정적으로 일을 처리하는 데다 가장 중요한 때마다 항씨 가족의 편에 섰다. 그는 자신의 군사적 천재성을 자부하여 다른 이에게 권력을 양보하지 않은 탓에 결과적으로 유능한 타성他姓 부하들은 하나 둘 떠나갔다.

진평은 위나라에서 초나라로 귀순하여 초나라 지휘부에서 군사 정보 참모직을 수행한 인물이었다. 그는 초나라 양대 정치 세력의 분포와 대립 그리고 항우·항백과 범증의 개성에 대해 손바닥 보듯 환하게 꿰뚫고 있었다. 그가 마련한 이간책은 바로 초나라 정권을 지탱하는 두 정치 세력 사이에 불신을 조장하고, 항백을 매수하고, 범증에게 상처를 입히고, 항우를 미혹시켜 최종적으로 범증을 초나라 정권에서 추방하는 것이었다.

진평의 이간책은 기밀 사항이었기 때문에 구체적으로 어떻게 시행되었는지에 대한 믿을 만한 기록은 남아 있지 않다. 하지만 고금이래로 식견 있는 사람들의 추정에 근거해보면 진평의 이간책이 범증과 항백 간의 갈등을 격화시켰음은 확실하다.[9] 항백이 인정을 중시하며 재물을 탐하고 안목이 짧을 뿐만 아니라 초나라 정권의 중심에 깊이 박혀 있는 좀벌레라고 범증은 인식하고 있었다. 범증은 단도직입적으로 항우에게 이렇게 경고했다.

"보통 좀벌레는 나무껍질을 파먹기 때문에 천두淺蠹라 하고, 나무좀蛀蟲은 나무속을 파먹기 때문에 전두全蠹라고 합니다. 신은 식견이 천박하고 어리석지만 옛날 진秦나라의 사정에 대해서는 다소 지식을 갖고 있고, 진나라가 어떻게 육국을 상대로 이간책을 썼는지에 대해서도 잘 알고 있습니다. (…) 여러 해 동안 진나라는 막대한 금전을 써서 첩자를 육국으로 파견하여 왕이 총애하는 신하를 매수하고 나라의 동량인 충신을 모함함으로써 앉은 자리에서 천하를 제어할 수 있게 되었습니다. 위魏나라에서는 대장 진비晉鄙(?~기원전 257)의 문객을 첩자로 매수하여 신릉군을 사직하게 만들었습니다. 조나라에서는 먼저 승상 인상여藺相如(기원전 329~기원전 259)를 매수하여 노장 염파廉頗를 물러나게 했고, 나중에는 조왕의 총신 곽개郭開(기원전 264~기원전 224)를 매수하여 대장 이목李牧(?~기원전 229)을 죽이게 했습니다. 제나라에서는 승상 후승后勝을 매수하여 전쟁 준비를 하지 못하게 했습니다. (…) 이런 옛일을 돌이켜보면 진나라가 얼마나 교묘하고 육국이 얼마나 어리석은지 알 수 있습니다. 첩자를 이용하는 계책은 상당히 어려운 일이지만 조금만 방심하면 틈을 파고 들어올 수 있습니다. 물론 방비 대책이 없는 것은 아닙니다. 군왕이 정황을 분명히 살피고 측근에 대한 총애를 줄이면 첩자를 이용한 이간책은 실패합니다. 그러나 항백과 같은 자는 왕실의 골육지친이고 나라의 요직을 맡고 있는지라 밤낮으로 군왕의 친척과 어울리며 아침저녁으로 적을 위해 이간질을 하고 있습니다. 나무의 속을 파먹는 이런 나무좀은 영명한 군왕이라 해도 쉽게 알아채기 어렵습니다."

범증은 통찰력을 갖춘 현명한 책사였다. 그는 항우가 항백과 거리를 두기를 바랐지만 항우라는 인물을 잘 알고 있었기 때문에 그렇게 할 수 없으리라 여기고 있었다. 젊은 무장인 항우는 전투에는 강하지만 정치에는 약하고, 힘을 쓰는 일에는 강하지만 지혜를 쓰는 일에는 약하다. 장기적인 전략과 복잡한 인선에는 안목이 부족하여 정확한 결단을 내리지 못한다. 또한 범증은 항우의 문벌 의식에 대해서도 꿰차고 있었다. 항우는 초나라 귀족 항씨 집안의 천리마로, 그가 종횡무진 말을 치달리고 분주히 위아래를 오르내리는 모든 행동은 결국 항씨 가문을 위한 일에서 벗어나지 않는다. 성공해도 항씨 가문의 일이고 실패해도 항씨 가문의 일이니, 어쩌면 이것은 항우의 숙명인지도 모른다.

진평의 비밀공작으로 항백과 범증 간의 공격은 더욱 치열해졌다. 이에 항우는 더욱 항백의 말에 귀를 기울였고 범증에 대한 시기심을 노골화하면서 범증의 권력을 약화시키기 시작했다. 심성이 고상하고 자부심이 강하며 늘 무쇠보다는 강철이 되기를 소망한 범증은 마침내 원망 끝에 분노를 표출했다. 그는 항우에게 말했다.

"천하대사는 이미 운수가 정해진 듯합니다. 대왕께서는 스스로 일을 처리하십시오. 신은 이제 노쇠하여 고향으로 돌아갈까 합니다."

범증은 항우에게 사직서를 제출하고 초나라 본영인 형양을 떠났다.

⑤ 범증의 죽음

형양을 떠나 초나라 도성 팽성으로 돌아간 범증은 시종일관 초조하고 불안했다. 천변만화하는 상황에서 군사 업무에 여념이 없던 생활을 벗어나 갑자기 적막 속으로 빠져드니 오랫동안 가슴속에 쌓여 있던 지난 일들이 지진 후의 해일처럼 겹겹이 용솟음쳐 올랐다. 범증은 입이 마르고 마음이 불타는 듯하여 음식 대신 죽을 삼켜야 했다. 어느 날 그는 잠을 이룰 수 없어 일어나 앉았다. 불안한 가운데 문득 불길한 예감이 밀려들었다. 범증은 목욕재계하고 점술사를 불러 점복용 거북 껍질을 가져오게 했다. 그는 친히 물로 거북 껍질을 깨끗이 씻고 구멍을 뚫어 계란 흰자위를 발랐다. 그리고 다시 불 위에 올려놓고 구우며 기도했다.

"영험하신 거북의 신령이시여! 이제 재배하며 영험하신 그 몸을 굽겠나이다. 신령께서 먼저 아실 터이니 오직 신귀神龜만을 믿겠습니다. 이 범증은 노쇠했지만 어찌 감히 국가 대사를 잊을 수 있겠습니까? 지금 황공한 몸으로 여쭐 것이 있사옵니다."

그는 먼저 초나라를 위해 점을 쳤다.

"군사를 쓰는 일이 언제 그치겠습니까?"

거북 껍질의 갈라진 형상이 위쪽은 위로 들려 있었고 아래쪽은 열려 있었다. 형상의 몸체는 밖이 높고 안은 낮은 모습이었다. 전체 형상은 균열된 선이 마구 엇섞여 혼란스러웠다.

범증은 말없이 하늘을 우러러 길게 탄식했다.

또 범증이 점을 치며 물었다.

"저 범증의 병이 위험하겠습니까?"

거북 껍질의 갈라진 형상이 위쪽은 구부러지고 아래쪽은 닫혀 있었다. 형상의 몸체는 절단된 모습이었다. 전체 형상은 균열된 선 안팎이 어지러웠다.

범증은 점복의 형상을 보고 정신이 참담했다. 그는 점술사를 불러서 말했다.

"앞으로 오라."

점술사가 앞으로 와서 꿇어앉아 몸을 세웠다. 마음을 모으고 눈을 감은 채 천천히 물었다.

"소인은 우둔하여 감히 하늘의 일은 묻지 못하고 사람의 일만 묻겠습니다. 군후君侯께서는 일찍이 무신군武信君(항량)을 수행하면서 어느 분을 옹립하고자 했습니까?"

범증이 대답했다.

"회왕을 옹립하자고 했다."

점술사가 물었다.

"무신군은 옹왕雍王(장함)에게 패배했는데, 군후께서는 어찌하여 무신군에게 조심하라고 일러주지 않았습니까?"

범증이 대답했다.

"나는 사전에 알려줬지만 무신군은 적을 가볍게 여겨 내 말을 듣지 않았다. 하물며 무신군이 패전할 때 나는 항우를 수행하여 양성에서 전투를 벌이고 있었다."

점술사가 또 물었다.

"항왕이 마음대로 경자관군卿子冠軍* 송의를 죽일 때 군후께서는 왜 저지하지 않았습니까?"

범증이 울분을 터뜨리며 대꾸했다.

"그게 무슨 말인가? 경자관군은 말재주로 대장이 된 자에 불과하다. 또 두 마음을 먹고 제나라와 내통했다. 당시에 초나라 군대가 오랫동안 진격하지 못하여 장수는 쇠약했고 병졸은 피로했다. 그때 진나라 군사가 조나라를 멸망시키고 더욱 강성해졌다면 우리 군사들은 소문을 듣고 기세가 꺾여 투지를 상실했을 것이고 결국 패배했을 것이다. 이와 같이 생사존망이 긴급한 시점에 항왕 외에 그 누가 초나라를 안정시키고 군사를 통솔할 수 있겠는가?"

점술사가 말했다.

"잘 알겠습니다."

그리고 계속해서 물었다.

"항왕이 진나라에서 항복한 병졸 20만을 신안에서 생매장하여 죽일 때 군후께선 왜 저지하지 않았습니까?"

---

* 진秦나라 말기 초 회왕의 대장 송의宋義의 존칭이다. '경자'는 공자公子의 의미이며 '관군'은 상장上將을 의미한다.

범증이 대답했다.

"물론 나는 저지했다. 그러나 항왕은 불안감을 갖고 있었다. 왜냐하면 항복한 진나라 병졸들이 원한을 품고 모의를 하고 있었기 때문이다. 육국의 관리와 백성은 진나라 군사들에게 머리가 잘리고, 배가 갈라지고, 팔다리가 잘리고, 위장이 찢어지는 폭행을 당했기 때문에 200년간 복수심이 쌓여 있었다. 옛날 일을 생각해보면 일찍이 진나라 군사는 항복한 조나라 병졸 40만을 생매장해서 죽인 적이 있다. 신안의 참변은 옛 원한을 품고 있던 조나라 군사들이 많이 참여했다. 당시 항왕이 주모자를 징벌할 마음으로 우려의 말을 하는 순간 장졸들은 이미 칼을 빼들었고 아무도 그들을 저지할 수 없었다. 저 푸른 하늘에 눈이 있어서 제후들이 20만 진나라 군사를 처형하는 게 부당하다고 했다면, 40만 조나라 군사를 처형한 진나라 군사가 이후 10대 동안 200만 제후의 군사를 살육하는 건 가능한 일이란 말인가? 나 범증은 동의하지 못하겠다."

점술사가 말했다.

"항왕이 자영을 죽이고 진왕의 궁궐을 불태울 때 군후께서는 왜 저지하지 않았습니까?"

범증이 대답했다.

"그 일은 확실히 그렇게 했다. 진왕 자영은 진나라의 공자인데 어떻게 죽이지 않고 사면한단 말인가. 생각해보라. 우리 초나라 선군 회왕懷王(?~기원전 296)*은 진나라에게 기만을 당해 객사했고, 초왕 부추負芻는 진나라의 포로가 되어 유폐된 채 죽었다. 또 항왕의 조부 항연과 숙부 항량도 모두 진나라와 싸우다가 죽었다. 다시 생각해보라.

진나라가 육국을 멸할 때 항복한 제후들 중에서 생명을 보존한 이가 있었던가? 사정이 이러한데 어찌 자영의 죽음으로써 그 선조의 죄업을 갚지 않을 수 있단 말인가? 진나라 도성 안팎에는 궁궐이 널려 있었지만 정궁은 거대하면서도 체계를 이루지 못했고 별궁은 육국의 궁궐을 모방해서 지은 후 그곳에 육국의 궁녀를 가둬뒀다. 이 모든 궁궐은 진나라의 위풍을 빛내기 위한 건축물인데 제후들이 그것을 계속 남겨두도록 용인할 수 있었겠는가? 진나라를 멸망시킨 각 제후국은 각자 자기 나라의 원수를 갚아야 했다. 그것을 누가 감히 저지할 수 있단 말인가?"

점술사가 또 물었다.

"항왕은 회왕과의 약속을 어기고 진나라를 한왕 유방에게 분봉하지 않았습니다. 군후께서는 왜 저지하지 않았습니까?"

범증이 대답했다.

"항왕은 결코 약속을 어기지 않았다. 그것은 공로를 따져서 분봉한 결과였다. 초나라 군대가 출동할 때 북상하여 조나라의 환난을 구하려 한 것은 진나라 주력군과 정면으로 맞서기 위한 조치였다. 서쪽 관중으로 진격해 들어가는 것은 쉬운 일이었다. 군사가 없는 빈 곳으로 들어가기만 하면 되기 때문이다. 만약 유방과 송의가 함께 북상하여 조나라를 구원했다면 아마도 항왕이 관중으로 진격했을 것이고, 그럼 진나라는 초나라에게 멸망당했을 것이다. 그리고 유방과

---

* 여기에서 말하는 회왕은 진나라 말기에 항우 등에 의해 옹립되었다가 나중에 항우에게 시해된 초왕이 아니다. 이 회왕은 초 위왕威王의 아들로, 간신 근상斯尙을 총애하다가 정사를 망치고 진秦 소양왕昭襄王에게 속아 진나라로 갔다가 결국 돌아오지 못하고 객사했다.

송의는 조나라를 구원하다가 패배했을 것이고, 그럼 진나라 군사는 팽성으로 진격하여 우리 초나라를 멸망시켰을 것이다. 중요한 것은 유방이 관중으로 진입한 이후다. 그는 명령을 철회하지 않고 사사롭게 진나라를 점령했다. 그리고 함곡관을 폐쇄한 후 우리 군사의 진격을 저지했다. 이것은 유방이 먼저 약속을 어긴 것이지 결코 항왕이 먼저 약속을 어긴 것이 아니다."

점술사가 또 물었다.

"그럼 항왕은 왜 형세를 타고 관중에 도읍을 정하지 않았습니까?"

범증이 대답했다.

"회왕과의 약속을 지켜 초나라와 한나라를 서로 다른 땅에 나눠 놓기 위해서다. 게다가 항왕의 측근 부하들 중에는 진나라 사람이 한 명도 없고 모두가 초나라 본토의 장졸들이다. 그 누가 고향 생각을 하지 않겠는가?"

점술사는 범증을 향해 경하의 말을 했다.

"천명에 대해 점을 치면 군후께선 불행하지만 인사人事에 대해 점을 치면 하늘이 군후를 도울 것입니다. 그렇지만 의제가 강가에서 죽은 일에 대해 묻고자 합니다. 그것은 정말 시위 무사들의 폭행 때문입니까? 아니면 누가 그들을 시킨 것입니까? 군후께서는 이 일을 알고 있습니까? 아니면 모르고 있습니까? 다시 한 번 양심에 묻고자 합니다."

범증은 대답할 수 없었다. 그날 밤 범증의 등에 종기가 나더니, 7일 만에 죽었다.[10]

속담에 이르기를 "사람이 죽을 때는 그 말이 선하다人之將死, 其言也

薨"라고 했다. 범증이 죽기 전에 점술사와 주고받은 문답은 평생 자신이 참여해온 중요한 사건에 대한 종합적인 회고라 할 수 있다. 이로써 명확하지 않았던 여러 가지 사실에 대한 이해의 실마리를 얻게 되었다.

항량이 정도에서 패배하여 피살될 때 범증은 항우를 수행하여 유방과 함께 양성에서 전투를 하고 있었다. 항량에게 장함을 경계하라고 말한 사람은 송의 외에도 범증이 있었다. 이러한 정황은 모두 사리에 합당하다고 할 수 있다.

신안에서 항복한 진나라 병졸 20만을 생매장했다는 사실을 역사적으로 의심하는 사람이 많았고, 나도 믿기 어렵다는 의견을 표명한 적이 있다.[11] 그러나 범증의 입장에서 볼 때는 확실히 변명하고 해명할 만한 여지가 있는 일이었다. 범증은 항우를 만류한 적이 있고, 그것은 정책적 측면의 고려였을 것이다. 그러나 감정적 측면에서는 각국 장졸들이 진나라에게 품고 있는 원한을 이해하고 있었으며, 특히 조나라 장졸들의 복수심에 대해 범증은 막을 수 없는 합리적인 보상으로 인식했음을 알 수 있다.

항우가 진왕 자영을 죽이고 진나라 궁궐을 불태운 일에 대해서도 범증은 충분히 해명하고 있다. 범증의 해명은 초나라의 입장이었으므로 일방적인 논리일 수 있지만 이해할 수 없는 논리는 아니다. 생각해보면 진나라 멸망 초기에 진나라에 대한 육국의 원한은 심각한 수준이어서, 그 울분을 통쾌히 해소하지 않으면 안 될 문제였다.

항우는 자신의 군사軍師 겸 가장 중요한 모사로서 혜안에 지모까지 갖춘 범증을 잃은 후 눈먼 맹수와 같이 좌충우돌했다. 그는 비참

한 말로를 향해 한 걸음 한 걸음 다가가고 있었다. 유방은 항우를 가리켜 "범증 한 명도 중용하지 못해 결국 나에게 멸망당했다"라고 했다.[12] 소식蘇軾은 범증을 '인걸'이라고 일컫고는 「항우와 범증을 논함論項羽范增」이란 글을 써서 진평이 범증을 이간시킨 사건을 논했다. 이 글에 다음과 같은 내용이 있다. "사물의 경우 부패한 뒤에 좀벌레가 생기고, 사람의 경우 의심 이후에 참소가 파고든다. 진평이 지모가 있다고 하지만 어찌 의심 없는 군주를 이간시킬 수 있겠는가物必先腐也, 而後蟲生之. 人必先疑也, 而後讒入之. 陳平雖智, 安能間無疑之主哉?" 소식은 한 걸음 더 나아가 항우가 범증을 의심한 진정한 이유는 회왕에 대한 그의 태도가 자신과 달랐기 때문이라고 지적했다. 항량은 범증의 건의를 받아들여 회왕을 옹립했지만 항우는 범증의 극력한 반대에도 회왕을 죽였다. 이에 대해 소식은 "범증의 말을 채택하지도 않고 범증이 옹립한 왕을 죽였으니 항우가 더욱 범증을 의심하게 된 것은 분명 여기에서 비롯되었을 것이다不用其言而殺其所立, 羽之疑增, 必自是始矣"[13]라고 했다.

이 말은 신빙성이 있다. 항우는 범증의 간언을 듣지 않고 자기 고집대로 의제를 살해했다. 이 일의 배후에는 항씨項氏가 웅씨熊氏 대신 초나라의 주인이 되어 초나라의 정통 왕조를 교체하려는 의도가 숨어 있었다. 이 행동은 항우 개인의 소원이었을 뿐 아니라 항씨 가문 전체의 이익에 부합하는 일이었다. 정치적으로 의제를 보호해야 한다고 주장한 범증은 이 때문에 항우 및 항씨 가문과 화해하기 어려운 대립 관계로 빠져들어 결국 이간책에 의해 목숨을 잃고 말았다. 역사적으로 유사한 인물로는 한위漢魏 교체기의 순욱荀彧(163~212)을 들 수 있다. 순욱은 조조의 군사軍師였다. 그 역시 혜안과 지모를 갖춘 인물로 조조의 신임을 얻어 중용되었으나 나중에 의심을 받고 우울하게 죽었다. 원인을 추적해보면 범증의 경우와 매우 유사하다. 조씨가 유씨劉氏 대신 대통을 계승하는 사안에 대해 순욱은 시종일관 유보적인 태도를 고수했던 것이다.[14]

이렇게 보면 유사한 조건에서는 역사가 반복된다는 사실을 알 수 있다. 나라의 대통과 신물神物은 제왕과 주군의 마음을 가장 강렬하게 유혹하지만 일을 도모하는 신하는 이에 대해 가장 신중한 태도를 유지하려고 한다.

⑥
형양 쟁탈

한나라 3년 5월, 항우는 형양에 대한 포위 공격을 강화하고 맹렬한 공격을 이어나갔다. 형양의 위기는 아침에 저녁을 보장할 수 없는 지경이었다. 형양성에 포위된 한나라 군사들 사이에 공포가 감돌았다. 진평의 계획 아래[15] 장군 기신紀信(?~기원전 204)이 유방을 찾아와 이렇게 아뢰었다.

"형세가 위급합니다. 형양성은 조만간에 함락될 것입니다. 바라옵건대 신이 거짓 항복으로 항우를 속일 것이니, 그 틈에 대왕께서는 성을 탈출하시옵소서."

기신은 홍문연 때도 유방을 수행한 다섯 중신 가운데 한 명이었다. 나머지 네 명은 장량, 번쾌, 하후영, 근강靳强이다. 자신을 희생하여 주군의 안전을 도모하려는 기신의 계획에 유방은 주저했으나, 진평의 권유를 듣고서야 동의했다.

그리하여 그날 밤 형양성의 동문이 열리고 2000명의 장졸을 빽빽하게 태운 병거 행렬이 조용히 빠져나가 초나라 군영으로 달려갔다.

형양성터滎陽城址

이에 초나라 군사들이 맞서 싸우기 위해 병거 부대를 물샐 틈 없이 포위했는데, 한왕 유방의 수레가 병거 부대에 끼어 있는 모습에 초나라 장졸들은 깜짝 놀랐다. 환한 등불 아래 번쩍이는 황금색 비단 장막과 바람에 나부끼는 말머리 장식이 군왕의 풍모를 보이며 사람들의 눈을 끌어당기고 있었다. 수레 가운데 앉아 있는 사람은 소복을 입고 하얀 끈으로 군왕의 인장을 가슴에 매고 있었다. 그는 분명 유방 본인이었다.

그때 유방의 사신이 수레를 몰고 앞으로 나와서 항복 문서를 받들어 올리며 큰 소리로 말했다.

"형양 성안에 양식이 떨어지고 군사들이 지쳐서 한왕께서 성문을 열고 항복하러 왔소."

2006년 8월, 나는 중국 『사기』 연구회 연차 회의에 참석하기 위해

초망

형양 전투의 현지에 가서 깊이 있게 조사했다. 형양은 산간 대지臺地로 서쪽, 북쪽, 남쪽은 높고 동쪽 방향만 지대가 점차 낮아지며 평탄하게 열려 있다. 그곳은 허난성 서부 산악 지대와 동부 평야 지대의 분기점으로 옛날부터 군사 요충지였다. 한나라의 형양 고성은 정저우시 구성향古滎鄕 구성진古滎鎭에 있었다. 남북 길이는 2킬로미터, 동서 폭은 1.5킬로미터였고 네 개의 성문 유적도 발견되었다. 지금 남아 있는 성벽의 최고 높이는 11미터, 성벽 기층부 폭은 24미터였다.

한왕이 투항했다는 소식이 초나라 군사들 사이에 빠르게 퍼져나가자 전쟁이 끝나기만을 고대하던 수십만 장졸은 모두 환호작약했다. 파도처럼 이어지는 그들의 환호성이 하늘에까지 닿을 듯했다. 사방에서 성을 포위하고 있던 군사들도 이리저리 뛰어다니며 소식을 전했다. 심지어 성 동쪽으로 달려가 적진을 바라보며 축하의 인사를 건네는 군사도 적지 않았다. 형양성을 포위하고 있던 초나라 진영은 기강이 흐트러졌다.

세심하게 탈출 군사를 정비해두었던 유방 일행은 준마를 탄 경기병을 대동하고 서문으로 탈출했다. 그들은 캄캄한 밤빛의 엄호를 받으며 산간 오솔길을 치달려 순조롭게 형양 서쪽 성고성成皐城으로 도주했다.

기신이 성문을 열고 투항하기 전, 진평은 한나라 군사가 궁지에 몰렸으며 퇴로가 없는 유방이 투항하려 한다는 정보를 항우 진영에 흘렸다. 소문에 이어 진짜로 유방이 투항했다는 보고를 받자 항우는 반신반의하며 친히 조사에 나섰다.

기신의 사당紀信廟

　기신의 사당은 정저우시 구성향에 있는데, 기신의 무덤에 의지하여 건립되었다. 사당 안에는 여러 개의 비석이 있었는데, 그중 가장 오래된 것은 초당初唐의 서예가 노장용盧藏用이 비문을 짓고 글을 쓴 「한충렬기공비漢忠烈紀公碑」다. 그는 "온몸은 외로운 성 아래에서 불태워졌지만, 그 공은 조정의 윗자리를 차지했다. 한 고조가 이로 인해 제업을 이루었다身焚孤城之下, 功濟廟堂之上, 高祖因之以成帝業"라고 기신의 공적을 찬양했다.

　기신의 무덤은 기신의 사당 안에 있다. 1977년 발굴을 통해 공심전空心磚(속이 빈 벽돌)으로 쌓은 한나라 대형 분묘임이 확인되었다. 오수전五銖錢이 출토된 것은 후세 사람들이 옛 분묘에 의탁하여 슬픔을 표시한 흔적일 터이다.

초 망

기신묘紀信墓

　항우는 유방으로 분장한 기신을 보고 자신이 속았음을 알게 되었다. 항우가 물었다.

　"유방은 어디 있느냐?"

　기신이 대답했다.

　"한왕께선 이미 형양을 탈출하셨을 것이다."

　항우는 크게 노하여 기신을 수레에 태운 채 불태우게 했다.

　유방은 형양을 탈출하기 전 어사대부 주가周苛(?~기원전 203)에게 형양을 사수하는 임무를 맡기고 장군 종공樅公과 위왕 위표를 부장으로 임명하여 방어를 돕도록 했다. 주가는 패현 사람으로 일찍이 진나라 사수군泗水郡의 졸사卒史*를 역임한 적이 있다. 유방이 패현에서

---

* 진한 시대 관공서의 말단 관리. 녹봉은 100석石이었고 지위는 서좌書佐보다 조금 높았다. 전한 시대 초기에는 군郡마다 졸사 10명을 두었고 나중에 200명으로 늘렸다.

거병하고 나서 오래지 않아 주가와 사촌동생 주창周昌(?~기원전 192)이 유방의 군대에 참여하여 핵심 구성원이 되었고, 이후 유방의 신임을 받았다. 종공은 성이 종씨樅氏이고 공으로 칭해졌으며 내력은 상세하지 않지만 주가와 가까운 사이였을 것이고 유방 집단의 노전사老戰士의 한 명이었을 것이다.

그러나 위표는 이들과 다르다. 그는 옛 위나라 왕족의 후예로, 항우가 분봉한 서위왕西魏王이었다. 앞에서 서술한 바와 같이 초한 전쟁 과정에서 위표는 초와 한 사이에서 갈지자 행보를 보였다. 유방이 강력하게 동진할 때는 유방에게 협조하여 항우를 공격했고, 유방이 팽성에서 대패하자 창을 거꾸로 들고 항우 진영에 가담하여 유방에게 대항했다. 그러다가 한신에게 패배하여 포로가 되자 유방의 용서로 군영에 남아 위나라 사람들을 통솔했다.

유방이 위표와 같은 자들을 계속 등용한 것은 정치적 고려 때문이었다. 진나라 말기 천하 대란이 발생하여 포스트 전국 시대가 시작되자 육국을 다시 일으키려는 대의와 민의가 형성되었고, 이러한 시대적 조류 속에서 위표는 위나라를 대표하는 역할을 담당해왔다. 유방은 항우와의 경쟁에서 유리한 민의를 확보하기 위해 위표를 전략적으로 보호하고 이용했다. 얼마 전 역이기가 육국의 후예를 분봉하여 항우의 힘을 분산시키자고 했을 때도 첫 번째 분봉 대상은 바로 위표였다. 위표와 같은 사람은 통일전선에 참여한 외부 인사에 불과했기 때문에 시종일관 유방의 핵심 집단으로부터 신임을 얻을 수 없었다. 유방 및 한나라 지휘부가 형양을 탈출한 이후 주가는 외부에 남은 장수였으므로 일일이 임금의 허락이 필요치 않았다. 그는 종공과 상의했다.

"위표는 믿을 수 없는 자요. 우리를 배반한 나라의 왕이니, 함께 성을 지키기 어렵소."

이들은 위표를 죽이고 나서, 그 사실을 성의 군사와 백성에게 두루 알리면서 장차 형양성과 생사를 함께할 것이라고 선언했다. 이는 타협과 동요의 가능성을 근절하기 위한 조치였다.

성고성은 형양 서쪽에 자리 잡은 한나라의 또 다른 요새였고, 형양에서는 불과 수십 리 거리였다. 유방이 성고로 도주했다는 소식을 들은 항우는 군사를 나누어 일부는 계속 형양을 포위하게 하고 자신은 초나라 정예군을 거느리고 성고성으로 달려갔다. 유방은 성고성에 머물지 못하고 서쪽으로 탈출하여 관중으로 돌아갔다. 성고성은 항우에게 함락되었다.

관중으로 돌아간 유방은 신속하게 군사를 징집하고 성고성을 탈환할 준비를 했다. 이때 모사 원생袁生이 다음과 같이 건의했다.

"한나라와 초나라가 형양 일대에서 대치한 지 1년이 넘었고, 한나라는 늘 불리한 상황에 처해 고통을 받고 있습니다. 바라옵건대 대왕께서는 대책을 바꾸어 무관으로 출병하십시오. 그럼 항왕은 틀림없이 남쪽으로 내려와 응전할 것입니다. 그때 대왕께서는 성벽을 두텁게 하고 보루를 높이 쌓아 성을 굳게 지키시기만 하면 됩니다. 이렇게 하면 항왕은 무관과 남양 일대에 발이 묶일 것이니, 힘들게 형양을 지키는 우리 한나라 군사들은 저들의 강한 압박에서 벗어나 한숨 돌리게 될 것입니다. 이와 동시에 한신 등에게 명령을 내려 새로 점령한 조나라를 안정시키고, 연나라를 위무하고, 제나라와 연대하여 새로운 반초反楚 동맹을 맺게 하십시오. 대왕께서는 그때 성고를 공격하고 형양을 구원해도 늦지 않을 것입니다. 이러한 전술을 쓰면 초나라 측에서는 다방면으로 방비를 해야 하기 때문에 힘이 분산되어 지칠 것입니다. 그러면 휴식을 취하던 우리는 지친 적을 맞아 싸울 수 있습니다. 이처럼 예봉을 가다듬은 후 다시 전투에 나선다면 반드시 초나라를 격파할 수 있을 것입니다."

유방은 원생의 건의를 받아들여 영포와 함께 무관으로 나가 남양군을 공격함으로써 구강국을 탈환했다. 이렇게 하여 유방은 남쪽으로 우회하여 초나라 후방을 겨누게 되었다.

유방이 영포와 손을 잡고 무관으로 출병했다는 소식을 들은 항우는 과연 남쪽으로 달려왔다. 그러나 유방은 성을 굳게 지키며 싸움에 응하지 않았다. 이 무렵 초나라 후방에서는 팽월이 유격전을 벌였다. 팽성에서 대패하고 후퇴했던 팽월은 황하 나루 백마진 일대에 잠복해 있다가 유방의 지시에 따라 동군과 탕군 지역에서 후방을 교란하면서 초나라의 식량 보급선을 공격한 것이다.

초나라 주력군이 형양으로 서진하고 항우도 정예군을 이끌고 무관으로 남하한 틈을 노려 초나라 후방을 대대적으로 공격한 팽월의 군사는 삽시간에 사수泗水를 건너[16] 설군을 통과한 후 천릿길을 돌아 초나라 도성인 팽성의 남쪽 고을 하비현下邳縣(지금의 장쑤 쑤이닝睢寧 서북쪽)에 도착했다. 이곳에서 팽월이 초나라의 항성과 설공 부대를 대파하고 설공을 죽이자 팽성이 진동했다. 항우는 동쪽으로 달려가 팽월을 공격하지 않을 수 없었다.

항우가 동쪽으로 떠났다는 소식을 듣고도 유방은 그를 추격하지

초망

않고 군사를 북상시켜 초나라 장수 종공終公이 지키는 성고를 탈환하고 포위된 형양을 구원했다.

⑦ 유가와 노관이 적 후방까지 전장을 확대하다

팽월은 야전과 유격전에 능했다. 그는 항우가 없는 틈을 타 천지를 뒤엎을 기세로 초나라 후방을 크게 교란했고, 장차 서주까지 탈취하겠노라고 공언했다. 그러다가 항우가 친히 군사를 거느리고 쳐들어온다는 소식에 즉각 대응하지 않고 몇 번 대응하는 척하다가 잽싸게 부대를 철수시켰다. 동군 경내의 황하 연안으로 숨어든 팽월은 예봉을 감춘 채 전력을 보존했다.

팽월의 유격전으로 항우는 분노가 치솟았지만 어찌할 도리가 없었다. 공격하면 도망치고 철수하면 다시 공격해오니, 초나라 군에서 이 육시랄 놈을 굴복시킬 자는 항우 자신밖에 없었다. 하지만 서쪽의 전황이 다시 다급해지자 항우는 계속 팽월을 상대할 시간이 없었다. 그 틈을 이용해 유방이 성고를 탈환하고 형양 포위를 허물고 있었던 것이다.

결국 항우는 팽월을 포기하고 다시 서진하여 형양을 포위했다. 이번에 항우는 판축 흙을 져 나르는 솔선수범으로 장졸들을 독려함으

초망

로써 맹공을 퍼부었다. 마침내 형양성을 함락했고 그 과정에서 한나라 장수 주가는 포로가 되었고 종공은 피살되었다. 항우는 주가의 충성과 용기를 높게 평가하여 권유했다.

"내게 투항하면 상장군에 임명하고 봉토 3만 호를 주겠다."

주가는 일언지하에 거절했다.

"네놈이 한나라에 항복하지 않으면 틀림없이 포로로 잡힐 것이다. 네놈은 우리 한왕의 적수가 못 된다."

항우는 주가를 산 채로 삶아죽이게 했다. 당시 한왕신도 포로 신세가 되었는데 그는 항우의 말에 순종하여 용서를 받았다.

형양을 함락한 항우는 다시 전열을 가다듬어 성고를 포위 공격하기 시작했다. 형세가 불리해지자 유방은 초나라군의 포위 대형이 갖추어지기 전에 성고성을 탈출했다. 그러나 이번에는 서쪽 낙양이나 관중으로 가지 않고 성고성 북문으로 나가 황하 건너 북쪽으로 달아났다. 하후영은 한왕의 수레에 깃발과 장식을 달지 않고 최대한 간소하게 하고, 목적지를 비밀에 부친 채 신속히 황하를 건너 하내군 수무현으로 잠입해 들어갔다. 수무현은 지금의 허난성 휘자현獲嘉縣으로 황하 북쪽 태항산 남쪽에 자리 잡은 군사 요충지다. 한신과 장이가 위, 조, 대 세 나라를 멸망시키자 항우는 초나라 일부 군사를 보내 이 세 나라의 잔여 세력과 연합한 후 형양 일대에서 계속 한나라 군사와 전투를 벌이며 공세를 강화하고 있었다. 한신과 장이는 새로 점령한 지역의 불안한 형세에 대응하고 형양 일대의 한나라 군사를 지원하기 위해 대규모 군을 하내군에 집결시킨 다음, 황하를 사이에 두고 형양, 성고, 공현, 낙양 일대와 남북으로 호응하는 형세를 취했다. 한신과 장이 부대의 대본영이 바로 수무현에 설치되어 있었다.

그날 밤 유방 일행은 성 동쪽의 소수무小修武 관사에 여장을 풀고, 자신은 한왕의 사자인데 어명에 따라 서신을 전하러 왔다고 했다. 이튿날 새벽, 한왕의 사자로 자칭한 유방 일행은 부절符節과 조서詔書를 받들고 한신의 군영으로 수레를 몰아 곧장 장이의 처소로 향했다. 유방은 차례로 한신과 장이의 침소로 들어가 인수를 회수한 뒤 부하 장수들을 소집하여 명령을 받으라고 했다. 자다가 깬 한신과 장이는 한왕이 자신의 진영에 와 있음을 알고 대경실색했다. 그 둘이 유방 앞에 나아가 안부를 여쭐 때 이미 유방은 군사를 다시 배치하고 각 부대 장수들의 보직을 새로 발령한 후 대군의 지휘권을 거둔 뒤였다. 유방은 조왕 장이에게 명령을 내려 조나라 각지를 순행하며 민심을 무마하고 국토를 수호하라고 했다. 한신은 한나라 상국相國에 임명하고 다시 조나라에서 군사를 징집하여 부대를 편성한 후 동쪽으로 가서 제나라를 토벌하라고 했다. 수무에 주둔한 군대는 한왕 자신이 통솔하겠다고 했다. 물론 마음을 놓을 수 없었던 유방은 측근 두 명, 즉 조참과 관영을 한신에게 붙여두는 일도 잊지 않았다.

한나라 3년 6월, 한신의 대군을 인수한 유방은 남쪽으로 출병하여 소수무 일대에 주둔했다. 이 무렵 초나라의 예봉을 피해 숨어 있던 팽월은 항우가 형양으로 떠난 틈을 타고 남쪽으로 공격을 퍼부었고, 이에 초나라 후방이 또 다시 흔들리기 시작했다. 다시 기회를 잡은 유방은 황하를 건너 형양을 재탈환하기 위해 초나라와 결전을 치르려 했다. 이때 유방의 측근인 낭중 정충鄭忠이 달려와 항우와 전투를 벌이지 말고 초나라 중심부에서 정식으로 후방 전장을 열자고 건의했다. 즉 성벽을 튼튼히 하고 보루를 높이 쌓아 서로 대치한 채 초나라 군사의 예기를 꺾어야 한다는 것이다. 동시에 별도의 기동대를 파견하여 팽월을 지원할 것을 건의했다. 이는 후방에서 초나라를 교란하고, 식량 보급로를 파괴하고, 초나라의 병력을 분산시켜 항우로 하여금 정면과 배후를 동시에 감당하도록 하는 작전이었다. 이로써 항우는 서쪽 한나라 진영을 정면 돌파할 수 없을 터였다.

유방은 정충의 건의를 받아들여 유가와 노관에게 보병 2만과 기병 수백을 이끌고 백마진白馬津에서 황하를 건너 팽월과 힘을 합친 후 초나라 경내에서 대규모 유격전과 파괴전을 전개하도록 했다.

한나라의 후방 기습은 곧 효과를 발휘했다. 후방이 요동치자 초나라 군사들은 후방의 방어를 지원하는 데 급급해졌다. 특히 팽월은 유가와 노관의 지원 덕분에 옛 위나라 지역에서 빈번한 군사 공격을 전개했다. 그는 연현燕縣(지금의 허난 창위안長垣 서쪽)에서 초나라 군사를 격파하고 단숨에 수양, 외황 등 17개 성을 함락했다. 순식간에 동군에서도 탕군에서도 위급함을 알려왔다. 곧이어 팽월은 도성 팽성으로 통하는 교통 요로인 삼천동해도三川東海道*를 차단했다. 항우는 어쩔 수 없이 군사를 돌려 팽월에 대응하지 않을 수 없었다.[17]

9월, 항우는 구역질나는 토비土匪를 생포하여 삶아죽이지 못한 것을 한탄하며 다시금 팽월을 정벌하기로 결정했다. 많은 고민 끝에 항

---

* 진시황이 건설한 치도馳道. 진나라 도성인 함양咸陽을 출발하여 함곡관, 삼천군三川郡, 동군東郡, 사수군泗水郡을 거쳐 동해 지역 낭야군瑯琊郡에 이른다. 삼천三川은 낙양 지역으로 황하, 낙수洛水, 이수伊水가 합류하는 지점이기 때문에 삼천이라 부른다. 이곳의 낙양은 중원의 핵심 도시로, 중국 고대에 흔히 동경東京으로 칭해졌다.

우는 형양을 수비하는 임무를 맹장 종리매에게 맡기고, 성고를 수비하는 임무는 대사마 조구曹咎에게 맡겼다. 출발 전에 항우는 조구에게 이렇게 경계했다.

"성고를 철저히 지켜야 한다. 한나라 군대가 도발해도 절대 응전하지 말고 저들이 동쪽으로 가는 것만 막으면 된다. 나는 15일 내에 팽월을 격파하여 동군과 탕군을 안정시킨 후 즉시 돌아와 합류할 것이다."

조구는 항량의 목숨을 구해준 생명의 은인으로, 진나라 이래로 항씨 가문의 친구이자 전우의 관계를 맺어왔다. 조구는 본래 진나라 기현蘄縣의 옥연獄掾, 즉 법관이었다. 당시에 항량이 법을 위반하여 내사 역양현 옥에 갇혔을 때 조구는 그 지역의 옥연인 사마흔에게 편지를 보내 항량이 풀려나도록 도왔다. 이후 항량과 항우가 군사를 일으키자 투항하여 초나라 장수가 되었고, 이후 항씨 가족의 깊은 신임을 받았다. 거록 전투 이후 조구는 진나라 대장 장함의 장사長史(비서실장)로 임명된 사마흔과 연계하여 장함의 투항을 이끌어내는 작전에서 큰 공을 세웠다. 진나라를 멸망시킨 후 논공행상을 할 때 조구는 해춘후海春侯에 봉해졌고, 동시에 대사마에 임명되어 항우 막하의 대장이 되었다.

항우는 천하를 분봉할 때 옛 친구가 세운 새 공적을 중시하여 사마흔을 새왕에 책봉했다. 한신이 한중에서 관중을 공격할 때 사마흔은 패전 끝에 한신에게 투항했다. 이후 유방이 동쪽으로 진격하여 팽성을 공격할 때는 유방의 진영에 참전하여 전투를 도왔다. 그러나 팽성 대전에서 유방이 대패하자 사마흔은 항우의 진영으로 투항했다. 이때부터 그는 옛 친구 조구와 함께 생활하게 되었다. 그는 대사마부 장사로 임명되어 조구의 오른팔이 되었다.

유방은 항우가 팽월을 정벌하러 동쪽으로 떠났다는 소식을 들은 후에도 여전히 방어 전략을 고수했다. 그는 공현—낙양 일대의 방어를 크게 강화하고 새로운 방어선을 구축하는 데 전력을 기울임으로써 항우가 귀환한 뒤에 펼칠 공세에 대비했다. 또한 이미 초나라에 점령된 성고, 형양, 오창 지역에 대해서는 현상을 인정하고 포기하는 전략을 썼다.

역이기는 이처럼 소극적인 방어 전략에 반대 의견을 표했다. 그는 유방을 마주한 자리에서 이렇게 말했다.

"신이 듣건대 하늘이 하늘일 수 있는 까닭은 천도天道를 갖고 있기 때문이라고 합니다. 천도를 아는 사람이 왕업을 성취할 수 있고, 천도를 모르는 사람은 왕업을 성취할 수 없습니다. 군왕은 백성을 하늘로 삼고 백성은 밥을 하늘로 삼습니다. 오창은 천하의 식량 창고이며 여러 해 동안 운반한 곡식이 저장되어 있는 곳으로, 오창에 저장 식량이 가장 많다고 합니다. 항우는 형양을 함락한 후 오창을 굳건히 하지 않고 팽월을 정벌하러 갔습니다. 그가 군사를 나눠 성고만 지키게 했으니, 이는 하늘이 우리 한나라를 돕는 좋은 기회입니다. 신이 이해하기 어려운 것은, 초나라가 수비를 소홀히 하는 바로 이때에 우리가 나아가 뺏으려 하지 않고 물러나 지키는 데 급급한가 하는 점입니다. 이는 하늘이 우리에게 준 호기를 놓치는 것 아니겠습니까?"

역이기는 이어서 말했다.

"같은 하늘 아래 두 영웅이 병립할 수 없습니다. 초와 한이 대치하여 오랫동안 승부를 내지 못하면 백성은 혼란에 빠지고 천하는 시끄러워집니다. 농사꾼 남정네가 경작을 할 수 없고 아낙네가 길쌈을 할 수 없는 이 모든 것은 민심이 귀의하지 못하고 천하가 안정을 이루지 못하는 원인입니다. 신은 대왕께서 항우가 동쪽으로 떠난 기회를 틈타 군사를 전진시켜 성고, 형양, 오창을 수복하는 일에 전력을 다하시길 바랍니다. 그런 후 오창의 식량을 두루 공급하여 황하 남안에서 성고—형양 방어선을 새롭게 구축하고, 황하 북안에서는 하내 지역의 주둔병을 유지하면서 태항산 각 관문의 수비를 강화하십시오. 또 하내군과 동군을 연결하는 중요 나루인 백마진에도 더욱 완벽한 수비와 강화된 통제가 필요합니다. 이처럼 적극적이고 진취적인 계책을 이용하여 유리한 지형을 점거하고, 각 제후국을 향해 천하를 제압하려는 형세를 드러내야 합니다. 이렇게 하면 천하의 민심이 응당 귀의할 곳을 알게 될 것입니다."

유방은 역이기의 의견을 받아들여 공현—낙양으로 물러나 지키려던 전략을 버리고 성고, 형양, 오창을 탈환할 계획을 세우기 시작했다.

초망

❽
역이기가 제나라를
설득하다

역이기는 유방에게 소극적인 방어 전략을 버리고 적극적인 공격 전략으로 바꿀 것을 건의하는 동시에 외교적 수단으로 제나라를 쟁취하라고 건의했다.

"지금 조나라는 평정되었고 연나라도 우리에게 귀의했지만 제나라만 아직 순종하지 않고 있습니다. 전광은 광대한 제나라 땅을 장악하고 있으며, 전해田解는 20만 대군을 거느리고 역성歷城(지금의 산둥 지난濟南)에 주둔해 있습니다. 전씨 종족은 세력이 강대하고 교활하며 변신에 능합니다. 또 제나라는 큰 바다를 등에 지고 있어서 배후의 근심도 없습니다. 동쪽에는 황하와 제수濟水가 천연 장벽이 되어주고 남쪽으로는 초나라와 경계를 마주대고 있어서 서로 호응할 수 있습니다. 대왕께서 설령 수십만 대군을 보낸다 해도 1년 반이 지나도 정벌할 수 없을 것입니다. 바라옵건대 대왕께서 신을 사신으로 임명해주시면 신이 조서를 받들고 제나라로 가서 제나라를 우리 한나라의 동방 속국으로 만들겠습니다."

유방이 그의 말에 동의했다.

그리하여 역이기는 한왕 유방의 특명을 띤 사신으로 제나라 도성 임치로 가서 그의 장기인 외교 유세를 펼치기 시작했다.

역이기는 전광을 만나 단도직입적으로 물었다.

"왕께서는 천하가 어느 곳으로 귀의할지 아십니까?"

전광이 대답했다.

"모르겠소."

역이기가 말했다.

"왕께서 천하가 귀의할 곳을 아신다면 제나라를 보전할 수 있을 것이요, 모르신다면 제나라를 보전할 수 없을 것입니다."

전광이 물었다.

"천하가 어느 곳으로 귀의한단 말이오?"

역이기가 대답했다.

"한나라로 귀의할 것입니다."

전광이 다시 물었다.

"선생께선 왜 그렇게 말씀하시오?"

역이기가 대답했다.

"한왕과 항왕이 힘을 합쳐 서쪽으로 나아가 진나라를 공격할 때 먼저 관중으로 들어가는 자가 관중왕에 오르기로 약속했습니다. 한왕이 먼저 함양으로 진입했지만 항왕은 약속을 어기고 한왕을 한중으로 좌천시켰습니다. 또 항왕은 의제를 죽였습니다. 한왕은 이 소식을 듣고 파촉과 한중의 군사를 동원하여 삼진을 토벌하고 함곡관으로 나와 항왕에게 의제의 소재를 추궁했습니다. 그리고 한왕은 천하

초망

의 장졸들을 모아 각국에 제후의 후예를 옹립했습니다. 점령한 성곽은 장수들에게 나눠줬고 재물을 얻으면 병졸들에게까지 포상했습니다. 천하 사람들과 이익을 나누었기 때문에 영웅호걸과 현인지사들이 기꺼이 한왕에게 등용되기를 원했습니다. 그리하여 마침내 제후의 병사들이 사방에서 투항해왔고, 이에 파촉과 한중의 양식을 수많은 배로 실어와 함께 나누는 아름다운 경관이 드러나고 있습니다."

이 말은 초한 전쟁의 대의명분이 초나라가 아닌 한나라에 있으며, 유방은 도량이 넓어서 영웅호걸들과 천하를 함께 누림으로써 지금의 아름다운 경관을 이룰 수 있었다는 것이다. 역이기는 자기편을 미화하고 나서 상대방을 추악하게 만드는 외교의 요점을 잘 아는 외교의 고수였다. 그는 이어서 이렇게 말했다.

"그럼 항왕은 어떻습니까? 항왕은 약속을 어긴 오명을 쓰고 있으며 의제를 살해하는 죄악을 범했습니다. 항왕은 사람을 등용한 뒤에 그가 세운 공로는 잊어버리고 과실은 잊지 않습니다. 따라서 전투에 승리해도 포상받지 못하고 성곽을 함락시켜도 땅을 분봉 받지 못합니다. 항씨 일족이 아니면 중용되지도 못합니다. 항왕은 인품이 인색하여 땅을 분봉하고 관작을 내릴 때도 잘 새겨둔 인장을 모서리가 닳을 때까지 지니고 있으면서도 그것이 아까워서 교부하려 하지 않습니다. 또 성을 점령하고 재물을 얻어도 봉인해둘 뿐 장졸들에게 상으로 내리지 않습니다. 천하의 민심은 항우를 떠났고 천하의 현인들은 항우를 원망합니다. 아무도 항우를 위해 자신의 재능을 쓰려 하지 않습니다. 따라서 천하의 민심과 현인들이 한왕에게 귀의하게 되었으니, 가만히 앉아서도 이것이 대세임을 알 수 있습니다."

전광이 항왕의 사람됨을 어찌 모르겠는가? 그러나 전씨가 다스리는 제나라는 항우가 분봉한 것이 아니라 전씨 형제가 항우의 손에서 쟁취한 것이었다. 따라서 항우가 얼마나 인색하고 쪼잔한가 하는 것은 전씨 형제와는 무관한 일이라 할 수 있다. 하지만 항왕의 부하 가운데 진평이나 한신처럼 유능한 신하와 용맹한 장수가 분분히 항우를 떠나 유방에게 투항한 것은 전씨 형제도 고려해볼 일이었다.

전씨 형제의 마음을 진정으로 움직인 것은 역이기의 마지막 말이었다.

"지금 한왕은 이미 파촉과 한중의 군사를 징발하여 삼진 땅을 평정했습니다. 다시 서쪽으로 황하를 건너 서위를 격파하고 일거에 21개 성을 점령했습니다. 또 상당上黨의 군사를 이끌고 정형구井陘口를 공격하여 성안군 진여를 주살하고 조나라를 평정했습니다. 이것은 전쟁의 신 치우蚩尤가 시킨 것이지 인간의 힘으로 할 수 있는 일이 아닙니다. 실로 하늘의 도우심입니다. 이에 머물지 않고 한왕은 오창의 식량 창고를 점거하고 성고의 요새를 지키고 있습니다. 또 백마진 나루에 군림하여 태항산의 통로까지 통제하고 있습니다. 형세가 이와 같으므로 천하 각국 중 뒤늦게 한왕에게 귀의하는 나라는 반드시 먼저 멸망할 것입니다. 왕께서도 하루바삐 한왕에게 귀의한다면 제나라 사직을 보전할 수 있을 것입니다. 그러나 그러지 않는다면 관망하는 사이에 나라의 멸망이 들이닥칠 것입니다."

이 대목에서 역이기는 당시 천하의 형세를 간단명료하게 분석하고 있다. 한나라는 삼진 땅이라는 튼튼한 근거지를 갖고 있고, 한신은 위나라를 격파하고 조나라를 멸망시켜 북방 전쟁에서 찬란한 승리를 거뒀다. 또 유방은 근래에 중부 전장에서 오창을 점령하고 성고를 고수하는 성과를 거두었고, 유가와 노관이 순조롭게 적 후방 전장을 주도한 결과 태항산 통로와 백마진 나루가 통제되었다. 이 모든 것은 지금 명명백백하게 전씨 형제 앞에 펼쳐져 있는 사실로, 제나라의 운명과 관련한 천하대사라 할 수 있었다.

역이기의 깨우침에 기댈 필요 없이, 이제 초한 전쟁의 대세가 나날이 분명해지고 있으며 2년여 동안 지속된 초한의 대치전도 한나라에게 유리해지고 있음은 전씨 형제도 익히 알고 있었다. 이처럼 형세가 역전되는 시점에 역이기는 제나라에게 외교적 선택을 요구하고 있는 것이다. 제나라가 초나라와 동맹을 계속 유지하다가 초나라와 함께 멸망할 것인가, 아니면 마음을 바꿔 한나라와 동맹을 맺고 여러 제후국과 함께 순조롭게 이익을 챙길 것인가. 물론 역이기의 압력은 제나라에게 새로운 기회이기도 했다. 왜냐하면 장차 새로운 질서가 세워질 때 제나라의 위치를 결정하는 선택이기 때문이다.

역이기는 제나라를 평가하여 "제나라 사람은 변화에 능하고 속임수가 많다"고 했다. 한신도 나중에 동일한 견해를 표명하면서 제나라는 "입장을 잘 바꾸고 속임수와 변화에 능하다"라고 했다. 하지만 이런 부정적인 평가들은 천하를 탈취하려는 한나라의 입장이다. 전씨 형제의 제나라는 천하를 탈취할 야심보다는 오로지 제나라의 독립을 유지하려는 강력한 의지와 노력만 갖고 있을 뿐이었다. 이것이 제나라가 견지해온 불변의 원칙이었다. 제나라의 정책에 변화가 많은 것은 형세의 변화에 따라 제나라의 독립 유지에 유리한 방식을 택했을 뿐이고, 제나라가 입장을 자주 바꾼 것은 본국의 피해를 줄이고 이익을 추구하고자 했기 때문이다.

전횡과 전광, 두 숙질을 우두머리로 하는 제나라 정부는 면밀히 평가하고 고찰한 뒤 역이기가 가져온 외교적 제안을 받아들이기로 결정했다. 그리하여 초나라와 맺은 연맹을 폐기하고 한나라와 다시 연맹을 맺어 천하의 질서를 새로 건립하기로 약속했다.

전광은 서쪽 한신의 군사에 대비하여 역하歷下(지금의 산둥 지난)에 배치한 대군을 남하시켜 초나라 공격에 대비하도록 했다. 임치성 제왕의 궁궐에서는 역이기를 융숭히 대접하면서 제나라와 한나라의 동맹을 경축하는 잔치와 가무를 오랫동안 베풀었다.

제나라 황하 맞은편에서는 한신이 조나라 경내에서 군사와 무기를 정비하며 전투 준비에 여념이 없었다.

한나라 4년 10월, 한신은 수만 대군을 이끌고 황하 나루 평원진으로 다가가 제나라 군사와 강을 사이에 두고 대치중이었다. 이때 제나라 쪽에서 소식이 왔다. 역이기가 외교 수완을 발휘하여 제나라와 한나라가 동맹을 맺고 공동으로 초나라에 대항하기로 했으니, 이제 제나라 군은 경계를 풀고 남하하여 초나라를 공격할 것이라는 소식이었다. 이에 한신은 제나라를 공격하려던 계획을 중지했다.

이때 초한 사이에서 활약한 변론가 괴통蒯通이 한신 앞에 나타났다.[18] 그는 한신에게 말했다.

"장군께서 조서를 받고 제나라로 진격하려 준비하는 동안 한왕은 사신을 파견하여 제나라를 설복시켰습니다. 그러나 장군께서는 제나라 공격을 중지하라는 새 조서를 아직 받지 못했습니다. 그런데 왜 진격을 중지하십니까? 역이기 그자는 혓바닥이나 놀리는 유세객에 불과합니다. 그자는 가벼운 수레를 타고 세 치 혓바닥이나 놀려서 70여 개 성을 가진 제나라를 설복시켰으나, 장군께서는 수만 대군을 이끌고 1년여 고생하고서야 조나라 50여 개 성을 함락했습니다. 상황이 이러하니 여러 해 동안 군사를 거느린 장군의 공로가 일개 유생보다 못하게 되었습니다."

괴통의 말에 일리가 있다고 여긴 한신은 비밀리에 휘하 장수에게 지시하여 황하를 건너 제나라 군영을 기습하게 했다.

제나라에서는 한나라와 동맹을 맺은 것으로 생각하고 도성 임치에서 경축 잔치를 열고 있었다. 역하의 군사들에게도 경계를 풀라고 했고, 평원진 나루에도 봉쇄를 해제하라고 명령을 내린 터였다. 이에 순조롭게 황하를 건넌 한신의 군대는 평원진을 점령한 뒤 갑자기 역하성에 나타나 제나라 주력군을 격파했다. 이후 말발굽을 멈추지 않고 곧바로 임치로 진군해 들어갔다.

창졸지간에 당한 기습에 방어할 수 없었던 제나라는 붕괴 직전의 혼란에 빠져들었다. 제왕 전광과 승상 전횡은 분노가 솟구쳐 역이기를 체포하고 가마솥을 준비하여 물을 펄펄 끓였다.

"네놈이 한나라 군사를 멈추게 하고 공격을 그만두게 한다면 살려줄 것이다. 그렇지 않으면 네놈을 삶아 죽이리라."

역이기는 사태를 되돌릴 수 없음을 알고 환난에 목숨을 바쳐 자신의 인생을 완성하기로 결심했다. 그는 큰소리로 대답했다.

"큰일을 이루기 위해선 작은 예절에 구애되지 않고, 큰 덕을 달성하기 위해선 사양하는 것이 없는 법이다. 나는 여러 말 하지 않겠다."

그리하여 전광과 전횡은 역이기를 가마솥에 던져 삶아 죽였다.

역이기는 향리에서 광생狂生이라 불렸다. 광생은 성격이 호방하고 거리낌 없으며 기이한 지모와 원대한 뜻을 품었기에 자질구레한 일상사를 하찮게 여기는 선비라는 뜻이다. 역이기의 짧은 일생을 살펴보면, 그는 전국 시대의 유풍을 계승한 외교관으로, 썩지 않는 세 치혀로 천하에 유세를 펼친 변론가임에 틀림없다. 역이기의 첫 번째 외교 업무는 단신으로 진류陳留로 들어가 진류 현령에게 성을 열고 유방에게 항복할 것을 유세한 일이었다. 그 임무는 서쪽으로 진군하여 관중을 쟁취한 유방에게 식량과 병졸을 지원하기 위한 것이었다. 이일로 이름을 떨친 역이기는 유방 진영에서 첫손에 꼽는 외교 사신이 되었다. 그의 마지막 외교 업무는 외교 사절을 인솔하고 제나라로 가서 한나라에 귀의하도록 유세한 것이었다. 임무에는 성공했으나 자신의 호언장담으로 인해 가마솥에 던져지는 신세가 되고 말았지만, 역이기는 늠름한 기상으로 호방하게 죽음을 맞아 천고에 미명美名을 남겼다.

역이기의 일생을 자세히 고찰해보면, 그는 변론가로서 사신의 부절을 가지고 각 제후국으로 분주히 뛰어다녔을 뿐만 아니라 모사로서 유방에게 다양한 계책을 건의하기도 했다. 그는 자신의 지혜로써 계책을 내고 직접 수행하여 진류현을 얻어냈고, 공현과 낙양으로 물러나 방어에 집중하려던 유방으로 하여금 적극적으로 성고와 형양을 탈환하도록 건의했다. 이러한 사실은 역이기의 원대하고 탁월한 식견을 보여준 사례로, 그가 일찍 죽지 않고 재능을 제대로 발휘했다면 전한 건국 삼걸은 사걸四傑이 되었을 것이라고 평가하는 사람도 있다. 그 사걸이란 소하, 한신, 장량, 역이기를 가리킨다.[19]

속담에 "아무리 지혜로운 사람이라도 천 번의 생각 중에 반드시 한 번은 실수를 한다智者千慮, 必有一失"는 말이 있다. 초와 한이 팽팽히 대치할 때 역이기는 육국의 후예를 분봉하여 항우의 적을 만들고 유방의 벗을 만들자고 유방에게 건의했다. 그러나 이 건의는 장량에 의해 조목조목 반박 당했다. 화가 난 유방은 "썩을 놈 같으니! 나의 대업을 거의 망칠 뻔했구나!"라며 그를 매도했다. 이 일은 모사로서 역이기 일생의 패착이어서 후세 사람들의 조롱을 받았다. 그럼에도 그 일은 역이기에 대한 유방의 신뢰에 전혀 영향을 끼치지 않았고, 역이기는 이후 자신의 언행을 바꾸지 않았다. 책략의 어려움은 바로 선택과 결단에 있다. 최종 결단을 내리는 능력과 그 결단에 책임을 지는 일은 영수領袖의 기본 자질이다. 유방은 하나의 책략에 실수했다고 하여 역이기를 멀리하지 않았으니, 영수의 자격을 갖췄다고 할 수 있다. 역이기 또한 한 번의 실수로 위축되지 않고 호언장담으로 자신의 계책을 건의했다. 그렇듯 초연하고 호방하게 살다가 죽음에 이르러서도 두려움이 없었으니, 진정 영웅호걸이라 할 만하다. 이와 같은 인생은 결국 가마솥에 삶아지는 운명을 벗어날 수 없게 되고, 이와 같은 계책은 때때로 일탈을 면치 못하게 된다. 세상의 정리가 그러한 것이다.

⑨
항우의 10대 죄목

항우가 동쪽으로 팽월과 싸우러 간 틈에 유방은 역이기의 계책에 따라 수무현에서 군사를 크게 일으켜 황하를 건너 성고와 형양 사이로 파고든 후 성고성을 물샐 틈 없이 포위했다.

성고성을 지키던 초나라 대사마 조구는 처음에 항우가 지시한 대로 싸움에 임했다. 그러나 한나라에서 날마다 병졸을 시켜 욕설을 퍼붓고 화를 돋우자 조구는 더 이상 참지 못하고 성고성 동문으로 뛰쳐나와 사수汜水를 건너 한나라 군사를 향해 돌격했다. 대비하고 있던 한나라 군사들은 초나라 군이 강을 반쯤 건넜을 때 습격하여 크게 격파했다. 이 와중에 대사마 조구와 장사 사마흔은 자살했고, 한나라는 성고를 재탈환했다.

이제 유방은 역이기의 계책에 따라 성고, 오창, 형양을 잇는 방어선을 다시 구축하기 위해 동진하여 광무에 군사를 주둔한 뒤 오창을 점령하고 형양을 포위 공격하기 시작했다. 이로써 수동적이었던 한나라 군은 점차 능동적으로 바뀌기 시작했다. 반면 팽월을 토벌하

성고대成皐臺

러 동쪽으로 나선 항우는 순조롭게 외황, 수양 등 10여 개 성을 탈환했으나 또 다시 팽월을 놓치는 바람에 머리끝까지 화가 치솟았다. 이때 성고가 함락되고 형양이 위급하다는 보고가 전해졌고, 항우는 팽월을 추격하기는커녕 황급히 형양으로 군사를 돌려야 했다.

항우가 다시 돌아온다는 소식에 한나라 군사는 두려움에 떨며 형양 포위를 풀고 분분히 성고성으로 들어가 굳게 지킨 채 방어 태세를 갖췄다. 다시금 항우와 유방의 대치가 시작되었다. 이 새로운 대치는 한나라 4년(기원전 203) 10월에서 같은 해 8월까지 10개월간 지속되었다. 형세로 볼 때 대치 지역은 여전히 형양 일대였지만 초점은 북쪽으로 이동했다. 그곳은 바로 황하 남안南岸인 광무간廣武澗 일대였다.

형양에서 서쪽으로 나와 사수汜水를 건너면 성고대에 닿는다. 유방은 항우에게 거짓으로 항복하고 형양을 탈출해 성고로 들어갔다. 조구는 사수에서 패배해 성고를 잃었다. 이 모든 일들이 이 일대의 산과 계곡에서 일어났다. 높다란 대지臺地가 황하 연변에 위치해 있다. 저곳을 성고성 옛터로 볼 수 있을까?

이 대치의 과정에서 한나라가 오창을 점령한 탓에 초나라는 멀리 떨어진 동쪽 본거지에서 식량을 조달해야 했다. 그러나 팽월, 유가, 노관 부대의 연이은 공격으로 인해 형양 일대의 초나라 주력군은 식량 부족난에 봉착하게 되었다. 이 심각한 사태에서 항우는 유방을 성 밖으로 유인하여 전투를 벌이려 애를 썼다. 역사서에는 항우가 유방의 출전을 압박한 몇 가지 일화가 기록되어 있는데, 이를 통해 우리는 두 인물의 서로 다른 개성을 간파할 수 있다.

팽성에서 대패한 후 유방의 가족(위로 부친 유태공, 아래로 형 유희와 아내 여치)은 초나라의 포로가 되어 오랫동안 초나라 군영에 인질로 잡혀 있었다. 어느 날 항우는 광무성 밖으로 유태공을 끌어와 백정의 도마 위에 올려놓은 후 유방에게 알렸다.

"즉시 투항하지 않으면 내가 태공을 삶아 죽이겠다."

그러자 성벽 위에 있던 유방이 고함을 질렀다.

"나와 너는 함께 회왕의 명령을 받들어 결의형제가 되었다. 그러니 나의 아버지는 바로 너의 아버지이기도 하다. 네가 꼭 네 아버지를 삶아죽이겠다면 잊지 말고 내게도 그 고깃국 한 사발 나눠다오."

도살당할 돼지가 끓는 물을 겁내지 않는다는 격으로, 일찌감치 목숨을 내놓은 처지에 부자지간의 정을 어찌 대수로 여기겠는가.

항우는 분노하여 유태공을 삶아 죽이려 했다. 그때 또 항백이 뛰어들어 사태를 수습하기 위해 항우를 타일렀다.

"천하의 일은 알 수가 없는 법이오. 천하를 도모하는 사람이 가정을 돌보지 않는다면 태공을 죽인다 해도 쓸데없이 화근만 키우게 될 것이오."

그 말에 항우는 태공을 비롯한 유방의 가족을 죽이지 않고 가둬놓았다.

항우는 한 명의 용사를 유방의 성벽으로 보내 단독 싸움을 걸었다. 이에 유방도 용사 한 명을 내보내 응전하게 했다. 유방이 보낸 용사는 말 위에서 활을 쏘는 무예에 뛰어났는데, 안북雁北의 누번樓煩 출신이어서 누번기사樓煩騎士로 일컬어졌다. 이 누번기사는 세 차례나 거듭된 싸움에서 초나라 용사를 활로 쏘아 죽였다. 그러자 항우는 좌우의 만류에도 불구하고 직접 갑옷을 입고 말 위에 올라 긴 창을 든 채 강궁을 몸에 걸고 누번기사에게 도전을 청했다. 누번기사가 화살을 날리려 하자 항우가 눈을 부릅뜨고 벽력같이 고함을 내질렀다. 항우의 온몸에서 솟구치는 무서운 기운에 간담이 서늘해진 누번기사는 감히 항우의 눈을 정면으로 응시하지 못했다. 활도 제대로 당겨보지 못한 그는 곧장 말을 돌려 성 안으로 달아났고, 다시는 나서려 하지 않았다.

유방은 항왕이 스스로 싸움에 도전했다는 소식에 경악을 금치 못했다. 그리고 힘으로는 항우를 대적하기 어려우니 지모智謀로 사로잡아야겠다고 결심했다. 그리고 광무간에서 대치가 장기화되자 유방은 북부 전장에서 한신이 전기를 마련해주기를 바랄 수밖에 없었다.

광무간廣武澗

　형양에서 대치할 때 유방은 광무간 서쪽 산 위에 성채를 구축하고 한나라의 본영으로 삼았다. 그곳이 바로 한왕성漢王城이다.

　형양에서 대치할 때 항우는 광무간 동쪽 산 위에 성채를 구축하고 초나라의 본영으로 삼았다. 패왕성은 지금의 싱양시 광우향廣武鄕 바왕촌覇王村 북쪽 광무간의 동쪽 산 위에 있다. 그 옛 성터가 아직도 남아 있다. 동서 길이는 400미터, 남북의 폭은 34미터, 성벽 높이는 약 7미터, 폭은 2.4미터 정도다.

　광무간은 형양 동북쪽 황하 연안에 있다. 변하汴河가 광무산을 절단하면서 생긴 계곡이다. 두 산 사이에 군사를 주둔하면 깃발이 서로 바라다보이고 북소리가 귓가에 들려와서 지척에 있는 느낌을 받았을 것이다. 그러나 사이에는 깊은 계곡이 가로놓여 있어 수십 리를

　　　　　　　　　　　　　　　　　　　　　초 망

패왕성覇王城

돌아가야 닿을 수 있었다.

전설에 따르면 항우와 유방은 신료들과 장수들을 거느린 채 광무간을 사이에 두고 서로 고함을 질러댔다고 한다. 항우가 유방에게 소리쳤다.

"지금 천하의 고통과 번민은 너와 내가 싸움을 그치지 않아서 생긴 것이다. 더 이상 사람들을 괴롭히지 말고 오늘 둘이서만 자웅을 겨뤄보자!"

유방이 웃으면서 대답했다.

"항왕의 요청에 감사한다. 그러나 나 유방은 힘이 아니라 지혜를 겨루고 싶다!"

이어서 유방은 엄숙한 표정으로 준비해둔 백서帛書을 펼쳐들고 항우의 죄상을 큰소리로 낭독하기 시작했다.

"항우는 10가지 큰 죄악을 범했다. 애초에 나와 항우는 회왕이 '먼저 관중으로 들어간 사람을 관중왕에 봉한다'고 선언한 바에 따르기로 약속했다. 그런데 항우는 약속을 어기고 나를 파촉과 한중으로 옮겨 한중왕이 되게 했다. 이것이 첫 번째 죄악이다. 항우는 회왕의 명령을 사칭하고 경자관군 송의를 죽이고 군권을 탈취하여 마음대로 군사를 거느렸다. 이것이 두 번째 죄악이다. 항우는 거록에서 조나라를 구원하는 임무를 완수한 뒤 군사를 거두어 회왕에게 보고해야 했다. 그런데 스스로 각 제후국의 군사를 거느리고 관중으로 진격했다. 이것이 세 번째 죄악이다. 회왕과의 약속에는 진나라로 들어간 후 폭행과 약탈을 해서는 안 된다는 규정이 있었다. 그러나 항우는 관중의 진나라 궁궐을 불태웠고, 진시황의 분묘를 도굴했고,[20] 진나라의 재물과 보물을 긁어모아 자신이 차지했다. 이것이 네 번째 죄악이다. 또 진왕 자영이 성문을 열고 투항했을 때 항우는 잔혹하게 자영을 죽였다. 이것이 다섯 번째 죄악이다. 진나라 군사가 안양에서 투항하고 원수洹水에서 맹약을 맺었는데도 항우는 포악한 속임수로 신안에서 진나라 장졸 20만 명을 생매장해서 죽이고, 단지 세 명의 장수만 왕에 봉했다. 이것이 여섯 번째 죄악이다. 항우는 천하 분봉을 주재하면서 가장 좋은 땅을 각국 장수에게 나눠주고 옛 임금들은 궁벽한 땅으로 좌천시켜 신하가 임금을 배반하도록 했다. 이것이 일곱 번째 죄악이다. 항우는 의제를 축출하고 팽성을 강탈하여 도읍지로 삼았다. 또 한왕韓王의 영토를 박탈하고 위나라 영토를 병탄하는 등 여러 곳의 땅을 탈취하여 스스로 왕이 되었다. 이것이 여덟 번째 죄악이다. 항우는 사람을 보내 의제를 비밀리에 강남에서 살해했다. 이것이 아홉 번째 죄악이다. 다른 사람의 신하된 자가 그 군주를 시해했고, 이미 항복한 병졸을 도살했다. 또 정치를 주관하면서 공평하게 하지 않았고, 약속을 주재하면서 신의를 지키지 않았으니 너의 대역무도한 죄는 천하에 용납될 수 없을 것이다. 이것을 합하면 너 항우의 열 번째 죄악이 될 것이다."

항우의 10대 죄악을 하나하나 나열한 후 유방은 목청을 높여 소리쳤다.

"나 유방은 의병을 일으켜 여러 제후의 뒤를 따르며 잔적을 토벌했다. 이제 형벌을 받은 죄수를 시켜 너 항우를 격살해도 충분할 터인데, 이 귀하신 몸이 어찌 너 따위와 단독으로 힘을 겨룬단 말이냐?"

본래 언변이 뛰어나지 못한 항우는 자신의 열 가지 죄악을 하나하나 열거한 유방에게 아무 대꾸도 할 수 없었다. 다만 말없이 몸에 지니고 있던 강궁을 들어 화살을 메겼다. 유방이 흥에 겨워 백서를 읽고 있을 때 항우가 갑자기 화살을 발사했다. 화살은 유방의 흉갑胸甲에 적중했다. 가슴을 맞은 유방은 일부러 손으로 발을 짚으며 소리쳤다.

"후안무치한 도적놈 같으니! 몰래 쏜 화살이 내 발에 맞았구나!"

침착하게 군영으로 돌아온 유방은 곧바로 침상에 누워 치료를 받았다. 다행히 상처가 깊지는 않았으나, 자신의 병졸들을 안심시키고 초나라 군사들이 낌새를 채고 공격하지 못하도록 장량의 요청에 따라 군영을 순시했다. 그러나 군영을 순시한 후 유방의 병세가 위중해져서 신속히 성고로 돌아가 요양하며 치료를 받아야 했다.

상처를 치료한 후 유방은 관중으로 돌아갔다. 그는 도성 역양으로 들어가 주연을 베풀고 역양의 부로父老를 위로했다. 그리고 새왕 사마흔의 머리를 역양 저잣거리에 효수함으로써 삼진의 민심을 달래고 옛 정권의 영향을 철저히 통제하는 동시에 식량과 장병 모집을 독촉했다.

기록에 따르면 유방은 역양에서 나흘간 머무르다가 바로 광무성의 군영으로 돌아갔다고 한다. 새로 징집한 파촉, 한중, 관중의 병사와 후방의 충분한 보급품이 끊임없이 관중에서 전선으로 공급되자 한나라의 군대는 더욱 강성해졌다.

제 5 장

해하 결전

1
한신이 제나라를
격파하다

한나라 2년 6월에서 4년 9월까지 꼬박 2년 넘도록 유방과 항우는 형양 지역에서 일진일퇴를 거듭하며 대치했다. 역사에서는 이 시기를 초한 전쟁의 대치 단계라 부른다. 쌍방의 세력 균형에 변화를 일으킨 인물은 북방 전장에서 연속해서 승리를 거둔 한신이었다. 그는 위나라와 조나라를 점령하고 연나라의 항복을 받았다. 이어서 제나라를 공격하여 역하에 주둔한 제나라 주력군을 궤멸하고 일거에 제나라를 점령했다. 그리고 승세를 타고 남하하여 초나라 수도 팽성을 공격할 태세를 보였다.

제나라는 역하에서 패배하자 도성 임치를 수호할 방도가 없었다. 결국 전광과 전횡은 임치를 포기하고 각자 뿔뿔이 흩어져 퇴각했다. 제왕 전광田廣은 고밀로, 승상 전횡은 박양으로, 대리 승상 전광田光은 성양으로, 장군 전기田旣는 즉묵으로 후퇴했다. 그들은 각 군을 점거하고 방어 체제를 갖춘 뒤 황급히 초나라로 사신을 보내 지원을 요청했다. 형양 광무간 일대에서 유방과 밀고 당기며 대치중이었던 항우는 대장 용저를 출동시켜 지원하도록 했다.

한나라 4년 11월, 용저는 팽성에서 북상하여 제나라 성양군을 지나 고밀에 도착했다. 그는 제왕 전광과 연합한 후 20만 대군이라 일컬으며 한신에게 반격할 준비에 착수했다.

이때 어떤 모사가 용저에게 간언을 올렸다.

"본토에서 멀리 떠나온 한나라 군사는 목숨을 걸고 싸우므로 그 예봉을 감당할 수 없습니다. 제나라와 초나라 군사는 본토나 본토 가까운 곳에서 싸우므로 병졸들이 쉽게 달아납니다. 따라서 성벽을 두텁게 수리하고 보루를 높이 쌓아 싸우지 않고 지키는 것이 좋습니다. 그리고 사자를 보내 함락된 각지의 성읍과 연락을 취하십시오. 제왕이 건재하며 초나라가 구원병을 보냈다는 소식을 들으면 틀림없이 한나라를 배반하고 제나라로 귀의할 것입니다. 한나라 군사는 2000리 밖 객지에 머무는 처지라서 곳곳의 성읍이 배반하면 군량미와 전쟁 물자를 얻을 수 없게 됩니다. 그럼 싸우지 않고도 저들을 항복시킬 수 있을 것입니다."

용저는 초나라의 명장이다. 항우 휘하에서도 손가락에 꼽히는 장수로서 한 지역을 혼자 감당할 수 있는 능력의 소유자이며, 그동안 탁월한 전공을 세워서 항우의 신임을 얻고 있었다. 1년여 전 영포가 초나라를 배반하고 한나라로 귀의했을 때도 용저는 항우의 명령에 따라 영포를 격파했다. 이번 위기의 순간에 명령을 받은 그는 영포를 격파했던 것처럼 한신도 패배시킬 수 있다고 믿어 의심치 않았다. 또한 그는 한신을 격파하여 제후왕에 책봉되는 위업을 달성하고 싶었기 때문에 모사의 간언에 동의하지 않았다. 용저는 무시하는 투로 이렇게 말했다.

"내가 한신이란 작자를 모를 리가 있느냐? 그자는 약해빠진 놈이라 감히 강하게 맞서지 못할 터이니 상대하기 어렵지 않다. 게다가 제나라를 구하러 와서 싸우지 않고 지키기만 한다면 설령 적군이 항복한다 해도 이 용저가 내세울 만한 공로가 무엇이겠느냐? 지금 출전하여 적을 제압하면 제나라의 절반이 이 용저에게 떨어질 텐데 어찌 지키기만 한단 말이냐?"

그리하여 용저는 초나라와 제나라 연합군을 이끌고 유수濰水 동쪽까지 밀고 올라가 진을 친 후 강 건너편 한신의 군사를 공격할 준비를 했다.

한신은 편안히 앉아서 지친 적을 맞은 셈이었다. 그는 일찌감치 고밀 일대의 물길과 지형을 파악하여 유수 서쪽의 좋은 땅에 진채를 세웠다. 그리고 1만 개 이상의 자루 안에 모래를 가득 채우게 한 뒤 은밀히 유수 상류에 쌓도록 지시했다. 이윽고 용저의 군사가 달려와 강 건너편에 주둔하자 그는 밤사이에 모래자루를 옮기게 하여 유수의 물길을 막았다. 다음 날 이른 새벽, 한신과 조참은 군사를 거느리고 유수를 건너 하상河床에 진을 치고 공격을 감행했다. 용저는 이미 한신의 공격을 예상하고 있던 바, 전광과 함께 적극 응전에 나섰다. 우세한 병력에 의지한 용저의 군사는 점점 수세에서 공세로 전세를 바꾸었다. 그러자 한신의 군사는 뒤로 조금씩 밀리기 시작했다. 용저는 몹시 기뻐하며 부하들에게 말했다.

"과연 예상을 벗어나지 않는구나. 강하게 대응하니 한신이 겁을 먹었다."

그리고 유수를 건너 한신의 본영을 공격하라고 명령했다.

초나라와 제나라 연합군은 퇴각하는 한신의 군사를 쫓아 우르르 유수를 건넜다. 그러나 군사 절반이 유수를 건넜을 때 상류에서 한신의 군사가 물줄기를 열었다. 순식간에 세찬 물줄기가 쏟아져 내리면서 강을 건너던 병졸을 덮치는 바람에 연합군은 동서 양쪽으로 분리되었다. 지휘부를 잃은 연합군은 혼란에 빠졌고, 앞서 유수를 건넌 연합군은 고립되었다. 이때 한신의 군사가 치달려와 공격을 퍼붓자 연합군은 대열이 무너졌다. 대장 용저는 난전 속에서 피살되었고, 부장 주란周蘭은 포로가 되었다. 제나라를 구원하러 온 초나라 군사는 대부분 살해되거나 포로가 되었다. 아직 유수를 건너지 않은 제왕 전광은 대세가 기운 것을 보고 황급히 남쪽 쥐현으로 도주했다.

유수 전투 이후 한신은 길을 나눠 적을 추격했고, 제나라 잔존 세력을 하나하나 정리했다. 오래지 않아 쥐현을 깨뜨리고 제왕 전광을 사로잡아 처형함으로써 성양군을 평정했다. 이어서 즉묵이 있는 성읍을 함락하고 전기를 참수함으로써 교동군과 낭야군을 평정했다. 또한 영현嬴縣과 박양을 공격하여 박양군도 평정했다. 전횡은 제나라를 탈출하여 팽월의 진영으로 피신했다.

이로써 한신은 한나라 4년 10월 제나라로 진군하여 역하를 기습하고 일거에 제나라 군사를 궤멸시킨 다음 임치까지 함락했다. 11월에는 유수에서 용저를 맞아 초나라와 제나라 연합군을 대파하고 제나라를 평정했다. 한신은 광무성으로 서찰을 보내 유방에게 승리를 보고하면서 자신의 미래에 심원한 영향을 끼치게 되는 요청을 했다.

한신이 서찰에서 유방에게 요청한 내용은 대략 이렇다.

"제나라는 속임수에 능하고 변심을 잘하며 또 입장과 태도도 일정하지 않은 나라입니다. 또 남쪽으로 초나라와 이웃하고 있기 때문에 조금만 바람이 불어도 큰 동란이 발생할 수 있습니다. 바라옵건대제가 잠시 대리제왕假齊王이 되어 제나라를 진압할까 합니다. 윤허해주시옵소서."

유방은 광무간에서 항우와 힘겨운 대치를 벌이다가 얼마 전 항우의 화살에 맞아 건강이 위태로워졌다. 군영으로 돌아와 악화된 상처를 치료하면서 어떻게 하면 교착 상태를 타개할까 고민에 빠져 있던그는 한신의 서찰을 받아보고 불같이 화를 냈다.

"나는 상처를 입어 고통을 겪으며 한신의 구원병이 오기를 학수고대하고 있는데, 스스로 왕이 되겠다니!"

그러자 그 자리에 있던 장량과 진평이 긴장했다. 유방의 뒤에 서있던 진평은 유방의 발을 살짝 건드리며 그의 말을 저지했다. 또 유방의 곁에 앉아 있던 장량은 유방에게 귓속말로 이렇게 속삭였다.

"지금 불리한 상황에서 한신이 왕이 되는 걸 어떻게 금지할 수 있겠습니까? 차라리 형세에 따라 그를 제왕으로 책봉하고 좋은 말로잘 대우하여 맘 편히 제나라를 수호하도록 하시는 것이 좋겠습니다.그렇지 않으면 변란이 발생할까 두렵습니다."

유방이 얼마나 기민한 사람이던가. 그는 바로 사태를 깨닫고 방금전에 자신이 내뱉은 말을 이어서 욕설을 퍼부었다.

"사내대장부가 왕이 되려면 진짜 왕이 되어야지, 대리왕이 무슨 망발이더냐?"

유방은 한신의 요청을 받아들였을 뿐 아니라 당장 장량을 사자로 파견해 한 등급 높여서 제왕의 자리에 한신을 책봉했다. 한신과 제나라 정국은 이로부터 안정을 찾았다.

한신이 양국 연합군을 격파하고 제나라를 점령하자 항우와 유방의 균형은 저변에서 기울기 시작했고, 장기적인 대치의 형세도 흔들리기 시작했다. 초나라는 형양 지역의 정면 대결에서 공격 역량을 발휘하지 못했고, 수도 팽성의 배후도 허술하여 수시로 한신에게 공격당할 위험에 노출되었다.

항우는 심각한 위기의식을 느꼈다. 그는 오만한 자부심으로 살아온 사람이라 두려움이라는 것을 몰랐고 다른 이에게 고개를 숙인 적도 없었다. 그러나 용저가 한신에게 격살된 후 항우는 처음으로 두려움을 느꼈다. 마침내 그는 오만한 머리를 숙이고 제나라 한신에게 사신 무섭武涉을 보내 초한 사이에서 중립에 서주기를 권유했다.

임치로 찾아간 무섭은 한신의 공로를 인정하는 항우의 말을 전했다. 또한 천하를 삼분하자는 의사를 밝히기에 앞서 유방이 천하를 독차지하려는 위험한 인물임을 설파했다.

"천하 각국은 오랫동안 진나라의 폭정에 고통 받다가 서로 연합하여 공동으로 진나라에 대항했습니다. 진나라를 격파한 이후에는 공로에 따라 땅을 분할하고 각각 제후왕에 봉했습니다. 이로써 병졸들도 휴식을 얻게 되었습니다. 그런데 지금 한왕 유방은 다시 군사를 거느리고 동진하여 다른 사람의 직무를 침범하고 다른 나라의 영토를 강탈했습니다. 이미 삼진을 격파하고 나서도 다시 함곡관으로 나가서 각 제후국의 군사를 모아 초나라를 공격했습니다. 그 의도로 보아 천하를 병탄하지 않고는 절대 그치지 않을 것입니다. 이와 같이 탐욕스런 행위를 그치지 않으니 이건 너무나 지나친 처사라고 하겠습니다."

무섭은 이어서 좀더 면밀한 분석으로써 유방은 믿을 수 없는 무뢰한이므로 한신에게도 조만간 술수를 쓸 것이라고 말했다.

"한왕은 믿을 수 없습니다. 그는 여러 번 항왕의 손아귀에 잡혔지만 항왕이 불쌍히 여겨서 목숨을 건질 수 있었습니다. 그러나 한왕은 일단 위기에서 벗어나기만 하면 바로 약속을 어기고 항왕을 공격했습니다. 친할 수도 없고 믿을 수도 없는 정도가 이 지경에 이르렀습니다. 족하께서는 한왕과의 교분이 깊다고 생각하여 한왕을 위해 전력으로 군사를 부리고 있지만 조만간 한왕에게 사로잡힐 것입니다."

더 나아가 무섭은 한신이 항우와 유방 사이에서 중립을 유지하고, 초, 한, 제 삼국이 천하를 나누는 것이야말로 한신 스스로를 보전하는 현명한 선택이라고 분석했다.

"족하께서 지금까지 체포되지 않은 것은 아직 항왕이 살아서 한왕을 견제하고 있기 때문입니다. 지금 초한 두 왕이 천하를 다투고 있는 가운데 승부를 결정할 수 있는 저울추는 족하의 수중에 있습니다. 족하께서 오른쪽으로 몸을 기울이면 한왕이 승리할 것이고, 왼쪽으로 몸을 기울이면 항왕이 승리할 것입니다. 그러나 항왕이 오늘 멸망하면 그다음에는 족하께서 한왕에게 사로잡힐 것입니다. 족하께서는 지난날 항왕과 교분을 맺은 적이 있습니다. 그런데 어째서 한나라를 떠나 초나라와 연합한 후 천하를 삼분하여 스스로 왕이 되려

하지 않으십니까? 족하께서 눈앞의 기회를 잡지 않고 한결같이 한나라에 의지하여 초나라를 공격하는 것은 지혜로운 사람이 취할 선택과 행동이 아닙니다."

한신은 무섭의 제안을 거절하며 말했다.

"내가 일찍이 항왕을 모셨지만 직위는 낭중에 불과했고 직무는 창을 잡는 무사에 불과했소. 간언을 올려도 들어주지 않았고 계책을 올려도 채택해주지 않았소. 이 때문에 초나라를 떠나 한나라로 귀의했소. 한왕은 내게 상장군의 인수를 수여했고, 수만 명의 병졸을 주었소. 자신의 옷을 벗어서 내게 입혀줬고 자신의 음식을 내게 나눠줬소. 말을 하면 들어주었고 계책을 올리면 채택해줬소. 그래서 내가 오늘의 성취를 이루게 되었소. 나 한신은 이처럼 한왕의 깊은 신임을 받은 사람인데 이를 배반한다면 틀림없이 불길한 일이 생길 것이오. 나의 마음은 죽을 때까지 변하지 않을 것이오. 나를 대신하여 항왕에게 감사의 말이나 전해주시오."

무섭은 실망하여 귀국했다.

천하를 삼분하자는 항우의 제의를 거부한 한신의 태도는 단호하여 머뭇거림이 없었다. 하지만 한신의 이러한 거절은 유방의 은혜에 보답하려는 뜻이었을 뿐 당시 시세를 고려한 정치적 혜안은 아니었음을 우리는 알 수 있다.

②
괴통이 한신에게
유세하다

당시 지모가 비상한 변론가가 한신의 지혜롭지 못한 행위를 간파하고 그 어리석음을 깨우쳐주기로 결심했다. 그가 바로 괴통이다.

『진붕』에서 이미 상세하게 소개한 바 있는 괴통은 연나라 범양현 출신으로, 전국 시대 유세객의 전통을 계승하여 시세 분석에 뛰어났고 왕래 유세에 정통했다. 그는 진秦, 초, 한 사이에서 풍랑을 일으킨 신비의 인물이다. 먼저 장이와 진여가 조나라와 연나라를 공략할 때 유세에 나선 그는 격문을 전하며 천 리의 땅을 결정하게 만들었다. 진나라 제국이 멸망하자 괴통은 자취를 감췄다. 이후 초한 전쟁 과정에서 한신이 제나라 공격을 준비할 때 또 다시 역사의 무대에 등장한 그는 한신에게 제나라 기습을 권유했다. 그의 권유는 성공을 거두었고 한신은 그의 지모에 찬사를 보냈다. 이후 괴통은 한신의 곁에서 활약했다.

어느 날 괴통은 한신과 조용히 대화하는 기회에 이렇게 말했다.

"저는 일찍이 관상술을 배운 적이 있습니다."

한신이 흥미를 보이며 물었다.

"선생께선 어떻게 사람의 관상을 보시오?"

괴통이 대답했다.

"귀함과 천함은 골상에서 생기고, 근심과 기쁨은 얼굴에 나타나고, 성공과 실패는 결단에 의해 정해집니다. 이 세 가지를 참고하여 관상을 보면 만의 하나도 실수가 없습니다."

한신이 즐거워하며 말했다.

"좋소. 내 관상도 어떤지 좀 봐주시오."

괴통은 한신의 얼굴 양쪽을 살펴보고는 말했다.

"단독으로 말씀드리고 싶습니다."

한신이 말했다.

"모두 물러가라!"

주위 시종들이 물러가자 괴통이 말했다.

"정면 관상은 제후에 봉해질 수 있지만 위험하고 불안정합니다. 뒷면 관상으론 부귀를 입에 담을 수 없습니다."

한신이 물었다.

"무슨 말이오?"

괴통은 장차의 대세를 말하며 지혜와 용기가 모두 막힌 형세라고 했다.

"천하에 난리가 처음 일어났을 때 영웅호걸이 나라를 세워 왕을 칭하고 호소하자 천하의 백성이 구름처럼 모여들었습니다. 그것은 마치 물고기 떼가 몰려드는 것 같았고, 불꽃이 한꺼번에 터지는 듯했으며, 광풍이 갑자기 몰아치는 것 같았습니다. 당시는 모든 사람의 마음이 진나라를 멸망시키는 데 집중되었습니다. (…) 초한이 분쟁 중인 지금은 천하의 무고한 백성이 간뇌도지肝腦塗地하는 상황이며, 부형父兄과 자제子弟의 뼈가 들판에 무수하게 널리는 상황입니다. 초나라 사람들은 팽성에서 출발하여 전투를 치르며 형양까지 진격했습니다. 승세를 타고 중원을 석권하여 위세를 천하에 떨쳤습니다. 그러나 그들 부대는 경현과 색성索城 사이에서 곤경에 빠졌고, 그 예봉은 성고 서쪽 산악 지대에 막혀 전진하지 못한 지 벌써 3년에 가까워옵니다. 한왕은 수십만 대군을 이끌고 공현과 낙양 일대에서 산하의 험준함에 의지하여 초나라 군사를 저지하고 있습니다. 격전을 자주 벌였지만 작은 전공도 세우지 못하고 형양으로 패주했다가 성고에서 부상을 당했습니다. 또 초나라 군사를 견제하기 위해 완성과 섭현葉縣 사이를 바쁘게 왕래하다가 지쳤습니다. 이러한 형세를 지혜와 용기가 모두 막혔다고 하는 것입니다."

괴통은 이어서 지혜와 용기가 막힌 지금의 형세에서는 반드시 새로운 성현이 나타나 난국을 수습해야 하며, 그 새로운 성현이 바로 한신이라고 지적했다.

"군대의 기세는 요새에 가로막혀 무뎌졌고, 창고의 식량은 오랜 대치로 다 소진되었습니다. 지친 백성의 원성이 길에 가득하고 민심은 동요하고 있지만 의지할 데가 없습니다. 저의 견해로는 이처럼 천하에 우환이 가득할 때는 새로운 성현이 나타나야 해결할 수 있습니다. 지금 항왕과 한왕의 운명은 족하의 손에 달려 있습니다. 족하께서 한나라를 도우면 한왕이 승리할 것이고, 초나라를 도우면 항왕이 승리할 것입니다. 저는 성심을 다해 제 간담을 다 드러내어 어리석은 계책이나마 바치고 싶지만 족하께서 제 말을 따르지 않을까 걱정입니다."

한신은 괴통에게 계속 이야기하라고 눈짓을 했다. 괴통이 이어서 말했다.

"천하의 곤경을 해결하기 위한 가장 좋은 방법은 초한 양국이 손해 보지 않고 공존하는 것입니다. 제나라의 주재 아래 천하를 삼분하여 솥 다리처럼 균형을 이루면 어느 한 나라도 경거망동할 수 없게 됩니다."

한신은 좀 곤혹스러운 표정을 지었지만 괴통의 직언은 명쾌하게 이어졌다.

"족하의 자질은 성현과 같고 지금 수중에 대군을 장악하고 있습니다. 이제 강대한 제나라를 중심으로 삼고 연나라·조나라와 함께 군사를 일으킨 후 초한 양국의 병력이 비어 있는 곳에 군림하여 쌍방을 제어하십시오. 형세에 따라 민심에 순응하고 백성을 위해 명령을 내리십시오. 이와 같이 하면 천하가 소문을 듣고 호응할 것이니 족하의 명령에 따르지 않는 자는 아무도 없을 것입니다. 그런 후 큰 나라를 약화시키고 그 땅을 나눠 제후국을 세워주십시오. 각 제후국들은 건국 이후 모든 덕을 제나라로 돌리면서 명령에 복종할 것입니다. 그때가 되어 제나라가 먼저 국내를 안정시키고, 더 나아가 회수와 사수 지역을 통제하고, 덕정德政을 시행하면 모든 제후국이 은혜에 감격할 것입니다. 이와 같이 하면 천하의 군왕들이 틀림없이 서로 제나라로 달려와 조공을 바칠 것입니다."

괴통은 한마디 경구로써 자신의 견해를 마무리했다.

"하늘이 주는 걸 받지 않으면 오히려 그 허물을 받게 되고, 때가 되었는데 행동하지 않으면 오히려 그 재앙을 당하게 됩니다. 족하께서는 깊이 생각하시기 바랍니다."

"하늘이 주는 걸 받지 않으면 오히려 그 허물을 받게 되고, 때가 되었는데도 행하지 않으면 오히려 그 재앙을 당하게 된다天與弗取, 反受 其咎, 時至不行, 反受其殃"라는 말은 당시에 유행하던 속담이었다. 당시 괴통은 한신이 좋은 때를 만나서 유방과 항우의 운명을 좌우하고 역사의 방향을 결정할 교차로에 있다고 보았다. 따라서 한신이 원대한 포부로 주저 없이 천하의 주인이 되어 자기 운명의 주체가 되기를 희망했다. 반면 이 천재일우의 기회를 놓치면 틀림없이 운명의 보복을 당할 것이라는 경고를 한신에게 전했다.

괴통의 말에 깊이 자극된 듯 한신은 한동안 침묵을 지키다가 마침내 이렇게 대답했다.

"한왕은 나를 매우 후하게 대했소. 그의 수레에 나를 태웠고 그의 옷을 내게 입혔고 그의 음식으로 나를 배불리 먹였소. 듣건대 다른 사람의 수레를 탄 사람은 그 사람과 환난을 함께해야 하고, 다른 사람의 옷을 입은 사람은 그 사람과 근심을 함께해야 하고, 다른 사람의 음식을 먹은 사람은 그 사람과 생사를 함께해야 한다고 했소. 그러니 내 어찌 이익만 보고 대의를 망각할 수 있겠소?"

괴통이 말했다.

"족하께서는 한왕과 우호를 유지하고 있어 제후왕으로서의 터전을 만세토록 유지할 수 있다고 생각하시지만 저는 잘못된 생각이라고 여깁니다. 생각해보면 당초에 장이와 진여는 가난한 평민으로 지

낼 때 장차 환난을 당해도 생사를 함께하자고 맹세하며 문경지교刎
頸之交를 맺었습니다. 그러나 거록 전투 때 장염張黶과 진택陳澤의 일로
오해가 발생하여 그 둘은 원한을 품었습니다.[2] 전영이 자립하여 제나
라 왕이 되었을 때 진여는 제나라 군사를 빌려 장이를 공격했고, 장
이는 나라를 버리고 도주하여 유방에게 투항했습니다. 오래지 않아
장이는 한나라 군사를 빌려 동쪽으로 진격한 후 지수泜水 강변에서
진여를 주살했습니다. 일찍이 일심동체였던 두 사람은 몸과 머리가
분리되어 천하의 웃음거리가 되었습니다. 장이와 진여의 우정은 지
극히 선하고 깊었지만 결국에는 양립할 수 없게 되었고, 결국 서로를
죽이는 수렁에 빠져들었습니다. 그 이유가 무엇이겠습니까? 우환은
과한 욕심에서 생겨나고 사람의 마음은 예측할 수 없기 때문입니다."

괴통은 다시 화제를 한신과 유방의 관계로 돌렸다.

"지금 족하께서는 충성과 신의를 지키며 한왕과 계속 좋은 관계
를 이루고자 하지만 이것은 족하만의 소원일 뿐입니다. 이 상황은 깊
이 따져보지 않아도 분명하게 알 수 있습니다. 족하와 한왕의 우정은
당초에 장이와 진여의 우정보다 깊지 않았고, 족하와 한왕의 갈등은
장염과 진택이 죽은 일보다 훨씬 심합니다. 따라서 한왕이 족하를
해치지 않으리라는 생각은 제가 보기에 틀린 생각입니다."

한신은 아무 말도 하지 않았다.

괴통이 계속 말을 이었다.

"역사에서도 교훈을 찾을 수 있습니다. 전국 시대에 월越나라 대부
문종文種(?~기원전 472)은 나라가 위급할 때 나라를 구한 후 월왕 구
천勾踐(기원전 520?~기원전 465)을 보좌하여 오왕吳王 부차夫差(기원전

초망

528?~기원전 473)에게 복수하고 패왕을 칭하게 했습니다. 그러나 승리한 후 공적을 이루고 명성을 떨친 상황에서 죽임을 당했습니다. 속담에 이르기를 '나는 새를 잡고 나면 좋은 활은 감추고, 교활한 토끼가 죽으면 사냥개는 삶아 먹고, 적국을 격파하면 모신은 주살된다飛鳥盡, 良弓藏, 狡兔死, 走狗烹, 敵國破, 謀臣亡'라고 합니다. 우정으로 족하와 한왕은 장이와 진여만 못하고, 충성과 신의로 족하와 한왕은 문종과 구천만 못합니다. 이 두 가지는 족하께서 자세히 살펴볼 만한 일입니다. 부디 깊이 생각해보시기 바랍니다."[3]

"제가 듣기로는 용맹과 계략으로 군주를 떨게 한 사람은 그 위험이 자신에게 미치고, 그 공로가 세상을 덮은 사람은 어떤 상으로도 보답할 수 없다고 합니다. 제가 족하의 공로를 모두 말씀드릴까 합니다. 족하께서는 서쪽으로 황하를 건너 위나라를 멸망시키고 위표를 사로잡았습니다. 또 대나라를 공격하여 하열을 체포했습니다. 그리고 정형구로 나가 진여를 주살했습니다. 그런 후 연나라를 공략하여 항복을 받았고 제나라를 평정하여 초나라와 제나라 연합군 20만을 소멸하고 용저를 격살했습니다. 승리에 승리가 이어졌고 승첩에 승첩이 거듭되었습니다. 이것은 천하제일의 공로이며 세상에 둘도 없는 병법입니다. 인간 세상에서는 비견할 만한 사람이 없습니다. 따라서 군주를 진동시킨 위세와 어떤 상으로도 보답할 수 없는 공로를 세운 족하께서 지금 초나라에 귀의한다면 초나라 사람들이 믿지 못할 것이고, 한나라에 귀의한다 해도 한나라 사람들이 불안에 떨 것입니다. 상황이 이와 같은데 족하께서 지금 몸을 편안히 맡길 만한 나라가 있겠습니까? 족하의 명성은 천하에 퍼져 있고, 그 몸은 모든 신하의 윗자리에 있으면서 군주를 떨게 하는 위세를 갖추었습니다. 제가 생각해보건대 족하께서는 진실로 위험한 처지에 놓여 있습니다."

말없이 괴통의 이야기를 듣는 한신은 불안한 듯 넋을 잃은 표정이었다. 기나긴 괴통의 말이 끝나고 나자 그는 정신을 차리고 감사의 인사를 하고는 힘없이 대답했다.

"그만하시오. 내가 자세히 생각해본 후에 답변을 드리겠소."

여러 날이 지나도록 한신은 괴통에게 답변을 하지 않았다. 괴통은 다시 면담을 청하여 한신에게 말했다.

"남의 의견을 청취하는 것은 일이 이루어질 조짐이요, 고려를 거듭함은 일이 이루어질 가능성입니다. 남의 의견을 들을 줄도 모르고 깊이 고려할 줄도 모른 채 길게 안정된 치세를 누리는 경우는 드뭅니다. 남의 의견을 듣고 한두 가지라도 실수하지 않게 되면 화려한 말에 속지 않을 수 있습니다. 깊이 고려하여 요점에서 멀리 벗어나지 않으면 교묘한 말에 미혹되지 않을 수 있습니다. 그러나 노예에 안주하는 자는 주인의 기회를 얻을 수 없습니다. 녹봉 한 말의 말단 관직에 만족하는 자는 녹봉 만 석의 공경대부에 오를 기회를 얻을 수 없습니다. 이 때문에 과감히 일을 처리하는 것이야말로 지혜의 구현이요, 미적거리며 결단을 내리지 못하는 것이야말로 성공의 장애입니다. 사소한 일을 따지다가 천하대세를 무시하거나 분명하게 인식하고도 과감하게 결단하지 못하면 일을 이루는 데 장애가 될 뿐입니다. (…) 따라서 미적거리며 움직이지 않는 맹호는 독침이라도 내쏘는 말벌보다 못하고, 주저하며 앞으로 나가지 않는 천리마는 느리게 걷는 둔한 말보다 못하고, 의심에 젖어 결단을 내리지 못하는 용사 맹분孟

賣은 결단을 내리고 과감히 행동하는 보통 사람보다 못합니다. 비록 순舜임금이나 우禹임금 같은 지혜가 있더라도 입을 닫고 말하지 않으면 벙어리나 귀머거리가 손짓으로 마음을 드러내는 것보다 못합니다. 이와 같은 사례들은 모두 과감한 결단의 소중함을 말한 것입니다. 일에 성공하기는 어렵지만 실패하기는 쉽습니다. 때는 얻기는 어렵지만 잃기는 쉽습니다. 때를 잃고 나면 다시 오지 않습니다. 원컨대 족하께서는 자세히 살피고 깊이 생각하시기 바랍니다."

그러나 한신은 시종일관 유예하며 결정하지 않았다. 그는 유방의 은혜에 감사하며 의리를 저버리려 하지 않았다. 다른 한편으로는 자신의 공로가 크기 때문에 유방이 자신의 제왕齊王 자리를 박탈하지 않을 것이라고 생각한 듯하다. 이런 연유로 한신은 괴통의 제의를 완곡히 사양했다.

괴통은 한신이 끝까지 자신의 의견을 받아들이지 않자 열정을 잃었다. 그는 얼마 후 미치광이를 가장하여 무당이 되었다.

③
후공이 항우에게
유세하다

괴통이 한신에게 유세한 글을 읽어보면 그 문장이 감동적이고 비유가 심오하다. 어떤 이는 괴통의 관찰이 정밀하고 분석이 철저하고 전망이 원대하고 대책이 정밀하다는 점에서 비견할 만한 인물이 드물다고 평가했다. 특히 "나는 새를 잡고 나면 좋은 활은 감추고, 교활한 토끼가 죽으면 사냥개는 삶아 먹는다"라는 속담의 절묘한 비유는 말로 표현하기 힘든 인정세태를 극진하게 드러냈다. 실로 포스트 전국시대 종횡가를 대표하는 천고의 명문이라는 평가에 손색이 없는 글이다.

그러나 한편으로는 한신이 괴통의 의견을 받아들여 중립을 유지하여 천하를 삼분했다 하더라도 전쟁을 종결하기는 어려웠을 것이라 평가하는 사람도 있다. 또한 괴통은 천하 흥망의 큰 그림은 무시하고 일시적인 이해만을 살펴서 세 치 혓바닥으로 천하를 소란케 하는 하찮은 변론가에 불과할 뿐이라는 지적도 있다.[4]

후세 사람으로서 생각해볼 때, 한신이 괴통의 건의를 받아들였다

초망

면 개인의 운명은 비참하지 않았을 것이다. 그러나 역사의 대세가 어디로 흘러갔을지는 생각해볼 만한 주제일 뿐 아니라 모두들 지혜를 모아 발굴해볼 만한 과제이므로 뜻 있는 분들의 관심이 기대된다.

한신이 중립을 거부함에 따라 역사의 동향은 다시 관성적으로 흐르면서 새로운 영웅의 등장을 이끌었다. 한나라 4년 8월, 유방은 육가를 항우의 진영으로 파견하여 화의와 휴전을 교섭케 했다. 그는 항우가 오랫동안 인질로 잡고 있는 그의 부친 태공과 아내 여치를 비롯한 친척을 송환해주기를 희망했다.

초나라 출신인 육가는 저명한 변론가로, 유방의 곁을 떠난 적이 없는 측근이었다. 더욱이 역이기가 죽은 후로는 유방 휘하에서 첫 번째로 손꼽는 유세객이 되었다. 그는 각 제후국으로 가서 뛰어난 언변과 교묘한 응대로써 늘 혁혁한 외교성과를 거두었다. 하지만 이번의 임무는 너무 어려웠다. 그는 교섭에 실패하고 말았다. 항우는 화의와 휴전을 거부했고, 태공과 여치 등의 인질 송환도 거부했다.

이때 후공侯公이라는 인물이 등장하여 육가가 완성하지 못한 임무를 완수했다. 『사기』 「항우본기」에는 육가가 사신 임무에 실패한 이후의 과정을 다음과 같이 기록하고 있다.

"한왕은 다시 후공을 보내 항왕에게 유세했다. 후공은 이에 항왕에게 한나라와 조약을 맺고 천하를 반으로 나눠 홍구鴻溝 서쪽은 한나라에 속하게 하고, 홍구 동쪽은 초나라에 속하게 하자고 했다. 항왕이 허락하고 한왕의 부모와 처자를 돌려보냈다. 군사들이 모두 만세를 불렀다."[5]

홍구鴻溝

유방과 항우는 강화에 합의하고 홍구를 경계로 천하를 반으로 나눠 홍구 서쪽은 한나라, 홍구 동쪽은 초나라에 속하게 했다. 홍구는 황하의 물길을 여러 차례 변하게 했다. 지금의 홍구 유적의 경계 비석은 광무간 동쪽 패왕성 옆에 서 있다.

화의가 성립된 후 유방은 후공을 평국군平國君에 봉하여 그의 공적을 기렸다. 역사 기록에 따르면 개선한 후공은 유방의 포상을 받지 않았을 뿐만 아니라 종적을 감춘 채 나타나지 않았다. 결국 하늘에 스쳐 지나가는 한 조각의 구름처럼 그는 역사의 무대에서 사라졌다. 어디서 왔다가 어디로 갔는지 정말 신비하고 불가사의한 존재다.

나는 이 대목을 읽을 때마다 탄식이 우러나곤 한다. 역사 기록은 작은 물방울에 불과하지만 역사 사실은 드넓은 바다와 같다. 만 가지가 누락되고 한 가지만 기록된 행간 속에 우리가 끝없이 탐색해야 할 공간이 있다. 그 공간을 어떻게 채워 넣을지는 새로운 사료 발견에 의지하면서 새로운 시각의 추정에 주의를 기울여야 한다. 여기에서 더 나아가 예술적인 구상과 상상을 가미하면 생각지 못한 효과를 낳기도 한다. 물론 더러는 사람들의 의심을 불러일으키기도 한다. 사학과 문학, 예술과 과학 중 어떤 것이 진실에 가까울까?

위대한 소동파는 후생이 항우에게 유세한 구체적인 내용이 역사에 누락된 것을 안타깝게 여기고 「후공을 대신하여 항우에게 유세하는 글」을 썼다. 분방한 상상력으로 조목조목 근거 있게 잘 정리한 글로, 정사正史를 보충한 명문이라 할 만하다. 또 명대의 문호 왕세정은 「단장설」 상하편을 지었다. 그는 지하에서 출토된 간독簡牘의 내용에 가탁하여 글을 완성했다. 그중에서 후생이 항우에게 유세하는 글은 예스럽고 구성이 독창적이다. 나는 두 선현의 글을 읽고도 여전히 미진한 느낌이 들어 두 편의 내용을 활용하여[6] 후공이 항우에게 유세하는 장면을 다시 부활시켰다. 그 내용은 대략 다음과 같다.

한왕 4년, 초한 두 나라 군사는 광무간 일대에서 대치하고 있었지만 오랜 시간이 흘러도 승패를 결정할 수 없었다. 유방은 변론가 육가를 초나라 본영으로 사신으로 보내 항우에게 휴전과 화의를 요청하고 태공과 여치 등 인질을 보내달라고 했다. 항우가 그 제의를 거부함으로써 육가는 목적을 이루지 못하고 귀환했다. 유방은 여러 날 불쾌했다. 좌우 근신들은 어떻게 해야 좋을지 몰랐다.

이때 5척 단신에 베옷을 입고 나타난 후생이라 하는 자가 항우를 설득할 묘책이 있다면서 유방을 알현코자 했다. 유방은 후생을 자신의 처소로 들어오게 했다.

유방을 알현한 후생은 이렇게 말했다.

"불행히도 태공이 항왕에게 억류된 지 3년이 지나서 대왕의 근심이 날로 가중되고 있습니다. 신이 듣건대 주상의 근심은 신하의 치욕이요, 주상이 치욕을 당하면 신하는 죽어야 한다고 했습니다. 신은 이제 대왕의 근심을 분담하고자 목숨을 걸고 대왕의 치욕을 씻어드리려 합니다."

유방이 대답했다.

"태공께서 항우에게 억류되어 치욕을 당하고 계신지라 밤낮으로 나는 원통한 심정이오. 무슨 방법이 있겠소?"

후생이 말했다.

"신이 비록 재주는 없으나 대왕의 수레 한 대와 기사騎士 수십 명을 빌려 이른 아침에 초나라 군영으로 달려가 저녁 무렵에 태공과 함께 돌아오겠습니다. 이 일을 허락하시겠습니까?"

유방은 곧바로 버럭 화를 내며 욕설을 퍼부었다.

"썩어빠진 샌님이 함부로 지껄이는구나! 육가를 보아라! 그는 천하에 이름 높은 변론가로 어명을 받들고 사신으로 갔다. 그러나 결과는 어땠느냐? 지혜가 궁해지고 말문이 막혀 머리를 싸매고 쥐구멍을 찾았다. 가까스로 한 가닥 목숨만 보존하여 귀환했지만 낭패한 꼴이 말이 아니다. 네 몰골을 보아하니 주둥아리나 교묘하게 놀리는 놈에 지나지 않겠구나!"

후공은 침착하게 말을 이었다.

"대왕께서는 태공이 돌아오시길 바라십니까? 어째서 자청해서 적진으로 가겠다는 사람을 그토록 가볍게 보십니까? 이전에 평원군平原君(기원전 308?~기원전 251)이 초나라에 사신으로 갈 때 모수毛遂(기원전 285~기원전 228)가 함께 가기를 자청했습니다. 사람들은 그를 비웃었고 평원군도 탐탁지 않게 여겼습니다. 결과는 어땠습니까? 모 선생이 뛰어난 재주로 초왕을 질책하여 합종책으로 진나라에 대항하는 삽혈歃血 동맹을 맺게 했습니다. 평원군은 그때부터 관상만 보고 사람을 판단하는 자들을 믿지 않았습니다.[7] 오직 겉모습으로만 사람을 뽑는다면 대왕께서는 대장을 임명할 때 어찌하여 진평을 쓰지 않고 한신을 썼으며, 모사를 임명할 때 어찌하여 장창張蒼(기원전 256~기원전 152)을 쓰지 않고 장량을 썼습니까?"

유방은 한순간 말문이 막혀 한참 동안 후생을 뚫어져라 쳐다보다가 말을 했다.

"선생께서는 앉으시오. 자세한 방법을 들어보고 싶소."

후공은 한왕의 명을 받들고 수레 10승과 기병 100여 명을 이끌고 초나라 본영으로 달려가 항왕에게 알현을 청했다. 항왕이 후공을 만나려 하지 않자 항백이 권유했다.

"이미 이곳까지 왔으니 만나보는 것도 무방할 듯하오!"

이에 항왕이 동의했다. 후생이 항왕을 보고 말했다.

"신이 듣건대 대왕께서는 한왕의 부친 태공을 포로로 잡고 한왕을 제어하는 수단으로 삼고 있다는데, 이에 대해 대왕께 경하를 드립니다. 그러나 얼마 전 한왕이 사신을 보내 태공의 송환을 요청했을 때 대왕께서는 이를 거절하시고, 태공을 삶아 죽여도 아깝지 않다는 호언장담과 더불어 한왕이 천하의 의리를 내버린 도적이라 하셨다는데, 이것은 대왕께서 취해선 안 될 행동이라 생각합니다."

항왕은 눈을 부릅뜨고 후생을 질책했다.

"또 교묘한 말장난이나 하러 왔구나. 나와 유방은 전쟁을 하며 각축을 벌이고 있다. 그의 부친을 사로잡아 어떻게 처리하든 그건 내 마음이다. 다시 허튼 소리를 늘어놓으면 네놈까지 함께 삶아 죽이겠다."

후공이 침착하게 대답했다.

"신은 강호의 과객입니다. 지금 비록 한나라 사신의 신분으로 대왕을 알현하고 있으나, 저의 본뜻은 대왕께서 초한 쌍방을 위해 그리고 천하를 위해 생각해야 한다는 것입니다. 바라옵건대 대왕께서 신의 말을 들어보신 뒤에 취할 만한 점이 있으면 참고하시고, 그렇지 않다면 신을 태공과 함께 삶아 죽여도 늦지 않을 것입니다."

항왕이 말했다.

"어서 말하라!"

후생이 말했다.

"대왕께서는 한왕이 정말 태공을 생각하고 있다고 여기십니까? 아니면 생각하고 있지 않다고 여기십니까?"

항왕이 말했다.

"그게 대체 무슨 말이냐?"

후생이 말했다.

"대왕께서는 일찍이 태공을 도마 위에 올려놓고 죽이려 하신 적이 있습니다. 그때 한왕이 대답하기를 '태공을 죽이겠다면 국을 끓여 내게도 한 그릇 전해다오'라고 했습니다. 팽성 전투 때 한왕은 거의 대왕께 사로잡힐 뻔했습니다. 한왕은 자식들과 함께 수레를 타고 도망하는 중에 몇 번이나 두 자식을 수레에서 떨어뜨리고 돌아보지 않았습니다. 이 일은 무엇을 말합니까? 한왕이 천하에 뜻을 두고 있을 뿐 가족을 돌보지 않는다는 사실을 말합니다. 또 이는 오로지 천하를 탈취하는 데 마음이 있을 뿐 가족은 관심 밖이라는 뜻입니다. 한왕과 같은 사람에게는 부모와 처자를 인질로 삼아 협박해도 이익을 얻을 수 없습니다. 한왕이 여러 차례 사신을 보낸 것도 진심으로 태공을 생각하여 결정한 것이 아닙니다. 한왕의 의도는 이를 빌미로 대왕을 덕도 없고 의리도 없는 인물로 몰아 각 제후국과 연합하여 대왕을 공격하려는 것입니다."

항왕이 다소 노기를 누그러뜨리고 천천히 말했다.

"정말로 그렇단 말이오?"

후생이 대답했다.

"대왕께서는 지난 일을 돌이켜 생각해보시기 바랍니다. 대왕께서 한왕을 파촉과 한중에 분봉해주었는데도 한왕은 마치 그 일이 없었던 것처럼 행동했습니다. 그는 남정에 도착해서 대왕의 죄악을 소리 높여 질책했습니다. 그는 대왕께서 '회왕과의 약속을 어기고 천하를 배신했으며 먼저 관중에 들어간 자신을 황폐한 땅에 폄적했다'고 주장했습니다. 의제가 강가에서 환난을 당했을 때 한왕은 마치 아무것도 모르고 있었다는 듯이 동쪽으로 세력을 확장하면서 대왕의 죄악을 소리 높여 질책했습니다. 그는 대왕께서 '임금을 시해하고 천하를 배신했으므로 각 제후국과 함께 군사를 일으키고 싶다'고 공언했습니다. 그러므로 대왕께서 태공을 삶아 죽이겠다고 위협하면 한왕은 아무 일도 없다는 듯이 행동하다가 태공이 죽음을 맞는 순간 옛 수법을 꺼내 대왕의 죄악을 질책하는 격문을 천하에 띄워 '정도 없고 의리도 없는 자를 천하와 함께 토벌하고 싶다'고 선언할 것입니다. 신은 대왕께서 한왕이 설치한 함정을 피하려면 태공 등 인질을 석방하고 화의에 적극 참여해야 한다고 생각합니다. 그러면 한왕 진영의 군신들은 논리가 궁해지고 말이 막힐 것입니다. 안으로 가족에게 압박을 받고 밖으로 명분의 압박을 받으면 감히 신용 없이 초나라를 공격하는 천하의 재난을 일으키지 못할 것입니다. 그와 함께 대왕께서는 이치에 바르고 기세당당한 입장이 됩니다. 그러면 안으로 인의의 정을 펼칠 수 있고 밖으로는 천하의 대의에 부합할 수 있게 됩니다. 그 후 사신을 파견하여 제후들에게 이렇게 포고하십시오. '천하가 초한 전쟁으로 고통을 받은 지 오래라 창생은 고난을 겪고 있고 백성은 도탄에 빠져 있다. 과인은 한나라의 땅에 전혀 야심이 없으며, 한나라의 재산에도 욕심이 없다. 과인은 일찍이 한왕과 형제가 되기로 약속했다. 지금 옛 정을 생각하여 그의 가족을 돌려보낸다. 이로써 천하에 과인이 민중의 휴식을 위하고 백성의 삶을 위한다는 사실을 밝게 펼쳐보이고자 한다. 이제 경계를 확정하고 전투를 중지한 뒤 창칼을 녹여 옥백玉帛으로 만들어 오래오래 평화를 유지할 것이다.'"

항왕은 후공의 언변에 빠져들어 고개를 끄덕이며 말했다.

"좋소, 선생의 말대로 하겠소. 선생께서는 돌아가 한왕에게 알려주시오. 전쟁 중지 약속을 하면 과인이 팽성으로 돌아간 이후 태공을 송환하도록 하겠소."

후생이 말했다.

"그건 타당하지 않은 조치인 듯합니다. 지혜로운 사람은 결정이 신속할 때 고귀한 법이고, 용기 있는 사람은 실행이 단호할 때 고귀한 법입니다. 결정을 신속하게 해야 호기를 놓치지 않을 수 있고, 실행을 단호하게 해야 유감을 남기지 않을 수 있습니다. 왕릉은 본래 초나라의 용장이었으나 유방에게 귀의했습니다. 대왕께서 왕릉을 소환하기 위해 그의 모친을 구금했을 때 그의 모친은 초나라 군영에서 자결하고 말았습니다. 이 때문에 천하가 그녀의 죽음을 애도하고 그녀의 절의를 칭송하게 되었으며, 그로 인해 왕릉은 목숨 바쳐 유방에 충성할 뿐 두 마음을 먹지 않게 되었습니다. 지금 태공은 오랫동안 구금되어 있는 터라 간절히 돌아가기를 고대하고 있습니다. 이런 상황에서 사신이 다녀갔는데도 대왕께서 자신을 풀어줄 뜻이 없다는 소문을 듣는다면 억울한 심정을 느낄 것입니다. 혹시라도 그가 왕릉의 모친을 모방하여 자살한다면 대왕께서는 뒤늦은 후회를 하게 될 것입니다."

이때 지금까지 침묵하고 있던 항백이 끼어들었다.

"왕릉의 모친이 자살한 일을 생각하면 아직도 내 마음이 떨리오. 태공은 연세가 높아서 뜻하지 않은 변고가 생길 수도 있소. 정말 그런 일이 생긴다면 천하 사람들로부터 불의하다는 비난을 들을 것이며, 나라에는 불길한 일이 겹칠 것이오. 대왕께서는 후생의 건의를 잘 고려해주기 바라오."

후생은 항백의 도움을 얻어 한 걸음 더 나아갔다.

"지금 대왕께서는 식량이 부족하고 장졸은 피로하므로 성을 고수하는 한나라와 오래 대치하기가 어렵습니다. 신이 듣기로 한신의 대군은 이미 정비를 마친 후 승세를 몰아 강군을 이끌고 장차 남하했다가 다시 서진하려고 한다 합니다. 그때가 되면 대왕께서는 갑주를 벗고 동쪽으로 돌아가고 싶어도 그렇게 하기가 어려울 것입니다. 신은 대왕께서 이 기회를 잡기 바랍니다. 한왕이 강화를 요청하는 기회를 이용하여 바로 태공을 석방하고 한왕과 조약을 맺어 홍구 서쪽은 한나라 땅으로 인정하고 동쪽은 초나라 땅으로 삼아 천하를 둘로 나누시길 희망합니다. 그리고 군사를 거느리고 동쪽으로 귀향하여 천지신명과 열성조에게 제사를 올리고 동제東帝란 호칭을 쓰며 동방의 제후들을 진무하십시오. 그런 후 병졸을 푹 쉬게 하고 군량미를 쌓아 천하의 변화를 기다리십시오. 한왕은 이미 늙었고 전쟁에 염증을 느끼고 있어 더 큰 욕심을 품고 있지 않습니다. 틀림없이 대대로 대왕의 서쪽 울타리가 되어 초나라를 받들 것입니다."

여기까지 듣고 나자 항왕은 의구심을 풀고 즐거워했다. 그는 후생의 건의를 받아들여 곧바로 태공을 석방하고 유방과 강화를 진행하게 했다. 또한 후생을 최고 국빈으로 융숭히 대접했고, 태공도 함께 청하여 술을 마시며 축하 인사를 했다. 이렇게 사흘 동안 연회를 즐겼다.

후생의 유세와 중재를 통해 항우와 유방은 강화조약을 맺었다. 항우는 조약에 따라 태공과 여치 등의 인질을 송환했다. 태공과 여치 등이 초나라 본영을 떠나 한나라로 향할 때 양군 장졸들은 환호하며 만세를 불렀다

뜻밖에 기쁜 수확을 얻은 유방은 당장 후공을 평국후平國侯에 봉

하겠다고 선언하면서 후공의 손을 잡고 신료들 앞에서 칭찬했다.

"선생께선 정말 천하에 둘도 없는 변론가요. 그 말씀으로 군주를 움직일 수 있었고 국가를 안정시킬 수 있었소. 이 때문에 평국군의 봉호를 내리는 바요."

후공은 시종일관 웃음을 머금고 아무 말도 하지 않았다. 다음 날 후공은 알 수 없는 곳으로 자취를 감췄다. 한왕이 하사한 모든 포상은 손을 대지 않은 상태로 봉해져 있었다.

진하陳下 전투[8]

초한 간에 강화가 성립한 이후 항우는 조약에 따라 군사를 이끌고
동쪽으로 철수했다. 유방도 군사를 거둬 관중으로 돌아갈 준비를
했다.

이때 장량과 진평이 유방에게 간언을 올렸다.

"지금 한나라는 이미 천하의 반을 영유하고 있고 각 제후국도 대
부분 한나라에 귀의했습니다. 그런데 초나라는 식량이 부족하고 장
졸은 전쟁에 지쳐 있습니다. 지금은 하늘이 초나라를 멸망시키려는
때입니다. 하늘이 주는 기회를 받지 않으면 '호랑이를 키워서 우환을
남기게 될' 것입니다."

유방은 곰곰이 생각하다가 이 의견에 동의했다.

한나라 5년 10월, 정전 협정을 파기한 유방은 철수 중인 초나라
군사를 공격하기 시작했다. 초나라 군대는 창망한 가운데 방어하면
서 후퇴했다.

한나라군 지휘부가 공격을 개시하기 전에 세운 계획은 기본적으

로 철수하는 항우의 군사를 사방에서 포위하여 섬멸하는 것이었다. 먼저 유방이 한나라 주력군을 거느리고 서쪽에서 동쪽으로 항우군의 뒤를 쫓으며 공격을 퍼부었다. 항우군은 이러한 압박 가운데 전투를 치르면서 동쪽으로 철수할 수밖에 없었다. 그런 한편 팽월의 군대가 동군 일대에서 남하하여 퇴각 중인 초나라 군대를 공격했다. 그리하여 삼천동해도를 따라 팽성으로 회귀하던 항우의 군대는 퇴로가 끊기고 말았다. 또한 한신의 군대는 설군과 성양군 일대에서 남하하여 동쪽과 북쪽 양 방향으로 초나라 수도 팽성을 공격하여 항우가 돌아갈 근거지를 소탕했다. 이와 동시에 장군 유가는 새로 회남왕淮南王에 봉해진 영포를 도와 옛 구강국으로 돌아가서 수춘壽春을 탈취했다. 이어서 남쪽에서 북쪽으로 진군하며 항우가 남하할 퇴로를 끊고 회북 지역에서 초나라 군사를 섬멸할 계획을 세웠다.

동쪽으로 철수하던 항우군은 원래 삼천동해도를 따라 대량, 개봉開封, 진류, 수양 노선을 거쳐 초나라 도성 팽성으로 돌아갈 예정이었다. 그런데 갑자기 후미에서 한나라 군사가 공격해오자 어쩔 수 없이 응전하면서 개봉과 진류 일대로 황급히 철수했다. 동쪽 길은 이미 팽월군에게 가로막혀 있었다. 그런데 한신군이 출병하여 팽성 지역으로 향하고 있다는 소식에 항우군은 길을 돌려 남쪽으로 내려가서 홍구鴻溝 물길을 따라 진현으로 직진했다.

일찍이 초나라 도성인 진현은 초나라 군사의 주요 전략기지였다. 진현 및 그 주위의 진군陳郡 지역은 초나라에서는 상대적으로 안정된 지역으로, 오랫동안 초나라 장수 이기利幾(?~기원전 202)가 중무장한 병력으로 수비하고 있어서 전쟁의 참화를 비교적 적게 받은 곳이었다. 진군 남쪽은 공환共驩(?~기원전 202)의 임강국과 주은이 통제하는 구강군에 의지해 있었고, 동쪽은 팽성이 있는 사수군과 이웃해 있었다. 따라서 나아가면 공격할 수 있고 물러나면 지킬 수 있는 곳이었다. 패퇴 중인 항우에게는 결코 놓칠 수 없는 요충지였다.

항우는 진현으로 진입한 후 퇴각을 멈추고 대장 종리매를 진현 북쪽 고릉固陵(지금의 허난 화이양 북쪽)으로 보내 군사를 주둔하고 방어시설을 갖추게 했다. 그리고 진현을 의지처로 삼아 신속히 이중 방어선을 구축한 뒤 유방의 공격에 맞서게 했다.

항우의 뒤를 바짝 쫓아온 유방은 고릉에 도착하여 종리매의 공격으로 전진할 수 없게 되자 결국 양하에 군사를 주둔하고 초나라군과 대치했다. 유방은 팽월과 한신에게 사자를 보내 서둘러 군사를 이끌고 와서 약속한 날짜에 고릉에서 군사를 합친 후 일거에 초나라 군사를 섬멸하자고 했다. 그러나 약속한 날짜가 되었는데도 팽월과 한신의 군사는 도착하지 않았다.

항우는 한나라 군사들이 서로 협력하지 않는다는 낌새를 채고 고릉성 밑에서 외롭게 진을 치고 있는 유방군을 공격했다. 한나라 군사는 대패하여 양하성으로 물러나 성벽만 굳게 지켰다.

이때 유방은 다시 한 번 단독으로는 항우와 대결할 수 없다는 사실을 확실히 깨달았다. 그는 어찌할 도리가 없어서 장량에게 물었다.

"어떻게 해야 한신과 팽월을 불러들일 수 있겠소?"

장량이 대답했다.

"초나라를 격파하는 것은 눈앞에서 금방 이룰 수 있는 일이 되었습니다. 그러니 지금 각 제후국 입장에서는 각자 자신의 이익에 관심을 갖는 것입니다. 전후에 얻을 수 있는 영토에 대해서 대왕께서 명확한 언질을 하지 않아 자연히 군사를 이끌고 오지 않는 것입니다. 대왕께서 제후 각국과 천하를 공유하고 영토를 고루 나누어주신다면 저들은 즉각 이곳으로 달려올 것입니다."

장량은 한 걸음 더 나아가 구체적으로 분석했다.

"제왕 한신을 책봉한 것은 스스로 요청한 일이지 대왕의 본뜻이 아니었으므로 한신은 불안을 느끼고 있습니다. 팽월이 위나라를 평정하고 나서 대왕께서는 위왕 위표와의 인연 때문에 팽월을 위나라 상국으로 임명했습니다. 위표는 이미 죽었으므로 팽월은 자연히 자기가 위왕이 되리라는 기대를 품고 있을 것입니다. 그런데도 대왕께서는 시간을 지체하며 결단을 내리지 않고 있습니다. 이것이 바로 두 사람이 군사를 이끌고 달려오지 않는 까닭입니다. 목전의 형세로 말씀드리자면 수양 이북에서 곡성穀城(지금의 산둥 핑인현平陰縣)까지의 땅을 위나라로 귀속시키고 팽월을 위왕에 책봉하십시오. 그리고 진현 동쪽에서 동해에 이르는 땅을 제왕 한신에게 귀속시켜 자신의 고향을 영유하려는 한신의 욕망을 만족시키십시오. 대왕께서 이 두 곳의 땅을 그들에게 할양하신다면 그들은 자신의 이익을 위해 분전하여 초나라를 즉각 격파할 수 있을 것입니다."

유방은 장량의 건의를 받아들여 즉시 두 곳으로 사자를 파견했다. 두 사자는 앞에서 제시한 조건에 따라 각각 팽월, 한신과 협상을 진행했다. 아니나 다를까 팽월과 한신은 곧바로 조건을 받아들여 전투에 참가했다.

한신은 조참에게 제나라를 지키게 한 뒤, 이미 여러 차례 초나라 깊숙이 들어가 전투한 경험이 있는 관영을 선봉장으로 삼아 대군을 이끌고 남하했다. 그는 초나라 방어선을 돌파하고 설현, 패현, 유현留縣을 연이어 점령한 뒤 일거에 초나라 도성 팽성을 함락했다. 팽성을 방어하던 초나라 대장이며 항우의 조카인 항타는 패배하여 포로가 되었다. 승세를 얻은 한신 군은 서진하여 소현, 상현相縣(지금의 안후이 쑤이시濉溪 서북쪽), 찬현酇縣(지금의 허난 융청永城), 초현譙縣(지금의 안후이 보현亳縣) 등지를 모두 함락했다. 한신군은 파죽지세로 진현을 향해 진군하여 유방의 군대와 합세했다. 이와 동시에 팽월군도 재빨리 남하하여 진현 지역으로 진입했다.

성을 굳게 지키던 유방군은 한신과 팽월 부대의 역량을 얻어 방어에서 공격으로 전략을 바꿨다. 먼저 종리매를 격파하여 고릉을 함락한 후 진현을 포위하자 그곳을 지키던 초나라 장수 이기가 투항했다. 유방, 한신, 팽월의 3로 대군이 공격해오자 항우는 진현 지역에서 싸우려던 계획을 포기하고 영수潁水를 따라 남하했다. 이어서 회수를 건너 회남淮南 지역으로 퇴각한 후 초나라 남부 지역에서 전열을 가다듬으려 했다.

그러나 이 무렵 회남 지역의 형세에도 변화가 발생했다. 한나라 장수 유가가 회수를 건너 수춘을 포위한 것이다. 수춘은 전국 시대 말기 초나라의 도읍지로, 회남의 중요 도시였다. 유가가 수춘을 포위하자 구강군 전체가 진동했다. 구강군 지역은 항우가 영포에게 분봉한 영토였다. 유가는 영포의 명망을 이용하여 구강군을 지키던 초나라 장수 대사마 주은에게 사자를 보내 투항을 받아냈다. 한나라로 귀의한 주은은 구강으로 돌아오는 영포를 영접했다. 이로써 항우가 남쪽

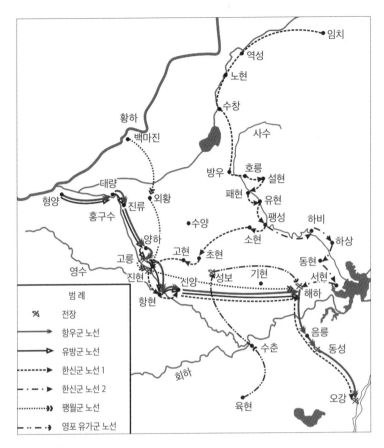

해하 전투 개념도

으로 후퇴하려던 계획도 무산되었다. 유가는 영포, 주은과 힘을 합한
후 신속하게 회수를 건너 북상하여 성보현 일대에 당도했고, 이후 각
지역 군사와 연합하여 진현의 항우군을 포위했다.

　연합군이 진현을 완전히 포위하지 못한 틈을 타고 항우는 재빨리
진격 방향을 동쪽으로 바꿨다. 그는 항성項城, 신양新陽, 신처新郪를 지

나 기현斯縣 남쪽의 해하에 도착했다. 그곳에 주둔한 항우는 유방과의 결전을 준비하기 시작했다.

❺ 해하 전투

해하 옛 전장은 지금의 안후이성 구전현固鎭縣과 링비현靈璧縣 사이 회북淮北 평야에 있다.

한나라 5년(기원전 202) 12월, 진현에서 해하로 철수한 항우는 전력을 기울여 유방과 최후의 결전을 치르기로 결정했다. 장장 5년간의 소모전에서 항우는 대부분의 영토와 동맹국을 잃었다. 상황은 나날이 악화하고 있었으나, 짧은 휴식과 보충을 통해 항우는 10만 대군을 결집했다. 초나라 군대의 최정예 핵심 역량과 항량과 항우를 따라 북상한 강동자제江東子弟들도 여전히 건재해 있었다.

항우가 통솔하는 초나라 군사는 기치가 엄정하고 군기가 뚜렷하여 최강의 전투력을 과시해왔다. 그리하여 초나라 장졸들은 항우를 군신軍神으로 추앙했고, 항왕으로 인해 초나라 군사는 위엄을 드러냈다. 항왕이 북을 치면 용맹하게 진격했고, 항왕이 징을 치면 조용히 군사를 거뒀고, 항왕의 깃발이 움직이지 않으면 초나라 군사는 반석처럼 미동도 하지 않았다. 8년 동안 초나라 군사는 항왕의 통솔 아래 속전속결의 전략으로 백전백승을 거뒀으며, 소수 정예로 다수의 적을 물리친 적도 많았다. 거록에서는 진나라 군사를 전멸시켰고, 팽성에서는 한나라 군사를 크게 격파했다. 대규모 야전에서는 적수를 만난 적이 없었다.

팽성 전투 이후 유방은 시종일관 항우와 싸우기를 피하고 성을 고수하는 방식으로 초나라 군사의 전력을 소모시켰다. 또 후방 교란과 측면 전투로 초나라 군사를 분산시키면서 줄곧 항우를 이곳저곳으로 내몰며 피곤하게 만들었다. 항우는 결국 유방과 야전에서 정정당당하게 겨룰 수 없었다. 이에 퇴각하던 항우는 일망무제의 해하 평야를 선택했다. 타하沱河 남안의 해하성을 거점으로[9] 군사를 배치하고 결전을 위한 진을 쳐서 유방이 응전해오지 않을 수 없게 만들었다.

불리한 상황에서 해하로 물러난 항우는 한나라와 제후 연합군이 각 방향에서 해하로 접근하고 있다는 소식을 듣자 마음속 안개가 걷히며 다시 한 번 격정이 불타올랐다. 오랫동안 기대해온 결전의 시간이 박두하고 있었다. 항우는 햇살 내리쬐는 광야를 바라보다가 바람에 나부끼는 깃발을 응시했다. 귓가에는 벌써 천군만마의 울부짖음이 들리는 듯했고, 운명의 신이 눈앞에 강림하는 듯했다. 초나라 군사는 거록과 팽성에 비견할 만한 또 한 차례의 대첩을 앞두고 있었다.

항우의 시야에 먼저 포착된 적군은 초나라와 가장 가까운 거리의 제나라 군으로, 한신은 이미 초나라 수도 팽성을 점령하여 30만 대군을 이루었다. 그 일부는 사수를 따라 남하했고, 대부분은 수수를 건너 진격했다. 동쪽과 북쪽 두 방향을 압박함으로써 초나라 군사가 동쪽 동해군으로 이동할 노선을 끊은 것이다. 진현 방향에서 뒤따라온 유방군은 회수를 건너 북상한 영포·유가의 군사와 회동한 후 서쪽과 남쪽에서 항우군을 포위했다. 이 또한 30만에 달하는 대군으로, 한신군과 서로 힘을 합쳐 포위망을 구축했다.

팽성 전투에서 참패한 유방은 충분히 쓴맛을 보고 다시는 항우와 정면 대결을 벌이려 하지 않았다. 유방은 팽월의 지원을 받으며 인내 속에서 고통스러운 5년을 보냈다. 그리고 마침내 한신이 북방 전장에서 찬란한 승리를 거두는 틈에 반전의 계기를 맞이하여 전쟁의 주도권을 되찾았다. 하지만 항우를 추격하여 고릉에 도착한 유방은 단독으로 군대를 이끌고 전투에 나섰다가 곧바로 항우의 세찬 공격을 받았다. 유방은 할 수 없이 광대한 땅을 양보하는 조건으로 한신과 팽월의 지원을 요청할 수밖에 없었다. 유방의 입장에서 이것은 정말 각골명심해야 할 교훈이라고 할 만했다.

유방은 자신의 경험을 종합하여 잘못을 바로잡을 줄 아는 인물이었다. 팽성 전투를 통해 그는 자신이 수십만 대군을 지휘하여 야전을 치르기엔 역부족임을 성찰했다. 따라서 자신이 항우와 단독으로 싸울 능력이 없다는 사실을 분명히 인식하고 있었다. 또한 유방은 사람을 알아보는 능력도 지니고 있었다. 어느새 엄청난 세력을 형성한 한신에 대해 안심할 수는 없어도 한신만이 항우와의 결전을 지휘할 수 있다는 것을 잘 알고 있었다. 유방은 해하 전투에서 한나라 군대와 제후 연합군의 지휘권을 모두 한신에게 부여하고 자신은 이선으로 물러나 은인자중하기로 했다. 오히려 그의 마음은 전후의 사안들을 어떻게 처리할지에 쏠려 있었다.

한신은 마치 안개 속 표범이 산을 나선 듯, 바람 속 대붕大鵬이 하늘을 나는 듯 삼진을 멸하고 서위를 취했다. 또 이어서 조나라를 멸망시키고 연나라의 항복을 받았으며 제나라까지 정복했다. 그가 세운 전공은 한마디로 말해 "한 손으로 천하의 반을 석권하다一手打下了半个天下"라고 표현할 만했다. 그러나 득의만만하고 독보천하獨步天下하는 한신은 항왕과 정면으로 대결한 적이 없었다. 그의 입장에서는 유감스러운 일이었다. 유방의 수중에서 연합군의 지휘권을 접수한 한신은 어떻게 이 일을 완벽하게 처리할 수 있을까를 고민했다.

한신은 항우의 곁에서 여러 해를 보냈기 때문에 항우의 인간됨과 일처리에 대해, 특히 항우의 군사 작전에 대해 세밀하게 관찰했을 뿐 아니라 그 득실까지 이성적으로 분석했다. 유방을 처음 만났을 때 한신이 제안한 유명한 '한중대'도 사후의 결과를 보면 하나하나 적중되지 않은 것이 없었다. 그러나 이번은 그때와 다르다. 처음으로 항우와 직접 대결하는 것일뿐더러 어쩌면 마지막이 될 수도 있기 때문이다.

이번 대결은 항우가 시간과 장소를 선정했고, 대결 방식도 항우의 장기인 야전으로 결정되었다. 이것은 한신에게 불리한 점이었다. 그러나 초나라의 국력은 나날이 쇠약해지고 있었고, 결국 항우도 지친 맹수가 되어가고 있었다. 또한 60만 대 10만의 대결 구도가 유방의 손에서는 혼란한 열세로 바뀔 수 있는 일이지만, 한신의 손에서는 군사가 많을수록 유리한 것이었다. 지금까지 줄곧 약세를 강세로 바꾸고 기병奇兵으로 승리를 쟁취해온 한신은 치밀하게 정찰하고 신중히 따져본 후 항우의 도전을 정정당당하게 받아들여 강대강强對强으로

초망

맞붙기로 결정했다. 이에 쌍방이 시일을 정해 해하 평야에서 결전을 벌이기로 했다.

결전의 날이 되자 한신의 지휘 아래 60만 연합군은 3중 6군의 진을 펼쳤다. 제1선 30만 병력은 전군前軍, 좌군左軍, 우군右軍으로 나누었다. 중앙에서 초나라 군사와 맞서는 전군 10만은 한신이 지휘하고, 좌군 10만은 한신의 부장 공희孔熙가 맡고, 우군 10만은 한신의 또다른 부장 진하陳賀가 맡았다. 좌우 양군은 전방에 위치한 전군 뒤에서 양날개로 지원하게 했다. 유방이 지휘하는 제2선의 10만 병력은 중군으로 삼아 전군 뒤를 받쳐주는 역할을 맡았다. 그리고 제3선의 20만 병력은 좌후군과 우후군으로 나눠, 좌후군 10만은 유방의 부장 주발이 지휘하고 우후군 10만은 거록 전투의 명장 시무가 지휘했다. 좌후군과 우후군은 중군 양측 후방에 진을 치고 총예비군 역할을 맡아 초나라 기병의 후방 기습을 방비하게 했다.[10]

항우의 10만 병력은 연합군의 6분의 1에 불과했다. 그러나 항우는 소수로써 다수를 제압하는 데 뛰어나고 예리한 기병의 신속한 공격력까지 지녔기 때문에 10만의 병력도 넉넉하다고 할 수 있었다. 역사 기록에는 해하 전투에서 항우가 펼친 진법이 무엇인지 적혀 있지 않다. 따라서 우리는 항우가 보여준 일관된 기풍과 전법에 근거하여 당시 상황을 추측해볼 수밖에 없다. 수적으로 열세인 항우는 연합군처럼 공수攻守가 자유롭고 개폐開閉에 법도가 있는 2~3중 포진을 사용할 수 없었다. 결국 병력을 집중하여 연합군 진영을 돌파한 뒤 맹렬한 공격으로 적을 궤멸시켜야 했다.

항우군이 먼저 연합군을 공격했다. 종리매의 지휘 아래 초나라 전군 정예부대는 한신의 전군 선봉대를 향해 돌격했다. 초나라 기병은 양쪽에서 두 날개를 편 것처럼 한신의 전군 양쪽을 치고 들어갔다. 이는 깃발과 북을 탈취하여 한신군의 지휘체계를 교란하기 위해서였다. 연합군의 전군은 한신의 지휘로 초나라의 공격을 굳건히 방어했으나 양쪽에서 초나라 기마병의 습격으로 진영이 위축되었다. 결국 군사가 동요하면서 조금씩 후퇴하기 시작했다. 항우는 주력인 중군을 이끌고 종리매의 전군 뒤에 바짝 붙어 엄호하고 지원했다. 초나라 군이 유리한 형세를 드러내면서 한신군이 북과 깃발을 빼앗기고 혼란에 빠지자 항우는 총공격할 시기임을 확신했다. 그는 총공격 명령을 내리고 중군을 지휘하여 퇴각 중인 한신군을 향해 치달렸다.

그러나 항우가 예상하지 못한 상황이 벌어졌다. 후퇴하는 한신군 사이로 후군이 나타난 것이다. 후군은 대열을 열어 퇴각하는 한신군을 받아들이면서 궁노수를 동원해 초나라 군사 후위로 화살을 퍼부었고, 후군의 일선 부대는 초나라 군사를 맞아 맹공을 퍼붓기 시작했다. 쌍방 격전이 벌어지자 한신군의 양쪽에서 명령을 기다리고 있던 공희의 군사와 진하의 군사가 돌연 초나라군을 압박하며 조여들었다. 그들은 초나라 기병을 궤멸시키기 위해 한편으로 초나라 양 날개를 공격하면서 다른 한편으로는 군사를 나눠 종리매군과 항우군의 후방으로 파고든 후 항백이 지휘하는 초나라 후군을 격리했다. 이로써 초나라 군사는 둘로 양단된 채 연합군에 포위되었다. 그와 동시에 후군 속으로 후퇴했던 한신의 전군도 대형을 정비하여 후군과 함께 공희부대·진하부대와 힘을 합친 후 초나라 군사를 향해 총공격을 전개했다.[11]

포위망에 빠진 초나라 군사는 한신이 지휘하는 삼군의 분할 공격으로 인해 체계적으로 저항할 방도를 잃고 마침내 거의 전군이 궤멸되고 말았다. 역사에는 초나라 10만 군사 중 전사자가 8만이라는 한 줄의 기록만 남아 있다. 이 대목만으로도 당시 전황의 참혹함을 상상할 수 있다.

6

오강에서
자결하다

해하 전투에서 초나라 군사는 참패했다. 종리매가 지휘한 전군과 항
우가 지휘한 중군이 거의 궤멸되었고, 10만의 장졸 가운데 생환자는
2만도 채 되지 않았다. 항우는 고전 끝에 겹겹의 포위망을 뚫고 해
하성으로 퇴각했다. 그는 깊은 해자와 높은 성벽에 의지하여 성을 굳
게 닫은 채 밖으로 나오지 않았다. 대승을 거둔 연합군은 해하성을
단단히 포위했다.

　항우는 숱한 전투를 치르는 동안 한 번도 패배한 적이 없었다. 대
규모 야전은 그가 가장 능숙하게 구사하는 회심의 전략으로, 마치
전쟁의 신으로부터 도움을 받는 듯했다. 그의 용병술은 높은 산에서
큰 바윗돌이 구르는 것과 같았고, 거센 바람이 땅 위의 낙엽을 휘날
리는 것과 같아서 한 번도 실수한 적이 없었다. 해하 전투는 그의 생
애에 유일한 패배였다. 패배 후 외로운 성을 고수하게 된 것도 그가
여태껏 경험해보지 못한 굴욕이었다.

　역사 기록은 대략 다음과 같다. 항우는 잔여 부대를 이끌고 해하

성을 요새로 삼아 보루를 구축하고 성을 굳게 지켰다. 그러나 병력은 부족했고 식량까지 바닥을 드러낸 상황에서 항왕이 우울하고 불안한 마음으로 방어 상태를 순시하던 중 연합군 진영에서 들려오는 귀에 익은 초나라 노래楚歌를 들었다.[12] 항왕은 대경실색하며 혼잣말을 내뱉었다.

"초나라 전역이 이미 한나라에게 점령되었단 말인가? 어찌하여 한나라 군영에 초나라 사람이 저렇게 많은가?"

항왕은 밤새도록 잠을 이루지 못하다가 몸을 일으켜 장막 속에서 술을 마셨다. 항우의 애첩 우희虞姬는 줄곧 그의 곁을 수행했다. 항우의 애마 오추마烏騅馬도 오랫동안 그의 발이 되어주었다. 이제 길을 잃은 영웅은 의탁할 데 없는 눈앞의 미녀를 망연히 바라보고 있었다. 장막 밖의 준마도 달릴 곳을 잃은 듯했다. 항우는 비분강개하여 비장하게 노래를 불렀다. 마음속에 가득한 울분이 마침내 한나라 군영에서 들려오는 초나라 노래에 대한 화답으로 분출되었다.

힘은 산을 뽑았고 기개는 세상을 덮었지만 力拔山兮氣蓋世
때가 불리하니 오추마도 나아가지 않는구나 時不利兮騅不逝
오추마가 나아가지 않으니 내 어찌 하리오 騅不逝兮可奈何
우虞여! 우여! 너를 또 어찌할꼬 虞兮虞兮奈若何

전설에 의하면 우희는 애간장이 끊어지는 슬픔에 젖어 항왕을 위해 초나라 춤을 추며 다음과 같은 화답가를 불렀다고 한다.

한나라 군사는 이미 우리 땅을 공략했고 漢軍已略地

사방에는 초나라 노랫소리뿐일세 四面楚歌聲

대왕의 의기도 다했으니 大王意氣盡

천첩이 어찌 삶을 도모하리오 賤妾何聊生

가사는 아마도 후세 사람이 가탁한 듯하지만 내용은 정리에 부합한다. 항우와 우희는 이러한 가사로 화답하며 같은 노래를 여러 번 불렀으리라. 영웅으로 살아온 항왕도 눈물을 참을 수 없었고, 좌우의 시종들은 목 놓아 통곡하며 고개를 들지 못했다.

그날 한밤중에 항우는 800명의 호위 기병과 함께 한나라 군사의 포위망을 뚫고 남쪽으로 내달렸다. 한나라 지휘부는 날이 밝아서야 이 사실을 알게 되었고, 유방은 관영에게 기병 5000을 이끌고 추격하게 했다. 관영의 임무는 항우를 사로잡거나 죽이는 일이었다.

항우 일행은 회수澮水를 지나 회수淮水를 건넜다. 기병 800명 중 겨우 100여 명만 남아 있었다. 그들은 음릉현陰陵縣(지금의 안후이 딩위 안현定遠縣 서북쪽) 경내로 들어섰으나 방향을 잃고 현지의 농부에게 길을 물었다. 농부가 알려준 대로 왼쪽 길로 들어선 항우 일행은 소택지에 빠지고 말았다. 그제야 농부에게 속았다는 사실을 알았으나 그곳을 탈출했을 때는 이미 관영의 기병이 따라붙고 있었다.

항우는 추격병을 따돌리기 위해 동쪽으로 지친 말을 쉴 새 없이 달려 동성현東城縣(지금의 안후이 딩위안현 동남쪽) 경내로 들어섰다. 그때 그의 옆에 남은 기병은 28명뿐이었다. 항우는 사퇴산四隤山(지금의 안후이 취안자오全椒와 허현和縣 사이)에 도착했다.[13] 그는 끈질기게 따라

붙는 한나라 군사의 깃발과 먼지를 아득히 바라보며 더 이상 탈출로가 없음을 깨달았다. 그는 산 위에 28명의 기병을 집결시키고 탄식하며 말했다.

"나는 군사를 일으킨 이래 오늘까지 8년을 지나는 동안 70여 차례의 전투를 치렀다. 나를 막아선 자는 모두 격파했고, 격파한 자는 모두 복종시켰다. 나는 한 번도 패배한 적이 없었기에 천하의 패왕이 될 수 있었다. 그러나 지금 결국 이곳에서 곤경에 처하게 된 것은 하늘이 나를 망치려는 것이지, 내가 싸움을 잘못했기 때문이 아니다. 오늘 나는 여기서 목숨을 걸고 싸울 것이다. 절대 살아서 돌아갈 생각은 없다. 제군들도 통쾌하게 최후의 일전에 임해주기 바란다. 한 번 싸워 적의 포위를 뚫을 것이요, 두 번 싸워 적장을 벨 것이요, 세 번 싸워 적의 깃발을 빼앗을 것이다. 제군들은 세 번 싸워 모두 이기기 바란다. 또 제군들이 알아야 할 것은 오늘 하늘이 나를 망치려는 것이지, 내가 싸움을 잘못했기 때문이 아니라는 사실이다."

그리하여 항우는 예전처럼 싸움에 임해 명령을 전했고, 28명의 기병들도 엄정하게 명령을 받들었다. 그는 28명의 기병을 1분대에 7명씩 4분대로 나누고, 각각 동서남북 방향으로 바라볼 수 있도록 둥근 대형을 갖추게 했다. 그는 오랫동안 지형을 관찰하며 한나라 군사가 다가오기를 조용히 기다렸다. 한나라 기병들이 점점 모여들어 항우 일행을 단단히 포위하고 다시 1리_里 밖에도 포위망을 여러 겹 둘러쳤다. 그야말로 물샐 틈이 없었다.

항우는 산비탈 아래에서 펄럭이는 한나라 깃발을 가리키며 부하들에게 조용히 일렀다.

"내가 일군을 이끌고 앞서 나가서 제군들을 위해 적장 한 명을 베겠다."

그런 후 멀리 동쪽을 가리키며 분부했다.

"잘 보아라! 저쪽에 높다란 언덕 세 곳이 있다. 세 분대는 각각 다른 방향으로 적진을 돌파한 후 저 세 곳에서 나를 기다려라."

말을 마치자마자 항우는 고함을 지르며 부하들을 이끌고 한나라의 포위망으로 돌진했다. 항우의 갑작스런 돌격에 방어 태세도 갖추지 못한 한나라 군사의 대열이 흐트러졌다. 그 틈을 타 항우는 적장한 명을 베었다. 양희楊喜라는 한나라 기병이 정면으로 막아서자 항우는 두 눈을 부릅뜨고 벽력같이 고함을 질렀다. 그 소리에 깜짝 놀란 말이 미친 듯이 날뛰더니 몇 리 밖까지 달아났다.

네 갈래로 흩어졌던 초나라 기병은 각각 포위망을 뚫고 항우가 지시한 세 군데 언덕에 도착했다. 잠시 혼란에 빠진 한나라 기병 부대는 관영의 지휘 하에 신속하게 대열을 정비하고 다시 포위망을 구축했다. 항우가 어느 언덕에 있는지 알 수 없었기 때문에 5000명의 기병을 나눠서 세 언덕을 모두 포위했다. 항우는 사기가 충천하여 두 갈래의 기병을 이끌고 첫 번째 언덕을 향해 내달리더니 한나라의 포위망을 돌파하여 두 번째 언덕으로 치달렸다. 도중에 한나라 기병 수십 명을 베어 죽였다. 두 번째 언덕에 당도하여 그곳 부하들과 합류한 항우는 한나라 군사의 대열이 아직 정비되지 못한 틈을 타서 다시 한나라 포위망을 돌파했다. 그는 한나라 고위직 장수 기도위騎都尉를 죽이고 세 번째 언덕에 당도했다. 이렇게 해서 네 갈래 기병은 순조롭게 합류했다. 그의 기병들 가운데 겨우 두 명만이 보이지 않왔다.

항우는 자부심 가득한 목소리로 말했다.

"오늘 전투가 어땠는가?"

26명의 기병은 일제히 말에서 내려 항왕 앞에 엎드리더니 대답했다.

"과연 대왕의 말씀과 같습니다."

항우는 기병 26명을 이끌고 동쪽을 향해 치달렸다. 항우는 마침내 동성현 오강정烏江亭(지금의 안후이 허현 우장진)에 도착했다. 오강은 장강으로 흘러드는 작은 강이다. 장강으로 출입하는 선박은 항상 이곳에 정박한다. 왜냐하면 선박을 이용하는 장사꾼들의 교통요지이기 때문이다. 천하를 통일한 후 진나라 조정에서는 이곳에 정亭을 설치하고 우편과 교통, 치안 관리를 맡아보게 했다.

항우가 오강에 도착하자 오강정장烏江亭長이 오래전부터 배를 대놓고 기다리고 있었다. 정장이 항우에게 말했다.

"장강을 건너면 바로 강동江東 땅입니다. 강동이 비록 크지는 않지만 사방 천 리의 땅에 수십만의 백성이 있으므로 그곳을 차지하고 왕을 칭할 만합니다. 대왕! 어서 이 강을 건너십시오. 지금 오강에는 신의 배 한 척만 있을 뿐입니다. 한나라 군사가 추격해온다 해도 강을 건널 배가 없습니다."

그러나 항우는 자신의 거취를 명확히 결정한 상태였다. 그는 미소를 지어 보이며 정장에게 대답했다.

"하늘이 나를 망치려 하는데 내 어찌 강을 건널 필요가 있겠소? 생각해보면 애초에 강동의 자제 8000명이 나를 따라 장강을 건너

오강

서쪽으로 진격했는데, 오늘 한 명도 살아 돌아오지 못했소. 설령 강동의 부형들이 나를 가엾이 여겨 왕으로 추대한다 한들 무슨 면목으로 그들을 볼 수 있겠소? 또 강동의 부형들이 아무 말도 하지 않는다 해도 나 스스로에게 물어보아 어찌 부끄러움이 없겠소?"

항우는 길게 탄식하고 정장에게 말했다.

"나는 그대가 마음이 너그러운 장자長者라는 걸 아오. 나의 이 오추마는 다섯 살로 지금이 한창일 때요. 이 말을 탄 후로 나는 어디서도 적수를 만나지 못했소. 일찍이 하루에 천 리를 달린 적도 있소. 차마 죽일 수 없어 그대에게 드리겠소."

항왕은 강을 건너자는 요청을 사절했다. 오강정장이 배에 오추마를 싣고 건너편 강변으로 사라지자 그는 부하들에게 말들을 풀어주라고 명했다. 26명의 부하들은 방패와 칼을 들고 오강 가로 걸어가서 강을 등지고 삼면의 원형진을 쳤다. 그리고 생명을 마감하는 필사의 마음으로 최후의 결전을 침착하게 기다렸다.

한나라 제1진이 도착하자 쌍방 간에 접전이 벌어졌다.

수천의 한나라 정예 기병에 둘러싸인 26명 용사가 어떻게 결사전을 벌였는지는 기록이 남아 있지 않다. 오직 위대한 사마천만이 신기한 사필史筆로 항우가 남긴 마지막 한마디를 후세에 전했다.

항우는 혈전을 치르면서 10여 군데의 상처를 입었다. 몸을 돌리던 항우는 우뚝 서서 앞줄에 있는 한나라 기마부대 장수를 바라보며 소리쳤다.

"거기 선 자는 나의 옛 친구 여마동呂馬童이 아닌가?"

갑자기 항우가 자신을 이름을 부르자 여마동은 감히 눈을 마주보지 못하고* 몸을 옆으로 돌려 왕예王翳를 바라보며 항우를 지목했다.

"저자가 바로 항왕이오!"

항우가 계속 고함을 질렀다.

"소문을 들으니 한왕이 천금의 현상금과 만 호의 봉읍으로 내 머리를 구한다는구나. 너에게 내 머리를 주겠다."

항우는 말을 마치고 칼로 자신의 목을 찔러 죽었다. 향년 31세였다.

한나라 장졸들은 항우의 시체를 탈취하려 벌떼처럼 달려들었다. 이때 수십 명의 장졸이 밟혀서 죽었다. 최후에는 낭중기郎中騎 왕예가

---

* 『사기』「항우본기」에는 "여마동이 항우의 얼굴을 바라보며 왕예에게 '이 사람이 항왕이오'라고 지목했다馬童面之, 指王翳曰, '此項王也'"고 기록되어 있다.

항우의 머리를 탈취했고, 낭중기 양희, 기사마_騎司馬_ 여마동, 낭중 여승_呂勝_과 양무_楊武_가 각각 항우의 시체 일부를 얻었다. 각각의 유체를 유방의 본진으로 가지고 가서 맞춰보니 틀림이 없었다.

이전에 반포한 군령에 따라 유방은 항우의 시신을 난도질한 다섯 명의 기병에게 천금과 만호의 포상을 나눠줬다. 이들은 모두 최고위 제후로 봉해져서 역사서에 이름을 남겼다.

⑦ 해하 여행

2007년 8월 나는 항우의 발자취를 따라 해하로 갔다. 바쁜 일정이었다. 초나라 옛 도성 쉬저우徐州를 출발하여 차오춘曹村, 푸리符離, 치현蘄縣 등의 지역을 들렀다. 그곳의 고을명과 마을명은 모두 역사에 소개된 지명이었다. 링비현靈璧縣에 도착하여 우희의 무덤을 방문했다. 나는 옛 역사 속으로 한 걸음 한 걸음 진입해 들어갔다.[14]

고금의 학자들은 해하의 위치를 대부분 안후이성 링비현 동남쪽이라고 보고 있다. 나는 웨이지진韋集鎭으로 가서 일망무제의 회북 평야를 바라보다가 '해하유지垓下遺址'라는 글자가 새겨진 작은 비석을 발견했다. 그것은 링비현 인민정부가 세운 비석이었다. 비석은 길 북쪽의 논밭 사이 숲속에 고요히 숨어 있었다. 길 남쪽에는 넓게 열린 평지에 울퉁불퉁한 흙더미가 이어져 있었다. 전설에 따르면 해하 전투 때 전사한 장졸의 무덤이라고 한다. 작은 시내에서 물고기를 잡던 농부가 내게 말했다.

"들어가보면 벽돌로 쌓은 옛 무덤인데 벽화도 있습니다."

추측컨대 후한 시대 무덤인 듯했다.

그래서 구전현固鎭縣으로 갔다. 그곳에서 최근 소식을 들었다. 하오청진濠城鎭 가이샤촌垓下村에서 옛 성을 발굴했는데 그곳이 해하성 유적일 가능성이 있다는 것이다. 가이샤촌은 뒤허 남쪽에 있었고, 옛 성 유적은 뒤허 근처에 있었다. 사방에 흙을 쌓아 성벽을 만들었고 성문 흔적이 네 개 남아 있었다. 또 뒤허의 물을 끌어들여 성 밖에 원형 해자를 만들었다. 화이허 평야에서는 찾아보기 힘든 완벽한 옛 성 유적이었다. 이곳의 퇴적층에서 석기 시대부터 전국, 진한 시대에 이르는 유물이 발견되었고 지금도 여전히 폐쇄형 촌락 형태를 유지하고 있다. 북위北魏 역도원酈道元(470?~527)은 『수경주水經注』에서 해하성이 효수洨水 남쪽에 있다고 했다. 지금의 뒤허가 틀림없이 고대의 효수일 것이다. 휴대하고 있던 『수경주도水經注圖』를 펴서 비교해보니 책 속의 그림이 현지의 실물과 같았고, 논밭 속 풍경도 책 속의 그림과 같았다. 그림과 실물이 딱 맞아떨어지자 마음속에서 기쁨이 솟았다. 마치 강물이 논밭을 적시며 옛 성 주위를 돌아 책 속의 지도를 뚫고 내 속으로 흘러드는 것만 같았다.

현지 노인의 말에 따르면 항일전쟁 전까지는 남쪽 성문이 그대로 남아 있었다고 한다. 나는 천천히 옛 성을 가로질러 마을 남쪽에 도착했다. 성벽이 나무 그늘 속에 솟아 있었고 그곳에 비석 하나가 있었다. 내용은 이러했다.

"해하성 유적-안후이성 인민정부 1986년 7월 3일 공포."

진실로 믿을 만했다.[15]

링비현 가이샤(해하)

구전현과 링비현은 본래 하나의 현이었으나 나중에 분리되었다.[16] 튀허를 경계로 북쪽이 링비현이고 남쪽이 구전현이다. 링비현 웨이지진과 구전현 하오청진은 강을 사이에 두고 마주보고 있다. 그 주위는 일망무제의 화이베이 평야인데, 그곳이 바로 2000여 년 전의 옛 전장이다. 현대의 일로 옛 일을 헤아려보면 1940년대 화이하이淮海 전투가 이 지역에서 벌어졌으며, 1930년대 타이얼좡臺兒莊 전투도 이 일대에서 벌어졌다. 고금 이래로 수십만 대군의 결전은 모두 군사들이 진을 칠 드넓은 전장을 필요로 한다. 전투는 틀림없이 여러 곳에서 동시에 전개되었을 것이다. 고대의 역사가들은 도도하게 이어진 전투 상황을 묘사하면서 필묵을 금쪽같이 아낀 탓에 늘 불명확한 상투적 서술에 그치곤 한다. 문언문으로는 전투의 디테일을 상세하게 묘사할 수 없다. 현대 사학자들은 이 점을 깊이 고려해야 한다.

해하성

　머릿속에 그 옛날의 상황이 아련히 그려졌다. 사방에서 초나라 노래가 들려오던 그날 밤 항왕은 우희와 이별했다. 이후 800명의 기병대를 이끌고 한나라의 포위망을 돌파한 다음 남쪽으로 내달렸다. 항우가 해하성을 나갈 때 남문을 통과했을 터이므로 우리 일행도 차를 몰고 남문을 나서서 역사의 흔적을 추격했다. 옛 회수澮水를 지나 우허현五河縣을 관통한 다음 곧바로 회수(지금의 화이허강)로 달려갔다. 회수는 물결이 도도하여 선박 운행이 순조롭다. 머릿속에 당시의 광경이 떠올랐다. 항우가 회수를 건넜을 때는 겨우 기병 100여 명만 남아 있었다. 사라진 700명의 기병은 포위를 돌파하는 과정에서 죽었을까, 아니면 회수의 물결 속에 몸을 던졌을까.

　화이허강 남쪽의 풍경은 북쪽과 완전히 딴판이다. 강물과 논과 호수 그리고 벼와 대나무와 연꽃이 가득 펼쳐져 있다. 중국 남북의 기

362

음릉 진탁사

후가 나눠지는 분계선이 바로 화이허강이고, 동서 지형의 경계선이 나눠지는 지점도 화이허강이다. 평양현鳳陽縣으로 들어서니 그곳은 명 태조 주원장朱元璋(1328~1398)의 고향이었다. 그러나 일정이 바빠서 머물지 못하고 곧바로 딩위안현으로 내달렸다. 지세를 살펴보니 지형이 점점 완만하게 낮아지면서 동남쪽으로 넓은 평야가 펼쳐지고 있었다. 차 안에서 다시 옛 일을 상상했다. 항우는 항량을 따라 강동 자제 8000명을 이끌고 장강을 건너 회수 북쪽으로 진격했다. 그곳에서 각지의 영웅호걸을 모아 더 높은 곳으로 거침없이 치달려갔다. 그러나 불과 8년 만에 겨우 800명의 패잔병을 이끌고 회수를 건너 강동으로 돌아가려 했다. 그동안 수많은 장졸이 전사하여 흘러가는 강물처럼 사라졌다. 처음 출발할 때와 비교할 때 얼마나 상이한 광경이며 얼마나 상이한 심경이었겠는가? 서북쪽이 높고 동남쪽이 낮은 이곳의 지형도 중국 역사의 정복 추세와 동일한 모습인 듯했다.

딩위안현에 도착했다. 진한 시대의 음릉현과 동성현 소재지가 모두 경내에 있었다. 항우는 마지막 생명의 빛발을 이 일대의 산천에다 뿌렸다. 나는 이곳에 차를 세우고 문헌을 훑으며 다시 지도를 조사했다. 문물보호관리소의 친구들은 벌써부터 바쁜 일정을 재촉했다. 나는 현 소재지를 나와 시싸_{西卅}점으로 갔다가 융캉진_{永康鎭}을 거쳐 북상하여 카오산향_{靠山鄉}으로 들어갔다. 지난밤 비바람 때문에 도로가 진창으로 변한 탓에 차를 버리고 걸어서 구청지촌_{古城集村}으로 갔다. 그곳에서 나는 한대의 음릉 고성을 찾았다.

구청지촌은 지대가 높아서 해하성과 비슷했다. 지금도 고립된 자연부락을 이루고 있으며 성벽과 해자도 남아 있다. 1991년 8월 딩위안현 인민정부에서는 이 마을 입구에다 '음릉성 유적_{陰陵城遺址}'이라는 비석을 세웠다. 이 마을에는 폐허가 된 고건축물 진탁사_{陳鐸祠}가 남아 있는데, 패왕사_{覇王祠}라고도 불린다. 전설에 따르면 항왕이 이곳으로 도주했다가 음릉의 농부 진탁에게 속아 소택지로 잘못 들어갔고, 결국 관영에게 추격을 당했다고 한다. 진탁은 나중에 유방으로부터 봉작을 받았다. 그를 기념하는 사당이 지금까지 전해진 것이다.

민간 전설은 대부분 있는 듯 없는 듯 민중 속에 존재한다. 그러나 완전히 없는 것을 만들어내는 경우는 드물고 본래의 사실에 상상력을 덧붙인 경우가 많다. 그것은 민간에서 저절로 생성된 역사다. 진탁사의 전설은 유방이 길을 잃은 이야기에서 발전했다. 현지 사람들의 이야기에 따르면 음릉성 서쪽 일대에 종전까지 호수와 습지가 있었다고 하는데, 혹시 그곳이 『사기』에 기록된 광대한 소택지_{大澤}일까?[17]

나는 쓸쓸하게 서쪽을 바라보며 길을 잃은 항우가 소택지에서 누구를 만났을까 상상해보았다. 아마도 전란을 피해 숨어 살던 민중이었을지도 모른다. 옛 초나라와 초왕을 그리워하며 절망 속에서 살아가던……

옛 음릉에서 나와 딩위안으로 길을 꺾었다. 이튿날 아침 다시 항왕의 발자취를 따라 동성으로 갔다. 딩위안 동남쪽 다차오향大橋鄉에 있는 동성 유적은 현 소재지에서는 50여 리 정도 떨어져 있다. 마침 장날이어서 거리에는 돼지와 양을 잡는 사람들도 있었고 물건을 사라고 외치는 사람들도 있었다. 사람들이 분주히 오가는 모습을 보면서 나는 그 옛날 풍읍 패현의 시장을 상상했고, 또 내 고향 청두 교외의 시골마을을 떠올렸다. 고기를 파는 사람은 번쾌처럼 보였고 물고기를 파는 사람은 진승이나 오광 같았다. 저쪽에서 값을 흥정하는 소년은 나 자신의 어릴 적 모습처럼 보였다.

진한 시대 동성현 유적은 요우방油坊 리촌李村에 있었고, 그곳임을 알려주는 비석이 성벽 위에 있었다.

"동성 유적-안후이성 인민정부 1998년 5월."

농민들이 거주하는 마을이 매우 밝고 깨끗해 보였다. 마을로 들어서자 길에 깔린 것이 모두 진한 시대의 벽돌과 기와 조각이었다. 마을 서쪽에는 강이 흐르고 있었고 강 건너편의 리룽향李龍鄉 탄촌潭村에 우희묘虞姬墓가 있었다. 우희묘는 직경이 70미터에 달하고 높이가 20여 미터나 되는 거대한 봉토분이었다. 당나라 학자 장수절張守節은 『사기정의史記正義』에 옛 지리서 『괄지지括地志』를 인용하여 이렇게 적고 있다. "우희의 묘는 호주 정원현 동쪽 60리에 있다虞姬墓在濠州定遠縣

東六十里." 그 기록에서 가리키는 곳이 바로 이곳이다. 외관으로는 한나라 제후왕급 거대 분묘로 보인다.

항우의 일생 중 여자관계를 살펴보면 오직 홍안紅顔 미녀만이 그를 수행했다. 그녀가 바로 우희다. 우희의 생애에 관해서는 몇 글자의 기록만 남아 있을 뿐이다. "미인의 이름은 우虞이고 항상 뒤를 따르며 총애를 받았다有美人名虞, 常幸從." 그녀가 계속 항왕의 은총을 받았다는 사실을 알 수 있다. 해하에서 한나라 포위를 돌파하기 전에 항우는 비장한 목소리로 "우여! 우여! 너를 또 어찌할꼬?"라고 울부짖었다. 항우가 그렇게 "여러 번 반복해서 노래 부르자 우미인도 화답했다." 마지막 대목에서는 항우와 헤어지며 슬픈 노래를 부르는 우미인의 모습을 그려냈다. 이처럼 공백으로 남아 있는 역사 기록은 자연스럽게 우리의 무한한 상상력을 자극한다.

항우는 군인이므로 싸우다 죽는 것은 가장 아름다운 종말이다. 항우가 전사한 땅 우장(오강)은 2000여 년 동안 항우를 기념하는 성지가 되었다. "살아서는 인걸이 되었고, 죽어서는 귀웅이 되었네生爲人傑, 死爲鬼雄"라는 구절이 상징하듯 그의 빛발은 천고의 세월을 찬란하게 비추고 있다.

진한 시대의 우현虞縣은 지금의 허난 위청현虞城縣 북쪽에 있었다. 그곳은 고대에 우국虞國이 있던 곳이다. 성씨로 추측해보면 우희는 옛날 우나라 왕족의 후예인 듯하다. 2000여 년 동안 두 곳에 우희의 무덤이 전해지고 있는데, 한 곳은 딩위안현 리룽향 탄촌이고 다른 한 곳은 내가 전에 가본 적이 있는 링비현이다.

동성

우장 패왕사覇王祠

　두 곳의 우희 무덤에는 옛날부터 전해지는 전설이 있다. 그 내용은 대부분 믿을 수 없지만 세상 사람들의 마음에 남을 만한 것으로, 우희가 해하에서 자결하자 비통한 항우가 그녀의 머리를 베어 갔다는 설도 전해진다. 나는 우희가 항우에 의해 해하에 매장되었다고 믿고 싶다. 그곳이 바로 링비의 우희묘다. 또한 항우가 가져간 것은 우희의 검은 머리칼이며, 동성에서 죽을 때까지 간직하고 있었다고 믿고 싶다. 동성에서 벌어진 쾌전快戰 직전에 우희의 검은 머리칼이 항우의 품속에서 흰 머리칼로 변했고, 흰 새로 변했고, 흰 구름으로 변하여, 흰 눈이 되어 쏟아졌을지도 모른다⋯⋯. 또 이런 신기한 자연현상이 항우가 천명을 인정하는 계기로 작용했고 그는 마침내 우희와 영원히 헤어지지 않기로 결심했을 터다⋯⋯.

　딩위안 우희묘는 전설에 의해 생긴 무덤으로 보인다. 전설의 내용은 대부분 믿을 수 없지만 세상 사람들의 마음속에 남을 만했다.

368 　　　　　　　　　　　　　　　　　　　　　　　　초망

링비 우희묘

딩위안 우희묘

⑧ 유방이 정도에서 즉위하다

해하 전투는 끝났고, 항우는 오강에서 죽었다. 유방은 항우의 죽음을 확인한 이후 연합군을 다시 배치하여 초나라 및 그 동맹국을 하나하나 평정했다.

임강국은 항우가 분봉한 제후국으로, 진나라 시대의 남군南郡 등지를 영유했고 도성은 강릉江陵(지금의 후베이 장링江陵)이었다. 제1대 임강왕은 공오였다. 이전에는 초 회왕 시대에 국무대신인 초나라 주국柱國의 자리에 있었는데, 진나라의 남군 등지를 공략한 공으로 항우로부터 임강왕에 봉해졌다. 한나라 3년(기원전 204) 7월에 공오가 죽은 뒤에는 그의 아들 공환이 보위를 계승했다. 초한 전쟁 과정에서 임강국은 시종일관 초나라 편에 서서 항우를 도왔고, 항우가 죽은 후에도 한나라에 저항했다. 유방은 노관과 유가를 보내 강릉 도성을 포위 공격하게 했고, 몇 달 후에 강릉이 함락되자 공환은 포로가 되었다가 낙양으로 끌려가 처형되었다.

초 회왕 시대에 항우는 노공魯公으로 책봉되었고, 봉토는 노현魯縣

일대였다. 노현은 지금의 산둥 취푸曲阜로 춘추전국 시대 노나라의 도성이었다. 노나라(기원전 1046~기원전 256)는 주周나라 섭정 주공周公이 분봉된 나라였다. 서주 초기에 건국되어 거의 800년 가까이 존속하다가 전국 시대 말기에 초나라 고열왕考烈王(기원전 290~기원전 238)에 의해 멸망당했다. 노나라는 주공과의 인연 때문에 제후 각국 중에서 서주의 문화를 가장 많이 보존하고 있었다. 또한 노나라는 공자의 고향이고, 공자는 주공을 계승하여 유가 문화를 창시했다. 이러한 위인들의 영향으로 오랫동안 노현은 문화의 고장, 예의의 나라로 일컬어졌다.

항우는 노나라를 다스리는 제후였으므로 노나라는 항우의 영토였고 그 백성은 항우의 백성이었다. 옛날부터 전해져온 봉건 국가의 전통 이념에 따르면 백성은 반드시 임금에게 충성을 바쳐야 한다. 해하 전투 전야에 전국의 형세는 초나라에 매우 불리해졌고 노현 주위의 성읍들은 대부분 한신군에게 함락되었다. 그러나 노현만은 성을 굳게 지키며 저항했다. 해하 전투 이후 초나라 각 지역이 분분히 한나라에 귀의할 때도 오직 노현만은 봉건 유풍을 지키며 항우를 위해 성을 고수했다. 유방은 대로하여 직접 대군을 거느리고 노현을 포위한 뒤 항복하더라도 그곳 백성을 도살하겠다고 공언했다.

그러나 유방은 패현 사람이다. 패현은 노현에서 멀지 않아서 일찍이 주공과 공자를 숭상하는 노현의 풍속과 문화에 대해 유방은 잘알고 있었다. 게다가 젊은 시절 유협으로 활동하던 유방은 의리를 매우 중시하는 사람이었다. 지금 자신이 천하의 황제로 군림하려는 상황에서 절개를 지키고 충성을 바치고자 하는 기개에 마음이 쓰일 수밖에 없었다. 그는 마침내 노현의 옛 풍속에 자극되어 모사들과 상의한 끝에 항우의 머리를 노현의 부형들에게 보여주도록 했다. 항우의 죽음을 확인한 노현의 부형들은 항우에 대한 군신君臣의 의무가 사라졌다고 판단하여 성문을 열고 항복했다.

유방은 항우의 장례 및 항씨 일족의 미래를 위해 세심히 배려했다. 그는 곡성을 항우의 묘지로 선정한 후 노공魯公의 격식과 의례에 따라 분묘를 만들고 항우의 시신을 안장했다. 유방은 친히 장례에 참여하여 항왕을 위해 곡을 했다. 또한 모든 항씨 일족을 사면하고 예의에 맞게 봉작을 수여하기로 약속했다. 1년 후 항우의 숙부이며 항씨의 족장인 항백을 사양후射陽侯에 봉했다. 그리고 항우의 조카 항타는 평고후平皐侯에, 항양項襄은 도후桃侯에 봉했다. 항씨 일족은 모두 유씨劉氏 성을 하사받고 황족으로 편입되어 유씨와 함께 영화를 누렸다. 이것은 물론 뒷날의 이야기다.

노련한 계략가인 유방은 항우를 안장한 이후 곧바로 한신을 처리하는 일에 착수했다. 해하 전투 이후 한신은 제나라 군사를 지휘하여 각지의 잔적을 평정하고 동군 정도현定陶縣(지금의 산둥 딩타오定陶)으로 물러나 쉬고 있었다. 유방 일행은 곡성에서 정도를 향해 말을 채찍질하여 한신의 본영으로 들이닥쳤다. 유방은 한신을 소환하여 군사지휘권을 회수했다. 유방의 돌연한 등장에 한신은 깜짝 놀라기는 했지만 군사지휘권을 회수하는 유방의 행위에 대해 의외라고 생각하지는 않았다. 이미 두 사람 사이에는 이러한 일이 여러 번 있었기 때문이다. 한신은 웃지도 울지도 못할 상황이었지만 어찌할 수 없는 일이었다.

초망

한신은 군인이다. 그의 인생에서 가장 큰 목표는 백만 대군과 대결해서도 승리하는 것이다. 해하 전투에서 그는 최고 지휘권을 행사하여 60만 대군을 이끌고 항왕과 결전을 벌였다. 그는 용병술을 써서 승리를 쟁취하는 데 온 신경을 집중했지만, 이후에는 쓸쓸하고 망연하여 무엇을 해야 할지 알 수 없었다. 그러나 유방은 정치가다. 그의 인생에서 가장 큰 목표는 천하를 쟁취하여 진시황처럼 최고 권력을 장악하는 것이다. 해하 전투에서 모든 군사 지휘권을 한신에게 넘긴 유방의 기대는 큰 것이었지만, 동시에 불안감을 떨칠 수 없어 사후의 처리에 많은 신경을 썼다. 승리 이후 유방은 순풍에 돛을 단 배처럼 예정된 항로를 따라 자신의 계획을 하나씩 실천해나갔다.

한신의 군사지휘권을 회수한 이후 유방은 군부를 완전히 통제했다. 그는 장수들의 부서를 다시 정하고 인력을 세심히 배치하여 영토와 봉읍을 조정한 뒤 황제가 될 준비를 시작했다.

한나라 5년 정월, 유방은 천하가 평정되었다고 선포했다. 그는 이제 전쟁을 그치고 백성을 쉬게 하겠으며, 죄인을 사면하고, 유공자에게 상을 주고, 천하를 새롭게 안배하겠다고 했다. 그는 이렇게 명령을 내렸다.

"초나라는 이미 평정되었지만 의제에게는 후손이 없다. 따라서 초나라 지역을 안정시켜야 하고 초나라 백성을 위로해야 한다. 제왕 한신은 초나라의 풍토와 인정을 잘 알고 있으므로 봉작을 초왕으로 바꾼다. 회북 땅의 왕이 되어 하비를 도읍으로 삼으라."

동시에 또 다음과 같이 명령했다.

"위나라 상국 팽월은 나라를 위해 노고가 많았다. 백성과 친하고 군사를 사랑하면서 여러 차례 소수의 군사로 다수의 적을 격파했고, 마침내 초나라에 승리를 거뒀다. 이제 위나라 옛 땅에 팽월을 봉하고 양왕으로 삼는다. 도성은 정도로 하라."

이렇듯 유방은 초한 전쟁의 승패를 좌우한 양대 공신에게 적절한 봉작을 내렸다. 그다음에는 각 제후국의 왕, 장수, 대신을 정도로 소집하여 회의를 열고는 자신이 칭제稱帝할 일을 논의하게 했다. 신하들은 신중한 협의와 치밀한 계획을 거친 후 「황제 칭호를 권유하는 상소문勸進黃帝號疏」을 작성하여 초왕 한신이 앞장서고 한왕韓王 한신, 회남왕 영포, 전 형산왕 오예,[18] 조왕 장오張敖(기원전 241~기원전 182), 연왕 장도가 연명連名하여 유방에게 올렸다. 상소문에는 각 제후왕 가운데 유방의 전공이 가장 높고 덕행이 가장 두텁기 때문에 한왕이라는 칭호는 이에 걸맞지 않으며, 모든 신료가 한마음으로 황제 칭호를 올리니 받아들여줄 것을 요청한다고 밝혔다.[19] 유방은 짐짓 사양하는 척하다가 정식으로 황제 칭호를 받아들여 한나라의 개국 군주인 초대 황제가 되었다.

그리고 박사 숙손통叔孫通(?~기원전 194?)은 진나라의 예절을 참고하여 즉위식 절차를 제정했다. 유방은 번거로운 절차를 싫어하여 복잡한 의식을 대폭 줄였다. 가장 간략한 즉위식을 원하는 유방의 뜻에 따라 총명하고 온화한 숙손통은 일일이 절차를 개선했다.

한나라 5년(기원전 202) 음력 2월 초3일, 한왕 유방은 정도현성 북쪽에 있는 사수氾水 북안에서 정식으로 황제에 즉위했다. 즉위식은 간략했지만 성대했다. 누대를 만들고 단壇을 쌓은 후 천지신명에게 제사를 올렸다. 한신을 앞세운 여섯 제후왕이 맨 앞줄에 서고, 태위 노관을 앞세운 조정과 제후 각국의 대신 및 300여 명의 장군들이 그 뒤를 따르며 공동으로 황제 존호를 헌정했다. 아마도 즉위 장소는 군영이었을 것이다. 천군만마가 늘어선 가운데 군사들의 함성이 우레 소리처럼 진동했으리라.

유방은 황제에 즉위한 후 부인 여치를 황후로 높이고 태자 유영은 황태자로 높였으며, 이미 세상을 떠난 모친 유온劉媼은 소령부인昭靈夫人으로 높였다. 각종 명목과 호칭 및 의례 제도도 모두 일일이 명실상부하게 제정했다. 전란에서 안정으로 가는 각종 조치도 모두 하나하나 시행했다. 이로부터 중국 역사는 또 한 번 새로운 시대로 진입했다. 이것이 바로 중국 역사상 첫 번째 연합제국인 한漢 제국 시대의 개막이다.[20]

제 6 장

초나라와 진나라의
그림자와 메아리

❶ 누가 항우를 죽였나?

기원전 202년 항우는 오강에서 자결했다. 당시 나이가 겨우 31세였다.

사마천은 이렇게 말했다. "사람은 본래 한 번 죽지만 그 죽음이 태산보다 무겁기도 하고 기러기 털보다 가볍기도 하다人固有一死, 或重於泰山, 或輕於鴻毛."* 또한 피카소(1881~1973)는 "죽음은 일종의 아름다움이다"라고 했다. 나는 아름다운 죽음이 삶의 극치라고 생각한다. 항우는 군인이었으므로 전사戰死야말로 그의 일생에서 가장 아름다운 종말이었던 셈이다.

나는 역사를 정리하면서 항우의 죽음을 기록한 『사기』의 대목을 읽을 때마다 문장의 정밀함과 비장함, 서사의 생동감에 감탄하면서도 불가사의한 느낌에 사로잡히곤 한다. 도대체 이 기록은 문학인가, 사학인가. 또한 허구인가, 진실인가. 도대체 사마천이 조화옹을 보좌

---

* 이 구절은 사마천의 「임소경에게 답하는 편지報任少卿書」에 있다.

하여 써낸 신필神筆인가, 아니면 역사의 신이 사마천의 붓을 빌려 쓴 명문인가?

이 대목에서 다시 항우의 마지막 모습과 언어를 기록한 사마천의 묘사를 돌아보고자 한다.

항우는 혈전을 치르면서 10여 군데의 상처를 입었다. 몸을 돌리던 항우는 우뚝 서서 앞줄에 있는 한나라 기마부대 장수를 바라보며 소리쳤다.

"거기 선 자는 나의 옛 친구 여마동呂馬童이 아닌가?"

갑자기 항우가 자신을 이름을 부르자 여마동은 감히 눈을 마주보지 못하고 몸을 옆으로 돌려 왕예王翳를 바라보며 항우를 지목했다.

"저자가 바로 항왕이오!"

항우가 계속 고함을 질렀다.

"소문을 들으니 한왕이 천금의 현상금과 만 호의 봉읍으로 내 머리를 구한다는구나. 너에게 내 머리를 주겠다."

항우는 말을 마치고 칼로 자신의 목을 찔러 죽었다. 향년 31세였다.

한나라 장졸들은 항우의 시체를 탈취하려 벌떼처럼 달려들었다. 이때 수십 명의 장졸이 밟혀서 죽었다. 최후에는 낭중기郎中騎 왕예가 항우의 머리를 탈취했고, 낭중기 양희, 기사마騎司馬 여마동, 낭중 여승呂勝과 양무楊武가 각각 항우의 시체 일부를 얻었다. 각각의 유체를 유방의 본진으로 가지고 가서 맞춰보니 틀림이 없었다.

이전에 반포한 군령에 따라 유방은 항우의 시신을 난도질한 다섯 명의 기병에게 천금과 만호의 포상을 나눠줬다. 이들은 모두 최고위 제후로 봉해져서 역사서에 이름을 남겼다.

정말 불가사의한 기록이다. 누가 항우의 마지막 모습을 보았을까? 누가 항우의 마지막 언어를 들었을까? 이 장면은 어떻게 전해져서 사마천의 기록으로 남았을까? 항우에게 옛 친구라고 불린 여마동은 누구인가? 그와 항우 사이에는 어떤 일이 있었을까? 더욱이 여마동과 나란히 오강까지 항우를 추격하고 항우의 유체를 함께 탈취한 왕예, 양무, 여승, 양희는 어떤 사람들인가? 이들과 항우 그리고 여마동은 또 어떤 관계일까? 이러한 의문들은 2000여 년 동안 그 누구도 풀 수 없는 수수께끼였다. 『사기』여! 『사기』여! 이런 신비한 기록 배후에 사람들이 알지 못하는 비밀을 얼마나 많이 숨기고 있는가?

다행스럽게도 항우를 죽인 여마동 등 다섯 명의 한나라 기병騎兵 장수는 제후로 봉해져 역사서에 기록을 남기게 되었다. 그들의 간단한 공적과 계보는 모두 『사기』와 『한서』의 「공신표功臣表」에 기록되어 오늘날까지 전해지고 있다. 나는 항우의 죽음에 얽힌 비밀을 풀고자 다섯 장수와 관련된 자료들을 일일이 조사했다. 조사 과정에서 미처 몰랐던 사실들이 드러나 깜짝 놀라고 말았다. 무엇보다도 항우를 죽인 다섯 명의 기병 장수는 모두 옛 진나라 출신이며, 또 모두 옛 진나라 군대의 장수였다.

여마동은 진나라 내사지內史地인 호치현好畤縣(지금의 산시陝西 첸현乾縣) 동쪽 사람으로, 본래 옛 진나라 군대의 낭중기장郎中騎將이었으나 한나라 원년에 유방 집단에 참여했다. 일찍이 사마司馬에 임명되어 초나라 장수 용저의 군대를 공격한 적이 있다. 한나라 7년 정월 중수

후中水侯에 책봉되어 식읍 1500호를 받았다. 왕예는 하규현下邽縣(지금의 산시陝西 웨이난시渭南市 린웨이구臨渭區) 출신의 낭중기장이었는데, 한나라 원년에 유방 집단에 참여하여 회음후 한신의 부대에 배속되었다. 나중에 장군 관영을 수행하다가 한나라 6년 두연후杜衍侯로 책봉되었고 식읍 1700호를 받았다. 양희는 화음華陰(지금의 산시陝西 시안 남쪽) 출신의 낭중기장이었으나 한나라 2년에 유방 집단에 참여하여 회음후 한신의 부대에 배속되었다. 나중에 장군 관영을 수행하다가 한나라 7년 적천후赤泉侯에 책봉되었고 식읍 1900호를 받았다. 양무는 하규현 출신의 낭중기장이었으나 한나라 원년에 유방 집단에 참여하여 양하현을 공격하는 전투에 참전했다. 나중에 도위都尉에 임명되었고, 한나라 8년 오방후吳防侯에 책봉되었고 식읍 700호를 받았다. 여승 또한 진나라 내사지 사람으로, 옛 진나라 군대의 기사騎士였다. 한나라 2년 유방 집단에 참여하여 함곡관을 나서서 동진할 때 함께 출전했다. 나중에 낭장에 임명되었다가 한나라 7년 열양후涅陽侯에 책봉되었고 식읍 1500호를 받았다.

이 「공신표」는 오늘날의 유공자 개인정보 문서라 할 수 있다. 유방 진영 공신들이 혁명에 참가한 시간, 장소, 신분, 소속, 공적 등등을 자세히 기록함으로써 논공행상의 1차 자료로 쓰였던 만큼 신뢰할 만하며, 고금 국내외로 널리 통용된 역사기록이기도 하다. 놀라운 것은 항우를 죽인 한나라 기병대 장수 5명이 모두 진나라 본토의 수도 내사지 출신이며 진나라 기병 장교 출신이라는 점을 「공신표」로 알 수 있다는 점이다. 즉 이들은 진나라 멸망 후 관중 지역에서 유방 집단으로 편입한 사람들이다.[1]

조망

역사란 점점 옅어지면서 멀리서 흐르는 해류이고, 역사 기록은 그 표면에 떠다니는 물거품이다. 고금 이래로 세상에 살다가 죽어간 사람이 어찌 수백억 명에 그치겠는가? 그러나 역사에 이름을 남긴 사람은 과연 얼마나 될까? 진나라 말기에서 한나라 초기에 중국의 인구는 대략 1500만에서 1800만 사이였다.[2] 해하 전투 때 한나라 군사는 60만이었고, 초나라 군사는 10만이었다. 70만 군사 중에서 69만9900명은 모두 무명 전사였다. 70만 전사 중에서 여마동, 왕예, 양희, 양무, 여승 5명만이 이름을 남겼다. 확률로 따지면 14만 분의 1이니 우연 중의 우연이라고 할 수 있다. 하지만 14만 분의 1의 확률로 선택된 5명은 모두 관중 본토 출신의 옛 진나라 장수다. 이것을 확률로 따지면 100분의 100이므로 절대 우연이 아니다.

자세히 탐구해보면 이 다섯 장수의 배후에는 수십만 진나라 장졸의 운명이 연관되어 있을 뿐 아니라 진, 초, 한 사이의 이합집산 및 서로 싸우면서도 계승하는 복잡한 관계가 얽혀 있다. 이에 대해 아래에서 항목을 나눠 하나하나 서술해보고자 한다.

❷
최후의
진나라 군대

진시황 휘하의 진나라 군대는 당시 유라시아 대륙에서 가장 강력했다. 수많은 전투를 거쳐 명장을 배출함으로써 10여 년밖에 안 되는 짧은 기간에 여섯 나라六國의 군사를 철저히 궤멸하고 중국을 통일했다. 진나라 통일제국 건립 후 이 군대는 북방에서 흉노군과 전투를 벌여 오르도스河套 지역을 탈취하고 흉노 세력을 몽골 고원 북부로 몰아냈다. 진나라는 새로 탈취한 이 지역에 구원군九原郡을 설치했다. 남방에서는 오령산맥五嶺山脈을 넘어 아열대와 열대 산림 지역으로 깊이 들어가 광대한 백월지구百越地區(지금의 푸젠성, 광둥성, 광시성와 베트남 북부)를 정복하고 계림군桂林郡, 남해군南海郡, 상군象郡을 설치했다.

　진나라 통일제국의 군사 조직은 대체로 중앙군과 지방군으로 나눌 수 있다. 지방군은 각 지역 수비부대 소속으로, 각 지역에서 징집하고 각 현과 군의 상황에 맞추어 배치했다. 각 군현의 수위守尉가 지방군을 지휘했으며, 숫자는 그리 많지 않았고 보통 해당 지역에 주둔했다. 중앙군은 진나라 주력군이었다. 관중에 주둔하여 도성 함양을 보위하는 위수衛戍 부대와 변방 요새에 주둔하여 국경을 지키는 야전 부대가 이에 포함된다. 중앙군도 각 군현에서 징집하지만 우수한 장비를 갖추고 평소 많은 훈련을 받았다. 육국을 정복하고 흉노를 격파하고 백월을 침범하는 군사 활동은 모두 중앙군이 담당했다.

진나라 말기의 천하대란 당시, 각지의 지방군을 제외한 중앙군은 대체로 네 부대로 나뉘어 있었다. 영남 지역을 정복한 후 그곳에 주둔한 남부군, 만리장성 일대에 주둔한 북부군, 새로 조직한 중부군, 관중에 주둔하여 도성을 지키는 경사군이었다. 이 네 부대가 진나라 말기에 봉착한 운명은 상이했다. 아래에 나누어 서술하겠다.

⑴ 남부군

영남 지역을 정복하고 수비하던 남부군은 대략 10만 정도였다. 남부군 초대 대장은 도수屠睢(?~기원전 214), 2대 대장은 임효任囂(?~기원전 206), 3대 대장은 조타趙佗(기원전 240?~기원전 137)였다.

진나라가 오령을 넘어 영남 지역을 정복한 것은 진시황 30년(기원전 217) 무렵이었다. 『사기』에는 영남을 정복할 때 진나라에서 동원한 병력 규모에 대한 기록이 없다. 전한 시기에 편찬된 『회남자淮南子』「인간훈人間訓」에는 진나라 장수 도수가 50만 병력을 이끌고 영남을 공격한 것으로 기록되어 있다. 『회남자』는 제자백가의 잡다한 학설을 모은 책이기 때문에 과장된 사안이 많고 근엄한 역사 기록은 드물다. 50만 대군이 남정南征에 나섰다는 견해는 아마도 유세가들의 과장으로 보인다.

당시 영남 지역은 아직 부족 군장 시대여서 완전한 국가 기구와 엄밀한 군대 조직이 없었다. 이런 상대를 향해 진나라가 총동원령을 내리고 50만 대군으로 정벌에 나섰다는 것은 믿기 어려운 일이다. 최근의 연구에 따르면 진나라의 남정에 동원된 병력 숫자가 8~10만 정도였다는데, 이 주장이 비교적 사리에 부합한다.[3] 역사책에 기록된 바로는 진나라의 군사 정벌이 진전됨에 따라 영남 지역으로 여러 차례 이민 정책을 시행했다고 한다. 따라서 50만이란 숫자는 남정에 나선 진나라 군사, 후방 운송 부대, 이 시기를 전후하여 영남으로 이민한 사람들을 모두 합친 숫자로 보는 것이 합리적일 듯하다.

진나라 말기에 대혼란이 발생하자 동남쪽 지역인 옛 초나라 지역에서 가장 강력한 반란이 일어났다. 이로써 진나라와 영남 간의 교통이 완전히 단절되었다. 영남에 주둔했던 남부군은 토지와 백성을 안전하게 보호하는 정책을 시행하여 오령에 설치된 변방 관문을 폐쇄했다. 이후 영남 지역은 북부 지역과 교통이 단절되어, 진나라 말기의 전쟁에 전혀 휘말리지 않았다. 대체로 진2세 3년(기원전 207) 말에 남부군 대장 조타가 독립을 선포하고 남월국南越國을 건국했다. 남월의 독립과 건국을 지탱해준 기본적인 군사 역량은 바로 남부군이었다.

(2) 북부군

진나라의 북방 변경 방어를 책임진 북부군은 만리장성 일대에 주둔했다. 이 부대는 주로 북방 지역의 유목민족, 특히 흉노의 기마 군단을 방어하기 위해 설치되었다. 초대 대장은 몽염蒙恬(?~기원전 210),

2대 대장은 왕리王離였다. 본영은 상군上郡 부시현膚施縣(지금의 산시陝西 위린楡林 일대)에 자리 잡고 있었고, 전체 병력은 군사가 가장 많을 때 30만 대군이었다.

북부군에 대한 역사의 기록은 비교적 명확하다. 진시황 32년에 황제는 대장 몽염에게 30만 대군을 거느리고 흉노를 정벌하게 했다. 몽염은 흉노 오르도스 지역의 비옥한 땅을 탈취하여 구원군을 설치했다. 이어서 그곳으로 백성을 이주시켜 둔전屯田 정책을 시행했다. 그리고 만리장성 요새를 구축하여 진나라 북부 변방에서 가장 큰 군사기지를 만들고 중무장 병력을 상주시켰다. 북부군은 수십만 흉노 기마군단과 대응해야 했고 관중 지역의 북쪽 방어도 맡았기 때문에 그 비중이 남달랐다. 따라서 북부군의 대장 몽염은 내사內史 책임자, 즉 경기 지역 행정장관직까지 겸임했다. 북부군을 감독하는 역할은 황태자 부소扶蘇(?~기원전 210)가 담당했다. 진시황 37년 황제가 순행 도중에 죽자 이사李斯, 조고趙高, 호해胡亥가 조서를 위조하여 황태자 부소가 있는 부시膚施로 보냈다. 호해가 보위에 오르는 것으로 위조된 조서를 받아본 부소와 몽염은 자살했다. 북부군의 부장 왕리는 대장으로 승진했고, 왕리의 부장에는 소각蘇角(?~기원전 207)과 섭간涉間(?~기원전 207)이 임명되었다.

진나라 말기 천하가 혼란에 빠지자 북부군은 어명을 받들고 내지로 들어와 반란 진압에 나섰다.[4] 왕리의 지휘 아래 북부 주력군은 황하를 건너 안문과 태원 지역으로 진격한 후 조나라와 연나라 지역 반란을 진압하는 책임을 맡았다. 북부군은 안문과 태원 지역을 통제한 다음 정형구를 봉쇄했다. 그리고 조나라 대장 이량李良을 부추겨 조나라 무신정권을 전복하고 화북평원으로 진입하여 제나라 지원 아래 재건된 조헐의 조나라를 공격했다. 이 시기 북부군의 주요 교전 상대는 제나라와 조나라 연합군이었으며, 주요 전장은 하북 지역이었고, 병력은 10여 만이었다. 진2세 2년 9월, 북부군 일부가 비밀리에 남쪽 황하를 건너 복양濮陽으로 후퇴한 장함의 군사와 힘을 합쳤다. 그리고 성을 포위 중이던 초나라 군사를 일거에 격파하고 초나라 대장 항량을 죽였다. 이는 진나라의 반란 토벌전 가운데 큰 승리에 속한다.[5]

복양에서 큰 승리를 거둔 후 북부군은 승세를 타고 제나라와 조나라 연합군 및 조나라 군신을 거록으로 몰아넣고 포위 공격을 퍼부었다. 장함도 중부 주력군을 이끌고 북상하여 지원에 나섬으로써 거록 전투의 서막이 열렸다. 오래지 않아 항우도 초나라 주력군을 이끌고 북상하여 왕리 부대와 장함 부대의 연결선을 끊고 파부침주破釜沉舟*의 각오로 장하를 건넌 뒤 거록성 아래에서 진나라 군사를 대파했다. 진나라 대장 왕리는 항우의 군사들에게 포로로 잡혔고, 부장 소각은 전사했고 또 다른 부장 섭간은 몸에 불을 지르고 자살했다. 이로써 진나라 북부군은 완전히 궤멸되었다.

---

* 항우는 장하漳河를 건넌 뒤 솥을 깨뜨리고 배를 침몰시키는 결사의 심정으로 거록 전투에 임하도록 병졸들을 격려했고, 마침내 진나라 군사에 맞서 대승을 거두었다. 따라서 이 고사성어는 불퇴전의 각오로 싸움에 임함을 비유한다. 본래 『사기』 「항우본기」에 나오는 말이다. 『손자병법』 「구지九地」에서는 '분주파부焚舟破釜'라고 했다.

(3) 중부군

중부군은 진나라 말기 반란이 발생했을 때 조정에서 새로 조직한 군단으로 병력은 20여만 내외였다. 대장은 장함이었고, 유명한 장수 사마흔과 동예도 이 군단에 소속되어 있었다.

진2세 원년 8월, 진승의 부장 주문周文(?~기원전 209)이 관중을 공격하자 진나라 도읍 함양이 위급해졌다. 경사군은 희수戲水에서 초나라 군사를 격파하고 그곳에 튼튼한 진영을 마련했다. 진나라 조정에서는 소부少府 장함을 대장으로 임명하여 관중 지역에서 장정을 징집하고 여산驪山의 죄수를 석방하여 중부군을 긴급 편성했다. 오래지 않아 중부군은 주문의 군사를 격파하고 함곡관을 나서서 승세를 타고 동쪽으로 진격했다. 이어서 진승의 주력군을 하나하나 궤멸하고 장초張楚의 도성 진현을 점령했다. 중부군은 장초를 평정한 후 위나라로 진입하여 위나라 도성 임제를 함락하고 그 지역의 반란을 모두 진압했다. 이후에도 중부군은 더욱 분발하여 위나라 구원에 나선 제나라와 초나라 군사를 격파하고 제왕 전담을 죽였다. 이후 몇 차례 승패를 반복하다가 북부군과 연합한 뒤 복양 전투에서 항씨의 초나라 주력군을 격파하고 항량을 죽였다.

또 중부 주력군은 황하 남안의 반란군 주력 부대를 격멸하고 황하를 건너 조나라 도성 한단을 점령했다. 그런 후 황하를 따라 방어선을 구축하는 한편 통로를 만들어 거록을 포위하고 있는 왕리의 군사에게 군량미를 조달했고, 일부 병력은 방어선을 지키고 주력군은 적의 원군을 공격할 준비를 했다. 이들은 거록 일대에서 육국의 원군을 섬멸할 계획이었다. 그러나 거록 대전에서 진나라 북부군은 전멸했고, 장함은 중부군을 이끌고 하내河內의 안양으로 후퇴했다. 진2세 3년 7월, 안팎으로 곤경에 빠진 장함은 진나라 중부군 20만을 인솔하고 항우에게 투항했다. 이듬해 11월, 항우에게 투항한 진나라 중부군이 관중으로 들어갈 때 병사들이 동요하자, 항우가 지휘하는 연합군이 신안에서 습격하여 인정사정없이 생매장했다. 이로써 진나라 중부군은 전멸했다.[6]

통일제국 진나라는 여러 해 동안 끊임없이 쟁취해온 전쟁 승리를 바탕으로 건국되었다. 이와는 대조적으로 진나라의 멸망은 진나라 주력군이 전장에서 하나씩 스러지는 현상과 궤를 같이 했다. 남부군이 독립하고, 북부군이 궤멸되고, 중부군이 투항한 이후에 진나라 제국의 운명도 종말을 고했다. 진2세 3년 8월, 진나라는 황제 칭호를 버리고 진왕 칭호를 다시 쓰겠다고 선포했다. 이러한 결정은 이중의 의미를 지니고 있다. 첫째는 진나라 통일제국을 해체하겠다는 선언이요, 둘째는 진나라가 육국과 병존하겠다는 희망의 표시다. 이 무렵 진나라가 희망한 것은 옛 춘추전국 시대 진나라 왕국을 유지하는 일이었다. 이러한 희망을 지탱해줄 수 있는 물질적인 역량은 두 가지였다. 하나는 옛 진나라의 본토인 관중 지역을 아직 진나라 조정이 장악하고 있었다는 것이고, 다른 하나는 진나라의 마지막 주력군으로서 도성을 지키는 최후의 부대인 경사군京師軍이 아무 손상 없이 건재해 있었던 점이다.

경사군의 행방이 진나라의 운명을 결정하게 되었다.

❸ 진나라 군대가 한나라의 주력군이 되다

진 제국의 도읍지 경사 지역을 행정상으로는 내사內史라 불렀다. 그 경계 지역은 동쪽으로 함곡관, 서쪽으로 산관散關, 북쪽으로 소관蕭關, 남쪽으로 무관武關이었다. 삼면은 산으로 둘러싸여 있고 한 면은 황하에 접해 있어 지키기는 쉽고 공격하기는 어려운 형승지形勝地라고 할 수 있다. 그리고 위수渭水가 내사 지역 중앙을 관통하고 있어 '800리 진천秦川'이라는 관중 평원을 형성하고 있다. 토지는 비옥하고 물산이 풍부하여 인구가 밀집된 내사 지역은 당시 가장 부유한 곳이었다. 군사적으로 북쪽은 상군과 북지군, 서쪽은 농서군隴西郡, 남쪽은 한중군·파군·촉군과 경계를 이루고 있었다. 이들 지역은 모두 춘추전국 시대 진나라 본토에 속해 있었다.

진나라 말기 진승과 오광이 봉기한 이래 관동 지역의 각 군현에서는 반란이 분분히 일었다. 육국 모두 나라를 다시 세우자 진나라 군대는 악전고투의 형세로 빠져들었다. 이와는 대조적으로 진나라 본토는 매우 안정된 상태를 유지하여 어떤 반란이나 동란도 일어나지 않았다. 진나라의 정예 주력군 중 하나인 경사군이 시종일관 내사 지역을 지키고 있었기 때문이다. 이 부대는 진나라 중앙 정부의 존망과 관련이 깊을 뿐 아니라 한나라 건국과도 밀접한 관련이 있다. 항우의 죽음에 얽힌 이해하기 힘든 수수께끼도 이 부대의 거취와 맥락을 따져보면 해결의 실마리를 찾을 수 있다. 그에 대해 좀더 상세하게 서술하고자 한다.[7]

진나라 제국의 경사군은 수도 지역에 배치되어 수도와 황제를 보위하는 군사 역량으로, 크게 세 부대로 이루어져 있었다. 낭중령군郎中令軍, 위위군衛尉軍, 중위군中尉軍이 그것이었다.

낭중령군은 황제의 시종무관단으로 낭중령이 통솔했다. 주로 낭관郎官으로 구성되는데 인원이 많을 때는 1000명에 가까웠다. 낭중령은 황제의 시종총관으로 구경九卿 대신 중 하나였다.* 낭관단은 황제의 시종 측근으로 장차 관직에 오를 예비 인력이기도 했다. 모두 출신이 좋았으며 엄격한 선발 과정을 거쳤다. 낭관단은 군사조직을 본떠서 편제를 만들었고 여러 명의 낭장郎將이 지휘했다. 궁궐 내에서 주로 황제의 경호와 시종 업무를 책임졌다.

위위군은 황궁 숙위군宿衛軍으로 위위衛尉가 통솔했다. 위위도 구경의 하나로, 수도 함양 내외 각 궁성의 출입 및 궁성 내의 보위를 책임졌다. 위위군의 전사는 위사衛士로 불렸고, 제국 내부의 군郡에서 징집했다. 그 숫자는 2만 명 내외였다.

---

* 구경이란 중국 왕조시대 조정의 핵심 관리 아홉 명을 뜻함. 역대 왕조마다 구성원이 조금씩 달랐다. 한나라 초기 구경은 봉상奉常, 낭중령郎中令, 위위衛尉, 태복太僕, 정위廷尉, 대홍려大鴻臚, 종정宗正, 대사농大司農, 소부少府였다.

중위군은 수도 지역을 지키는 위수부대로, 중위中尉가 통솔했다. 중위도 구경의 하나였다.* 그의 업무는 주로 두 가지인데, 한 가지는 경사 지역 각 현의 지방군을 관리하고 수도 각 현의 치안질서를 유지하는 일이었다. 다른 한 가지는 수도 주재 위수부대를 이끌고 경사 지역의 수비와 각 관서의 보위 등을 책임지는 일이었다. 중위가 통솔하는 수도 주재 위수부대를 흔히 중위군이라고 불렀다. 중위군 전사는 주로 수도에서 징집했고 그 규모는 5만 명 내외였다. 이 중위군도 정예군에 속하는 야전부대의 하나였다.

진나라 말기 혼란 속에도 경사군은 줄곧 관중 지역에 머물며 수도와 황제의 보위를 맡았다. 진2세 2년 9월, 진승의 부장 주문이 관중을 공격하기 위해 함양 동쪽 희수 일대까지 진격했을 때 중위군이 반란군을 격퇴했다. 그 덕분에 장함은 중부군을 편성할 때 귀한 시간을 얻을 수 있었다.

희수 방어전은 진말秦末 혼란기에 진나라 경사군이 참전한 첫 번째 전투였다. 나는 이 전투에 관해 『진붕』 제5장에서 상세히 서술한 바 있다. 희수 방어전 이후 중위군은 새로 편성된 중부군을 도와 주문의 군사를 관중 밖으로 내쫓았다. 이때도 중부군은 승세를 타고 함곡관 밖으로 나가서 추격을 계속했지만 중위군은 관중에 남아 수도 보위의 중임을 맡았다. 중위군은 시종일관 수도 지역을 벗어나지 않았고, 또 관동 지역의 전쟁에도 휘말리지 않았다.

진2세 3년 8월, 유방군이 무관을 격파하고 관중 지역으로 진입했

* 중위가 구경에 속한다는 언급은 근거가 부족하다.

다. 9월에는 진왕 자영이 승상 조고를 죽이고 정권을 장악한 뒤 군대를 요관嶢關(지금의 산시陝西 란텐藍田) 부근으로 보내 유방군을 진압하려 했으나 오히려 유방에게 패배했다. 이때 요관으로 파견된 진나라 군대도 틀림없이 중위군이었을 것이다.

요관에서 중위군의 방어를 뚫은 유방군은 함양성 아래에까지 다가왔다. 한나라 원년 10월, 진왕 자영은 백성이 도륙당하는 걸 막고 도성을 보전하기 위해 만조백관을 이끌고 성을 나와 항복했다. 유방은 진나라 조정과 진나라 본토를 평화롭게 접수했고, 경사군도 유방군의 일부로 편입되었다.

12월, 항우가 40만 연합군을 이끌고 관중으로 진입한 뒤 홍문연에서 유방을 굴복시켰다. 유방은 자신이 접수한 진나라 정권을 모두 항우에게 내줌으로써 진나라 경사군도 항우의 관리를 받게 되었다. 이듬해 2월, 항우가 천하를 분봉할 때 관중 지역은 옹국雍國, 새국塞國, 적국翟國이라는 세 왕국으로 분할되었다. 역사에서는 이 세 왕국을 삼진三秦이라 일컫는데, 경사군은 삼진의 군대로 편입되었다.

8월, 한신은 한중에서 한나라 군사를 이끌고 관중을 공격하여 승리를 거뒀다. 새국와 적국은 투항했고 옹국은 오래지 않아 멸망당했다. 삼진의 군대로 편입되었던 경사군의 장졸들은 다시 유방의 군대로 배속되어 한나라 군대의 일부가 되었다.

유방은 법통, 영토, 인력, 제도 등 각 부문에서 진나라를 전면적으로 계승하는 진 본위 정책을 확정하고 도읍을 역양櫟陽에 두었다. 그리고 동쪽으로 진격하여 항우와 천하를 다퉜다. 계속된 전쟁과 징병제 시행 과정에서 옛 진나라 출신 백성과 장졸이 잇달아 한나라 군대에 입대하여 한나라 군대의 주축이 되었다. 이로써 한나라 군대의 인원 구성에 중요하고도 의미 깊은 변화가 발생했다.[8]

앞서 유방은 진나라 사수군 패현 사람이며 그곳은 과거에 초나라 지역임을 밝힌 바 있다. 진승과 오광이 진나라에 반대하는 군사를 일으키자 유방도 패현에서 군사를 일으켜 현령을 죽였다. 이어서 초나라 제도에 따라 패현의 장관직인 패공으로 추대되었다. 유방은 패현 출신 청장년 약 3000명을 모아 정식으로 군대를 구성하고 진승이 세운 장초張楚에 귀의하겠다고 선언했다. 유방이 조직한 군대를 흔히 패현자제병沛縣子弟兵이라고 하는데, 이후 유방 군사 집단의 핵심을 이루었다. 또한 한나라의 개국 원로(예컨대 소하, 조참, 왕릉, 하후영, 번쾌 등)도 거의 이 군대 소속이었다.

진승이 죽은 후에 유방은 초왕 경구景駒(?~기원전 208)에게 의탁했다. 진2세 2년 3월, 유방은 탕현을 함락하고 탕현 소속 군사 6000명을 자신의 군대에 편입했다. 이로써 1만 명에 가까운 병력을 이루었다. 4월에 항량이 초왕 경구를 공격하여 죽이자 유방은 항량에게 투신하여 신임과 지지를 얻었고, 초나라 군사 5000명을 하사받았다. 이에 1만5000명으로 늘어난 유방군은 초나라 주력 군단의 하나가 되었다.

항량이 전사한 후 각 지역 초나라 군사는 세력이 크게 위축된 채 팽성에 집결했다. 진2세 2년 윤9월, 초 회왕이 친정親政을 하면서 반진 전략을 크게 조정했다. 그는 진나라를 존속시키고 진나라 사람들을 관대하게 대하겠다고 공언한 뒤, 가장 먼저 관중으로 들어간 장수를 진왕에 봉하겠다고 약속했다. 동시에 초나라 군대도 정비하고 개편했다. 유방은 초 회왕의 신임을 얻어서 탕군의 최고 책임자인 탕군장으로 임명되었고, 서쪽으로 진격하여 관중을 함락하라는 중요한 사명을 받았다. 이때 초기 유방군의 기본 뼈대가 형성되었다. 초나라 제도에 따라 편성된 유방의 탕군 부대는 3만 명 내외로, 주로 옛 초나라와 위나라 출신이었다. 이후 한나라 군대의 중견 역량이 바로 이 3만 명의 초나라 옛 부대였다.[9] 이후의 전쟁 과정에서 이 부대는 시종일관 유방을 수행하며 각지에서 전투를 벌였고, 한나라 건국에 이르러서는 핵심 통치 계층으로 자리 잡았다. 또한 이 부대는 유방이 관중으로 진입하여 진나라를 점령할 때 핵심 역할을 했고, 항우가 유방을 한왕으로 분봉했을 때 유방을 수행하여 한중으로 들어갔다. 유방은 이 부대를 기반으로 한중에서 군사를 증강하여 전투 준비를 했다. 한신은 진나라의 군사 제도에 따라 이 부대를 정비함으로써 초나라 편제를 완전히 진나라 편제로 개편했다. 동시에 파촉과 한중의 진나라 장정을 징집하여 새롭게 한나라 군대를 조직한 후 일거에 관중으로 반격해 들어가 승리를 거뒀다. 관중을 점령한 이후 다시 관중 지역의 진나라 백성을 대규모로 모집하여 대오를 편성하고 함곡관을 나가 전투를 벌였다. 이후로 진나라 사람들은 끊임없이 한나라 군대에 입대하여 점점 한나라의 주력군이 되었고, 전투 과정에서도 두각을 나타내며 역사에 이름을 남기기 시작했다.

이처럼 한나라가 진나라를 계승하고 위에서부터 아래에 이르기까지 외래의 초나라 사람과 본토의 진나라 사람이 합류하는 과정에서 한나라 군대가 팽성에서 대패했다. 그 이후 기병 부대를 조직할 때 한나라 군대 여기저기에 분산되었던 진나라 경사군 출신 기병 장졸을 차출하여 관영을 대장으로 하는 기마병 군단을 조직했다.[10] 이 기병 부대는 관영의 지휘로 각지에서 누차 뛰어난 전공을 세우면서 한나라 정예 기동부대가 되었다. 그리고 해하 전투에서 명령을 받들어 오강까지 항우를 추격했다. 그중에서 운 좋은 다섯 명이 항우를 참살한 공적으로 제후에 책봉되어 청사에 이름을 남겼다.

여마동 및 그의 전우들은 진나라와 한나라가 합류하는 시대를 배경으로 자신들만의 파란만장한 역사를 간직한 사람들이었다.

④
진나라
장수 양희 이야기

세상이 무대라면 역사는 연극이다. 역사의 다채로움은 늘 소소한 장면에서 빛난다.

항우의 죽음을 기록한 대목은 『사기』에서도 가장 찬란한 명문이라고 일컬을 수 있다. 이 글 가운데 항우가 자결하기 전에 '친구'를 부르는 장면을 우리는 살펴보았다. 나는 그 장면을 단서로 삼아 통일제국 진나라 군대의 몰락 과정을 밝혀냈고, 또 한나라 주력군이 옛 진나라 군사들이었다는 비밀도 풀어냈다. 이로써 진나라, 초나라, 한나라 역사의 연속성이 분명히 드러났다.

그러나 2000여 년 동안 사람들은 '항우의 죽음'에 기록된 또 다른 장면을 소홀히 취급해왔다. 해하에서 포위망을 돌파한 후 항우는 회수를 건너고 음릉을 지나 동성까지 갔다. 동성 경내의 사퇴산 정상에서 항우는 "하늘이 나를 망치려는 것이지, 내가 전투를 잘못한 죄가 아니다"라고 탄식했다. 그런 후 곁에 남은 28명의 기병을 다시 배치하여 포위를 뚫고, 적장을 베고, 깃발을 탈취하는 교과서적인 멋진

초 망

전투를 치렀다.

『사기』의 기록을 다시 한 번 요약해보자. 한나라 군사는 방어 태세를 갖추지 못한 상태에서 초나라 기병의 기습적인 돌진을 받자 혼란에 빠졌다. 항우는 적진이 흐트러진 틈을 타서 적장 한 명을 베었다. 이때 역사에 적천후로 기록된 양희라는 한나라 기병이 항우를 정면에서 막아섰다. 그러나 항우가 두 눈을 부릅뜨고 벽력같이 고함을 치자 말도 놀라고 사람도 혼비백산했다. 그의 말은 미친 듯이 날뛰면서 몇 리 밖까지 달아났다.[11]

동성 전투 기록에서 유일하게 실명으로 등장하는 한나라 장수는 적천후였다. 그는 항우의 앞을 막아섰다가 연기처럼 수천 기병대 속으로 종적을 감춘다. 그런데 이 적천후가 오강 전투에 다시 출현한다. 바로 항우가 자결한 이후 그의 유체를 나눠 가진 다섯 명의 한나라 장수 중 한 명이었다. 적천후의 성은 양(楊)이고 이름은 희(喜)이며, 내사 화음 사람이다. 그는 일찍이 옛 진나라의 낭중기장을 역임했고, 항우를 추격하는 전 과정에 참가하여 당시 일을 직접 겪거나 목격했다. 그는 그 전투에 참가한 당사자로서 항우의 죽음을 기록한 대목에도 등장하고 있지만, 그것은 눈에 띄지 않는 사소한 부분에 불과하다. 이 때문에 오랜 동안 이 기록에 주의를 기울인 사람이 아무도 없었다. 하지만 나는 늘 불가사의한 느낌을 지울 수 없었다. 왜 사마천은 정밀하고 간결한 역사 기록 중에 이 단락을 끼워 넣었을까? 너무나 갑작스럽고 앞뒤 기록과도 어울리지 않아서 마치 다른 부분에서 끊어진 죽간이 이곳에 잘못 끼워진 게 아닐까 싶을 정도였다. 또 항우가 눈을 부릅뜨고 노호하자 사람과 말이 모두 놀라서 몇

리 밖으로 정신없이 달아났다고 묘사한 대목은 쉽게 『삼국지연의三國志演義』의 한 장면을 연상하게 만든다. 즉 『삼국지연의』에서 장비張飛 (?~221)가 장팔사모를 치켜들고 장판교 위에 서서 고함을 지르자 깜짝 놀란 하후걸夏侯傑이 말에서 떨어져 죽었고, 이에 조조曹操의 정예기병 5000명이 감히 전진하지 못했다는 기록이 그것이다. 이 두 장면이 비교되는 가운데 자연스레 나의 의구심도 짙어졌다. 『사기』의 이 같은 기록은 역사인가, 아니면 연의演義 소설인가? 진실한 기사인가, 아니면 허구로 꾸며낸 과장인가? 나의 의구심은 시간이 지날수록 더해졌다.

『사기』에는 이처럼 빛나는 기록이 종종 눈에 띈다. 그러나 너무나 빛이 나서 감히 믿을 수 없는 대목도 포함되어 있다. 항우의 죽음을 기록한 대목도 바로 그런 경우다. 근대 이래로 많은 학자가 이런 빛나는 기록은 진실한 역사가 아니라 태사공이 문학적 상상력을 발휘하여 운용한 신필神筆이라고 의심했다. 사마천은 『사기』 「태사공자서」에서 자신이 『사기』를 편찬한 방식에 대해 다음과 같이 언급했다.

"내가 말하는 역사 서술은 세상에 전해오는 내용을 가지런히 정리하는 것이지 고의로 지어내는 것이 아니다."[12]

사마천은 이 신빙성 있는 해명을 통해 우리에게 역사를 꾸며내지 않고 실재 그대로 신중하게 썼음을 증언하고 있다. 그러나 그는 호기심이 강하고 견문이 넓었으며 옛날이야기 듣기를 매우 좋아했다. 따라서 『사기』에 기록된 다양한 고사故事는 그 유래와 판본을 추적해볼 필요가 있다.

양희의 조상이 누군지에 대해서는 흔적을 찾을 수 없으나 그 후손들은 대대로 이어지며 천고에 명성을 날리고 있다. 양희가 항우를 죽인 공로로 적천후에 책봉된 이후, 양씨 가문은 출세를 거듭하여 제후와 고관대작을 배출했다. 이로써 양씨 가문은 양한을 통틀어 가장 유명한 가문이 되었다. 후한 시대에 4세 3공*을 배출한 양진楊震 (?~124) 일족이나 수隋나라를 건국한 양견楊堅(541~604) 일가가 모두 이 가문의 후예다.

양희의 5대손 양창楊敞(?~기원전 74)은 전한 소제昭帝(기원전 94~기원전 74) 때 활약한 인물이다. 그는 당시 정권을 잡고 있던 대장군 곽광霍光(?~기원전 68)의 인정을 받아 오랫동안 대장군 막부에서 장사長史 직을 역임했다. 장사는 지금의 비서실장이다. 양창은 나중에 대사농大司農(재정부 장관)과 어사대부御史大夫(부수상)를 역임했고 관운이 형통하여 승상 직에까지 올랐으며 안평후安平侯에 책봉되었다.

양창이 승상을 맡은 이듬해에 소제가 세상을 떠났다. 당시 소제의 나이는 22세에 불과했고 후사가 없었다. 곽광은 황실 제후왕들 중에서 무제武帝의 손자 창읍왕昌邑王 유하劉賀(기원전 92~기원전 59)를 뽑아 보위를 잇게 했다. 그러나 보위에 오른 유하가 음란한 행위를 일삼으며 국가의 안정을 해치자 곽광은 근심에 잠겼다. 곽광은 유하를 폐출하고 새로운 황제를 옹립하기 위해 측근 대신들과 비밀 모의를 했다. 이는 한나라 역사에서 전례가 없던 것으로, 제국의 운명이 걸려

---

* 적천후 양희의 8세손 양진楊震은 관서공자關西孔子로 불리며 후한 안제安帝 때 태위太尉 직에 올랐다. 그의 아들 양병楊秉도 환제桓帝 때 태위 직에 올랐고, 양병의 아들 양사楊賜도 영제靈帝 때 태위 직에 올랐으며, 양사의 아들 양표楊彪도 헌제獻帝 때 태위 직에 올랐다. 따라서 정확하게는 4세 4공이라 해야 한다.

있을 뿐 아니라 참여자의 가문과 목숨까지 걸린 일이었다. 역사의 기록은 대략 다음과 같다. 곽광은 창읍왕 폐출 방안을 마련한 후 대사농 전연년田延年(?~기원전 72)을 승상부로 보내 그 사실을 양창에게 통보했다. 성품이 신중하고 조심스러운 양창은 깜짝 놀라 식은땀을 흘릴 뿐 아무 말도 못하고 '아!'라는 탄성만 연발했다.

전연년이 잠시 측간에 가기 위해 자리를 뜨자 문밖에서 대화를 듣고 있던 양창의 부인이 들어오더니 다급히 양창에게 말했다.

"이건 국가의 대사입니다. 대장군은 이미 방침을 정하고 나서 대신을 시켜 당신에게 통보하는 것입니다. 당신이 과감하게 대장군과 합심 협력하겠다고 하지 않고 미적거린다면 틀림없이 가장 먼저 주살당할 것입니다."

부인의 말을 듣고 양창은 정신이 들어 입장을 정했다. 전연년이 측간에서 돌아오자 양창은 창읍왕을 폐출하는 곽광의 방안을 적극 지지하며 주체적으로 참여하겠다고 호응했다. 창읍왕을 폐출한 후 곽광은 한 무제의 증손자 유병이劉病已(기원전 91~기원전 49)를 황제로 옹립했다. 그가 바로 한 선제宣帝였다. 양창은 선제를 옹립한 공로로 승상의 지위를 보존했을 뿐 아니라 추가로 식읍 3500호까지 더 받게 되었다.[13]

이 사건의 전개 과정에서 양창은 겁이 많고 우유부단한 성격을 보인 반면, 그의 부인은 대의에 밝고 과감한 행동을 드러내어 식견과 개성의 선명한 대비를 이룬다. 양씨 가문이 생사존망의 시기를 맞았을 때 미래의 방향을 결정한 이 여걸은 사마천과 매우 밀접한 관계를 맺고 있으며, 항우의 죽음을 묘사한 『사기』의 그 빛나는 문장도

이 여인과 불가분의 관계를 맺고 있다.

양창의 부인은 사마천의 딸이다. 즉 양창은 사마천의 사위가 된다. 사마천에겐 아들이 없었다.* 그는 평생을 기울여 『사기』를 편찬한 후 오직 2부만 필사하여 세상에 전했다. 부본副本은 한나라 조정의 왕실 도서관에 소장되었고, 정본은 집에 보관하다가 사마천이 죽은 후 그의 딸이 가져가서 양창의 집에서 보관하게 되었다. 양창과 그의 부인 사이에서 태어난 아들 양운楊惲(?~기원전 45)은 선제 시기에 활동한 박학 군자였다. 그는 역사를 좋아하여 『사기』를 숙독했다. 그런 덕에 그에게는 외조부 사마천의 유풍이 배어 있었다.[14]

양창은 대체로 무제 원광元光(기원전 134~기원전 129) 연간에 태어났고, 무제 원봉元封(기원전 110~기원전 105) 연간에 혼인하여 사마천의 딸을 아내로 삼았다. 그때 그의 나이는 25세 내외였다. 사마천은 한 경제景帝 중원中元 5년(기원전 145)에 태어났으므로 양창보다 13세가량 나이가 많았을 것으로 짐작된다. 사마천은 대략 무제 후원後元(기원전 88~기원전 87) 연간에 60세를 전후로 죽었으므로 사위인 양창은 당시 47세 안팎이었을 것이다. 사마천과 양창의 왕래는 원봉 연간에 두 집안이 혼인할 때부터 계산하여 후원 연간까지 20년 이상 지속되었던 셈이다. 양가의 친밀한 관계가 오래 유지되었다고 할 수 있다.

---

* 『사기』와 『한서』 등 정사에는 사마천의 딸이 양창의 부인이라는 기록만 있고 아들은 기록되어 있지 않다. 그러나 민간 전설에 의하면 사마림司馬臨과 사마관司馬觀이란 두 아들이 있었는데 나중에 풍馮씨로 성을 바꿨다고 한다. 풍馮은 '마馬' 자에 두 점을 찍은 글자이므로 사마천의 두 아들 후손이 풍馮으로 성을 삼았다는 것이다. 그러나 이는 신빙성 없는 전설에 불과하다.

양씨 가문의 출세 기점은 양희가 항우를 추격 살해했던 일로, 양씨 가문이 가장 자부하는 위업이라 할 수 있다. 이에 한나라 조정에서는 양희를 적천후로 책봉하고 단서철권丹書鐵券까지 하사했다. 단서철권이란 인물의 공적을 철판에 붉은 글씨로 써서 관련 문서와 함께 영원히 보존하도록 하는 일종의 공신功臣 증명서다. 이 단서철권은 두 토막으로 쪼개어 절반은 한나라 종묘에 보관하고 다른 절반은 공신의 집안에 대대로 보관하도록 했다. 단서철권의 마지막 부분에는 다음과 같은 글자가 새겨져 있다.

　　"황하를 영원히 의대衣帶처럼 삼고 태산을 영원히 숫돌처럼 삼아서, 책봉 받은 나라를 길이 평안케 하고 후손에게 길이 전하라使河如帶, 泰山若厲, 國以永寧, 爰及苗裔."15

　　이것이 바로 역사다. 왕조의 역사, 제후국의 역사, 가문의 역사이고 또 다른 『사기』다. 이 대목에서 우리는 다음과 같은 장면을 상상할 수 있다. 양씨 집안 출세의 발판인 이 단서철권은 양씨 사당 정중앙에 모셔졌다. 양희는 단서철권을 어루만지며 아들과 손자들에게 자신이 봉작을 받은 유래를 설명하면서 당년에 겪은 일을 들려주었다. 양희가 죽은 후 아들이 봉작을 계승했고, 그도 똑같이 단서철권을 어루만지며 자신의 아들과 손자들에게 조부의 휘황찬란한 사적을 이야기했다. 아들이 죽은 후 손자가 그 뒤를 이었고, 손자가 죽은 후 증손자가 그 뒤를 이어서 대대로 가문의 영광을 이야기했다.

　　양희의 이야기는 계속해서 5대손 양창에게까지 전해졌다. 양창은 이 고사를 부인뿐만 아니라 자신의 장인인 사마천에게도 들려줬다. 사마천은 한나라 사관인 태사령太史令이었고, 그는 바야흐로 천하에

　　　　　　　　　　　　　　　　　　　　　　　초망

흩어진 이야기를 모으고 세간의 전설을 수집하여 『사기』를 집필하고 있었다. 이야기한 사람은 별다른 의도가 없었겠지만 듣는 사람은 틀림없이 의미 깊게 들었을 터다. 사위와 함께한 술자리에서 사마천은 그의 집안 이야기를 흥미진진하게 여겼을 것이고, 그것을 생동감 있는 언어로 『사기』에 기록했으리라.

양희의 일생에서 가장 찬란하고, 가장 기억할 만하고, 가장 자랑하고 싶은 일은 해하 전투에 참가하여 항우를 오강까지 추격 참살한 사실이었을 것이다. 이 공훈으로 그는 봉작까지 받지 않았던가? 동성에서 항우의 고함에 놀라 몇 리 뒤로 후퇴했던 그는 오강 강변에서 항왕의 최후를 목도하고 항왕의 마지막 외침을 들었다. 직접 현장에 있었으므로 생생하고 활기차게 이야기를 들려줬을 것이다. 물론 양희의 이야기에는 자신이 직접 목도한 것 외에도 초나라에 포로로 잡혔다가 풀려난 사람들의 고백이나 전우들 사이에 전해지는 일화 등도 섞여 있었을 것이다. 양희는 이런 이야기에 피와 살을 덧붙여서 후손들에게 전해줬을 것이다. 그러나 어떻든 양희의 구술口述은 바로 당사자의 증언이므로 제1차 사료에 속한다. 이 사료가 제일류 역사학자 사마천의 가공과 편찬을 거쳐 제일류 역사학 문장이 되었다. 이 문장을 우리는 고대 구술사의 경전이라고 부를 만하다.[16]

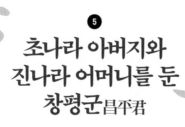

❺ 초나라 아버지와 진나라 어머니를 둔 창평군昌平君

양희가 전해준 항우의 죽음에 얽힌 이야기 중에서 그의 전우 여마동은 가장 신비로운 인물이다.

항우는 혈전의 먼지 속에서 여마동을 알아보고 고함을 질렀다.

"거기 선 자는 내 옛 친구 여마동呂馬童이 아닌가?"

갑자기 항우가 직접 자신을 이름을 부르자 여마동은 항우의 눈을 마주보지 못하고 왕예王翳를 향해 몸을 돌리며 항우를 지목했다.

"저자가 바로 항왕이오!"

항우가 계속 고함을 질렀다.

"소문을 들으니 한왕이 천금의 현상금과 만 호의 봉읍으로 내 머리를 구한다는구나. 너에게 내 머리를 주겠다."

항우는 말을 마치고 칼로 자신의 목을 찔러 죽었다.[17]

빛나는 역사 기록에 끼어 있는 소소한 사실이 또 다른 의문을 불러일으키고 있다. 여마동은 도대체 어떤 사람일까? 항우는 그를 왜 친구라고 불렀을까? 그와 항우는 어떤 관계가 있을까?

여마동의 경력을 조사해보면, 그는 진나라 내사 호치현 사람이며 옛 진나라 군대 낭중기장이었다. 낭중기장은 황제를 호위하는 근위 무관단의 고급 장교다. 진나라 장수 여마동은 양희보다 지위가 높았으며 유방 군단에 참가한 시기도 양희보다 1년 빨랐다. 뒷날의 경력은 양희와 유사하다. 그는 관영이 지휘하는 기병 부대에 편입되어 한신을 따라 제나라를 정벌했고, 일찍이 사마의 직급에 임명되어 초나라 장수 용저의 군대를 공격한 적이 있다. 해하 전투 때는 항우를 추격하라는 명령을 받고 오강 강변에서 양희 등과 함께 항우를 참살했다. 그 공으로 중수후에 책봉되었다. 이상의 간단한 경력이 바로 역사에 남아 있는 여마동 기록의 전부다. 이런 단편적인 정보만으로는 여마동과 항우가 직접 교류했던 흔적을 찾을 수 없다.

항우는 어려서부터 숙부 항량을 따랐고, 항량이 그를 성인成人으로 길러냈다. 따라서 항량의 교류관계는 흔히 항우의 교류관계와 겹친다. 진나라 시절 항량은 관중에 갔다가 법을 어겨 역양현 감옥에 갇힌 적이 있다. 이후 항씨 가족은 인맥을 통해 기현蘄縣의 옥연獄掾(법관) 조구에게 청탁을 넣었고, 조구는 역양현 옥연인 사마흔에게 편지를 보내 항량을 풀려나게 했다. 조구는 기현 출신으로 초나라 사람이었다. 나중에 항량을 따라 종군하다가 항씨가 통솔하는 초나라 군대의 대사마가 되었다. 사마흔은 역양 출신으로 진나라 사람이었다. 나중에 장함을 선동하여 항우에게 투항하게 했고, 그 공으로 새왕에 책봉되어 도읍을 역양에 두었다. 이 일을 통해서도 우리는 항량과 항우 그리고 항씨 가족이 진나라 땅의 진나라 사람들과 자주 왕래했음을 어렴풋하게나마 짐작할 수 있다. 이러한 흔적에서도 초나라 사람과 진나라 사람의 교우 관계가 드러나고 있다.

추적의 발길을 계속 전진시켜 보겠다. 항씨 가족은 초나라의 명문 귀족으로, 대대로 초나라 군대의 장수를 지내왔다. 항량의 부친이자 항우의 조부인 항연도 일찍이 초나라 대장을 역임한 적이 있다. 진시황이 천하를 통일하는 과정에서 진나라 대장 왕전은 초나라 도성 수춘을 함락하고 초왕 부추를 사로잡았다. 그러자 항연은 창평군 웅계 熊啓(기원전 263~기원전 223)를 초왕으로 옹립하고 회북 지역에서 계속 진나라에 대항했다.

창평군 웅계는 신비한 역사 인물이다. 그는 오직 두 차례만 역사의 무대에 등장하는데, 한 번은 진나라에 있을 때였다. 그는 여불위呂不韋(?~기원전 235)와 함께 어명을 받고 군사를 지휘하여 노애嫪毐(?~기원전 238)의 반란을 평정하고 당시 22세에 불과했던 진왕 영정의 친정 체제를 지원해줬다. 웅계는 초나라에 있을 때 또 한 번 등장한다. 항연과 손을 잡고 진나라에 대항하며 초나라 마지막 임금으로 옹립된 것이다. 이 두 차례의 등장을 살펴보면 언뜻 '풍마우불상급風馬牛不相及'이란 고사성어가 떠오른다. 즉 모순된 두 사건은 전혀 관계가 없는 듯한 느낌을 준다.

창평군이 노애의 반란을 평정한 것은 진왕 정政 9년으로 기원전 238년이었다. 이후 그가 초왕으로 옹립되어 진나라에 대항한 것은 진왕 정 24년으로 기원전 223년이었다. 두 사건 사이에 15년의 공백이 있다. 15년 전 진나라의 주요 인물이었던 그는 함양에서 진왕 정의 친정 체제를 지탱해줬다. 나중에는 진왕 정의 적이 되어 회북에서 항연에 의해 초왕으로 옹립되었다. 아침에는 진나라에 있다가 저녁에는 초나라에 있으면서 두 나라 정권의 중심에서 활약한 창평군은 도대체 어떤 사람인가? 그와 진왕 영정 그리고 그와 초나라 장수 항연은 도대체 무슨 관련이 있는가? 그의 배후에 사람들이 모르는 진나라와 초나라 간의 비밀이라도 감춰져 있는 것일까?

1975년 고고학자들은 후베이성 윈멍현雲夢縣 수이후디睡虎地에서 진나라 분묘 여러 기를 발굴했다. 그중 11호가 진왕 정 시대의 지방관리 분묘였는데, 이 분묘에서 진나라 죽간이 다량 발굴되었다. 이 죽간들 가운데 무덤 주인의 생애에 관한 이력서가 포함되어 있었다. 연대별로 사실을 기록하는 편년체 형식으로 쓰였기 때문에 「대사기大事記」로 명명되었다.[18] 이 「대사기」에 창평군의 이름이 뚜렷하게 나타났다.

21년, 한왕韓王이 죽었다. 창평군을 그곳에 거처하게 했다. 결사대가 그를 따랐다廿一年, 韓王死. 昌平君居處其處, 有死士屬.

'21년'은 진왕 정 21년인 기원전 226년이다. '한왕'은 한韓나라 마지막 임금인 안安(?~기원전 226)이다. 진왕 정 17년, 진나라는 한나라 도성 신정新鄭을 함락하고 한왕 안을 사로잡았다. 이로써 한나라는 멸망했고 포로가 된 한왕 안은 진현으로 옮겨져 연금되었다. 진왕 21년 한왕 안이 진현에서 죽자 창평군을 이곳으로 옮겼고 결사대가 그의 뒤를 따라왔다. 불명확하고 단편적인 문자가 마치 드넓은 바다에 떠도는 한 점 물거품처럼 깊이를 알 수 없는 물속을 비추는 듯하다.

1989년, 저명한 역사학자 톈위칭田餘慶 선생이 「장초를 말하다: "진나라를 멸망시킬 것은 반드시 초나라다"라는 문제에 관한 연구」라는 논문을 발표하여[19] 처음으로 숨은 것을 찾고 잠긴 것을 건져 올리는

索隱鉤針 방식으로 창평군과 항연이 손잡고 진나라에 대항한 사적을 복원했다. 이로써 진나라와 초나라 사이의 복잡하고 밀접한 관계가 해독의 서광을 드러내기 시작했다. 2010년 나도 텐 선생의 발자취를 따라 기존 문헌과 출토 유물을 결합하여 창평군의 일생을 완전하게 복원했다. 나는 이 내용을 「마지막 초왕 사적 탐색: 『사기』 「창평군열전」을 보충하다」라는 논문으로 완성하여 발표했다.[20] 이 글을 통해 마침내 초나라 부친과 진나라 모친을 둔 인물, 즉 영성嬴姓과 웅성熊姓의 양대 왕족을 이어주는 신비한 인물 창평군의 진상이 천하에 모습을 드러냈다. 또한 진나라와 초나라 사이에 400여 년간 21대나 이어진 혼인관계가 드러났다. 나는 「창평군열전」을 문언문으로 썼지만 이제 전체 문장을 아래에 백화문으로 번역해둔다.

창평군은 초나라 고열왕의 서자로, 이름은 웅계다. 초 경양왕頃襄王 27년 진나라와 초나라는 우호를 다지려 했고, 이때 초나라는 태자 웅원熊元을 진나라에 인질로 보냈다. 웅원은 진나라에 10년 동안 억류되어 있으면서 그곳에서 아내를 얻어 아들을 낳았다. 웅계는 진나라에서 태어났고 그의 모친은 진 소왕昭王의 딸이다.*

초 경양왕 36년, 경양왕 웅횡熊橫의 병이 위중해지자 웅원과 춘신군春申君이 비밀 모의를 했고 웅원은 단신으로 진나라에서 도망쳐 초나라로

---

* 진 소왕은 소양왕이다. 본문의 서술에 따르면 소양왕의 아들이 진 효문왕孝文王(안국군)이고, 소양왕의 딸이 웅원(초 고열왕)에 시집갔다. 효문왕의 아들이 진 장양왕莊襄王(자초子楚)이고 웅원의 아들이 창평군이다. 또 장양왕의 아들이 진왕 정, 즉 진시황이므로 창평군은 진시황의 내종숙內從叔(아버지의 고종사촌)에 해당하는 친척이다.

초망

돌아갔다. 같은 해 가을 경양왕이 세상을 떠나자 웅원이 초나라 임금이 되었다. 이 사람이 고열왕이다.

웅계와 모친은 모두 진나라에 남았다. 웅계의 외숙모가 바로 화양태후華陽太后다. (진시황의 부친) 자이子異*가 화양태후를 양모養母로 삼았기 때문에 웅계와 자이도 관계가 가까워졌다. 장양왕 자이가 즉위하자 웅계는 왕실 측근(장양왕의 고종사촌)으로 벼슬길에 나서서 화양태후의 총애와 신임을 받았고 창평군으로 봉해졌다.

장양왕이 병으로 죽자 장자 영정이 13세의 나이로 진왕에 올라 정치를 태후와 대신들에게 맡겼다. 당시에 세 명의 태후가 있었다. 영정의 양조모 화양태후, 친조모 하태후夏太后, 모친 제태후帝太后가 그들이다. 대신도 여러 명이 있었지만 주요 인물로는 상국 여불위, 창평군, 창문군昌文君 등이 있었다.

진왕 정 9년, 영정이 친정을 하게 되자 장신후長信侯 노애가 함양에서 무장 병력을 동원하여 정변을 일으켰다. 진왕은 상국 여불위, 창평군, 창문군에게 군사를 이끌고 반란을 평정하게 했다. 당시에 창평군은 어사대부로 반란 평정에 많은 힘을 기울였다. 노애 사건에는 여불위도 연루되어 있었다. 진왕 정 10년, 여불위는 상국에서 파면되었고, 창평군이 상국에 임명되었다.

진왕 정 12년, 우승상 웅계와 좌승상 전顚이 공동으로 동과銅戈** 제작을 감독했다. 진왕 정 17년, 화양태후가 세상을 떠났고, 진왕은 날이 갈수록 건장하게 성장했다. 창평군은 자신의 권력이 다른 사람에게 넘

---

* 이인異人 또는 자초子楚라고도 한다.
** 청동으로 만든 창이다. 중국 전국 시대 병졸들의 표준 무기였다.

어갈까봐 더욱 불안해졌다. 이 무렵 좌승상은 외장隈狀이었다. 웅계는 그와 함께 합양郃陽에서 제조하는 동과를 감독했다.

진왕 정 21년 진왕이 다급하게 초나라를 멸망시키려고 하자 대장 왕전이 신중하게 간언을 올렸으나 채택되지 못했다. 이 때문에 왕전은 배척당해 대장 직에서 파면되었다. 이에 왕전은 병을 핑계로 고향 빈양頻陽으로 돌아가 노년을 보내게 되었다. 승상 웅계도 조정 회의에서 왕전에게 동조하며 속내를 숨기고 은근한 비판을 했기 때문에 동시에 진왕의 신임을 잃었다. 바로 이 무렵 한韓나라 옛 도성 신정에서 반란이 발생했다. 영진郢陳에 폄적되어 있던 한왕 안이 그 일에 연루되어 목숨을 잃었다. 그리하여 진왕은 창평군을 승상 직에서 파면하고 한왕 안이 죽은 곳으로 보냈다. 결사대가 그의 뒤를 따랐다.

22년, 이신李信과 몽무蒙武가 군사를 이끌고 초나라를 공격했다. 창평군은 이때 영진에서 군사를 일으켜 진나라에 대항하면서 이신과 몽무를 압박하여 군대를 철수하게 했다. 초나라 군사의 협공을 받고 이신은 대패했으며 그의 부하인 7명의 도위도 피살되었다.

진왕은 대로하여 친히 빈양으로 가서 왕전에게 사과한 후 강제로 왕전을 대장에 임명하고 초나라를 공격하게 했다. 왕전은 영진을 포위하고 남쪽 평여平輿로 나와 초나라 도성 수춘을 함락하고 초왕 부추를 포로로 잡았다. 이에 초나라 대장 항연이 창평군을 초왕으로 옹립한 후 회북으로 철수하여 계속 진나라에 대항했다. 이 일련의 사건은 모두 진왕 정 23년에 발생했다.

24년 왕전과 몽무가 계속 초나라를 공격하여 기현에서 초나라 군사를 대파했다. 창평군은 전사하고 항연은 자살하여 초나라가 멸망했다.

창평군의 신비하고 파란만장한 일생 가운데 이 책의 역사 서술과 관련이 깊은 사실이 하나 있다. 그에 대해 좀더 자세한 설명을 덧붙이고자 한다.

진왕 정 9년, 장신후 노애가 무장 정변을 일으키자 창평군은 여불위 등과 함께 어명을 받들어 반란을 평정했다. 이듬해 여불위가 승상직에서 파면되고 창평군이 승상에 임명되어 진나라 조정을 주재하게 되었다. 창평군이 진나라 조정을 주재한 1년 사이에 중요한 일이 발생했다. 그것은 바로 진왕 영정이 혼인하여 정실부인을 맞아들인 일이었다.

진왕 영정의 혼인은 양조모 화양태후가 주재했다. 화양태후는 초나라 사람으로, 오랫동안 진나라 조정에서 초나라 외척 세력의 영수로 활약했다. 당시 국제결혼의 관례에 따라 화양태후는 자신의 출신국 초나라에서 손자며느리를 간택했다. 창평군은 화양태후가 신임하는 친척으로, 그는 진왕 영정의 내종숙인데다 초 유왕幽王의 형이기도 하다. 따라서 진왕의 혼인은 그가 맡아서 처리해야 했을 것이다. 진왕의 정실부인은 초나라 왕실 출신으로 창평군의 가까운 친척이었음에 틀림없다.

한 걸음 더 나아가 대담하게 추측해보면, 이 초나라 출신 왕비가 바로 진왕 영정의 정실 왕후이고, 진왕의 맏아들 부소扶蘇의 생모일 것이며, 역사 기록에 누락되어 있는 시황후始皇后일 것이다. 화양태후가 세상을 떠난 후 창평군은 진나라 조정에서 활동하는 초나라 계열 외척 집단의 영수가 되었다. 그는 초나라 출신 시황후의 의지처였고 초나라 계열 왕자 부소의 보호자였다…….[21]

다시 돌아갈 수 없다는 점에서 역사는 신비하다. 또한 남아 있는 사료가 너무 단편적이고 부족하다는 점에서 역사는 어찌할 수 없다. 때때로 역사학자는 탐정처럼 부족한 증거로부터 연상과 추측을 통해 단절된 지난 일을 연결하여 합리적인 이해를 추구해야 한다.

나는 서초 패왕과 진나라 장수 여마동의 친구 관계로부터 항씨 일족과 진나라 사람들의 교우 관계를 연상했고, 더 나아가 항연이 진나라 승상 창평군을 초왕으로 옹립하는 일까지 밀고 올라갔다. 창평군은 진왕 영정의 내종숙이고, 초왕 부추의 서형이고, 공자 부소의 보호자였다. 그를 매개로 진나라 공자 부소와 초나라 대장 항연도 관계를 맺게 된다.

6

전설 속에서
역사의 흐름을 찾다

창평군의 부친 웅원은 초 경양왕의 적장자다. 초 경양왕 21년(기원전 278), 진나라 대장 백기白起가 초나라 도성 영성郢城(지금의 후베이 장링江陵)을 함락하자 초나라는 진현으로 천도하여 그곳을 역시 영郢이라 칭했고, 이후로 진현을 흔히 영진郢陳이라고 불렀다. 경양왕 27년(기원전 272), 웅원은 춘신군과 함께 영진을 출발하여 진나라로 가서 인질이 되었고, 얼마 지나지 않아 함양에서 진왕의 딸을 아내로 맞아들여 창평군을 낳았다. 초 경양왕 36년(기원전 263), 경양왕 웅횡熊橫의 병이 위중해지자 춘신군의 계책에 따라 웅원은 함양에서 영진으로 도망쳐 보위를 계승했다. 이 사람이 초 고열왕이다. 또 오래지 않아 춘신군도 영진으로 돌아와 영윤令尹이 되었다.

고열왕 22년(기원전 241) 춘신군의 주재 하에 초나라는 합종책으로 관동의 다섯 나라와 연합하여 진나라를 공격했으나 실패했다. 이 때문에 초나라는 영진을 버리고 수춘壽春(지금의 안후이 서우현壽縣)으로 천도하여 그곳 역시 영郢이라 칭했다. 진왕 정 21년(기원전 226), 창평군은 승상 직에서 파면되어 진현으로 거처를 옮겼다. 1년 후 그는 초나라 대장 항연과 손을 잡고 진현에서 반진反秦의 기치를 세운 후 초나라를 공격하는 진나라 대군을 크게 격파했다. 이 시기에 복잡하게 얽힌 진과 초의 역사는 모두 진현이란 장소와 밀접한 관련을 맺고 있다.

진나라가 천하를 통일한 후 진현은 줄곧 각종 반진 인사들이 모여드는 뜨거운 땅이었다. 위나라 명사 장이와 진여는 진나라의 체포령이 떨어지자 진현으로 달아나 몸을 숨겼다. 장량도 복수를 위해 고향을 떠나 가장 먼저 진현으로 가서 공부했다. 진말 혼란기에 진승과 오광이 장초국을 세울 때도 도성을 진현으로 정했다. 그렇다! 진현에 가보지 않고서는 이 풍운의 역사를 이해할 수 없다.

2009년 8월, 나는 역사의 흔적을 찾아 화이양현淮陽縣(회양)의 고적을 탐방하러 곧바로 옛 평량대平糧臺까지 달려갔다. 먼저 마안총馬鞍冢에 가서 초 경양왕 부부의 무덤을 돌아봤으나 일찌감치 도굴된 빈 무덤이었다. 곧바로 근처의 평량대 유적으로 갔다. 신석기 시대의 옛 성에는 상나라와 주나라에서 전국 시대와 진한 시대에 이르는 1000여 기 무덤이 밀집되어 있었고, 경양왕 무덤의 거마갱車馬坑도 그곳에 있었다.

다시 화이양현으로 갔다. 사방이 모두 호수였다. 연잎이 둥실둥실 떠 있고, 연꽃이 곳곳에 피어 있어서 흡사 강남에 온 듯했다. 그곳에 진현 옛 성의 흔적은 남아 있지 않았다. 고고학을 공부하는 친구의 말에 따르면 문화대혁명 전에는 성벽이 남아 있었지만 하방下放되었던 청년 지식인들이 돌아왔을 때는 이미 평지가 되어 집들이 들어서

초 망

초 경양왕 무덤

있었다고 한다. 친구의 인도로 나는 옛 성벽이 있던 땅 위를 걸었다. 호수에 빛과 그림자가 일렁이는 모습을 보고 있자니 슬픔이 가득 밀려들었다. 화이양 고성 탐방을 기대했으나 걸으면 걸을수록 아득해지는 느낌이었다.

진현의 모습은 점점 사라져가고 있었지만 그 대신 떠오른 곳이 상수이현商水縣이었다. 상수이현은 화이양시 서남쪽에 있고 화이양에서 떨어진 거리는 채 50킬로미터도 되지 않는데, 진한 시대에 상수이와 화이양은 모두 진현에 속해 있었다. 상수이는 마침 화이양으로 오는 길에 자리 잡고 있어 어제 들렀던 곳이다.

상수이가 나를 유혹한 까닭은 두 명의 역사인물 때문이다. 한 명은 진나라 말기의 반란을 가장 먼저 이끈 진승이었고, 다른 한 명은 진시황의 맏아들 부소였다. 언뜻 보기에 진승과 부소는 전혀 무관한 인물인데 어떻게 상수이를 매개로 인연을 맺게 되었을까?

『사기』「진섭세가陳涉世家」에서는 진섭이 대택향에서 봉기할 당시의 상황을 다음과 같이 기록하고 있다. 진승과 오광은 자신들을 압송하던 두 명의 장교를 죽였다. 그리고 진나라에 반대하고 초나라를 회복한다는 기치 아래 900명의 수졸戍卒을 추동하여 군사 봉기를 일으켰다. 당시에 그들이 내세운 첫 번째 호소는 "왕후장상에 어찌 씨가 따로 있겠는가王侯將相寧有種乎?"였다. 이 호소는 이후 2000여 년 동안 평민혁명, 농민전쟁, 심지어 계급투쟁의 표지가 되곤 했다. 기이한 것은 2000여 년 동안 진승과 오광이 내세운 또 다른 구호에 대해서는 의식적이든 무의식적이든 무시해왔다는 사실이다. 그 구호는 바로 "공자 부소와 항연을 내세웠다"는 것으로, 이는 부소와 항연이 아직 살아 있고 두 사람의 영도 아래 봉기가 진행된다는 선언이었다.[22]

항연과 부소는 모두 제1등 귀족이다. 진승과 오광은 이 둘이 봉기를 영도한다는 선언으로써 계급투쟁의 색깔을 희석하고 진승이 진陳나라 왕족의 후예일 것이라는 정보를 드러내고 있다. 이와 관련된 내용을 나는 이미 『진붕』[23]에서 서술했으므로 여기에서는 언급하지 않겠다.

진말秦末 대란의 성격은 육국의 부흥과 포스트 전국 시대의 도래였다. 이러한 역사를 배경으로 진승과 오광이 초나라 부흥을 위해 진나라와 싸우다 죽은 초나라 대장 항연을 내세워 초나라 민중을 끌어 모으려 했음은 쉽게 이해할 만한 일이다. 그러나 진시황의 맏아들 부소를 함께 내세워 호소하려 한 것은 납득하기 어려운 일이다. 이에

초망

대해 나는 이렇게 해석해본 적이 있다. 부소는 인자한 사람이었지만 원통하게 죽었으므로 진승과 오광은 어진 인물에 대한 백성의 동정심에 기대 폭군에 항거하려 했고, 이는 진나라 군대와 조정을 와해시키는 데 유리하게 작용했을 것이라는 짐작이다.[24] 물론 이것은 하나의 이유가 될 수는 있겠지만 어딘가 미진한 구석이 남아 있었다.

나중에 나는 역사의 현장을 직접 탐방하기 위해 문물 지도를 조사하던 중 상수이현에 부소촌扶蘇村이 있고, 부소촌에 부소묘扶蘇墓가 있으며, 또 이 마을에 전국 시대나 진한 시대의 고성이 있다는 사실을 알아냈다. 그곳은 아마도 진승의 출생지 양성陽城일 가능성이 컸다. 역사학과 고고학 분야의 사람들은 부소가 호해와 조고에 의해 상지에서 죽임을 당했으며 그의 분묘가 산시陝西성 쑤이더현綏德縣에 있다는 사실을 잘 알고 있다. 또한 부소가 지금의 허난성 상수이 지역에 온 적은 한 번도 없는 것으로 알고 있는데, 어떻게 그가 이곳에 묻힐 수 있단 말인가? 상수이의 부소묘는 분명 부소의 진짜 무덤은 아닐 것이다.

근래 몇 년간 나는 역사 현장을 찾아가는 과정에서 진실한 역사와 역사의 진실에 대해 절실한 체험을 해왔다. 사실과 전설을 꿰뚫고 서적과 서재를 초월하여 답사 과정에서 생동하는 역사의 흐름을 파악하게 된 것이다. 수천 년 동안 각지에 산재한 고적과 유적에는 각종 민간 전설이 덧붙여지곤 한다. 이러한 전설과 옛 이야기에는 사실과 허구가 뒤섞여 있으므로 경솔하게 믿어서는 안 되지만 나름의 역사가 담겨 있기 때문에 일부의 진실이 드러나기도 한다.

양성 고성陽城古城

그러한 논리로써 고찰해보자. 상수이현에는 부소촌이 있고, 부소촌에는 부소묘와 양성 옛터가 있다. 구전 속에서 동일한 시대로 합쳐진 이들 유적지의 배후에 역사적 연관성이 있지 않을까? 또 어쩌면 『사기』「진섭세가」의 이해하기 어려운 기록과 관계가 있지 않을까? 진승과 오광이 봉기하면서 '공자 부소와 항연을 사칭했다'는 역사의 수수께끼에 대한 해답을 어쩌면 상수이에서 찾을 수 있지 않을까?

부소촌은 상수이현 수좡향舒莊鄕에 있고, 현 소재지에서 18킬로미터쯤 떨어져 있다. 직접 현장으로 가는 날은 간밤에 비가 내렸는지 진흙탕 길이었고, 그 길바닥에 전국 시대 또는 진한 시대의 줄무늬 기와조각이 많이 깔려 있었다. 마을 밖에 있는 부소묘는 의외로 커서 창안현長安縣에 있는 진2세 호해의 무덤만큼 커 보였다. 부소묘는 상수이현 문물보호 부서에 소속되어 있었고, 그 곁에 1978년 상수이현 혁명위원회에서 세운 비석이 있었다. 부소묘에서 북쪽으로 200미터 정도 떨어진 곳에 또 하나의 무덤이 있었는데, 현지 사람들은 몽염의 무덤이라고 말했다. 그러나 거의 평평하게 깎인 상태였다. 이 두 무덤은 고대 유적 위에 자리 잡고 있어서 언제 부소와 몽염이라는 찬란한 관을 쓰게 되었는지는 알 길이 없었다.

길을 따라 부소촌으로 들어가니 마을 안팎과 지하로 양성 고성古城 유적이 줄줄이 이어져 있었다. 또 지상에는 성벽 흔적도 보였다. 1980년대에 상수이현에서는 고성 발굴을 진행하여 그곳의 유적이 전국 시대에서 진한 시대에 속한다는 사실을 확인했다. 고성은 동서 길이 800미터, 남북 폭이 500미터였고, 성안에 건축물과 대장간 유적이 남아 있었다. 고성 동남쪽 퇴적층에서는 '부소사공扶蘇司工'이란 글자가 찍힌 4매의 도기 밑면 파편이 출토되었다고 한다.[25]

현장에서 추측해보니 부소묘는 털이고 양성 고성은 가죽인 듯했다. 즉 부소묘는 나중에 덧붙여진 유적이고 양성 고성이 본래의 바탕으로 보였다. 바탕의 가죽이 존재하지 않는데 어떻게 털이 존재할 수 있겠는가? 현장에서 살펴본즉 부소묘의 유래는 틀림없이 양성 고성과 관련이 있는 것으로 보였다. '부소사공'이란 글자가 찍힌 도기 파편이 바로 부소묘와 양성 고성을 이어주는 고리인 셈이었다.

문물관리소로 가서 당시 출토된 도기 파편을 찾았으나 시간이 오래 지나고 사람이 자주 바뀐 탓인지 아무 것도 볼 수 없었다. 수소문 끝에 발굴 조사에 참여했던 양평샹 선생이 건재해 있다는 소문을 듣고 당장 달려가서 만났다. 70세가 넘은 양 선생은 퇴직 후 집에서 쉬고 있었는데 먼 곳에서 찾아온 우리를 반갑게 맞아주었다. 대화를 나누던 중 나는 망외의 기쁨을 누렸다. 왜냐하면 도기 파편을 수습한 분이 바로 양 선생이었기 때문이다. 양 선생은 당시에 수습한 4매의 파편 중에서 1매를 보관하고 있었고, 선뜻 우리에게 보여주었다. 그것은 큰 사발만한 크기의 오지동이 바닥이었다. 그 가운데에 사각형으로 둘러싸인 글자가 도장처럼 찍혀 있었다. 고증한 결과 그 글자는 '扶蘇(胥)司工'이라고 한다. 이 도기 파편 위에는 양 선생이 먹과 붓으로 쓴 친필 표지가 남아 있었다. "허난성 상수이현 푸쑤촌 고성 유적에서 1980년 4월 10일 출토. 수습자 양평샹". 현재는 이 1매만이 남아 있으므로 참으로 진귀한 유물이라 할 수 있다.

양펑샹楊鳳翔 선생과 함께

　송대의 지리서 『여지기승輿地紀勝』에는 이곳 성을 부소성이라 적으면서 "진2세 때 진섭이 공자 부소를 사칭했는데, 이 성은 아마 진섭이 쌓은 듯하다秦二世時, 陳涉詐稱公子扶蘇, 此城蓋涉所築"라고 설명했다. 그러나 진승과 오광이 봉기하여 장초국을 세우고 회양에 도읍을 정한 후 정권을 유지한 기간은 반 년 정도였으므로 이 성을 진승이 쌓았을 가능성은 없다. 하지만 이 기록에서도 알 수 있듯이 성이 부소와 관련이 있다는 전설은 상당히 오래된 것으로 보인다. 현지의 민간 전설에 따르면, 진승은 대택향에서 봉기하여 부소의 깃발을 내걸고 그들의 싸움이 부소와 항연의 영도 아래 진행된다고 사칭했으며, 회양에 도읍을 정한 후 부소가 전사했다고 선언하고 자신의 고향 양성을 부소성으로 개명한 다음 부소의 분묘를 만들고 제사용 건물을 지었다고 한다. 어쩌면 이것이 바로 부소묘의 유래가 아닐까?

부소 도기 파편

진승의 고향이 어디에 있는지에 대해서는 오랫동안 다양한 학설
이 제기되었다. 어떤 사람은 안후이성 쑤현宿縣이라 하고, 어떤 사람
은 허난성 덩펑登封이라고도 하며, 또 어떤 사람은 난양시南陽市 팡청方
城이라고도 한다. 진승은 고대 진陳나라의 후예이며, 대택향에서 진승
의 봉기에 참여한 900명의 장사도 모두 진군陳郡 각지에서 징집한 수
졸戍卒들이다. 따라서 그의 고향은 응당 고대 진陳나라 경내에 있어야
하고, 진秦나라 제국의 진군 경내에 있어야 한다. 상수이현은 고대 진
陳나라에 소속된 땅이었고 도성 진현과도 아주 가까운 곳이다. 그러
므로 부소촌의 고성이 당연히 진승의 고향 양성이 되어야 한다.

진승과 오광이 대택향에서 봉기하자 각국의 귀족이 분분히 호응
했을 뿐 아니라 천하의 명사와 학자들도 앞 다투어 달려왔다. 공자
의 후예 공갑孔甲을 비롯한 유생들은 예기禮器와 시서詩書 책을 품고

진현으로 달려와 장초 정권에 투신했다. 유생들은 비록 말을 타고 싸움을 하는 데는 능숙하지 않지만 여론을 조성하고 제도를 만드는 일에는 뛰어나다. 상상해보면 그들이 장초 정권에 참여한 후 대택 봉기의 전통을 계승하여 계속해서 부소의 전설을 만들었을 가능성이 있다. 그들은 유생을 보호하는 인자仁者의 형상으로 부소를 다시 빚어냈을 뿐 아니라 이 꾸며낸 전설을 장초 정권의 제도와 문화 건설 사업에 실효적으로 융합했을 것이다. 부소성과 부소묘의 연원은 아마도 이 지점까지 거슬러 올라갈 수 있을 것이다.

　역사란 무엇인가? 역사는 잔존해 있는 단편적인 사료를 이용하여 잃어버린 옛일을 복원하는 것이다. 궁극적인 의미에서 모든 역사는 추측과 상상이다. 근래에 역사의 흔적을 따라 현장으로 달려가서 문헌을 읽고, 문물을 고찰하고, 민간 전설을 채집하여 그것을 하나로 융합하고 회통시키는 가운데 나도 모르게 전설로 이끌리게 되었다. 이 과정에서 나는 전설 가운데서도 진실한 역사의 흐름을 찾을 수 있음을 깊이 체감했다.

민심을 잃는 자는 천하를 잃는다

이 책을 탈고한 후 '항우는 왜 실패했을까?'라는 질문이 계속 머릿속을 맴돌았다. 수많은 단서와 수많은 언어가 떠올랐지만 어디서부터 말을 해야 할지 몰랐다.

항우는 24세에 숙부 항량을 따라 회계에서 군사를 일으켜 초나라 군대의 부장이 되었다. 27세에는 거록에서 진나라 주력군을 섬멸하고 천하를 주재하면서 스스로 서초 패왕의 자리에 올랐다. 28세에는 3만 정예병으로 유방의 연합군 50만을 궤멸하고 군사 생애의 정점에 도달했다. 그리고 31세에 해하 전투에서 패배하여 오강으로 도주하다가 스스로 목숨을 끊었다. 그의 짧은 인생은 흡사 한 줄기 유성이 창공을 가르듯 한순간 찬란히 빛났다가 사라졌다.

사마천은 항우의 일생을 결론지으며 이렇게 말했다. 진나라 말기에 군웅들이 한꺼번에 일어났는데 천하를 다툰 호걸도 그 숫자를 이루 헤아릴 수 없이 많다. 항우는 작은 봉토도 없이 천하 형세를 틈타 민간에서 굴기하여 불과 3년 만에 육국 연합군을 거느리고 진나라를 멸망시켰다. 그리고 천하를 호령하며 제후를 분봉하고 '패왕霸王'으로 일컬었다. 그 자리를 오래 보존하지는 못했지만, 이는 근래에 없었던 일이다. 하지만 항우는 관중을 버리고 초나라로 돌아가 의제를 내쫓고 스스로 왕이 되었다. 그런데 각국 제후가 이를 모방하고 분분히 항우를 배반할 때 오히려 자신은 그들에게 원한을 품었으니, 이것이야말로 스스로 곤경에 빠진 경우가 아니겠는가? 자신의 전공만을 자랑하고, 또 일을 처리함에 자신의 의견만 내세운 채 옛사람을 본받지 않았고, 한결같이 무력으로 천하를 경영하면서 스스로 패왕의 대업을 이루었노라 했다. 불과 5년 만에 국가를 패망시킨 후 동성에서 죽을 때, 죽음 앞에서도 깨닫지 못하고 반성할 줄 모르고 자책할 줄 몰랐으니 큰 잘못이었다. 그런데도 "이것은 하늘이 나를 망치려는 것이지 내가 싸움을 잘못했기 때문이 아니다"라고 했으니 어찌 황당무계한 일이 아닌가?[1]

사마천은 결론에서 항우가 실패한 네 가지 원인을 명확히 지적했다. 첫째는 관중을 버리고 초나라로 돌아간 것이다. 이것은 항우가 진나라 도성 관중의 전통을 계승하지 않고 자신의 나라 도성인 팽성으로 돌아가서 지리상으로 전략 착오를 범했다는 말이다. 둘째는 의제를 추방하고 스스로 왕이 된 것이다. 이로써 항우는 자신의 옛 임금 초 회왕을 잘 대우하지 않아 하극상의 풍조를 야기하고 말았으니, 이는 정치 윤리적 측면에서 혼란을 조성하게 되었다는 지적이다. 셋째는 자신의 공로를 추켜세우며 일을 마음대로 처리하고 옛 법도를 본받지 않은 것이다. 이것은 항우가 자기 고집을 내세울 뿐 역사를 거울로 삼지 않았다는 지적이다. 넷째는 한결같이 무력으로 천하를 경영하면서 스스로 패왕의 대업을 이루었노라 한 것이다. 이는 항우가 무력을 맹신하며 정치를 소홀히 한 증거라고 할 수 있다.

사마천의 결론은 항우가 패망한 지 100년 후에 내려진 것이다. 이것은 역사학자가 문헌을 정리하고 옛일을 되돌아보면서 내린 결론이다. 항우가 패망하기 5년 전, 뛰어난 군사 전략가 한신은 항우의 인간됨과 일처리를 정확히 분석하면서 항우의 세력이 약화되어 패망할 것으로 예측했다. 이러한 분석과 예측은 그가 한나라 대장으로 임명되기 전에 유방에게 초나라를 멸망시킬 전략 '한중대'를 제시하면서 정리한 결론이다. '한중대'에서 한신은 항우가 반드시 패배할 수밖에 없는 원인을 다음과 같이 지적했다. "항우는 천하의 패자覇者로 불리고 있는 데다 제후들을 신하로 부리고 있지만 관중에 의지하지 않고 팽성에다 도읍을 정했습니다. 이것이 그의 첫 번째 잘못입니다.(지리상의 전략적 착오) 항우는 회왕과의 약속을 배반하고 자신의 호오에 따라 땅을 갈라 제후왕에 봉했습니다. 이에 제후들은 속으로 불복하고 있으니 이것이 그의 두 번째 잘못입니다.(분배의 불공평) 항왕이 옛 주인인 회왕을 강남으로 축출하자 새로 분봉된 제후들도 분분히 이 일을 본받아 모두 옛 주인을 축출하고 비옥한 토지를 강탈하고 있습니다. 이것이 그의 세 번째 잘못입니다.(정치 윤리적 착오) 항왕이 가는 곳에는 박해와 파괴가 일어나지 않는 곳이 없어서 백성이 원망하고 인민이 따르지 않습니다. 단지 위세에 눌려 억지로 복종할 뿐입니다. 이것이 그의 네 번째 잘못입니다.(무력 맹신)[2]

항우의 패망 원인을 분석한 한신과 사마천의 견해를 대조해보면 관점이 완전히 일치하는 것을 알 수 있다. 사마천은 역사학자이기 때

초망

문에 고금을 관통하는 역사적 시각으로 항우의 고집불통과 역사로부터 배울 줄 몰랐던 실수를 설명해놓았다. 『사기』의 다른 부분에서도 사마천은 범증의 의견을 채택하지 않은 항우의 착오와 주나라와 진秦나라의 성공 경험에서 아무것도 배우지 못하는 항우의 잘못을 여러 차례 비판했다. 더 나아가 사마천은 이에 대해 구체적인 설명까지 곁들이기도 했다.[3] 한신은 당시 역사의 당사자였다. '한중대'는 그가 유방의 얼굴을 마주보고 제시한 멸초滅楚 책략으로, 항우가 회왕과의 약속을 어긴 점과 그의 봉토 분배가 불공평했다는 점을 강조했다. 이는 항우가 유방을 파촉과 한중에 분봉한 점을 직접적으로 비판한 것이다. 그러나 이것은 한신이 유방의 입장에서 반초反楚의 근거를 강조한 대목일 뿐 항우의 패배 원인을 제시한 것은 아니다. 따라서 현실적으로 역사의 교훈을 총결하는 입장에서 말해보자면, 홍문연에서 유방을 죽이지 않은 일이나 천하를 분봉할 때 유방에게 더욱 엄혹한 방비 조치를 하지 않은 일(예컨대 유방에게 한중을 더해주지 말고 파촉만 분봉했어야 하는 것 등)이 항우가 유방에게 패배한 직접적인 원인의 하나로 지적될 수 있을 것이다.

사마천이 항우의 4대 패망 원인을 지적한 후 다음과 같이 말하고 있다는 점을 주목해야 한다. "불과 5년 만에 국가를 패망시킨 후 동성에서 죽을 때, 죽음 앞에서도 깨닫지 못하고 반성할 줄 모르고 자책할 줄 몰랐으니 큰 잘못이었다. 그런데도 '이것은 하늘이 나를 망치려는 것이지 내가 싸움을 잘못했기 때문이 아니다'라고 했으니 어찌 황당무계한 일이 아닌가?" 사마천은 항우의 잘못을 비판하면서 하늘의 뜻天意의 문제를 끌어내고 있다. 즉 결코 하늘이 사람을 망치

는 것은 아니며 다른 원인이 있음을 완곡하게 지적한 것이다. 한신은
이보다 더욱 간결하고 명확하다. 그는 항우가 패망한 네 가지 원인을
지적한 후 이렇게 말했다. "종합해보면 항왕은 명의상으로 천하의 패
자이지만 실제로는 이미 천하의 민심을 잃고 있습니다. 따라서 그의
우세는 쉽게 열세로 바뀔 것입니다." 그는 빛나는 예지로 자신의 견
해를 밝혔다.

"민심을 잃는 자는 천하를 잃을 것이요, 민심의 향배가 운명을 바
꾸는 결정적인 조건이다."

한신이 유방에게 '한중대'를 제시할 때 아직 초한 전쟁은 발발하
지 않았다. 당시는 항우가 천하를 분봉하는 위세로 중무장한 병력을
장악하고 팽성에 앉아 천하를 호령할 때로서 바야흐로 서초 패왕의
전성기였다. 그러한 시절에 어떻게 한신은 이미 항우가 천하의 민심
을 잃고 있다는 말을 할 수 있었을까? 그것은 근거 없는 과장이 아
니라 실제에 근거한 구체적인 분석이었다. 즉 항우가 신안에서 항복
한 진나라 병졸 20만 명을 생매장했기 때문에 가장 먼저 진나라의
민심을 잃었다고 본 것이다. 그는 '한중대' 후반부에서 명확하게 지적
했다.

"20만 장졸이 신안에서 항우에게 생매장 당했습니다. 그런데도 오
직 장함, 사마흔, 동예 세 사람만 도주했으니 진나라 사람들이 이 세
사람을 골수에 사무칠 정도로 원망하고 있습니다. 지금 항왕은 강하
게 위세를 부리며 이 세 사람을 왕에 분봉했지만 진나라 사람의 옹
호와 추대는 받지 못했습니다."

항왕이 불러온 것은 진나라 사람들의 이반과 원한뿐이라는 분석

이다.

나는 『진붕』에서 다음과 같이 서술했다.

"신안에서 항복한 병졸을 생매장해 죽임으로써 항우는 진나라를 잃었다. 그리고 함곡관으로 들어간 이후 그는 결국 관중에서 발을 붙일 수 없게 되었다. 신안에서 병졸을 생매장한 일은 진나라 백성이 항우에게 원한을 품는 씨앗으로 작용했다. 진나라 군사와 백성은 그때부터 항우를 적대시했다. 20만 진나라 군사가 신안의 땅 밑에 묻힘으로써 항우를 적대하는 수백만 군사와 백성이 생겨난 셈이다. 이후의 초한 전쟁 과정에서 진나라 군사와 백성은 유방을 따르며 목숨 걸고 항우와 혈전을 벌였다. 이로써 관중은 유방의 견고한 근거지가 되었고, 진나라 백성과 진나라 군사는 한나라 군대의 주력군이 되었다. 그리고 마침내 유방에게 귀의한 진나라 장졸들이 마지막까지 항우를 오강 강변으로 추격하여 항우의 시신과 머리를 나눠가졌다. 갖가지 역사의 곡절과 근원을 따져보면 그 원인은 이 지점까지 거슬러 올라가는 것을 알 수 있다. 따라서 신안에서 진나라의 병졸을 생매장한 일은 항우의 일생에서 가장 큰 정치적 실수였고, 항우가 강세에서 열세로 추락하는 전환점이자 결국 실패의 나락으로 떨어지는 출발점이 되었다고 할 수 있다."[4]

결정적인 실수는 흔히 연속되는 실수의 단서가 되는 법이다. 신안에서 항복한 진나라 병졸을 생매장함으로써 항우는 관중에 자리 잡을 방법이 없게 되었고, 어쩔 수 없이 진나라를 버리고 팽성으로 돌아가 서초를 세울 수밖에 없게 되었다. 팽성으로 돌아가서는 이미 팽성에 도읍을 정한 초 회왕을 추방하지 않을 수 없었고, 그로 인해 초 회왕을 옹립한 초나라 신하들의 마음까지 잃게 되었다. 이후 진영과 여청 등은 모두 항우를 떠났다.[5] 또한 항우와 범증의 결별도 이때 씨앗이 심어졌다고 할 수 있다.[6] 팽성에 자리 잡은 항우는 삼진, 파촉, 한중과 멀리 떨어져 있었기 때문에 지리상의 불리함을 만회하기 위해 위나라를 병탄하고 위표를 하동河東에 분봉했다. 또 한왕韓王 한성을 살해하고 한나라를 병탄하려 했다. 이로써 한나라와 위나라 양국의 민심까지 잃어 결국 위표의 배반과 팽월의 반란을 촉진하게 되었으며, 또 장량과 한왕신으로 하여금 목숨 바쳐 유방을 따르게 만들었다. 말하자면 항우 스스로 새로운 적을 만들어낸 셈이다.

민심이 무엇인가? 많은 사람의 마음이다. 그것이 신하에게 내면화되면 신심臣心이 되고, 군대에 내면화되면 군심軍心이 되고, 백성에게 내면화되면 민심이 된다. 민심은 바로 최대로 결집된 사람의 마음이다. 민심은 잘 살펴야 하고 잘 운용해야 한다. 민심은 물처럼 변화막심하다. 민심은 배를 띄울 수도 있지만 배를 뒤엎을 수도 있다. 강물에 배를 띄우고 키를 잡은 사람이 물의 성질을 잘 알면 물결과 바람에 순응하여 힘은 적게 들이고 운행 효과는 몇 배로 늘일 수 있다. 그러나 물의 성질을 잘 살피지 못하면 물결과 바람을 거스르느라 노가 꺾이고 배가 뒤집히는 일을 면하기 어렵다. 군사를 거느리고 나라를 다스리는 사람도 민심을 세밀하게 살필 수 있으면 나라를 안정시킬 수 있지만 민심을 살피지 못하면 나라도 멸망에 빠뜨리고 자신의 목숨까지 잃게 된다.

나라도 멸망에 빠뜨리고 목숨까지 잃게 된 항우의 운명은 해하 전투에서 결말을 맞았다. 해하 전투 때 초나라는 이미 민중이 배반하고 친척까지 떠나는 상황에서 거의 모든 동맹국까지 상실하여 외로운 군대로 제후국 연합군과 싸움을 벌여야 했다. 해하 전투에서 연합군을 지휘하여 항우를 격파하고 패망의 운명으로 몰아넣은 사람은 바로 항우가 반드시 패배할 것이라고 예언한 한신이었다. 위대한 한신은 그 자신이 바로 항우의 곁을 떠난 사람이었을 뿐 아니라 항우의 운명을 뒤바꾼 장본인이었다. 그는 항우가 반드시 패배할 것이라고 인식했다. "민심을 잃는 자는 천하를 잃는다"라는 구절은 그의 예지에서 나온 말이고 또 그 자신의 체험에서 나온 말인데 정말 역사의 명언이라 할 만하다.

민심을 잃는 자는 천하를 잃는다. 역사의 후예들은 깊이 경계하고 생각하지 않을 수 없다.

역사는 우리의 종교

이 책을 하늘에 계신 아버지의 영혼에 바친다.

아버지는 옛 문장과 역사를 연구한 학자였다.[1] 내가 역사학에 입문한 것도 아버지가 이끌어주신 덕분이다. 내가 글을 쓰기 시작한 이후로 아버지는 나의 가장 충실한 독자이자 치밀한 비평가였고, 가장 친절한 편달자이기도 했다. 2010년, 88세를 맞은 아버지는 속세에 대한 미련을 접고 자신이 떠날 날이 다가왔다고 선언하셨다. 그리고 운명하시기 전에 나에게 경계의 말씀을 남기셨다.

"인생은 무상하고 만물에는 주인이 있다. 삼가고 경계하여 세상에 이름을 남겨라人生無常, 萬物有主. 愼之敬之, 留名于世."

무상이란 끝없이 변화한다는 것으로, 영원하지 않은 짧은 순간을 의미한다. 인생은 100년이면 거의 종점에 이른다. 인생은 고단하여, 올 때는 아무 생각이 없지만 갈 때는 생각이 많다. 올 때는 미래를 관망하고 갈 때는 옛 일을 회고한다. 미래에 대한 관망은 앞으로의 여정에 대한 전망이고, 옛 일에 대한 회고는 궁극에 대한 관심이다.

"인생이 무상"하다는 말은 말년의 아버지가 생명에 대해 궁극적인 관심을 갖고 계셨음을 의미한다. 개인의 생명에 관심을 보였고, 인간의 생명에 관심을 보였다. 공허하게 흔들리는 생명은 영원 속에서 잠시도 안정을 찾을 수 없다. 나는 이 점을 충분히 이해할 수 있다.

"만물에 주인이 있다"는 대목은 아버지께서 생명이 다하기 전에 또 다른 궁극에 대해 관심을 보였음을 의미한다. 나는 참으로 의외의 느낌이 들었다. 만물에 주인이 있다는 언급은 우주 만물에 관심을 기울였다는 말이고, 또 우주 만물 위에 있는 더욱 높은 존재를 믿었다는 고백이다. 이것은 분명 종교적 관심이다. 아버지는 종교인이 아니다. 생전에 아버지께서는 각종 종교에 관심을 가졌지만 한 번도 깊이 빠져든 적은 없었다. 그분은 일생 동안 중국의 고대 서적에 침잠했고 역사, 특히 고대 중국에 가장 큰 관심을 기울이셨다. 고서는 아버지께서 만년에 의지한 최고의 정신적 위안처였다. 아버지의 입장에서는 역사가 종교였고 고전이 경서였다. 아버지의 마음속에 자리잡은 만물의 주인이 누구인지는 추측하기가 쉽지 않다.

사후 세계에 대한 사고는 종교의 발생을 촉진한 연원이라 할 수 있다. 각종 종교 중에서 사후 세계에 대해 초월적 관심을 갖지 않는 종교는 하나도 없다. 천당, 지옥, 인간, 전생, 현생, 내세는 모두 종교적 관념이다. 불교가 전래되기 이전 고대 중국에서는 사후 세계에 대한 관심이 드물었다. 제자백가도 삶에 관심을 기울였지 죽음은 회피했고, 생명의 연속을 추구했지 생명의 종결은 회피했다. 오랫동안 중국 문화는 삶을 추구하고 죽음을 회피하는 세속적인 문화였다. 이 때문에 오랜 역사를 가진 중국에 철학은 있지만 종교는 없고, 하늘은 있지만 신은 없고, 궁극에 대한 추구는 있지만 신앙은 없고, 번영의 연속에는 관심을 기울이지만 쇠망의 새로운 탄생에는 눈길을 돌리지 않았다.

나는 『논어論語』를 읽은 적이 있다.

"계로季路가 귀신 섬기는 일에 대해 물었다. 공자가 대답했다. '아직 인간도 섬기지 못하면서 어찌 귀신을 섬길 수 있겠느냐?' 또 물었다. '감히 죽음에 대해 여쭙습니다.' 공자가 말했다. '아직 삶도 모르는데 어찌 죽음을 알겠느냐?'"[2]

지혜로운 공자는 인간을 섬기는 데 진력해야 한다는 이유를 들어 귀신 섬기는 일에 대한 관심을 회피했고, 삶에 관심을 기울여 한다는 의유를 들어 죽음에 대한 질문을 회피했다. 공자를 대표로 하는 제자백가는 삶과 죽음 사이에서 삶을 선택했고, 신과 인간 사이에서 인간을 선택했다. 그들은 이러한 입장에서 우주 자연, 도덕 윤리, 정치 군사 부문에까지 널리 연결되는 이성적인 동방 문화를 창조했다. 그러나 종교와는 연관되지 않아 중국 역사에서 이 부분은 정신적 공백으로 남아 있다.

옛날부터 중국인들은 이러한 정신적 공백을 흔히 역사로 보충했다. 수천 년 동안 역사는 중국인의 종교였다. 우리에게 성경은 없지만 고전은 있다. 우리에게 신전은 없지만 종묘는 있다. 우리에게 신의 가르침은 없지만 역사의 교훈은 있다. 우리에게 최후의 심판은 없지만 역사의 판결은 있다. 우리에게 영원히 징벌을 받는 지옥은 없지만 만고에 악취를 풍기는 역사의 치욕은 있다. 우리에게 천당에서 누리는 영원한 복락은 없지만 청사靑史에 기록되어 천고의 역사에 거론되는 명예는 있다. 공자는 "나를 알아주고 나를 벌주는 것은 오직 『춘추』일 뿐이다知我罪我, 其惟春秋"*라고 했다. 따라서 역사의 전당에서 심판을 받고 자리를 배정받는 것이 중국인의 내세관으로 자리 잡게 되었다.

당나라 시인 진자앙陳子昂(661~702)은 이렇게 읊었다.

이전을 바라봐도 옛사람을 볼 수 없고前不見古人
이후를 돌아봐도 올 사람을 볼 수 없네後不見來者
아득한 천지를 생각하면서念天地之悠悠
나 홀로 슬프게 눈물 흘리네獨愴然而涕下**

유구한 역사와 무한한 공간을 마주하여 시인은 생명의 짧음과 인식의 유한함을 탄식하고 있다. 이러한 심정과 장면을 바라보며 역사학자들은 또 다른 깨달음을 얻는다.

"이전을 바라봐도 옛사람을 볼 수 없지만 역사를 부활시킬 수는 있다. 이후를 돌아봐도 올 사람을 볼 수 없지만 역사를 예측할 수는 있다. 아득한 천지를 생각하면 역사가 끊임없이 이어짐을 알 수 있고, 나 홀로 슬프게 눈물 흘리지만 역사가 내 마음을 위로해준다."

역사가 중국인의 종교라면 역사학자는 사제司祭다. 사마천은 "문장,

---

* 『맹자孟子』「등문공滕文公 하」. "『春秋』, 天子之事也. 是故孔子曰, '知我者, 其惟 『春秋』 乎! 罪我者, 其惟 『春秋』 乎!'".
** 진자앙이 초사체로 지은 장단구 시, 「유주대에 올라登幽州臺歌」.

역사, 천문, 역법을 담당하는 사람은 점쟁이나 무당에 가깝다 $_{文史星曆,}$ $_{近乎卜祝之間}$"*라고 했다. 따라서 역사학자는 신과 사람을 소통시키고 과거와 미래를 이어주는 선지자다. 사관은 인간의 일을 진실하게 기록하여 경건하게 신에게 아뢴다. 또 하늘의 목소리를 겸허하게 경청하여 충실하게 인간 세상에 전한다. 이와 같이 신의 뜻을 받아서 자신의 행동 지침으로 삼는다. 진실하게 기록하지 않고 충실하게 전하지 않는 것은 신을 기만하는 행위와 다를 바 없으므로 반드시 재난을 당하고 징벌을 받는다. 역사학자의 직필은 정확하게 미래를 예측할 수 있다는 기대에 뿌리를 내리고 있으며, 신에 대한 인류의 경외심에서 기원하고 있다.

여러 해 동안 내 귓가에 들려온 것은 모두 무신론이었다. 인간의 결정이 하늘을 이긴다든지, 인간은 만물의 영장이라든지, 인간은 자연의 주인이라는 주장이 시끄럽게 난무했다. 그러나 지금 살펴보니 모두가 허망한 심정으로 미친 듯 내뱉은 말에 불과하다. 주객이 전도되고 본말이 뒤집힌 언급일 뿐이다. 화초는 한 계절이고 수목은 백 년이다. 천만 년의 강산과 영원한 하늘을 사람이 어찌 감당할 수 있단 말인가? 위대한 자연 앞에서 인간의 미세함은 땅강아지나 매미와 같으며, 그 짧은 인생은 흩날려 떨어지는 눈송이 같을 뿐이다.

또한 절대로 천인합일 $_{天人合一}$ 같은 건 없다. 하늘이 주인이고 인간은 손님이다. 인간과 자연은 대등한 존재가 아니라 주객 관계다. 자연은 영원한 주인이고 인류는 순식간에 지나가는 과객일 뿐이다. 인간

---

* 사마천의 「임소경에게 답하는 편지」(『보임안서』)에 나오는 글. 이하의 인용도 마찬가지다.

초망

은 과객으로 왔으므로 주인의 은혜에 감사해야 한다. 인간은 과객으로 왔으므로 자신의 분수에 만족해야 한다. 깨끗하게 왔다가 깨끗하게 떠나야 한다. 청결한 환경을 유지하여 후세에 새로 올 과객에게 남겨줘야 한다. 자연은 인류를 초월하는 존재다. 시간의 영원함이나 공간의 무한함이 모두 그렇다. 자연은 인류에게 군림하는 신이다. 미지 세계의 무한함이나 그 역량의 무궁함에서 모두 그렇다. 자연은 인류가 감사를 드려야 할 주인이고, 인류가 응당 경외해야 할 신이다.

나는 『성경』을 읽으며 인류의 원죄를 이해했다. 나는 불경을 읽으며 인욕人慾의 허망함을 깨달았다. 나는 『주역周易』을 읽으며 인간의 화복禍福을 하늘이 내려줌을 알았다. 나는 『노자老子』를 읽으며 만물이 저절로 그러함을 체감했다. 나는 사마천이 『사기』를 쓴 목적, 즉 "하늘과 사람의 관계를 탐구하고, 옛날과 지금 시대의 변화를 두루 통하게 하여 일가의 언어를 이루고자 한다究天人之际, 通古今之变, 成一家之言"는 대목에서 이심전심의 교감을 느낄 수 있었다. 이 말을 주물로 빚어 마음속의 철비鐵碑로 삼고, 이 말을 받들어 올려 사학자의 최고 경지로 삼고자 한다.

은나라와 주나라의 혁명이 발생한 이래 중국에서는 하늘이 귀신을 대신하여 심령의 귀의처와 정신적 경외 대상이 되었다. 하늘은 자연화된 신이고, 규율화된 주재자이며, 역사적으로 이성화된 본원이다. 천도天道는 끊임없이 운행하면서 우주 만물을 주재하고 역사, 인류, 국가, 개인의 운명을 주재한다. 역사학자는 하늘과 대지 사이, 그리고 천도와 인도 사이를 유영하며 하늘과 인간의 원리를 탐색한다. 말하자면 역사학자는 별자리의 이동을 관찰하여 땅의 운명을 연역하고, 천도의 변화를 살펴서 인간 세상의 변화를 예측한다.

은나라의 거울이 멀리 있는 것이 아니라殷鑑不遠

바로 하나라 걸왕桀王 때가 그때라네在夏后之世

_『시경詩經』「대아大雅·탕蕩」의 마지막 구절

　　중국 문화 가운데 역사의식의 각성은 은나라와 주나라 시대에 이루어졌다. 은나라가 하나라를 멸망시킨 일이 바로 주나라가 은나라를 멸망시킨 거울이 되는 것이다. 물을 거울로 삼으면 얼굴을 비춰볼 수 있지만 역사를 거울로 삼으면 시대의 흥망을 알 수 있다.* 자신은 자신의 얼굴을 볼 수 없으므로 거울에 비춰봐야 한다. 당대의 사실로는 당대를 인식할 수 없으므로 역사에 비춰봐야 한다. 사마천은 또 이렇게 말했다. "오늘날의 세상을 살면서 옛날의 이치를 기록하는 것은 스스로를 비춰보기 위해서다居今之世, 志古之道, 所以自鏡也."[『사기』「고조공신후자연표」.] 이 말에도 이미 오늘의 일을 옛날에 비춰보고 당대의 일을 역사에 비춰보는 자아인식의 오묘함이 깃들어 있다.

　　사마천은 포스트 전국 시대에 태어났다. 당시는 여러 제후국이 다

---

* 『묵자墨子』「비공非攻 중」에 비슷한 구절이 있다. "옛 말에 이르기를, 군자는 물을 거울로 삼지 않고 사람을 거울로 삼는다고 했다. 물을 거울로 삼으면 자신의 얼굴 모양이나 볼 수 있지만, 사람을 거울로 삼으면 세상의 길함과 흉함을 알 수 있다古者有語曰, 君子不鏡於水, 而鏡於人. 鏡於水 見面之容, 鏡於人 則知吉與凶." 이 구절을 후세 사람들은 역사를 거울로 삼아야 한다는 의미로 고쳐 쓰게 되었다. 『구당서舊唐書』「위징전魏徵傳」. "대저 동銅으로 거울을 만들면 나의 의관을 단정히 할 수 있고, 옛 역사를 거울로 삼으면 나라의 흥망을 알 수 있고, 사람을 거울로 삼으면 나의 잘잘못을 밝게 비춰볼 수 있다夫以銅爲鏡, 可以正衣冠, 以史爲鏡, 可以知興替, 以人爲鏡, 可以明得失."

시 병립한 시절이라 제자백가의 기풍이 남아 있었다. 그는 역사학자 집안의 가풍과 유훈을 계승하여 천하에 흩어진 전문傳聞을 모았다. 그리고 역사의 변천을 관찰하고 흥망성쇠의 이치를 살펴 일가—家의 언어를 이루었다. 그는 공자의 계승자다. 그는 공자 스스로 자신의 뜻을 기록한 문장을 다음과 같이 인용했다. "공자가 말했다. '나는 헛된 말만 기록하려 했으나 옛날에 행한 일을 깊이 있고 분명하게 보여주는 것이 더 낫다고 생각했다.'子曰, 我欲載之空言, 不如見之於行事之深切著明也." [『사기』「태사공자서太史公自序」.] 사마천은 『사기』를 저술하여 공자가 『주역周易』『춘추春秋』『시詩』『서書』『예禮』『악樂』을 정리한 전통을 이었다. 그는 공자의 의리를 역사에 기탁하여 공자 사후 500년 만에 스스로 일가를 이루었다.

2000년 동안 『사기』는 중국 역사 서사의 정상이라는 일컬음을 받아왔다. 그 서사의 아름다움과 신빙성, 그 사상의 은미함과 깊이로 인해 "역사가의 절창이며 운韻이 없는 「이소離騷」史家之絶唱, 無韻之離騷"[루쉰의 『한문학사강요漢文學史綱要』.「이소離騷」는 전국 시대 초나라 시인 굴원屈原의 대표작으로 알려져 있다. 간신배의 참소를 받고 쫓겨나 강호를 떠돌며 지은 초사체 장편시로, 굴원의 울분과 열정이 낭만적으로 표현된 작품으로 인정받고 있다.]라고 칭송을 받으며 제자백가의 또 다른 일파라고 인정되었다. 사마천의 인격과 풍격은 독립적이고 강인하고 고결하며, 또 파란만장한 생애 속에서 자기만의 개성을 드러내고 있다. 그는 삶과 죽음에 상이한 가치가 있음을 자세히 살핀 후 "사람은 본래 한 번 죽지만 그 죽음이 태산보다 무겁기도 하고 기러기 털보다 가볍기도 하다"고 했다. 그는 삶의 가치가 사후에야 확정된다는 사실을 믿었으므로 "요컨대 죽는 날이 닥쳐온 연후에야 옳고 그름이 결정될 것입니다.要之死日, 然後是非乃定"「임소경에게 답하는 편지」.]라고 했다. 위대한 사마천은 자신의 생명을 역사에 쏟아 부어 일가의 언어를 저술하는 가운데서 영생을 얻었다. 역사는 그의 종교였고, 그는 역사의 사제였다.

2010년 7월, 청청青城 뒷산에 모신 어머니의 무덤에 아버지의 뼛가루를 합장했다. 제사를 마치고 뭇 산을 둘러보며 하늘을 우러러볼 때 빈 골짜기에서 다시 아버지의 가르침을 들었다.

"인생은 무상하고 만물에는 주인이 있다. 삼가고 경계하여 세상에 이름을 남겨라."

"이 못난 자식, 잠시라도 잊지 않겠습니다."

옛 성현은 이렇게 말했다.

"가장 좋기로는 덕망을 세우는 것이고, 그다음은 공적을 세우는 것이고, 그다음은 일가의 언어를 세우는 것이다. 시간이 오래 지나고 없어지지 않는 이것을 삼불후三不朽라고 한다.太上有立德, 其次立功, 其次立言. 經久不廢, 此之謂三不朽."(『좌전』 양공襄公 24년)

"이 못난 자식, 덕망과 공적은 세우지 못하더라도 오직 일가의 언어로 아버지를 욕되게 하지 않겠습니다."

쇼펜하우어는 책의 하늘에 유성, 행성, 항성이 있다고 했다. 즉 유성은 찬란하게 빛을 내다가 순식간에 사라지는 책이고, 행성은 남의 빛을 빌려서 시간과 함께 흘러가는 책이고, 오직 항성만이 변함없이 자신의 빛을 뿌리는 책인데, 그것은 너무나 높고 먼 곳에 있기 때문에 오랜 세월이 흘러서야 지구에 도달한다는 것이다.

초망

나는 선친의 가르침을 이어받아 다행히 역사를 공부하면서 이미 입언立言의 가치를 시간의 평가에 맡겨놓았다. 별이 반짝이는 가없는 하늘을 창망하게 올려다본다. 나는 몇 가닥의 빛발이나 이 세상에 뿌릴 수 있을까?

프롤로그: 문학은 사학史學에 비해 더 진실한가?

1) 아리스토텔레스, 『시학』 제9장, 제24장, 천중메이陳中梅 역주, 상무인서관, 2012.

2) 원래 제목은 『부활하는 역사: 진나라 제국의 붕괴復活的歷史: 秦帝國的崩壞』다. 2007년 중화서국에서 출판했다. 그 후 2009년 타이베이 롄징출판사에서 증보판을 낼 때 『진붕: 진시황에서 유방까지』로 고쳤다. 아래에서는 『진붕』으로 약칭한다.

3) 『소식문집蘇軾文集』 제5책 권64, 중화서국, 1996. 나는 이 글 전체를 이 책의 부록으로 실어 이 일에 흥미를 가진 독자들이 참고할 수 있게 했다.

4) 『엄주산인 사부고弇州山人四部稿』 권242. 이 글은 쉽게 볼 수 없고 또 논쟁의 대상이 되고 있기 때문에 전문을 부록에 수록하고 간단하게 설명을 덧붙였다.

5) '3+N'이라는 역사학 지식 구조에 관한 서술은 졸저 『진나라의 수수께끼: 진시황을 새롭게 발견하다秦謎: 重新發現秦始皇』에 나오는 「수수께끼 해답(1)」 대목의 "『사기』는 역사학의 제3세계다"를 참고. 베이징연합출판공사, 2015. 이와 관련된 학술 논문으로는 「『사기』 「진시황본기」 해체: 겸하여 '3+N' 역사학 지식 구조를 논하다解構 『史記·秦始皇本紀』: 兼論'3+N'的歷史學知識構成」, 『사학집간史學集刊』, 2012년 제4기.

제1장 대장 한신

1) 전국 시대 유협에 관한 상세한 서술은 졸저 『진붕』 제1장 7절 「전국 시대의 유협 기풍」 참고.

2) 전국 시대 유협의 세계에서 유방은 시골 마을에서 활약한 협객이었다. 시골 마을의 협객 유방에 관한 상세한 서술은 『진붕』 제1장 10절 「유방의 명사 숭배 역정劉邦的追星歷程」 참고.

3) 왕손의 본뜻은 '왕의 자손'이다. 진한 시기에도 멸망한 나라의 귀족 후예를 존칭하는 말로 쓰였다. 『사기색은史記索隱』에서는 유덕劉德의 말을 인용하여 표모가 한신을 공자公子라고 부른 대목에 다음과 같은 주석을 달았다. "진나라 말엽에는 나라를 잃은 사람이 많았다. 왕손이나 공자로 부른 것은 상대방을 존중한다는 의미다." 해석이 매우 적절하다.

4) 『손자병법』 「화공」, "主不可以怒而興師, 將不可以慍而致戰. 合於利而動, 不合於利而止."

5) 『손자병법』「화공」, "怒可以復喜, 慍可以復悅. 亡國不可以復存, 死者不可以復生. 故明君愼之, 良將警之, 此安國全軍之道也."

6) 포장군蒲將軍 : 아마도 『사기』「고조공신후자연표高祖功臣侯者年表」에 나오는 극포후棘蒲侯 시무柴武인 듯하다. 그는 거록鉅鹿 전투에서 영포와 함께 먼저 황하를 건너 진나라 군사의 양초糧草 운반 요충지인 극포棘蒲를 점령하는 데 공을 세웠기 때문에 나중에 극포후에 봉해졌고, 이에 역사에서는 그를 포장군으로 부른다.

7) 화이안 답사 때 나는 일본 에히메愛媛 대학 후지타 가츠히사藤田勝久와 동행했다. 당시에 나는 또 화이인사범대학淮陰師範學院 장창張強 선생의 보살핌과 도움을 받아 순조롭게 탐사를 마칠 수 있었다. 이 자리를 빌려 감사를 표한다.

8) 회음성 유적과 감라성은 모두 진한 시대의 고성 유적으로, 아마도 옛날 회음현 소재지였을 것이다. 한성 유적은 전설에 따르면 한신이 회음후로 폄적된 후에 쌓은 성이라고 하는데 역시 한漢나라 시대의 유적이다. 매승은 전한 시대 저명한 문인으로, 회음 사람이다. 매승 고향 비석은 당나라 시대 유물로 비신만 겨우 남아 있다. 1958년 마터우碼頭 나루에서 출토되었다. 현재 그곳에 기념비가 서 있다.

9) 한신 옛마을韓信故里, 과하교胯下橋, 한후조대韓侯釣臺, 표모사漂母祠, 한모묘韓母墓, 표모묘漂母墓 등은 모두 명나라와 청나라 이래의 유적이었다. 몇 번 훼손되고 다시 세운 것이다.

10) 『사기』「회음후열전」, "吾如淮陰, 淮陰人爲余言, '韓信雖爲布衣時, 其志與衆異. 其母死, 貧無以葬, 乃行營高敞地, 令其旁可置萬家.' 余視其母冢, 良然."

11) 『사기』「회음후열전」, "及項梁渡淮, 信仗劍從之, 居麾下, 無所知名."

12) 『사기』「회음후열전」, "項梁敗, 又屬項羽, 羽以爲郎中."

13) 『사기』「회음후열전」, "數以策干項羽, 羽不用."

14) 『사기』「고조공신후자연표」에 의하면 유방의 군대가 진나라의 항복을 받아들인 후 역상이 군대를 이끌고 가서 한중과 파촉 지역을 평정했다.

15) 유방 집단의 인적 구성, 지역 구성 및 제후자에 관한 상세한 내용은 졸저『한 제국의 건립과 유방 집단: 전공 수익 계층 연구漢帝國的建立與劉邦集團: 軍功受益階層硏究』, 제1장 '한초 전공 수익 계층의 형성漢初軍功受益階層之形成'과 제5장 '유방 집단의 지역 구성劉邦集團之地域構成' 참고. 삼련서점, 2000.

16) 천센위안, 「소하가 한신을 좇아간 장소 고찰蕭何追韓信處考」, 『한중 사적 잡고』, 한중시문화문물국 편, 1998.

17) 한중에서 초나라로 가는 한 갈래 길은 바로 지금의 중국 한장漢江강의 물길을 따라 내려가는 것이다. 이 경로가 당시에도 주요 통로였을 것이다. 상세한 것은 이 책 제1장 9절「한중의 지형과 교통漢中的地形交通」참고. 하지만 한강의 물길이 당시 동쪽 초나라로 가는 주요 통로였기 때문에 한나라에서 도망친 장졸을 막기 위해 한나라 조정에서 매우 엄밀하게 방어했을 것이다. 따라서 절현령截賢嶺이란 지명과 당나라 시대의 비석에 의지하여 판단해볼 때 한신이 남강 방향으로 길을 잡았다는 학설이 비교적 합리적이고 믿을 만하다.

18) 한신이 한중에서 '신군법'을 제정한 상세한 내용에 관해서는 졸저『한 제국의 건립

과 유방 집단』제1장 2절 '한신의 신군법에 관하여關于韓信申軍法' 참고.

19) 졸저『진붕』제6장 7절「제나라와 초나라의 갈등齊楚糾葛」참고.

20) 제나라 땅에서 갈라진 군郡의 상세한 상황에 대해서는 허우샤오룽后曉榮의『진대 행정구역과 지리秦代政區地理』제5장 '산둥 남부 여러 군과 현山東南部諸郡置縣' 참고. 중국사회과학출판사, 2009.

21) 팽월의 신분 및 진나라 말기의 활동 상황에 대해서는 졸저『진붕』제7장 10절「팽월과의 만남相遇彭越」참고.

22) 유방의 군대가 관중을 출발하여 한중으로 갈 때 바로 자오도를 이용했다. 당시에는 가장 중요한 도로였다.

23) 『사기』「하거서河渠書」에 따르면 한 무제 때 수만 명을 동원하여 포야도 500여 리를 닦았다고 한다.

24) 기산도에 관한 대체적인 서술은 신더융辛德勇의「유방이 한중으로 진출한 지리적 의의 및 그 행군 경로를 논함論劉邦進出漢中的地理意義及其行軍路線」참고. 이 글은 그가 지은『역사의 공간과 공간의 역사歷史的空間與空間的歷史』(베이징사범대학출판사, 2005)에 실려 있다. 현지 고찰과 결합한 상세한 경로 연구는 졸저「진시황이 제1차 순행 때 서현에 도착하여 조상의 사당에 제사지냈다는 전설秦始皇第一次巡遊到西縣祭告祖廟說」(『진한사 연구秦漢史研究』제9집, 2015) 참고.

25) 『한서』「고후기高后紀」 2년에 다음과 같은 기록이 있다. "봄 정월 을묘일에 지진이 발생했다. 강羌과 무도武都의 길과 산이 모두 무너졌다春正月乙卯, 地震, 羌道·武都道山崩." 『한서』「오행지五行志」에도 이 일이 기록되어 있다. "고후 2년 정월, 무도의 산이 붕괴되어 760명이 죽었다. 지진은 8월에야 멈췄다高后二年正月, 武都山崩, 殺七百六十人, 地震至八月乃止." 『사기』에는 이 일이 기록되어 있지 않다.

26) 무도 지진으로 인한 한수와 가릉강의 물길 변화 및 한중 지역 지형의 변화에 관해서는 저우훙웨이周宏偉의 논문「한나라 초기 무도대지진과 한수 상류의 수로 변화漢初武都大地震與漢水上遊的水系變遷」(『역사연구』, 2010년 제1기) 참고.

27) 『한서』「고제기」, "八月, 漢王用韓信之計, 從故道還, 襲雍王章邯, 邯迎擊漢陳倉, 雍兵敗, 還走, 止戰好畤, 又復敗, 走廢丘. 漢王遂定雍地. 東至咸陽, 引兵圍雍王廢丘, 而遣諸將略定隴西·北地·上郡."

28) 왕쯔진王子今은『진한교통사秦漢交通史』에서 이렇게 말했다. "道由子午, 出散入秦'이란 구절은 아마도 유방이 군사를 나눠 출진하여 북쪽 삼진을 평정한 경로를 가리키는 것 같다'라고 했다. 중앙당교출판사, 1994, 52쪽.

29) 나는 이번 관중 답사에서 다행스럽게 시베이대학 역사문화대학 천펑陳峯 교수와 알게 되었다. 서로 열심히 절차탁마하며 학문을 닦느라 우리는 너무 늦게 만난 것을 한탄했다. 천펑 선생의 소개로 나는 이번 답사에서 셴양 문물국 팡롄창龐連昌 선생과 산시성 고고연구소 리쥐강李擧剛 선생의 도움을 받을 수 있었다. 모든 일이 순조롭게 진행되어 이 자리를 빌려 감사의 마음을 전한다.

30) 한신이 한나라 군사를 지휘하여 한중을 나가 관중을 공격한 전략, 행로 및 전황에 대해서 나는 다음과 같은 별도의 논문을 썼다. 「한신의 관중 공격 행로와 무도대지

초망

진: 역사 서술을 위한 역사 연구韓信反攻關中的路線與武都大地震: 爲了歷史敘述的歷史研究」, 베이징대학중국고대사연구센터 편, 『여지, 고고학과 사학의 새로운 학설: 리샤오충 교수 퇴임 기념 논문집興地, 考古與史學新說: 孝聰敎授榮休紀念論文集』(중화서국, 2012). 이 논문은 학문 연구의 시각에서 연구 주제를 상세하게 고찰했다. 이장의 역사 서술과 대조하며 읽을 만하다.

제2장 팽성대전

1) 『사기』「항우본기」에는 이렇게 기록되어 있다. "한나라에서는 장량을 시켜 한韓나라를 순방하게 했다. 그리고 항왕에게 편지를 보내 '한왕漢王은 본래 즉위해야 할 관중왕의 직위를 잃어서 관중을 얻고자 합니다. 만약 본래 약속대로 해주시면 바로 군사 행동을 중지하고 감히 동쪽으로 가지 않겠습니다'라고 했다. 또 제왕齊王과 양왕梁王의 반란을 알리는 편지를 항왕에게 보내 '제나라가 조나라와 함께 초나라를 멸망시키려 합니다'라고 했다. 초나라는 이 때문에 서진할 마음을 먹지 않고 북쪽으로 제나라를 공격했다漢使張良徇韓, 乃遣項王書曰, '漢王失職, 欲得關中. 如約即止, 不敢東.' 又以齊·梁反書遺項王曰, '齊欲與趙並滅楚.' 楚以此故無西意, 而北擊齊." 또 『사기』「유후세가留侯世家」의 기록은 다음과 같다. "장량은 항왕에게 유세하며 말하기를 '한왕이 잔도를 불태운 것은 관중으로 돌아올 마음이 없기 때문입니다'라고 했다. 이에 제왕 전영의 반란을 알리는 편지 내용을 항왕에게 알렸다. 이 때문에 항왕은 서쪽으로 한왕을 걱정하는 마음이 없어졌다良說項王曰, '漢王燒棧道, 無還心矣.' 乃以齊王田榮反書告項王. 項王以此無西憂漢心." 두 글이 말하는 내용은 같다. 『한서』「장량전張良傳」에도 다음과 같이 기록되어 있다. "이때 한왕은 귀환하여 삼진을 평정했다. 이에 장량이 항우에게 편지를 보내 '한왕漢王은 본래 즉위해야 할 관중왕의 직위를 잃어서 관중을 얻고자 합니다. 만약 본래 약속대로 해주시면 바로 군사 행동을 중지하고 감히 다시 동쪽으로 가지 않겠습니다'라고 했다. 또 제왕의 반란을 알리는 편지를 항왕에게 보내 '제나라가 조나라와 함께 초나라를 병합하여 멸망시키려 합니다'라고 했다. 항우는 이 때문에 북쪽으로 제나라를 공격했다時漢王還定三秦, 良乃遣項羽書曰, '漢王失職, 欲得關中. 如約即止, 不敢復東.' 又以齊反書遺項王曰, '齊與趙欲并滅楚.' 項羽以故北擊齊." 이제 『한서』의 기록을 가지고 보충 해석으로 삼는다.

2) 『사기』와 『한서』의 기록은 모두 한나라 사관이 한나라 입장에서 한나라의 사료에 의거하여 편찬한 것이다. 이 때문에 초나라 측 군사 배치와 행동에 대해서는 거의 언급을 하지 않고 있다. 필자는 이 시기 역사를 서술할 때 종종 의식적으로 초나라의 입장으로 방향을 바꿔, 한나라 군사가 진격할 때 만난 저항에 근거하여 초나라 군사의 배치를 복원하고 가능한 한 역사의 진상을 회복하려고 했다.

3) 옌경왕嚴耕望의 『중국 지방행정제도사中國地方行政制度史』, 갑부甲部 『진한 지방행정제도秦漢地方行政制度』 제10장, 「본적제도籍貫限制」 참고. 中研院歷史語言研究所

專刊之四十五A, 1990.

4) 유방과 장이의 어린 시절 교류에 관해서는 졸저『진붕』제1장「전국 시대의 유방戰國時代的劉邦」과 제2장「진나라 시대 민간 암흑계의 교류秦帝國的民間暗流」

5) 신양이 하남왕에 분봉된 연유에 대해서는『진붕』제8장 1절「장함의 투항章邯投降」참고.

6) 사마앙이 은왕에 봉해진 상세한 연유에 대해서는『진붕』제8장 1절「장함의 투항」참고.

7) 장이의 혼인에 관해서는『진붕』제1장 10절「유방의 명사 숭배 역정」참고.

8) 유방의 혼인에 관해서는『진붕』제2장 3절「주색과 혼인이 생활을 새롭게 하다酒色婚配新生活」참고.

9) 플루타르코스,『플루타르코스 영웅전希臘馬英豪列傳』, 시다이웨席代岳 옮김, 렌징출판공사, 2009, 1601쪽.

10) 진한 시대에 향과 리는 사회의 기층조직이었다. 그 복잡성은 시대와 지역에 따라 달랐다. 나는 본문에서 가능한 한 간단하고 상식적인 서술을 했을 뿐이다. 따라서 불가피하게 내용이 부족하고 누락된 부분이 많을 수밖에 없다. 사학계는 이 영역의 연구에서 많은 성과를 거뒀다. 싱이톈邢義田의 연구를 참고할 만하다. 이 연구는 출토 문헌과 연계하여 고대 취락을 탐구한 신형 종합 연구다. 싱이톈,「출토 자료로 살펴본 진한 시대의 취락 형태와 향촌 사회從出土資料看秦漢聚落形態和鄉村社會」,『치국안방治國安邦』, 중화서국, 2011.

11) 우룽쩡吳榮曾,「감문고監門考」,『선진 양한사 연구先秦兩漢史硏究』, 중화서국, 1995.

12) 마신馬新,『양한 향촌사회兩漢鄉村社會』제4장 2절「양한 향촌 마을의 토지신兩漢鄉村的里社」, 제로서사, 1997.

13) 채옹의「진류 동혼 고상리 사명」은 각종 판본이 남아 있다. 일반적으로는『태평어람太平御覽』본(권532)을 널리 이용한다. 나도 처음에는 이 판본을 이용했다. 그러나 나중에 대조를 거친 후 이 판본이 첨삭본이어서 오류가 많은 것을 알고 다시 이용하지 않았다. 그 뒤 엄가균嚴可均(1762~1843)의『상고, 삼대, 진한, 삼국, 육조 시대 문장 전집全上古三代秦漢三國六朝文』본(권75)을 읽었고, 또 양이증楊以增(1787~1856)이 교감하여 간행한『채중랑집蔡中郎集』본(권5, 타이완 중화서국, 1971,『사부비요四部備要』재간행)을 읽었다. 양이증의 판본은 유래가 분명하고 교감기가 있으며 교감도 우수하다. 따라서 마침내 이후로는 양이증의 판본을 이용하게 되었다. 양이증의 판본에 표점을 찍어 아래에 부록으로 첨부한다.(중요한 내용은 위의 본문에 번역되어 있으므로 기타 내용은 아래에 원문만 게재함. 옮긴이)

曰社祀之建尙矣. 昔在聖帝有五行之官, 而共工子句龍爲後土, 及其殁也, 遂爲社祀. 故曰, 社者, 土地之主也. 周禮建爲社位, 左宗廟, 右社稷, 戎醜攸行, 於是受脤, 土膏恒動, 於是祈農, 又班之於兆民, 春秋之中, 命之供祠. 故自有國至於黎庶, 莫不祀焉. 惟斯庫里, 古陽武之戶牖鄉也. 春秋時, 有子華爲秦相. 漢興, 陳平由此社宰, 遂佐高帝克定天下, 爲右丞相, 封曲逆侯. 永平之世, 虞延爲太尉,司徒,封公. 至延熹, 延興曾孫放, 字子仲, 爲尙書. 外戚梁冀, 趁寵作亂, 首策誅之. 王室以續, 詔封都亭侯,太仆,太常,司空. 毗天子而維四方, 克錯其功, 往烈有常. 於是司監爰曁邦人, 僉以宰相繼踵, 咸出斯里, 秦一漢三, 而虞氏世焉. 雖有積德餘慶終身之致, 亦斯社之所相也. 乃興樹碑作頌, 以示後昆. 惟王建祀, 明事百神. 乃歷斯社, 於我兆民. 明德惟馨, 其慶聿彰. 自嬴及漢, 四輔代昌. 爰我虞宗, 乃世重光. 元勳旣立, 錫茲土疆. 乃公乃侯, 帝載用康. 神人協祚, 且巨且長. 凡我里人, 盡受嘉祥. 刊銘金石, 永世不忘.

14) 나의 진류 여행은 『진봉』 제7장 13절 「개봉도 다 둘러보지 못했는데 또 진류가 있네開封不盡有陳留」 참고.

15) 『17사 검토十七史商榷』, 중국서점, 1987.

16) 한나라 시대 호군 직무의 성격에 관해 토론한 글로는 랴오보위안廖伯源의 「한대 감군제도에 대한 초보적 해석漢代監軍制度試釋」(『대륙잡지大陸雜誌』 70권)과 싱이톈의 「한대 호군의 성격에 대한 약론略論漢代護軍的性質」(『치국안방』, 중화서국, 2011)을 참고할 만하다.

17) 불신拂臣 : 『순자荀子』 「신도臣道」에 나오는 말이다. 임금의 명령에 항거하고 임금의 권력을 탈취하여 임금이 하는 일에 반대함으로써 나라의 위기를 안정시키는 사람을 '불신拂臣'이라 한다. '불신'에 관한 논의 및 불신으로서 항우의 처지에 대해서는 『진봉』 제1장 11절 「진퇴양난의 불신進退兩難의 拂臣」과 제6장 8절 「항우가 송의를 죽이다項羽殺宋義」 참고.

18) 졸문 「항우의 제나라 정벌과 팽성 기습 경로項羽伐齊和奇襲彭城的路線」 참고. 『진한사 연구』 제9집, 2015.

19) 유방의 군대가 세 갈래로 동진한 경로에 대해서는 신더융의 글 「초한 간 팽성 전투 전장 지리 고찰楚漢彭城之战地理考述」 참고. 『역사의 공간과 공간의 역사』, 베이징사범대학출판사, 2005.

20) 팽성에서 있었던 초한 양군의 공방에 대해서는 천우퉁陳梧桐, 리더룽李德龍, 류수광劉曙光 공저, 『전한 군사사西漢軍事史』 제1장 3절 「한군의 전략과 초군의 반격漢軍的戰略和楚軍的反擊」 참고. 『중국 군사사中國軍事史』 제5권, 군사과학출판사, 1988.

21) 『한서』 「고제기」, "漢王遂入彭城, 收羽美人貨賂, 置酒高會."

22) 나는 팽성을 기습한 항우의 진군 경로에 대해서 역대 사학자들과 견해를 달리한다. 졸문 「항우 팽성 기습 경로項羽奇襲彭城的路線」 참고. 이 문제에 대한 서술과 현지 고찰은 이 장 10절 「팽성 전투를 회고하다回首彭城之戰」 참고.

23) 역사에서 중요한 전쟁에 대한 기록은 대부분 본기에 들어 있지만 지나치게 간략하다. 근래의 연구는 「열전」과 「표表」에서 자료를 발굴하여 연구를 심화하는 경향을 보인다. 「고조공신후자연표」는 주의하는 사람이 드물었다. 나는 『사기』와 『한서』의 '공신표功臣表'를 정리하면서 역사의 결손을 보충하고 또 역사의 세부 디테일로 삼기 위해 여기에 이 일화를 서술한다.

24) 『한서』 「지리지」에는 제음군에 성양현成陽縣이 있다. 동군 성양현의 정확한 글자도 '성양成陽'으로 써야 한다는 의견에 대해서는 신더융의 글 「초한 간 팽성 전투 전장 지리 고찰」 참고.

25) 왕궈웨이, 「진군고秦郡考」, 『관당집림觀堂集林』, 중화서국, 1959.

26) 허우샤오룽, 『진대 행정구역과 지리秦代政區地理』 제5장 16절 「성양군」, 중국사회과 학출판사, 2009.

27) 2012년 9월 답사 때, 나는 산둥성 문물국 왕서우궁王守功 동문의 도움을 받아 순 조롭게 여행을 할 수 있었다. 이 자리를 빌려 감사드린다. 당시에 나는 중국 사회과 학원 역사연구소 린후林鵠 군과 동행하여 고생을 겪었지만 많은 수확을 얻었다. 우 리는 역사 연구 과정에서 현지답사가 매우 중요할 뿐 아니라 연구 생활을 풍부하게 하고 기존 관념을 바꿀 수 있다는 데 공감했다. 산둥성 중부를 관통하는 이 교통 노선은 고대뿐만 아니라 지금까지도 교통 요지로 기능하고 있다. 취푸에서 린이로 가는 국도나 지닝濟寧에서 르자오日照로 가는 철도도 이곳을 통과한다. 아마도 변 하지 않는 고금의 지세가 그렇게 만들었을 것이다. 텍스트 상으로는 이해할 수 없는 수많은 의문도 직접 현지조사를 해보면 일목요연해지는 느낌을 받는다.

28) 천우퉁·리더룽·류수광, 『전한 군사사』, 40쪽.

제3장 남북 양대 전장

1) 넬슨 만델라가 1994년에 출판한 자서전 『자유를 향한 머나먼 여정Long walk to Freedom』에서 한 말이다.

2) 『사기』 「유후세가」, "至彭城, 漢兵敗走還. 至下邑, 漢王下馬踞鞍而問, '吾欲捐關以東等棄 之, 誰可與共功者?'"

3) 『사기』 「유후세가」, "九江王黥布, 楚梟將, 與項王有郄, 彭越與齊王田榮反梁地: 此兩人可 急使. 而漢王之將獨韓信可屬大事, 當一面. 即欲捐之, 捐之此三人, 則楚可破也."

4) 진秦 및 전한 초년에는 음력 10월을 세수歲首로 하는 역법을 썼다. 그것은 바로 매 년 첫 달을 10월로 시작하여 마지막 달을 9월로 마감하는 방법이다. 여기에서 말하 는 '1월'은 진2세 2년의 네 번째 달이다.

5) 『후한서後漢書』 「반초전班超傳」

6) 수하의 사적은 주로 『사기』 「경포전」에 보인다.

7) 『한 제국의 성립과 유방 집단』 제5장 「유방 집단의 지역 구성劉邦集團之地域構成」 참고.

8) 『사기』 「관영열전灌嬰列傳」에 따르면 한중에 있을 때 관영의 관직은 낭중郎中과 중 알자中謁者로 되어 있다. 그러나 관영의 당시 지위로 보면 낭중령郎中令과 중알자령 中謁者令이 되어야 마땅하다. 아마도 '영令'자가 생략되었거나 탈락된 듯하다. 『장가 산 한묘 죽간張家山漢墓竹簡』(문물출판사, 2006) 「질률秩律」에는 '한낭중령漢郎中 令'을 '한낭중漢郎中'으로 쓰고 있는데, 어쩌면 당시 습관적인 표기법인지도 모르겠 다.

9) 『사기』 「위표열전魏豹列傳」에서는 "위표의 형이 위구다其兄魏咎"라고 했다. 그런데 『사기』 「팽월열전彭越列傳」에는 "지금 서위왕 위표도 위왕 위구의 종제다今西魏王豹 亦魏王咎從弟也"라고 했다. 고서古書에는 '從弟(사촌동생)'와 '從兄(사촌형)'도 그냥

'弟(동생)'와 '兄(형)'으로 부르는 경우가 많으므로 위구는 위표의 종형이 되어야 한다. 종형은 당형堂兄이라고도 한다.

10) 전국 시대의 각국 영토는 변화가 심했다. 전국 시대 후기의 위나라와 한나라의 영토는 마치 개 이빨처럼 서로 교차되어 있었다. 상당군은 본래 한나라의 영토였지만 기원전 262년 그곳 관민이 모두 진나라로 귀속되길 거부하고 자발적으로 조나라로 귀속되게 했다. 이 영토 분쟁으로 진나라와 조나라 사이에 장평長平 대전이 발생했다. 자세한 것은 양콴楊寬의 『전국사戰國史』 제8장 6절 「진과 조의 격전秦趙間劇戰」 참고. 상하이인민출판사, 1988.

11) 항타는 항우의 조카로 초나라 장수다. 초나라가 멸망한 후 유씨劉氏 성을 하사받고 평고후平皋侯에 봉해졌다. 진2세 원년 5월, 초나라 군대를 이끌고 장함에게 포위된 위왕 위구를 구원하러 갔다. 항타의 사적은 『사기』 「항우본기」와 『사기』 「고혜고후문공신표高惠高后文功臣表」 참고.

12) 두 가지 모두 『손자병법』에 나오는 말이다. 한신이 『손자병법』을 탐독하고 활용한 일에 대해서는 이 책 제1장 2절 「가랑이 사이를 기어나간 치욕적인 행동에도 병법이 들어 있다」 참고.

13) 『사기』 「회음후열전」에는 한신의 군대가 "목앵부木罌缻(입이 작고 배가 큰 나무통)를 사용하여 황하를 건넜다以木罌缻渡軍"라고 기록해놓았다. '목앵부'는 나무로 앵부를 묶어 부교를 만들었다는 뜻이다. 『한서』의 같은 열전에 대한 왕셴첸王先謙(1842~1917)의 『보주補注』에는 주수창周壽昌(1814~1884)의 다음과 같은 견해가 인용되어 있다. "공신표功臣表 '축아후祝阿侯 고읍高邑' 밑에 이런 주석이 달려 있다. '회음후 한신에게 소속되어 있었고, 군사들에게 앵부로 황하를 건너게 했다屬淮陰, 罌度軍.' 고읍은 이 전투에서 공을 세웠거나 계책을 마련했을 것이다." 한자오치韓兆琦(1933~)는 『사기전증史記箋證』에서 곽숭도郭嵩燾(1818~1891)의 견해를 인용했다. "황하의 물살이 소용돌이치고 세차게 흐르는 곳에서 어떻게 앵부로 물을 건널 수 있겠는가? 부교를 설치했다고 보는 것이 타당하다. 앵부 위에 나무판자를 펼쳐놓으면 가벼워서 물에 뜰 수 있고 그것을 쉽게 끌어 양안 사이를 통하게 할 수 있다河流湍急, 豈木罌缻所能渡者? 當是造爲浮橋, 施木板於罌缻之上, 以其輕而能浮, 又易於牽引以通兩岸也." 곽숭도는 진한 시대에 부교가 이미 출현했고 또 이 일대에서 그 흔적을 찾아볼 수 있다고 해석했는데, 이 견해는 합리적이고 믿을 만하다. 진한 시대의 부교에 관해서는 왕쯔진의 『진한교통사』 제2장 2절 「교량공정橋梁工程」 참고.

14) 『한서』 「한신전韓信傳」의 기록에 따르면 한신이 위구를 포로로 잡은 후 다음과 같은 상소문을 올렸다고 한다. "사자를 보내 한왕漢王 유방에게 이렇게 요청했다. '바라옵건대 군사 3만을 증원해주시면 신이 북쪽으로 연나라와 조나라를 치고 동쪽으로 제나라를 격파한 후 남쪽으로 초나라의 식량 보급로를 끊고 서쪽으로 가서 대왕마마와 형양에서 만나겠습니다'使人請漢王, '願益兵三萬人, 臣請以北擧燕趙, 東擊齊, 南絕楚之糧道, 西與大王會於滎陽.'" 『한서』 「고제기」는 이 일을 이렇게 기록했다. "한신이 사자를 보내 군사 3만을 증원해달라고 하면서 북쪽으로 연나라와 조나라

를 치고, 동쪽으로 제나라를 격파한 후 남쪽으로 초나라의 식량 보급로를 끊겠다고 했다信使人請兵三萬人, 願以北擧燕趙, 東擊齊, 南絶楚糧道."

15) 초한 전쟁 이후의 상황 전개를 살펴보면 기본적으로 한신의 계획대로 진행되었음을 알 수 있다. 다만 유방이 끊임없이 한신의 군대를 남쪽으로 빼내서 형양을 지원하라고 했고, 초나라 후방으로 깊이 들어가 식량 보급로를 끊는 임무는 유가劉賈와 노관에게 맡겨 팽월과 함께 진행하게 했을 뿐이다. 자세한 내용은 이 책 제4장 제7절 「유가와 노관이 적 후방 전장을 열다」를 참고. 이 책에서 나는 이 계획의 중요성을 감안하여 당시 형세에 근거해 구체적인 내용을 밝혔다.

16) 태항팔형太行八陘 : 남사형南四陘으로 불리는 지관형軹關陘, 태항형太行陘, 백형白陘, 부구형滏口陘과 북사형北四陘으로 불리는 정형井陘, 비호형飛狐陘, 포음형蒲陰陘, 군도형軍都陘이 있다. 리샤오충李孝聰, 「진泰과 진晉의 교통과 태항팔형秦晉交通與太行八陘」, 『중국 구역 역사지리中國區域歷史地理』 제3장 2절 2소절, 베이징대학 출판사, 2004년.

17) 『사기』 「진시황본기」, "(진시황) 18년, 크게 군사를 일으켜 조나라를 공격했다. 왕전이 상지의 군사를 거느리고 정형을 함락시켰다十八年, 大興兵攻趙, 王翦將上地, 下井陘."

18) 『손자병법』 「모공謀攻」.

19) 정형도 서쪽 입구는 지금의 산서성 평정현 구관舊關 일대다.

20) 오늘날의 정형도 동쪽 입구는 허베이성 루취안鹿泉시 투먼관土門關 일대다. 당시의 동쪽 입구는 지금의 징싱현 웨이저우진威州鎭 일대일 것이다. 상세한 것은 이 장 제8절 「정형井陘에서 옛 전장을 탐방하다」를 참고.

21) 면만수는 지금의 허몐河강이다. 산시山西성 핑딩平定현에서 발원하여 동쪽으로 흐르는데, 냥쯔관娘子關 위쪽은 타오허桃河강이라 하고 냥쯔관을 통과한 후에야 비로소 허강이라 부른다. 징싱현으로 유입되어 간타오허甘陶河강과 합류한 뒤에는 예허冶河강이라 부른다. 그리고 북쪽으로 흘러 지금의 평산현平山縣으로 들어선 후 후퉈허滹沱河강과 합류한다.

22) 『한서』 「한신전」 왕셴젠의 『보주』에는 심흠한沈欽韓(1775~1831)의 견해가 인용되어 있다. "『위료자尉繚子』 「천관天官」 편에 이르기를 '배수진은 퇴로를 끊는 행위요, 향판진은 군사를 죽이는 짓이다'라고 했다. 진여는 병법을 아는 사람이었으므로 조나라 군사가 배수진을 비웃은 것이다尉繚子·天官篇'背水陣爲絶地, 向阪陣爲廢軍', 陳餘知兵法, 故趙軍笑其陣也."

23) 정형관 전투 때 한신의 군사 숫자는 5~6만 명 정도였다. 생각해보면 그는 유방에게 3만의 지원병을 요청할 때 조나라가 눈치 채지 못하게 진행한 것으로 보인다. 이 때문에 진여는 한나라 군사의 힘을 잘못 평가했던 것이다.

24) 『사기』는 '일가지언一家之言'을 이룬 책이지만 전국 시대와 진한 시대 제자백가 학문의 특징이 농후하게 반영된 역사책이다. 이것은 24사 중에서 다른 역사책과 가장 크게 구별되는 점이다. 따라서 『사기』에 포함된 역사 이야기에 대해서 우리는 그 진위와 허실을 감정하고 신빙성을 새롭게 확인할 필요가 있다. 이 점에 관해서는 필자

의 논문 두 편 참고. 『사기』 서사의 구두 전승에 대해 논술함: 사마천과 번타광 그리고 양창論『史記』敍事中的口述傳承: 司馬遷與樊他廣和楊敞」, 『주진한당 문화연구周秦漢唐文化研究』 제4집, 2006. 『사기』 「진시황본기」를 해체하다: 겸하여 '3+N' 역사학 지식구조를 논함」, 『역사집간史學集刊』, 2012년 제4기.

25) 『한서』 「한신전」, 왕셴젠 『보주』.

26) 정형도 답사 때 나는 베이징대학 역사학과 딩이촨丁一川 선생과 동행하여 현지답사의 고락을 함께 나눴다. 이 답사에서 우리는 허베이 고고소河北考古所 런야산任亞山 선생의 보살핌과 현지 문물보호관리소 두셴밍 소장의 인도를 받아서 여러 해 동안 눈앞을 가리고 있던 짙은 안개를 걷어냈다. 베이징으로 돌아온 후 나는 두 소장이 부쳐준 『정형의 역사문화·문물고적권井陘歷史文化·文物古迹卷』(정협 정형현위원회 편, 신화출판사, 2005)과 관련된 자료를 받아서 문헌을 통해 내가 답사했던 사실을 확인했다. 삼가 이 자리를 빌려 런야산 선생과 두셴밍 선생에게 감사를 표한다.

제4장 형양 대치

1) 천우퉁, 리더룽, 류수광 공저, 『전한 군사사』 제1장 4절 2소절 「정면 대치 전장에서 항우의 공격과 유방의 방어項羽在正面戰場的進攻和劉邦的防守」 참고. 『중국 군사사』 제5권, 군사과학출판사, 1988.

2) 한나라 시대 군대에는 호군교위란 직책이 있었다. 이 직책은 호군중위와 호군도위에 속해 있었고 구체적으로는 각 군으로 파견되어 군사를 감독하는 업무를 맡았다. 진평이 호군중위에 임명되어 한나라 군사 정보기관의 수뇌가 된 사정에 대해서는 이 책 제33장 2절 '고대의 K.G.B.' 참고.

3) 역사책에 기록된 '강관지속絳灌之屬'의 의미에 대해서는 『한 제국의 건립과 유방 집단』 제6장 3절 3소절 「가의의 좌천과 신구 세력의 대립賈誼左遷與新舊對立」 참고.

4) 유방이 이와 동일한 방법으로 역이기를 다룬 일은 『진붕』 제7장 11절 「역씨 형제를 굴복시키다收服酈氏兄弟」 참고. 염치가 부족하고 이익을 중시하며 예절을 경시하는 유방의 습성에 대해서는 청나라 학자 왕명성이 정채로운 논술을 한 적이 있다. 『17사 검토』 권2 「한나라에서는 이익만 따지다漢惟利視」 참고.

5) 초나라와 한나라 쌍방에 대한 진평의 분석은 『사기』 「진승상세가陳丞相世家」 참고. 진평이 항우를 바라보는 관점은 한신이 「한중대」에서 보여준 견해와 일치한다. 두 사람 다 항우 곁에서 벼슬을 한 적이 있기 때문에 적의 상황을 깊게 이해하고 있었다. 하지만 한신과 달리 진평은 군부를 감독하고 내정을 감시하는 직위에 있었던 만큼 유방의 한나라에 귀의한 사람들의 특징, 즉 언행이 거칠고 이익을 좋아하고 염치가 없는 면을 깊게 인식하고 있었다.

6) 『사기평림史記評林』에 진의전의 말이 인용되어 있다. "막 태뢰太牢를 올리다가 갑자기 나물 요리로 바꾸는 건 원숭이를 기르는 늙은이의 조삼모사 수법이 아닌가? 초나라 사신이나 초나라 군왕이 한 번만 생각해봐도 아연 실소를 터뜨릴 일이 아닌가

甫進太牢, 忽更草具, 其狙公之茅否? 楚之使, 楚之君試一思之, 可不莞然一笑乎?"

7) 『사기전주史記箋注』에 건륭황제의 『통감집람通鑑輯覽』이 인용되어 있다. "陳平此計乃欺三尺童未可保其必信者, 史乃以爲奇而世傳之, 可發一笑."

8) 역사책에는 항우의 아내가 누군지 기록되어 있지 않고 우희虞姬 한 명만 항우를 평생토록 수행한 것으로 기록되어 있다. 우희의 성씨에 근거하여 나는 그녀가 고대 우虞나라 왕족의 후예일 가능성이 있다고 추측한다. 이에 대해서는 이 책 제5장 7절 '해하행垓下行' 참고. 우희 가족의 기타 구성원에 대해서도 진한 시대 고서에는 아무런 언급이 없다. 여기에서 말하는 '아내의 형제'는 항우 한 사람의 혼맥을 가리키는 것이 아니라 여러 항씨 가족의 모든 혼맥을 가리키는 것으로 이해해야 한다.

9) 이런 관점의 대표적 저작으로는 먼저 소식蘇軾의 「항우와 범증을 논함論項羽范增」을 꼽을 수 있다. (『소식문집』 제1집, 중화서국, 1996) 왕세정도 같은 관점을 지니고 있지만 소식과 다른 점은 왕세정이 논문의 형식을 쓰지 않고 보통 문장의 서술 형식으로 자신의 의견을 표명했다는 점이다. 아래에 서술한 범증의 경고는 모두 왕세정의 「단장설」에 의거한 것이다. 원문은 이 책 부록 참고.

10) 범증의 죽음에 대해서 『사기』 「항우본기」에서는 대략 다음과 같이 서술하고 있다. "항우는 잔치에서 음식을 바꾼 진평의 반간계에 속아 범증의 권력을 박탈했다. 범증은 분노하여 사직을 청했고, 항우는 이에 동의했다. 그래서 범증은 '아직 팽성에 도착하지 못해서 등에 종기가 나서 죽었다行未至彭城, 疽發背而死.'" 이처럼 중요한 지자智者의 불행한 죽음에 대해서는 겨우 10자의 기록이 전부다. 왕세정은 역사 기록의 누락에 안타까움을 느끼고, 관련 사실과 당시 인정을 결합하여 범증이 죽기 전에 자신의 일생을 회고하는 문답을 정밀하게 재구성했다. 왕세정의 이 글은 상당히 합리적이어서 우리가 당시의 역사 인물과 사실을 이해하는 데 많은 도움을 준다. 때로는 문학적 상상력에 바탕을 두는 것이 사학 연구보다 더욱 진실하다. 나는 이제 왕세정의 「단장설短長說」에 기대 이 1절을 써서 독자들에게 제공한다.

11) 『진붕』 제8장 5절 「항우가 항복한 병졸을 생매장하여 죽이다」를 참고.

12) 『사기』 「항우본기」

13) 소식, 「항우와 범증을 논함」

14) 『삼국지』 「위서·순욱전魏書·荀彧傳」

15) 『사기』 「항우본기」와 『한서』 「고제기」에는 "기신의 거짓 항복 사건"을 기신이 유방에게 제시하고 진평이 시행했다고 기록되어 있다. 진평은 한나라 군대 정보기관의 최고 책임자였기 때문에 기실 이 일은 진평이 기획하고 집행한 일이라고 봐야 한다. 4년 후 유방이 백등산白登山에서 포위되었을 때도 진평은 이와 유사한 계략으로 포위에서 벗어났다.

16) 이 일을 『사기』 「항우본기」에서는 항우가 성고를 함락시킨 후의 일로 기록했다. 내용은 이렇다. "팽월이 황하를 건너 초나라 동아東阿를 공격하고 초나라 장수 설공을 죽였다. 항왕이 이에 스스로 동쪽으로 가서 팽월을 공격했다彭越渡河擊楚東阿, 殺楚將薛公. 項王乃自東擊彭越." 양옥승梁玉繩(1744~1792)은 『사기지의史記志疑』에서 이렇게 말했다. "『고기高紀』 및 『한서』의 본기와 열전에는 항왕이 팽월을 공격한 것을

454

한나라 3년 5월의 일로 기록하여, 초나라가 형양 및 성고를 함락시키기 전의 일로 보고 있지만, 『사기』에서는 성고를 함락시킨 이후로 기록하였으니 이것이 첫 번째 잘못이다. 팽월이 수수를 건너 항성·설공과 싸워 설공을 죽였는데 항성의 이름을 기록하지 않았고, 또 황하를 건너 동아를 공격했다고 했는데 이것이 두 번째 잘못이다."『한서』「고제기」한나라 3년 5월에는 다음과 같이 기록되어 있다. "팽월이 수수를 건너 항성·설공과 하비에서 싸워 설공을 죽였다. 양우는 종공에게 성고를 지키게 하고 자신은 동쪽으로 가서 팽월을 공격했다彭越渡睢水與項聲薛公戰下邳, 破殺薛公. 羽使終公守成皐, 而自東擊彭越." 『통감通鑑』에서도 이 입장을 따랐다. 한자오치는 『사기전증』에서 이렇게 말했다. "이 대목은 양옥승의 설을 따라야 한다. 동아는 팽성에서 매우 먼 곳이라 동아를 공격하는 것은 항우에게 그리 큰 위협이 되지 않는다. 하비는 팽성에 근접한 곳이므로 병법에서 말하는 소위 '반드시 구원하러 올 곳을 공격한다攻其必救'는 곳에 해당한다. 필자가 생각하기로도 한자오치의 학설이 합리적이다. 하지만 지리적 측면으로 말하자면 수수는 동서 방향으로 흐르므로 하비를 지나지 않는다. 팽월은 동군에서 동쪽으로 가서 하비를 공격했기 때문에 그가 건넌 강은 수수가 아니라 남북 방향으로 흘러 하비를 지나는 사수가 아닐까 의심이 된다. 따라서 이 책의 본문과 부록 「대사 연표大事表」에서도 나는 '수수'를 모두 '사수'로 고치고 괄호 안에 '수睢'자를 넣었다.

17) 항우가 두 차례 팽월을 정벌한 일은 『사기』「항우본기」에 한 차례 기록되어 있는데, 그것은 잘못된 기록이다. 상세한 것은 위의 각주에서 밝혔다. 두 번째 정벌은 『한서』「고제기」의 기록에 근거하여 한나라 3년 8월로 봐야 한다.

18) 괴통과 그와 관련된 사건에 대해서는 『진붕』제6장 2절 「변론가 괴통의 등장辯士蒯通의 登場」참고. 진말秦末 혼란기에 그는 연나라와 조나라에서 활약했다. 한신이 조나라를 멸하고 연나라를 항복시키자 괴통은 한신을 수행하게 되었다.

19) 『사기전증』에서는 이만방李晩芳(1691~1767)이 역이기를 평가한 말을 다음과 같이 인용했다. "만약 역이기가 그의 재능을 다 발휘했다면 삼걸은 사걸이 되었을 것이다 使酈盡其用, 則三傑而四矣."

20) 현재의 고고학 조사에 따르면, 진시황릉은 도굴되지 않았고 황릉 위 지상의 건축물만 파괴되었다고 한다.

제5장 해하 결전

1) 『사기』「회음후열전」의 기록은 이렇다. "장량과 진평은 한왕 유방의 발을 슬쩍 밟고 바로 귓속말로 속삭였다. '우리 한나라가 불리한데 어찌 한신이 칭왕하는 걸 금지할 수 있겠습니까? 차라리 대세에 따라 왕으로 세워주고 잘 대우하여 스스로 제나라를 지킬 수 있도록 하심이 좋겠습니다. 그렇지 않으면 변란이 발생할 것입니다張良·陳平躡漢王足, 因附耳語曰, '漢方不利, 寧能禁信之王乎? 不如因而立, 善遇之, 使自爲守. 不然, 變生.'" 『사기』「진승상세가」의 기록은 이렇다. "한왕이 격노하여 욕설을 퍼붓자

진평이 한왕의 발을 밟았다漢王大怒而罵, 陳平躡漢王足." 합리적으로 생각해보면 당시에 자리를 마련하고 한신의 사자를 접견할 때 진평은 유방의 뒤에 서 있었기 때문에 '한왕의 발을 밟으면서도' 사자의 주의를 끌지 않을 수 있었다. 또 장량은 나이도 많고 지위도 높으므로 유방의 곁에 앉아 '귓속말'을 할 수 있었다.

2) 거록 전투 전에 장이와 조왕 조헐은 진나라 군사에게 거록성에 포위되어 있었고, 진여는 진나라 군사의 포위망 밖에 주둔해 있었다. 진여는 병력이 외로웠기 때문에 각 제후국의 원군이 오면 함께 포위를 풀어줄 생각이었다. 그때 장이는 거록성의 포위를 뚫고 장염과 진택을 진여에게 파견하여 구원을 요청했다. 진여는 하는 수 없이 장염과 진택에게 군사 5000명을 주어 장이를 구원하게 했다. 그러나 모든 군사가 몰살되고 말았다. 이때부터 두 사람의 우정이 단절되어 서로 반목하는 원수가 되었다. 이 일은 『사기』 「장이진여전張耳陳餘傳」에 실려 있다. 또한 『진붕』 제6장 9절 「거록 전투鉅鹿之戰」에서도 다뤘다.

3) 『사기』 「회음후열전」에는 괴통이 한신에게 유세한 내용이 다음과 같이 기록되어 있다. "대부 문종과 범려范蠡는 멸망한 월나라를 다시 존재하게 했고, 월왕 구천을 패왕으로 만들었습니다. 그러나 공적을 이루고 명성을 떨친 후 그 몸은 죽임을 당했으니 야수를 잡고 나면 사냥개를 삶아 먹는 법입니다大夫種, 范蠡存亡越, 霸勾踐, 立功成名而身死, 野獸已盡而獵狗烹." 같은 내용이 『한서』 「괴통전蒯通傳」에는 이렇게 기록되어 있다. "대부 문종은 멸망한 월나라를 다시 존재하게 했고, 월왕 구천을 패왕으로 만들었습니다. 그러나 공명을 세우고 몸은 죽임을 당했습니다. 속담에 말하기를 '들판에 사는 꿩을 잡고 나면 사냥개는 삶아 먹고, 적국을 격파하면 모신은 주살된다'라고 합니다.大夫種存亡越, 伯勾踐, 立功名而身死. 語曰, '野禽殫, 走犬烹, 敵國破, 謀臣亡'." 『국어國語』와 『사기』 「월세가越世家」에 따르면 문종과 범려는 구천을 보좌하여 오나라를 멸망시키고 패왕을 칭하게 했다. 그 후 범려는 강호로 은퇴하여 장사로 성공했고, 문종은 계속 정치를 하다가 결국 구천에게 살해되었다. '나는 새를 잡고 나면 좋은 활은 감추고, 교활한 토끼가 죽으면 사냥개는 삶아 먹는다飛鳥盡, 良弓藏, 狡兔死, 走狗烹'라는 말은 당시에 일상적으로 쓰이던 속담이었다. 본래 범려가 문종에게 은퇴를 권할 때 쓴 말인데, 괴통이 한신에게 중립을 권할 때도 사용했다. 문자는 조금 다르지만 의미는 같다. 가장 많이 쓰이는 문자는 한신이 진현陳縣에서 유방에게 체포될 때 내뱉은 말이다. 다음과 같다. "과연 사람들의 말처럼 되었구나! '교활한 토끼가 죽으면 사냥개는 삶아 먹고, 높이 나는 새를 잡고 나면 좋은 활은 감춰두고, 적국을 격파하면 모신은 죽임을 당한다'더니果若人言, '狡兔死, 良狗烹, 高鳥盡, 良弓藏, 敵國破, 謀臣亡'."

4) 여러 학자의 정체로운 평론은 『사기』 「회음후열전」 『전증箋證』에 인용된 글 참고.

5) 『사기』 「항우본기」, "漢王復使侯公往說項王, 項王乃與漢約, 中分天下, 割鴻溝以西者爲漢, 鴻溝而東者爲楚. 項王許之, 即歸漢王父母妻子, 軍皆呼萬歲."

6) 이 두 편의 글은 이 책 뒤에 부록으로 수록했다. 관심 있는 독자는 대조하며 참고해볼 만하다.

7) 모수자천毛遂自荐 고사는 『사기』 「평원군열전平原君列傳」에 나온다.

8) 진하 전투는 해하 전투 이전 초한 간에 벌어진 중요한 전투다. 진하 전투를 이해하지 못하면 해하 전투를 정확하게 이해할 수 없다. 역사책에 이에 대한 기록이 누락되어 있고 혼란하기 때문에 2000여 년 동안 진하 전투는 소홀히 취급되어 왔다. 진하 전투의 재발견은 현대의 역사지리학자들이 해하의 정확한 지리와 위치를 탐색하는 과정에서 이루어졌다. 구체적으로 말하면, 항우가 형양에서 해하로 철수하는 노선을 복원하면서 진하 전투의 존재에 주의하게 되었다. 이 문제에 대한 여러 전문가들의 다채로운 토론은 부셴췬卜憲群·류샤오만劉曉滿이 쓴 종합적인 평론 「해하 위치 연구 평설垓下位置研究評議」을 참고할 만하다.(『안후이방송통신대학학보安徽廣播電視大學學報』, 2010년 제4기) 필자도 여러 학자의 의견을 자세하게 대비한 후 다시 사료를 검토하고 현지 조사를 진행하여 비교적 명확한 관점을 도출했다. 첫째, 진하 전투와 해하 전투는 앞뒤로 이어진 두 차례 전투다. 둘째, 진하 전투는 진현陳縣(지금의 허난성 화이양淮陽) 일대에서 벌어졌고, 해하 전투는 해하垓下(지금의 안후이성 링비靈璧와 구전固鎭 사이) 일대에서 벌어졌다. 셋째, 초한의 운명을 결정지은 대결전은 해하에서 있었다. 본문의 서술은 바로 이와 같은 종합적인 판단을 바탕으로 이루어졌다.

9) 해하성의 구체적인 위치에 관해서 학계에 다양한 의견이 제시되어 있다. 필자는 안후이성 인민정부가 지금의 안후이성 구전현 하오청진濠城鎭 가이샤촌垓下村 고성 유적을 해하성 옛터로 확정한 것이 현재로서는 가장 합당하다고 생각한다. 나의 고찰과 의견은 이 장 제7절 「해하 여행」 및 그 주석 참고.

10) 고서에 보이는 전쟁 관련 기록은 상세하지 않은 경우가 많다. 그 중요한 원인의 하나는 문언문으로 전쟁 상황을 상세하고 핍진하게 표현하기 어려웠기 때문이다. 『사기』 「고조본기」에서는 해하 전투 상황을 다음과 같이 기록해놓았다. "5년, 고조가 제후 군사와 함께 초나라 군사를 공격하면서 항우와 해하에서 결전을 벌였다. 회음후는 30만 병력을 이끌고 스스로 항우군을 맞았다. 공 장군孔熙(蓼侯)은 왼쪽을 맡았고, 비 장군陳賀(費侯)은 오른쪽을 맡았으며, 황제는 뒤를 맡았다. 강후絳侯(周勃)와 시 장군棘蒲侯(柴武)은 황제의 뒤를 받쳤다. 항우의 장졸도 10만을 헤아렸다. 회음후가 먼저 맞붙었으나 불리하여 퇴각했다. 공 장군과 비 장군이 공격하자 초나라 군사가 불리해졌다. 회음후가 다시 이 틈을 타고 해하에서 항우군을 대파했다五年, 高祖與諸侯兵共擊楚軍, 與項羽決勝垓下. 淮陰侯將三十萬自當之, 孔將軍居左, 費將軍居右, 皇帝在後. 絳侯,柴將軍在皇帝後. 項羽之卒可十萬. 淮陰先合, 不利, 却. 孔將軍,費將軍縱, 楚兵不利, 淮陰侯復乘之, 大敗垓下." 이 단락의 87자 문장이야말로 옛날 역사에서 찾아보기 어려운 상세한 전쟁기록으로, 연합군이 쓴 3중 6군의 포진 상황을 비교적 분명하게 알 수 있다. 그러나 초나라의 포진 상황에 대해서는 전혀 언급이 없다. 필자는 고대 전쟁에서 자주 보이는 전군, 중군, 후군 포진 사례에 비추어 이 대목을 보충했다. 이렇게 함으로써 기록이 완전히 누락된 역사에 참고자료를 제공할 수 있고, 또 일종의 기초적인 가설로 삼을 수도 있다. 중국 고대 전쟁 중 중군 편제와 진법에 관해서는 란융웨이藍永蔚의 『춘추시대의 보병春秋時代의步兵』(중화서국, 1979)을 참고할 만하다.

11) 해하 전투의 상세한 상황은 역사에 기록이 남아 있지 않다. 전군前軍이 고전 끝에 패배한 척 후퇴하고, 후군이 진영을 열어 그들을 받아들이고, 그런 후 적을 맞아 공격에 나서고, 다시 기습병으로 승리를 쟁취하는 전법은 한신이 구사해온 회심의 전술이었다. 한신은 배수진 전투 때 이 전법을 써서 승리했다. 나는 이에 근거하여 한신이 해하 전투 때도 다 이 전법을 썼을 것이라고 추측하여 간략하게 이 대목의 공백을 보충했다.

12) 『사기』「항우본기」에는 다음과 같이 기록되어 있다. "항왕의 군대는 해하에 성벽을 쌓았다. 병력은 부족하고 식량은 고갈되었다. 한나라 군사 및 제후의 군사들은 해하성을 겹겹이 포위했다. 밤에 한나라 군영 사방에서 초나라 노래가 들려왔다. 항왕이 깜짝 놀라며 말했다. '한나라가 벌써 초나라를 얻었단 말인가? 어찌하여 초나라 사람이 저렇게 많은가?'項王軍壁垓下, 兵少食盡, 漢軍及諸侯兵圍之數重, 夜聞漢軍四面皆楚歌, 項王乃大驚曰, '漢皆已得楚乎? 是何楚人之多也?'" 이 역사 이야기는 이미 중국어의 상용 고사성어인 '사면초가四面楚歌'로 널리 알려져 있다. 사방에서 적을 만나 고립무원의 곤경에 빠져 있음을 비유한다.

13) 항우가 기병 28명을 지휘하여 한나라 군사의 포위망을 돌파한 이 전투를 역사가들은 '동성쾌전東城快戰'이라고 부른다. 전투 장소는 동성현 경내에 있는 무명의 작은 산이었다. 『사기』에는 산 이름이 기록되어 있지 않고, 단지 항우가 산 위에서 기병 28명을 "네 분대로 나눠 사방을 바라보게 했다乃分其騎以爲四隊, 四向"라고 기록했다. 『한서』「항적전項籍傳」에서는 똑같은 일을 다음과 같이 기록했다. "이에 기병을 이끌고 사퇴산에서 둥글게 진을 치게 한 후 바깥쪽을 바라보게 했다于是引其騎, 四隤山而爲環陣外向." 여기에 '사퇴산'이란 명칭이 나온다. '퇴隤'는 비탈이라는 뜻으로, 사방이 비탈진 산세 때문에 이름이 붙은 듯하다. 역대 지리서의 기록과 오늘날의 현지답사에 근거해보면 사퇴산은 지금의 안후이성 취안자오全椒현, 허허현과 원래의 강포현江浦縣(지금의 난징南京 포구 경계 지점)에 걸쳐 있으며 높이는 대략 50미터 정도도. 정상은 평평하고 사방은 계단처럼 완만한 비탈을 이루고 있어서 역사의 기록과 부합한다. 동성쾌전의 장소에 관한 학계의 종합적인 토론은 장다커張大可의 논문 「항우의 '오강 자결'에 관한 종합 토론項羽'烏江自刎'討論綜述」(『훙허대학학보紅河學院學報』, 2009년 제1기) 참고.

14) 해하에서 오강에 이르는 현지답사 때 나는 일본 에히메 대학愛媛大學 후지다 가츠히사藤田勝久 교수와 동행했고, 또 안후이 대학 리슈쑹李修松 교수의 보살핌과 도움을 받아 순조롭게 내 계획을 달성했다. 이 자리를 빌려 감사드린다.

15) 해하성의 정확한 위치를 아직까지 확정하지 못했다. 지금의 가이샤춘 옛 성 유적은 속칭 패왕성이라고 불린다. 전문가의 의견에 따르면 한나라 효현洨縣 옛 성일 가능성이 있다고 한다. 『한서』「지리지」 패군 효현 조에는 다음과 같은 기록이 있다. "후작侯爵 제후국이 있었다. 해하에서 고조가 항우를 격파했다侯國, 垓下, 高祖破項羽." 이 기록에 근거해보면 해하 전투가 일어난 전장이 효현 경내에 있고, 해하 부락은 효현 경내의 지명으로 전투가 가장 집중적으로 벌어진 곳임을 알 수 있다. 해하 전투는 양측 모두 합쳐서 70만 대군이 참전한 대규모 전투였다. 따라서 그 전투는 광

활한 공간 여러 곳에서 벌어졌을 것이다. 문헌 기록을 종합하고, 전문가의 연구와 현지 조사 결과로 판단해볼 때 호성 패왕성을 중심으로 한 효수 양안의 광활한 평야 지대, 즉 링비현과 구전현 사이에 있는 퉈허沱河 양안 일대가 해하 전투의 전장일 것이다. 그리고 항우가 패전 후 퇴각한 성도 가이샤촌 패왕성일 가능성이 매우 높다. 더욱 믿을 만한 고고학 발견이 이루어지기 전에는 호가이샤촌 패왕성 유적을 항우가 퇴각하여 굳게 지킨 해하성으로 봐야 한다고 생각한다. 이것이 합리적인 인식이다. 지금까지 학계에서는 해하성 소재지에 대해 상당히 광범위한 내용이 언급되어 있고 다량의 성과물도 축적해왔다. 흥미 있는 독자들은 위에서 인용한 부쉔친과 류샤오만의 평론 「해하 위치 연구 평설」 참고. 더 나아가 다음 논문들도 참고할 만하다. 1. 천화이취안陳懷荃, 「해하와 해하 전투垓下和垓下之戰」(『중국 역사지리 논총』, 1991년 제2기). 2. 위안환장袁傳璋, 「해하 전투 유적 고찰垓下之戰遺址考」(『고문헌과 영남문화 연구』, 화문출판사, 2010). 3. 후지다 카츠히사藤田勝久, 「중국 고대의 정보 전달과 전략: 항우의 사적을 중심으로中國古代の情報傳達と戰略: 項羽の事跡をめぐって」(『일본사에서의 정보전달日本史における情報傳達』, 創風社出版, 2012).

16) 해하가 링비현 동남쪽에 있다는 사실에 대해서는 옛날부터 이견이 없었다. 1965년 안후이성에서는 링비, 우허五河, 쑤宿 등 세 현의 일부를 분리하여 새로 구전현을 설치했다. 이 때문에 해하 전투 현장이 퉈허를 경계로 둘로 갈라졌고, 이로부터 또 많은 논쟁이 발생했다. 이에 해하 전투의 현장은 지금의 안후이성 링비현 웨이지진韋集鎮과 구전현 하오청촌 사이를 흐르는 퉈허 양안에 있다고 설명하는 것이 합리적이다.

17) 전문가들은 음릉 대택大澤이 지금의 징위안靖遠縣 시짜뎬西 店진 남쪽 일대로 보고 있다. 그곳은 한나라 음릉현 성곽 동남쪽으로 고대의 호수濠水, 낙간수洛澗水, 지수池水 등의 물줄기가 모여 형성된 소택지였다. 남조 양梁나라 때까지 존재했지만 당나라 때 이미 사라져버렸다. 이에 대해서는 위안환장의 글 「'항우는 오강에서 죽지 않았음을 고찰함' 연구방법 토의'項羽不死于烏江考'研究方法平議」(『문사철』, 2010년 제2기)를 참고. 이 글에 근거하여 항우가 해하에서 오강으로 도망간 노선을 고려해보면 음릉현 경내 대택 동쪽을 지난 후 동남쪽으로 방향을 잡아 직접 동성으로 갔을 것이다. 나는 현지답사 과정에서 민간 전설의 견강부회가 시대, 지형, 교통의 변화에 따라 항상 장소를 바꿔왔다는 사실에 수시로 주의를 기울인다. 소하가 한신을 추격한 일이 그러했고, 우희의 무덤도 그러했으며 진탁사도 혹시 그러할지 모르겠다. 민가나 전설은 역사학의 고찰과 분석을 거쳐야 하고 또 문학과 민속학의 분석도 거쳐야 한다.

18) 『한서』「고제기」에 따르면, 한나라 5년에 유방이 다음과 같은 조서를 내렸다. "전 형산왕 오예와 아들 두 사람, 형의 아들 한 사람은 백월百粵의 군대에 종군하여 제후를 보좌하고 포악한 진나라를 멸망시키는 데 큰 공을 세웠다. 이제 제후로 세워 왕으로 삼는다. 그러나 그의 봉토는 항우가 침탈한 땅이어서 번군番君이라 불렸다. 이제 장사, 예장, 상군, 계림, 남해에 번군 오예를 세워 장사왕으로 삼는다故衡山王吳芮與子二人·兄子一人, 從百粵之兵, 以佐諸侯, 誅暴秦, 有大功, 諸侯立以爲王. 項羽侵奪之地,

謂之番君. 其以長沙·豫章·象郡·桂林·南海立番君芮爲長沙王." 오예가 형산왕이 된 것은 항우가 그를 분봉했기 때문이다. 그러나 나중에 항우에게 왕호를 박탈당하고 호칭이 번군으로 바뀌었다. 그래서 '전 형산왕故衡山王'이라고 불렸다. 유방이 즉위한 후 왕호를 회복하고 장사왕으로 봉호가 바뀌었다. 오예가 언제 무엇 때문에 왕호를 박탈당하고 번군으로 불렸는지는 역사에 아무 기록도 남아 있지 않다. 고찰해보면 영포는 오예의 사위였고, 반란을 일으켰다 패배한 후 처자가 모두 주살되었다. 합리적으로 추측해보면 오예가 왕호를 박탈당하고 번군으로 불린 원인은 아마 영포의 반란 실패에 연루되었기 때문인 듯하다. 그 시기도 영포가 반란에 실패한 한나라 3년 12월일 것이다. 항우의 초나라가 멸망한 후 오예의 죄명은 자연스럽게 없어졌다. 따라서 옛날의 공로를 생각해볼 때 왕위를 회복하는 것은 너무나 자연스러운 일이었다.

19) 유방이 황제에 즉위할 때 내세운 기본 이념은 바로 공功과 덕德이었다. 공은 무력으로 성취한 것이니 바로 전공을 말한다. 덕은 봉작과 포상을 시행한 일이니 바로 은덕을 말한다. 주의할 만한 가치가 있는 것은 유방이 황제에 즉위하는 과정에서 천명에 대해 언급하지 않았다는 점이다. 상세한 내용은 『한 제국의 성립과 유방 집단』 제4장 3절 「한나라 제국 황권의 기원漢帝國皇權之起源」(삼련서점, 2000) 참고.

20) 유방이 건립한 한 제국의 정치체제는 진시황이 건립한 전제주의 중앙집권형 통일 제국과는 다르다. 한 제국은 한나라 조정이 주도하는 통일 법제 아래 4등급의 왕국으로 나뉜 국가 연합체였다. 그래서 필자는 한 제국을 연합제국이라 부른다. 이 4등급의 연합제국에는 한나라 조정, 복수의 왕국, 복수의 후국侯國, 조정 직속 군현 등 네 부분의 통치 단위가 포함되어 있었다. 그중에서 열후列侯는 후국에 대한 통치권을 보유했고, 제후왕은 왕국에 대한 통치권을 보유했다. 황제가 업무를 보는 한나라 조정은 황제 직할지에 대한 통치권과 후국·왕국에 대한 정치 주도권을 겸유했다. 자세한 내용은 『한 제국의 성립과 유방 집단』의 결론 2절 「한 제국 국가론漢帝國國家論」 참고.

제6장 초나라와 진나라의 그림자와 메아리

1) 이 문제에 관한 학문 연구와 의견 표명은 졸문 「병마용과 항우의 죽음: 진 경사군 행방 탐색兵馬俑與項羽之死: 秦京師軍去向探微」(『진문화 논총秦文化論叢』 제12집, 진시황병마용박물관 편, 2005) 참고.

2) 거젠슝葛劍雄, 『전한 인구 지리西漢人口地理』 제1편 「본편 결론本編結論」, 인민출판사, 1986.

3) 허웨이딩何維鼎, 「진나라가 영남을 통일할 때 얼마의 병력을 투입했나秦統一嶺南投放了多少兵力」, 『화남사범대학학보華南師範學院學報』, 1982년 제2기.

4) 장촨시張傳璽, 「'장함의 군대'와 '왕리의 군대'의 관계 문제에 관하여關於'章邯軍'與'王離軍'的關系問題」, 『진한 문제 연구秦漢問題研究』, 베이징대학출판사, 1985.

5) 신더융, 「거록 전투 지리 상황에 관한 새로운 이해鉅鹿之戰地理新解」, 『역사의 공간과 공간의 역사』, 베이징사범대학출판사, 2005.

6) 진나라 중부군의 시말始末에 대한 상세한 내용은 졸저 『진붕』 제5~8장 참고.

7) 진나라 경사군의 시말에 대한 상세한 내용은 앞에서 언급했던 졸문 「병마용과 항우의 죽음: 진 경사군 행방 탐색」 참고.

8) 졸저 『한 제국의 성립과 유방 집단』 제5장 2절 4소절 「진인 집단秦人集團」 참고. 진나라 사람들이 유방 집단으로 대거 편입된 사정에 대해서는 근래 출토된 「장가산한간張家山漢簡」에서도 증거를 찾을 수 있다. 졸문 「남군수 강과 예양령 회에 관한 논의說南郡守強和醴陽令恢」(『중국사 연구』 1998년 제2기)를 참고.

9) 탕군은 전국 시대 말기에 위나라 땅이었으나 진나라 말기 천하에 혼란이 발생한 이후에는 초나라와 위나라의 쟁탈지가 되었다. 유방은 초 회왕에 의해 탕군장으로 임명되고 나서 탕군을 초나라 영토로 명확하게 인식했다. 항우가 천하를 분봉할 때도 탕군은 서초 땅으로 귀속되었다. 유방의 군단에 소속된 탕군 출신 노전사들도 자신들의 정치 문화 귀속처를 위나라가 아니라 초나라로 인식했다. 따라서 나는 그들과 사수군 패현 출산 노전사를 동일시하여 '탕사초인집단碭泗楚人集團'으로 통칭한다.

10) 관영의 기병 군단 조직과 관련된 상세한 내용은 이 책 제3장 4절 「기마 부대의 장수 관영」 참고.

11) 『사기』 「항우본기」에는 이 일을 대략 다음과 같이 기록해놓았다. 항우는 동성의 작은 산 위에서 28명의 기병을 사방을 바라보게 배치한 후 한나라 진영으로 돌격하게 했다. "이에 항왕이 크게 고함을 지르며 말을 치달려 내려가자 한나라 군사들이 모두 흩어졌다. 항우는 마침내 한나라 장수 한 명을 베었다. 이때 적천후가 기병 장수였는데 항우의 뒤를 추격했다. 항우가 눈을 부릅뜨고 꾸짖자 적천후는 사람과 말이 모두 놀라서 몇 리 밖으로 피했다. (항왕은) 자신의 기병과 세 곳에서 모였다. 한나라 군사는 항왕의 소재를 알지 못해 군사를 셋으로 나눠 다시 포위했다於是項王大呼馳下, 漢軍皆披靡, 遂斬漢一將. 是時, 赤泉侯爲騎將, 追項王. 項羽瞋目而叱之, 赤泉侯人馬俱驚, 辟易數里. (項王)與其騎會爲三處. 漢軍不知項王所在, 乃分軍爲三, 復圍之." 잠깐 읽어보기만 해도 문장이 당돌하고 불가사의하다.

12) 『사기』 「태사공자서」, "余所謂述故事, 整齊其世傳, 非所謂作也." 이것은 사마천이 자신의 친구인 상대부 호수壺遂의 질문에 대답한 말이다. 사마천은 이 언급을 통해 『사기』의 편찬 방식에 대해 명확한 해명을 한 셈이다.

13) 『한서』 「양창전楊敞傳」

14) 『한서』 「양운전楊惲傳」

15) 『사기』 「고조공신후자연표」 「서序」, '철권단서鐵券丹書' 및 '봉작 맹세封爵之誓'에 관해서는 『한 제국의 건립과 유방 집단』 제6장 1절 3소절 「봉작 맹세 분석封爵之誓分析」를 참고.

16) 이 문제에 관한 상세한 연구는 졸문 「『사기』 서사 중 구술 전승을 논함: 사마천과 번타광」 참고. 『주·진·한·당문화 연구周秦漢唐文化研究』 제4집, 2006.

17) 『사기』 「항우본기」의 기록은 다음과 같다. "항왕의 몸에도 10여 군데 상처가 생겼

다. 한나라 기사마騎司馬 여마동을 돌아보며 말했다. '너는 내 친구가 아니냐?' 여마
동이 그를 보고 왕예에게 지시했다. '저자가 항왕이오.' 항왕이 이어서 말했다. '내가
듣건대 한나라에서 내 머리를 천금과 만호의 식읍으로 사들이려 한다는구나. 내가
너를 위해 덕을 베풀겠다.' 그리고 바로 스스로 칼로 목을 찔러 죽었다項王身亦被十
餘創, 顧見漢騎司馬呂馬童曰, '若非吾故人乎?' 馬童面之, 指王翳曰, '此項王也.' 項王乃曰,
'吾聞漢購我頭千金, 邑萬戶, 吾爲若德.' 乃自剄而死.

18) 『수호지 진묘 죽간睡虎地秦墓竹簡』, 문물출판사, 1978.

19) 「장초를 말하다說張楚: 關于亡秦必楚問題的探討」, 收于田余庆 著, 『진한위진사 탐미秦
漢魏晉史探微』, 중화서국, 1993.

20) 「末代楚王史跡鉤沉: 補『史記·昌平君列傳』」, 『사학집간』, 2012년 제1기.

21) 후지타 카츠히사藤田勝久, 「진시황과 여러 아들에 관하여秦始皇と諸公子について」,
『에히메대학 법문학부 논집愛媛大學法文學部論集』 제13호, 인문학과 편, 2002. 후지
타 카츠히사 저, 『항우와 유방의 시대: 진한 제국 흥망사項羽と劉邦の時代: 秦漢帝國
興亡史』 제3장 「진섭·오광의 반란陳涉·吳廣の叛亂」, 고단샤, 2006. 졸저, 『진미秦謎』
제4안(2) 「부소와 그의 모친扶蘇與他的母親」

22) 『사기』 「진섭세가」에서는 진승과 오광이 현위縣尉를 살해하고 군사를 모아 봉기하
는 장면을 다음과 같이 묘사했다. "부하들을 불러 모아 이렇게 명령을 내렸다. '그대
들은 비를 만나 모두 기한 내에 도착할 수 없게 되었다. 기한 내에 도착하지 못하면
모두 참형에 처해진다. 설령 죽이지 말라는 명령이 내려오더라도 변방을 지키다가
죽는 자가 열에 예닐곱은 될 것이다. 또 장사는 죽지 않으면 그만이지만 죽으면 큰
명성을 떨쳐야 할 것이다. 왕후장상에 어찌 씨가 따로 있겠는가?' 부하들이 모두 '삼
가 명령을 받들겠다'라고 했다. 이에 공자 부소와 항연을 사칭했는데, 이는 백성
의 소망을 따르기 위함이었다召令徒屬曰, 公等遇雨, 皆已失期, 失期當斬. 藉第令毋斬,
而戍死者十六七. 且壯士不死即已, 死即擧大名耳, 王侯將相寧有種乎?' 徒屬皆曰, '敬受
命.' 乃詐稱公子扶蘇·項燕, 從民欲也."

23) 졸저, 『진붕』 제4장 4절 「귀족의 후예 진승貴族後裔陳勝」

24) 졸저, 『진붕』 제4장 5절 「진승과 오광이 반란을 일으키다陳勝·吳廣反了」

25) 상수현 문물관리위원회, 「하남성 상수현 전국 시대 고성 유적 조사기록河南商水縣
戰國城址調查記」, 『고고考古』 1983년 제9기. 이 조사에 의하면 부소성은 전국 시대
말기 이후에 조성된 고성 유적이므로 진승의 출생지인 양성 유적일 가능성도 있다.
부소성 유적은 북쪽 성벽이 잔존해 있고, 성안에서는 구멍 뚫린 벽돌 한 매가 출토
되었는데, 이 벽돌에 '楚'자로 의심되는 글자가 새겨져 있다고 한다. 이와는 별도로
'부소사공扶蘇司工'이란 글자가 찍힌 도기 파편 4매도 출토되었다고 한다. 부소묘는
부소성 동남쪽 150미터 지점에 있다.

에필로그: 민심을 잃는 자는 천하를 잃는다

1) 『사기』「항우본기」
2) 『사기』「회음후열전」
3) 예를 들면 『사기』「고조본기」에서 사마천은 유방이 낙양 남궁 주연에서 한 말을 기록해놓았다. "항우는 범증 한 사람도 쓸 줄 몰랐으니 그 점이 바로 나에게 잡혀 죽은 까닭이다項羽有一范增而不能用, 此其所以爲我所擒也."
4) 『진붕』제8장 5절「항우가 항복한 병졸을 생매장해 죽이다項羽坑殺降卒」
5) 진영과 여청·여신 부자는 모두 애초에 항량의 부대에 참가한 초나라 장수였다. 초 회왕이 옹립되었을 때 진영은 상주국上柱國 직을 맡아 도성 우대盱臺에서 회왕을 보좌했다. 항량이 전사하고 회왕이 친정을 하게 되자 여청은 영윤에 여신은 사도에 임명되어 국정을 주관했다. 그들은 모두 회왕의 중신이며 측근이었다. 그런데 이들은 모두 항우를 이탈하여 유방에게 귀의했다.
6) 이 책 제4장 5절「범증의 죽음」.

후기: 역사는 우리의 종교

1) 리윈위안李運元(1922~2010), 시난차이징西南財經 대학 경제학과 교수로 중국 경제사를 전공했다. 저작으로 『자홍각 경제사 문선柿紅閣經濟史文選』(方志出版社, 2006) 등이 있다.
2) 『논어』「선진先進」, "季路問事鬼神. 子曰, '未能事人, 焉能事鬼.' 曰, '敢問死.' 曰, '未知生, 焉知死.'"

부록: 초한 시기 제후국 대사 월표楚漢之際列國大事月表

1) 이 각주는 이 책 제5장 8절 내용에 포함된 '전 형산왕 오예'의 각주와 같으므로 생략함.
2) 한왕韓王 신이 초나라에 포로로 잡힌 것은 한나라 3년 6월이었다. 그러나 언제 석방되었는지는 역사에 기록이 없다. 초나라와 한나라 간에 화의가 성립한 후 쌍방은 포로와 인질을 교환했다. 합리적으로 추측해보면 한왕 신도 이때 석방되어 한나라로 귀환했을 것이다.

부록: 항우와 한신 연표

1) 한신의 출생년도는 역사에 기록이 없다. 장다커張大可와 쉬르후이徐日輝 공저, 『장

량, 소하, 한신 평전張良蕭何韓信評傳』에서는 역사 사실과 민간 전설을 종합하여 한
신의 출생년도를 기원전 228년으로 추정했다. 여기서는 그의 학설을 따른다.

부록

- 한漢 원년(기원전 206)

2월 (1) * 항우項羽가 초楚 회왕懷王을 의제義帝로 높이고, 천하를 19국으로 나눈 후 19왕을 봉하다.

초   – 서초西楚 패왕霸王 항우. 팽성彭城(장쑤성 쉬저우)에 도읍을 정하다. 초나라 장수.(재위 1개월)

    – 형산왕衡山王 오예吳芮. 주邾(후베이성 황강 북쪽)에 도읍을 정하다. 초나라 장수.(재위 1개월)

    – 구강왕九江王 영포英布. 육六(안후이성 루안 동북)에 도읍을 정하다. 초나라 장수.(재위 1개월)

    – 임강왕臨江王 공오共敖. 강릉江陵(후베이성 싱저우)에 도읍을 정하다. 초나라 장수.(재위 1개월)

진   – 한왕漢王 유방劉邦. 남정南鄭(산시陝西성 한중)에 도읍을 정하다. 초나라 장수.(재위 1개월)

    – 옹왕雍王 장함章邯. 폐구廢丘(산시陝西성 싱핑 동남)에 도읍을 정하다. 진나라 장수.(재위 1개월)

    – 새왕塞王 사마흔司馬欣. 역양櫟陽(산시陝西성 린퉁 북쪽)에 도읍을 정하다. 진나라 장수.(재위 1개월)

    – 적왕翟王 동예董翳. 고노高奴(산시陝西성 옌안 북쪽)에 도읍을 정하다. 진나라 장수.(재위 1개월)

조   – 상산왕常山王 장이張耳. 양국襄國(허베이성 싱타이 서남)에 도읍을 정하다. 조나라 장수.(재위 1개월)

    – 대왕代王 조헐趙歇. 대代(허베이성 위현 동북)에 도읍을 정하다. 조나라 왕.(재위 1개월)

위   – 서위왕西魏王 위표魏豹. 평양平陽(산시성 린펀 서남)에 도읍을 정하다. 위나라 왕.(재위 1개월)

    – 은왕殷王 사마앙司馬卬. 조가朝歌(허난성 치현)에 도읍을 정하다. 조

           초 망

나라 장수.(재위 1개월)

제   – 제왕齊王 전도田都. 임치臨淄(산둥성 쯔보)에 도읍을 정하다. 제나라
      장수.(재위 1개월)

     – 제북왕濟北王 전안田安. 박양博陽(산둥성 타이안 동남)에 도읍을 정
      하다. 제나라 장수.(재위 1개월)

     – 교동왕膠東王 전불田市. 즉묵卽墨(산둥성 핑두)에 도읍을 정하다. 제
      나라 왕.(재위 1개월)

연   – 연왕燕王 장도臧荼. 계薊(베이징시 서남)에 도읍을 정하다. 연나라
      장수.(재위 1개월)

     – 요동왕遼東王 한광韓廣. 무종無終(톈진시 지현)에 도읍을 정하다. 연
      나라 왕.(재위 1개월)

한   – 한왕韓王 한성韓成. 양적陽翟(허난성 우현)에 도읍을 정하다.(재위
      1개월)

     – 하남왕河南王 신양申陽. 낙양洛陽(허난성 뤄양)에 도읍을 정하다. 조
      나라 장수.(재위 1개월)

3월 (1) * 각 제후왕이 관중關中을 떠나 자신의 나라로 돌아가다.

초   – 의제 웅심熊心. 재위 2개월. 침현郴縣으로 도읍을 옮기다.
     – 서초 패왕 항우. 재위 2개월.
     – 형산왕 오예. 재위 2개월.
     – 구강왕 영포. 재위 2개월.
     – 임강왕 공오. 재위 2개월.

진   – 한왕漢王 유방. 재위 2개월.
     – 옹왕 장함. 재위 2개월.
     – 새왕 사마흔. 재위 2개월.
     – 적왕 동예. 재위 2개월.

조   – 상산왕 장이. 재위 2개월.
     – 대왕 조헐. 재위 2개월.

위   – 서위왕 위표. 재위 2개월.
     – 은왕 사마앙. 재위 2개월.

제   – 제왕 전도. 재위 2개월.

	– 제북왕 전안. 재위 2개월.
	– 교동왕 전불. 재위 2개월.
연	– 연왕 장도. 재위 2개월.
	– 요동왕 한광. 재위 2개월.
한	– 한왕韓王 한성. 재위 2개월. 항우와 함께 팽성으로 가다. 장량張良 이 수행하다.
	– 하남왕 신양. 재위 2개월.

4월 (1)

초	– 의제 웅심. 재위 3개월.
	– 서초 패왕 항우. 재위 3개월. 한왕 한성을 폐위하고 다시 후侯에 봉 하다. 영천군潁川郡을 초나라에 귀속시키다.
	– 형산왕 오예. 재위 3개월.
	– 구강왕 영포. 재위 3개월.
	– 임강왕 공오. 재위 3개월.
진	– 한왕漢王 유방. 재위 3개월.
	– 옹왕 장함. 재위 3개월.
	– 새왕 사마흔. 재위 3개월.
	– 적왕 동예. 재위 3개월.
조	– 상산왕 장이. 재위 3개월.
	– 대왕 조헐. 재위 3개월.
위	– 서위왕 위표. 재위 3개월.
	– 은왕 사마앙. 재위 3개월.
제	– 제왕 전도. 재위 3개월.
	– 제북왕 전안. 재위 3개월.
	– 교동왕 전불. 재위 3개월.
연	– 연왕 장도. 재위 3개월.
	– 요동왕 한광. 재위 3개월. 요동으로 옮기려 하지 않다.
한	– 영천군이 초나라에 귀속되다.
	– 하남왕 신양. 재위 3개월.

468

5월 (1)

초   – 의제 웅심. 재위 4개월.
         – 서초 패왕 항우. 재위 4개월.
         – 형산왕 오예. 재위 4개월.
         – 구강왕 영포. 재위 4개월.
         – 임강왕 공오. 재위 4개월.

진   – 한왕漢王 유방. 재위 4개월. 한신韓信을 대장으로 삼다. 신군법申軍法
         으로 군대를 정비하고 전쟁 준비를 하다.
         – 옹왕 장함. 재위 4개월.
         – 새왕 사마흔. 재위 4개월.
         – 적왕 동예. 재위 4개월.

조   – 상산왕 장이. 재위 4개월.
         – 대왕 조헐. 재위 4개월.

위   – 서위왕 위표. 재위 4개월.
         – 은왕 사마앙. 재위 4개월.

제   – 제왕 전도. 재위 4개월 만에 망하다. 임치로 갔으나 전영에게 공격
         을 받고 나라를 잃다. 초나라 편에 서다.
         – 제북왕 전안. 재위 4개월.
         – 교동왕 전불. 재위 4개월.

연   – 연왕 장도. 재위 4개월.
         – 요동왕 한광. 재위 4개월. 요동으로 옮기려 하지 않다.

한   – 영천군이 초나라에 귀속하다.
         – 하남왕 신양. 재위 4개월.

6월 (1)

초   – 의제 웅심. 재위 5개월.
         – 서초 패왕 항우. 재위 5개월.
         – 형산왕 오예. 재위 5개월.
         – 구강왕 영포. 재위 5개월.
         – 임강왕 공오. 재위 5개월.

진   – 한왕漢王 유방. 재위 5개월. 대장 한신이 군대를 정비하고 전쟁 준

비를 하다.

- 옹왕 장함. 재위 5개월.
- 새왕 사마흔. 재위 5개월.
- 적왕 동예. 재위 5개월.

조 - 상산왕 장이. 재위 5개월.
- 대왕 조헐. 재위 5개월.

위 - 서위왕 위표. 재위 5개월.
- 은왕 사마앙. 재위 5개월.

제 - 제왕 전영. 재위 1개월. 전영이 교동왕 전불을 죽이고 스스로 제왕
이 되다. 팽월彭越에게 장군 인수를 수여하고 그로 하여금 양梁 땅
에서 반란을 일으켜 제북왕 전안을 공격하게 하다.
- 제북왕 전안. 재위 5개월. 팽월이 기습해오다.
- 교동왕 전불. 재위 5개월 만에 망하다. 즉묵에서 전영에게 살해
되다.

연 - 연왕 장도. 재위 5개월.
- 요동왕 한광. 재위 5개월. 요동으로 옮기려 하지 않다.

한 - 영천군이 초나라에 귀속되다.
- 하남왕 신양. 재위 5개월.

7월 (1)

초 - 의제 웅심. 재위 6개월.
- 서초 패왕 항우. 재위 6개월. 한왕 한성을 죽이다. 팽월이 기습해오
다. 소공蕭公 각角을 보내 공격하다. 패배하다.
- 형산왕 오예. 재위 6개월.
- 구강왕 영포. 재위 6개월.
- 임강왕 공오. 재위 6개월.

진 - 한왕漢王 유방. 재위 6개월. 한신이 한나라 군사를 지휘하여 농서를
공격하는 체하고 위장 병력을 자오도子午道로 보내다. 대군이 진창
도陳倉道에 결집하다.
- 옹왕 장함. 재위 6개월.
- 새왕 사마흔. 재위 6개월.

	– 적왕 동예. 재위 6개월.
조	– 상산왕 장이. 재위 6개월. 진여陳餘가 제나라와 연합하여 기습해 오다.
	– 대왕 조헐. 재위 6개월.
위	– 서위왕 위표. 재위 6개월.
	– 은왕 사마앙. 재위 6개월.
제	– 제왕 전영. 재위 2개월. 팽월을 시켜 초를 공격하고, 진여를 도와 상상常山을 공격하다.
	– 제북왕 전안. 재위 6개월 만에 망하다. 팽월에게 피살되다. 제나라에 합병되다.
연	– 연왕 장도. 재위 6개월.
	– 요동왕 한광. 재위 6개월. 요동으로 옮기려 하지 않다.
한	– 영천군이 초나라에 귀속되다. 전 한왕韓王 한성이 항우에게 피살되다.
	– 하남왕 신양. 재위 6개월.

8월 (1)

초	– 의제 웅심. 재위 7개월.
	– 서초 패왕 항우. 재위 7개월. 제나라를 공격하다. 정창鄭昌을 한왕韓王으로 삼고 한漢나라에 대항하게 하다.
	– 형산왕 오예. 재위 7개월. 항우를 수행하여 제나라를 공격하다.
	– 구강왕 영포. 재위 7개월. 병을 칭하고 군사를 출병시키지 않다.
	– 임강왕 공오. 재위 7개월. 항우를 수행하여 제나라를 공격하다.
진	– 한왕漢王 유방. 재위 7개월. 관중으로 반격해 들어가다. 진창과 호치好時에서 싸우며 폐구廢丘를 포위하다. 새나라와 적나라를 멸망시키다.
	– 옹왕 장함. 재위 7개월. 초나라로 투항하다. 장함이 한漢나라에 의해 폐구에 포위되다. * 장평章平이 농서를 어렵게 지키다.
	– 새왕 사마흔. 재위 7개월 만에 망하다. 한漢나라에 패배하여 투항하다. 봉토가 한나라에 병합되어 위남군渭南郡과 하상군河上郡이 되다.

	– 적왕 동예. 재위 7개월 만에 망하다. 한나라에 패배하여 투항하다. 봉토가 한나라에 병합되어 상군上郡이 되다.
조	– 상산왕 장이. 재위 7개월. 진여가 제나라와 연합하여 습격해오다. 패배하다.
	– 대왕 조헐. 재위 7개월.
위	– 서위왕 위표. 재위 7개월.
	– 은왕 사마앙. 재위 7개월.
제	– 제왕 전영. 재위 3개월. 항우가 습격해오다.
연	– 연왕 장도. 재위 7개월. 요동국을 점령하다. 한광을 공격해 죽이다.
	– 요동왕 한광. 재위 7개월 만에 망하다. 장도臧茶에게 피살되다. 봉토가 연나라에 병합되다.
한	– 한왕韓王 정창. 재위 1개월. 항우에 의해 책봉되다. 양적陽翟에 도읍을 정하다. 한漢나라에 대항하다.
	– 하남왕 신양. 재위 7개월.

9월 (1)

초	– 의제 웅심. 재위 8개월.
	– 서초 패왕 항우. 재위 8개월. 제나라를 공격하다. 군사를 일으켜 양하陽夏에서 한漢나라와 맞서다.
	– 형산왕 오예. 재위 8개월. 초나라 편에 서다.
	– 구강왕 영포. 재위 8개월. 병을 칭하다.
	– 임강왕 공오. 재위 8개월. 초나라 편에 서다.
진	– 한왕漢王 유방. 재위 8개월. 폐구를 포위하다. 장군 설구薛歐와 왕흡王吸이 무관으로 출진하다. 왕릉王陵의 군사 때문에 남양南陽으로부터 출발하여 패沛에서 태공太公을 맞이하려다가 초나라 군사에게 양하에서 막히다.
	– 옹왕 장함. 재위 8개월. 초나라 편에 서다. 장함이 한나라 군사에게 폐구에서 포위되다. 장평이 농서를 어렵게 지키다.
조	– 상산왕 장이. 재위 8개월. 진여가 제나라와 연합하여 내습해오다. 패배하다.
	– 대왕 조헐. 재위 8개월.

472

위	– 서위왕 위표. 재위 8개월. 초나라 편에 서다.
	– 은왕 사마앙. 재위 8개월. 초나라 편에 서다.
제	– 제왕 전영. 재위 4개월. 항우가 습격해오다.
연	– 연왕 장도. 재위 8개월. 요동국을 병합하다.
한	– 한왕韓王 정창. 재위 2개월.
	– 하남왕 신양. 재위 8개월. 초나라 편에 서다.

• 한漢 2년(기원전 205)

10월 (2)

초	– 의제 웅심. 재위 9개월 만에 죽다. 침현郴縣에서 영포의 부하에게 살해되다.
	– 서초 패왕 항우. 재위 9개월. 군사를 이끌고 제나라를 공격하다.
	– 형산왕 오예. 재위 9개월. 초나라 편에 서다.
	– 구강왕 영포. 재위 9개월. 병을 칭하다.
	– 임강왕 공오. 재위 9개월. 초나라 편에 서다.
진	– 한왕漢王 유방. 재위 9개월. 장의가 귀의하여 폐구에서 유방을 알현하다. 함곡관 밖으로 군사를 보내 섬현陝縣에 이르다. 하남왕 신양이 항복하여 그곳에 하남군河南郡을 설치하다. 한신을 보내 한韓나라를 공격하다. 정창이 항복하다. 장량이 한韓나라에서 돌아오다.
	– 옹왕 장함. 재위 9개월. 초나라 편에 서다. 장함이 한나라 군사에게 폐구에서 포위되다. * 장평이 농서를 어렵게 지키다.
조	– 상산 장이. 재위 9개월 만에 망하다. 패배하여 한漢나라에 투항하다. 조왕 조헐. 재위 1개월. 진여에 의해 왕위에 오르다. 제나라와 친하다.
	– 대왕 진여. 재위 1개월. 조헐에 의해 왕위에 오르다. 제나라와 친하다. 진여가 조에 남아 조헐을 보좌하다. 하열夏說을 상국으로 임명하여 대나라를 지키게 하다.
위	– 서위왕 위표. 재위 9개월. 초나라 편에 서다.
	– 은왕 사마앙. 재위 9개월. 초나라 편에 서다.
제	– 제왕 전영. 재위 5개월. 항우가 기습해오다.

연　－ 연왕 장도. 재위 9개월. 초나라 편에 서다.

한　－ 한왕韓王 정창. 재위 3개월 만에 망하다. 한신의 습격을 받고 패배
　　　하여 한나라에 항복하다. 하남왕 신양. 재위 9개월 만에 망하다. 패
　　　배하여 한나라에 항복하다. 봉토가 하남군이 되다.

11월 (2)

초　－ 서초 패왕 항우. 재위 10개월. 군사를 이끌고 제나라를 공격하다.
　　－ 형산왕 오예. 재위 10개월. 초나라 편에 서다.
　　－ 구강왕 영포. 재위 10개월. 병을 칭하다.
　　－ 임강왕 공오. 재위 10개월. 초나라 편에 서다.

진　－ 한왕漢王 유방. 재위 10개월. 역양櫟陽으로 환도하다. 진나라 동산
　　　을 개방하다. 한韓 나라에 한왕신韓王信을 봉하다. 옹나라 농서군을
　　　함락시키다.
　　－ 옹왕 장함. 재위 10개월. 초나라 편에 서다. 장함이 한나라에게 폐
　　　구에서 보위되다. 한나라가 농서군을 함락시키다. 장평이 북지군北
　　　地郡으로 도주하다.

조　－ 조왕 조헐. 재위 2개월. 제나라와 친하다.
　　－ 대왕 진여. 재위 2개월. 제나라와 친하다.

위　－ 서위왕 위표. 재위 10개월. 초나라 편에 서다.
　　－ 은왕 사마앙. 재위 10개월. 초나라 편에 서다.

제　－ 제왕 전영. 재위 6개월. 항우가 기습해오다.

연　－ 연왕 장도. 재위 10개월. 초나라 편에 서다.

한　－ 한왕韓王 신. 재위 1개월. 유방에 의해 왕위에 오르다. 양적에 도읍
　　　을 정하다.

12월 (2)

초　－ 서초 패왕 항우. 재위 11개월. 군사를 이끌고 제나라를 공격하다.
　　－ 형산왕 오예. 재위 11개월. 초나라 편에 서다.
　　－ 구강왕 영포. 재위 11개월. 병을 칭하다.
　　－ 임강왕 공오. 재위 11개월. 초나라 편에 서다.

진	- 한왕漢王 유방. 재위 11개월.
	- 옹왕 장함. 재위 11개월. 초나라 편에 서다. 장함이 한나라에게 폐구에서 포위되다. 장평이 북지군으로 물러나 성을 지키다.
조	- 조왕 조헐. 재위 3개월. 제나라와 친하다.
	- 대왕 진여. 재위 3개월. 제나라와 친하다.
위	- 서위왕 위표. 재위 11개월. 초나라 편에 서다.
	- 은왕 사마앙. 재위 11개월. 초나라 편에 서다.
제	- 제왕 전영. 재위 7개월. 항우가 기습해오다.
연	- 연왕 장도. 재위 11개월. 초나라 편에 서다.
한	- 한왕韓王 신. 재위 2개월. 한漢나라 편에 서다.

정월 (2)

초	- 서초 패왕 항우. 재위 12개월. 항우오아 전영이 성양成陽에서 싸우다. 전영이 패배하여 평원平原에서 죽다. 항우가 전가田假를 제왕에 봉하다. 항복한 병졸을 생매장하다. 제나라 백성이 반란을 일으키다.
	- 형산왕 오예. 재위 12개월. 초나라 편에 서다.
	- 구강왕 영포. 재위 12개월. 병을 칭하다.
	- 임강왕 공오. 재위 12개월. 초나라 편에 서다.
진	- 한왕漢王 유방. 재위 12개월. 북지군을 함락시키고 장평을 사로잡다.
	- 옹왕 장함. 재위 12개월. 초나라 편에 서다. 한나라에게 폐구를 포위당하다. 북지군을 잃고 장평이 포로로 잡혀가다.
조	- 조왕 조헐. 재위 4개월. 제나라와 친하다.
	- 대왕 진여. 재위 4개월. 제나라와 친하다.
위	- 서위왕 위표. 재위 12개월. 초나라 편에 서다.
	- 은왕 사마앙. 재위 12개월. 초나라 편에 서다.
제	- 제왕 전영. 재위 8개월 만에 죽다. 항우에게 피살되다. 제왕 전가. 재위 1개월. 항우에 의해 왕위에 오르다.
연	- 연왕 장도. 재위 12개월. 초나라 편에 서다.
한	- 한왕韓王 신. 재위 3개월. 한나라 편에 서다.

2월 (2)

초 — 서초 패왕 항우. 재위 13개월. 제나라 백성이 반란을 일으키다. 계속 제나라를 정벌하다.
— 형산왕 오예. 재위 13개월. 초나라 편에 서다.
— 구강왕 영포. 재위 13개월. 병을 칭하다.
— 임강왕 공오. 재위 13개월. 초나라 편에 서다.

진 — 한왕漢王 유방. 재위 13개월. 한나라의 사직을 세우다. 은혜를 베풀고 봉작을 수여하다.
— 옹왕 장함. 재위 13개월. 초나라 편에 서다. 장함이 한나라에게 폐구에서 포위되다.

조 — 조왕 조헐. 재위 5개월. 제나라와 친하다.
— 대왕 진여. 재위 5개월. 제나라와 친하다.

위 — 서위왕 위표. 재위 13개월. 초나라 편에 서다.
— 은왕 사마앙. 재위 13개월. 초나라 편에 서다.

제 — 제왕 전가. 재위 2개월. 초나라 편에 서다. 전횡이 반란을 일으키다.

연 — 연왕 장도. 재위 13개월. 초나라 편에 서다.

한 — 한왕韓王 신. 재위 4개월. 한나라 편에 서다.

3월 (2)

초 — 서초 패왕 항우. 재위 14개월. 제나라 백성이 반란을 일으키다. 계속 제나라를 정벌하다.
— 형산왕 오예. 재위 14개월. 초나라 편에 서다.
— 구강왕 영포. 재위 14개월. 병을 칭하다.
— 임강왕 공오. 재위 14개월. 초나라 편에 서다.

진 — 한왕漢王 유방. 재위 14개월. 임진臨晋에서 황하를 건너다. 위왕 위표가 항복한 후 군사를 이끌고 한나라를 따르다. 은왕 사마앙을 사로잡고 하내군河內郡을 설치하다. 수무修武에 당도하니 진평이 돌아오다. 낙양에 당도하다. 회왕을 위해 발상하라는 동공董公의 유세를 받아들이다.
— 옹왕 장함. 재위 14개월. 초나라 편에 서다. 장함이 한나라에게 폐구에서 포위되다.

476

조	– 조왕 조헐. 재위 6개월. 군사를 보내서 한나라를 도와 초나라를 공격하다.
	– 대왕 진여. 재위 7개월. 군사를 보내서 한나라를 도와 초나라를 공격하다.
위	– 서위왕 위표. 재위 14개월. 한나라 군사가 변경을 압박행로다. 한나라 편에 서서 초나라를 공격하다.
	– 은왕 사마앙. 재위 14개월 만에 망하다. 한나라에 사로잡히다. 봉토가 한나라 하내군으로 바뀌다.
	– 제왕 전가. 재위 3개월. 초나라 편에 서다. 전횡이 배반하다.
연	– 연왕 장도. 재위 14개월. 초나라 편에 서다.
한	– 한왕韓王 신. 재위 5개월. 한나라 편에 서서 초나라를 공격하다.

4월 (2)

초	– 서초 패왕 항우. 재위 15개월. 제나라 성양군에서 정예병 3만으로 팽성을 기습하여 한나라 군사 56만 명을 격파하다. 전 새왕 사마흔, 적왕 동예가 귀의해오다.
	– 형산왕 오예. 재위 15개월. 초나라 편에 서다.
	– 구강왕 영포. 재위 15개월. 병을 칭하다.
	– 임강왕 공오. 재위 15개월. 초나라 편에 서다.
진	– 한왕漢王 유방. 재위 15개월. 제후 연합군을 모아 팽성을 함락시키다. 그러나 얼마 후 56만 대군이 항우군 3만에게 대패하다. 패퇴 도중 수하隨何를 구강국으로 보내 영포에게 유세하다.
	– 옹왕 장함. 재위 15개월. 초나라 편에 서다. 장함이 한나라에게 폐구에서 포위되다.
조	– 조왕 조헐. 재위 7개월. 한나라를 도와 초나라를 공격하다.
	– 대왕 진여. 재위 7개월 한나라를 도와 초나라를 공격하다.
위	– 서위왕 위표. 재위 15개월. 한나라 편에 서서 초나라를 공격하다.
제	– 제왕 전가. 재위 45개월 만에 망하다. 전횡의 공격을 받고 패배하여 초나라로 망명하다. 제왕 전광田廣. 재위 1개월. 전횡에 의해 왕위에 오르다. 전횡이 상국이 되다.
연	– 연왕 장도. 재위 15개월. 한나라 편에 서다.

한　　－ 한왕韓王 신. 재위 6개월. 한나라 편에 서서 초나라를 공격하다.

5월 (2)

초　　－ 서초 패왕 항우. 재위 16개월. 하읍下邑을 공격하다. 형양滎陽으로
　　　　진격하다. 항성項聲과 용저를 보내 회남淮南을 공격하다.
　　　－ 형산왕 오예. 재위 16개월. 초나라 편에 서다.
　　　－ 구강왕 영포. 재위 16개월. 수하가 영포에게 유세하여 초나라를 배
　　　　반하게 하다.
　　　－ 임강왕 공오. 재위 16개월. 초나라 편에 서다.
진　　－ 한왕漢王 우방. 재위 16개월. 형양으로 퇴각하여 성을 고수하다. 소
　　　　하蕭何가 관중의 군사를 이끌고 오다. 한신이 군사를 모아 경색京索
　　　　사이에서 초나라를 격파하다. 용도甬道를 닦아 오창敖倉의 식량을
　　　　가져오다. 기병대를 조직하여 관영灌嬰을 대장에 임명하다.
　　　－ 옹왕 장함. 재위 16개월. 초나라 편에 서다. 장함이 한나라에게 폐
　　　　구에서 포위되다.
조　　－ 조왕 조헐. 재위 8개월. 유방이 장이를 죽이지 않았다는 사실을 알
　　　　다. 한나라에 등을 돌리고 초나라 편에 서다.
　　　－ 대왕 진여. 재위 8개월. 유방이 장이를 죽이지 않았다는 사실을 알
　　　　다. 한나라에 등을 돌리고 배반하고 초나라 편에 서다.
위　　－ 서위왕 위표. 재위 16개월. 한나라에 들을 돌리고 초나라 편에 서
　　　　다.
제　　－ 제왕 전광. 재위 2개월. 초나라와 화해하다.
연　　－ 연왕 장도. 재위 16개월. 초나라 편에 서다.
한　　－ 한왕韓王 신. 재위 7개월. 한나라 편에 서다. 패퇴한 후 형양으로 귀
　　　　의하다.

6월 (2)

초　　－ 서초 패왕 항우. 재위 17개월. 형양에서 전투를 벌이다. 항성과 용
　　　　저가 회남을 공격하다.
　　　－ 형산왕 오예. 재위 17개월. 초나라 편에 서다.

초 망

　　　　 － 구강왕 영포. 재위 17개월. 초나라에 등을 돌리고 한나라 편에 서
　　　　　　다. 초나라 군대가 기습해오다.
　　　　 － 임강왕 공오. 재위 17개월. 초나라 편에 서다.
진　 － 한왕漢王 유방. 재위 17개월. 역양으로 귀환하여 태자를 세우다. 폐
　　　　　　구를 함락시키고 옹 땅을 평정하다.
　　　　 － 옹왕 장함. 재위 17개월 만에 망하다. 폐구가 함락된 후 장함은 자
　　　　　　결하다.
조　 － 왕 조헐. 재위 9개월. 초나라 편에 서다.
　　　　 － 대왕 진여. 재위 9개월. 초나라 편에 서다.
위　 － 서위왕 위표. 재위 17개월. 초나라 편에 서다.
제　 － 제왕 전광. 재위 3개월. 초나라 편에 서다.
연　 － 연왕 장도. 재위 17개월. 초나라 편에 서다.
한　 － 한왕韓王 신. 재위 8개월. 한나라 편에 서다.

7월 (2) － 서초 패왕 항우. 재위 18개월.

8월 (2)

초　 － 서초 패왕 항우. 재위 19개월. 형양에서 전투를 벌이다. 항성과 용
　　　　　　저가 회남을 공격하다. 항타를 위나라로 보내 도움을 주다.
　　　　 － 형산왕 오예. 재위 19개월. 초나라 편에 서다.
　　　　 － 구강왕 영포. 재위 19개월. 초나라에 등을 돌리고 한나라 편에 서
　　　　　　다. 초나라 군대가 기습해오다.
　　　　 － 임강왕 공오. 재위 19개월. 초나라 편에 서다.
진　 － 한왕漢王 유방. 재위 19개월. 다시 형양으로 가다. 소하에게 태자를
　　　　　　도와 관중을 지키게 하다. 역이기酈食其를 위표에게 보내 유세했으
　　　　　　나 듣지 않다. 한신, 조참曹參, 관영을 보내 위나라를 공격하다.
조　 － 조왕 조헐. 재위 11개월. 초나라 편에 서다.
　　　　 － 대왕 진여. 재위 11개월. 초나라 편에 서다.
위　 － 서위왕 위표. 재위 19개월. 초나라 편에 서다. 한나라가 기습해오다.
　　　　　　초나라 장수 항타가 군사를 이끌고 구원해오다. 항타를 보병 대장

으로 삼다.

제 　－ 제왕 전광. 재위 5개월. 전횡을 상국으로 삼다. 초나라 편에 서다.

연 　－ 연왕 장도. 재위 19개월. 초나라 편에 서다.

한 　－ 한왕韓王 신. 재위 10개월. 한나라 편에 서다.

9월 (2)

초 　－ 서초 패왕 항우. 재위 20개월. 형양에서 전투를 벌이다. 항성과 용저가 회남을 공격하다. 항타를 위나라로 보내 도움을 주다.
　　　－ 형산왕 오예. 재위 20개월. 초나라 편에 서다.
　　　－ 구강왕 영포. 재위 20개월. 초나라에 등을 돌리고 한나라 편에 서다. 초나라 군대가 기습해오다.
　　　－ 임강왕 공오. 재위 20개월. 초나라 편에 서다.

진 　－ 한왕漢王 유방. 재위 20개월. 한신이 위나라를 격파하고 위표를 사로잡다. 한신이 3만의 군사를 동원해 북쪽으로 연나라와 조나라를 치고, 동쪽으로 제나라를 공격하고, 남쪽으로 초나라의 군량미 수송로를 끊자고 청하다.

조 　－ 조왕 조헐. 재위 12개월. 초나라 편에 서다.
　　　－ 대왕 진여. 재위 12개월. 초나라 편에 서다.

위 　－ 서위왕 위표. 재위 20개월 만에 망하다. 위나라가 한신의 공격을 받고 멸망하다. 위표는 포로가 되어 형양으로 압송되다. 위나라 땅이 한나라의 하동군河東郡, 상당군上黨郡, 태원군太原郡이 되다.

제 　－ 제왕 전광. 재위 6개월. 초나라 편에 서다.

연 　－ 연왕 장도. 재위 20개월. 초나라 편에 서다.

한 　－ 한왕韓王 신. 재위 11개월. 한나라 편에 서다.

윤9월 (2)

초 　－ 서초 패왕 항우. 재위 21개월. 형양에서 전투를 벌이다. 항성과 용저가 회남을 공격하다. 항타가 패배하다. 위나라가 한나라에 귀속되다.
　　　－ 형산왕 오예. 재위 21개월. 초나라 편에 서다.

진   — 구강왕 영포. 재위 21개월. 초나라에 등을 돌리고 한나라 편에 서
다. 초나라 군대가 기습해오다.
— 임강왕 공오. 재위 21개월. 초나라 편에 서다.

진   — 한왕漢王 유방. 재위 21개월. 한신이 대나라를 격파하고 상국 하열
을 사로잡다.

조   — 조왕 조헐. 재위 13개월. 초나라 편에 서다.
— 대왕 진여. 재위 13개월. 초나라 편에 서다.

위   — 한나라 속군이 되다. 위표가 한나라에 거주하다.

제   — 제왕 전광. 재위 7개월. 초나라 편에 서다.

연   — 연왕 장도. 재위 21개월. 초나라 편에 서다.

한   — 한왕韓王 신. 재위 12개월. 한나라 편에 서다.

• 한漢 3년(기원전 204)

10월 (3)

초   — 서초 패왕 항우. 재위 22개월. 형양에서 전투를 벌이다. 항성과 용
저가 회남을 공격하다.
— 형산왕 오예. 재위 22개월. 초나라 편에 서다.
— 구강왕 영포. 재위 22개월. 초나라에 등을 돌리고 한나라 편에 서
다. 초나라 군대가 기습해오다.
— 임강왕 공오. 재위 22개월. 초나라 편에 서다.

진   — 한왕漢王 유방. 재위 22개월. 한신이 조나라를 공격하다. 정형관井陘
關 전투에서 진여를 죽이고 조헐을 사로잡다.

조   — 조왕 조헐. 재위 14개월 만에 망하다. 한신의 기습을 받고 조헐이
포로가 되다. 조나라 땅이 한나라 상산군常山郡으로 바뀌다.
— 대왕 진여. 재위 14개월 만에 망하다. 한신의 기습을 받고 진여가
죽다. 대나라 땅이 한나라 대군代郡으로 바뀌다.

위   — 한나라 속군이 되다. 위표가 한나라에 거주하다.

제   — 제왕 전광. 재위 8개월. 초나라 편에 서다.

연   — 연왕 장도. 재위 22개월. 한신의 말에 따라 한나라 편에 서다.

한   — 한왕韓王 신. 재위 13개월. 한나라 편에 서다.

11월 (3) – 서초 패왕 항우. 재위 23개월. 초나라와 한나라가 형양에서 대치하다.

12월 (3)

초   – 서초 패왕 항우. 재위 24개월. 형양에서 전투를 벌여 한나라의 군량미 수송로를 끊다. 항성과 용저가 회남을 함락시키다. 항백이 구강의 군사를 수습하고 영포의 처자식을 살해하다.

      – 형산왕 오예가. 재위 24개월 만에 망하다. 왕에서 폐위되어 번군番君으로 강등되다.1) 초나라 편에 서다.

      – 구강왕 영포. 재위 24개월 만에 망하다. 패배하여 형양으로 도주하다. 구강국이 초나라 구강군으로 바뀌다. 영포가 사람을 보내 옛 부하 수천 명을 수습하다. 유방과 함께 성고成皐에 주둔하다.

      – 임강왕 공오. 재위 24개월. 초나라 편에 서다.

진   – 한왕漢王 유방. 재위 24개월. 형양과 성고를 고수하다. 군량미 수송로가 끊겨 식량이 부족해지다. 역이기가 유방에게 육국의 후예를 분봉하라고 권했으나 장량이 반대하다. 진평에게 황금 4만 냥을 주어 초나라 군신을 이간시키다. 한신과 장이가 계속해서 조나라를 평정하다.

조   – 한나라 속군이 되다. 장이와 한신이 조나라에 머물다.

위   – 한나라 속군이 되다. 위표가 한나라에 머물다.

제   – 제왕 전광. 재위 10개월. 초나라 편에 서다.

연   – 연왕 장도. 재위 24개월. 한나라 편에 서다.

한   – 한왕韓王 신. 재위 15개월. 한나라 편에 서다.

정월 (3) – 서초 패왕 항우. 재위 25개월. 초나라와 한나라가 형양에서 대치하다.

2월 (3) – 서초 패왕 항우. 재위 26개월.

3월 (3) – 서초 패왕 항우. 재위 27개월.

4월 (3)

초 – 서초 패왕 항우. 재위 28개월. 형양을 포위하여 급하게 몰아붙이다. 범증范增이 유방의 화친을 거절하다. 진평의 반간계가 성공하여 범증이 늙음을 핑계로 귀가하다가 죽다.
  – 종리매 등은 먼 곳으로 유배되다.
  – 임강왕 공오. 재위 28개월. 초나라 편에 서다.

진 – 한왕漢王 유방. 재위 28개월. 유방이 형양과 성고에 머물다. 화친 요청이 실패하다. 범증을 이간시키는 데 성공하다.

조 – 한나라 속군이 되다. 장이와 한신이 계속해서 조나라를 평정하다.

위 – 한나라 속군이 되다. 위표가 한나라에 머물다.

제 – 제왕 전광. 재위 14개월. 초나라 편에 서다.

연 – 연왕 장도. 재위 28개월. 한나라 편에 서다.

한 – 한왕韓王 신. 재위 19개월. 한나라 편에 서다.

5월 (3)

초 – 서초 패왕 항우. 재위 29개월. 형양을 포위하다. 기신을 죽이다. 성고를 함락시키다. 유방이 무관으로 탈출했다는 소식을 듣고 군사를 이끌고 남하하다. 종공終公을 시켜 성고를 지키게 하다. 유방이 싸움에 응하지 않다. 항우가 군사를 이끌고 팽월을 공격하다.
  – 임강왕 공오. 재위 29개월. 초나라 편에 서다.

진 – 한왕漢王 유방. 재위 29개월. 유방과 진평이 형양을 탈출하여 성고로 들어갔다가 다시 관중으로 돌아가 군사를 모으다. 기신이 성을 나가 거짓으로 항복하다. 주가周苛와 종공樅公이 위표를 죽이고 형양을 고수하다. 성고가 함락되어 공현鞏縣 일대로 물러나 지키다. 유방이 원생袁生의 계책에 따라 무관을 나가 영포와 함께 완엽宛葉 사이에서 군사를 수습하다. 항우가 공격해온다는 소문을 듣고 성을 굳게 지키며 전투에 응하지 않다. 다시 북상하여 종공을 격파하고 성고를 함락시키다.

조　－ 한나라 속군이 되다. 한신과 장이가 계속 조나라를 평정하다.

위　－ 한나라 속군이 되다. 위표가 죽다. 팽월이 사수泗水(雎水?)를 건너
　　　항성·설공과 하비에서 싸워 설공을 죽이다.

제　－ 제왕 전광. 재위 15개월. 초나라 편에 서다.

연　－ 연왕 장도. 재위 29개월. 한나라 편에 서다.

한　－ 한왕韓王 신. 재위 20개월. 한나라 편에 서다.

6월 (3)

초　－ 서초 패왕 항우. 재위 30개월. 팽월을 격파하고 다시 서쪽으로 돌
　　　아와 형양을 함락시키다. 주가, 종공, 한왕韓王 신을 사로잡다. 성고
　　　를 포위하여 함락시키다.
　　－ 임강왕 공오. 재위 30개월. 초나라 편에 서다.

진　－ 한왕漢王 유방. 재위 30개월. 형양이 함락되다. 유방이 성고에서 포
　　　위되다. 유방이 등공滕公과 성고 북문으로 탈출하여 황하를 건너
　　　소수무小修武로 가다. 그곳에서 한신과 장이의 지휘권을 회수하다.
　　　성고가 함락되다. 한나라 군사가 공현 일대로 퇴각하다.

조　－ 한나라 속군이 되다. 한신과 장이가 소수무에 주둔하던 중 유방이
　　　몰래 와서 그들의 지휘권을 회수하다.
　　－ 한나라 속군이 되다. 팽월이 항우에게 대패하다.

제　－ 제왕 전광. 재위 16개월. 초나라 편에 서다.

연　－ 연왕 장도. 재위 30개월. 한나라 편에 서다.

한　－ 한왕韓王 신. 재위 21개월. 형양이 함락되고 한왕韓王 신이 항우에
　　　게 사로잡히다.

7월 (3)

초　－ 서초 패왕 항우. 재위 31개월. 공현 일대에서 가로막히다.
　　－ 임강왕 공오. 재위 31개월 만에 죽고 아들 공위共尉가 보위를 잇다.
　　　초나라 편에 서다.

진　－ 한왕漢王 유방. 재위 31개월. 유방이 한신의 군사를 거느리고 사기

를 크게 떨치다. 소수무에 주둔하여 황하를 지키다. 장이로 하여금
조나라를 지키게 하고 한신을 보내 제나라를 공격하다.

조 — 한나라 속군이 되다. 장이가 조나라를 지키다. 한신이 제나라 공격
을 준비하다.

위 — 한나라 속군이 되다. 팽월이 도망쳐 하북에서 유격전을 벌이다.

제 — 제왕 전광. 재위 17개월. 한신의 공격에 맞서 싸울 준비를 하다.

연 — 연왕 장. 재위 31개월. 한나라 편에 서다.

한 — 한왕韓王 신. 재위 22개월. 한왕 한신이 초나라로 포로로 잡히다.

8월 (3)

초 — 서초 패왕 항우. 재위 32개월. 공현 일대에서 가로막히다. 팽월, 유
가劉賈, 노관盧綰이 초나라 후방을 교란하다.
— 임강왕 공위. 재위 1개월. 초나라 편에 서다.

진 — 한왕漢王 유방. 재위 32개월. 소수무에 주둔하여 황하를 지키다. 서
쪽으로 공성鞏城을 지키다. 낭중 정충鄭忠의 계책에 따라 보루를 높
이 쌓고 싸우지 않다. 노관과 유가에게 군사 2만과 기병 수백 명을
이끌고 백마진白馬津에서 황하를 건너 초나라로 들어가게 하다. 이
후 초나라 후방에서 팽월과 힘을 합쳐 초나라의 군량미를 불태우
고 수양睢陽, 외황外黃 등 17개 성을 함락시키다.

조 — 한나라 속군이 되다. 장이가 조나라를 지키다. 한신이 제나라 공격
을 준비하다.

위 — 한나라 속군이 되다. 팽월이 유가, 노관과 힘을 합쳐 초나라 후방을
공격하다.

제 — 제왕 전광. 재위 18개월. 한신의 공격에 맞서 싸울 준비를 하다.

연 — 연왕 장도. 재위 32개월. 한나라 편에 서다.

한 — 한왕韓王 신. 재위 23개월. 초나라에 포로로 잡히다.

9월 (3)

초 — 서초 패왕 항우. 재위 33개월. 동쪽으로 팽월을 공격하러 가다. 조구
曹咎에게 성고를 지키게 하다.

진 – 임강왕 공위. 재위 2개월. 초나라 편에 서다.

진 – 한왕漢王 유방. 재위 33개월. 소수무에서 보루를 높이 쌓고 싸우지 않다. 서쪽으로 공성鞏城을 지키다. 역이기가 오창敖倉을 탈취하자고 건의하다. 역이기를 제나라로 보내 유세하다.

조 – 한나라 속군이 되다. 장이가 조나라를 지키다. 한신의 군대가 평원군을 압박하다.

위 – 한나라 속군이 되다. 팽월이 유가, 노관과 힘을 합쳐 초나라 후방을 공격하다. 항왕이 기습해오다.

제 – 제왕 전광. 재위 19개월. 초나라 편에 서다. 화무양華無陽과 전해田解에게 중무장한 병력을 거느리고 역하歷下에 주둔하여 한신의 공격을 막게 하다. 역이기가 유세하러 오다.

연 – 연왕 장도. 재위 33개월. 한나라 편에 서다.

한 – 한왕韓王 신. 재위 24개월. 초나라에 포로로 잡히다.

• 한漢 4년(기원전 203)

10월 (4)

초 – 서초 패왕 항우. 재위 34개월. 항우가 군사를 이끌고 팽월, 유가, 노관을 공격하여 양梁 땅 10여 개 성을 함락시키다. 조구와 사마흔이 패배하여 성고를 잃다. 종리매가 형양을 지키다가 한나라에 포위되다. 항우가 광무로 돌아와 유방과 대치하다. 용저를 파견하여 제나라를 구원하다.

초 – 임강왕 공위. 재위 3개월. 초나라 편에 서다.

진 – 한왕漢王 유방. 재위 34개월. 조구와 사마흔의 군사를 격파하고 성고를 빼앗다. 형양을 포위하고 광무에 주둔하다. 항우와 광무간廣武澗에서 대치하다. 유방이 항우의 10대 죄상을 나열하다가 항우의 화살에 맞아서 성고로 퇴각하다. 한신이 황하를 건너 제나라 군대를 격파하다.

조 – 한나라 속군이 되다. 장이가 조나라를 지키다. 한신이 괴통蒯通의 계책에 따라 황하를 건너 제나라 군대를 격파하다.

486

위 – 한나라 속군이 되다. 팽월, 유가, 노관이 양 땅과 초나라 땅에서 유
     격전을 벌이다.

제 – 제왕 전광. 재위 20개월. 초나라 편에 서다. 초나라 장수 용저가 구
     원병을 이끌고 오다.

연 – 연왕 장도. 재위 34개월. 한나라 편에 서다.

한 – 한왕韓王 신. 재위 25개월. 초나라에 포로로 잡히다.

11월 (4)

초 – 서초 패왕 항우. 재위 35개월. 광무에 주둔하다. 용저가 제나라를 구
     원하다 패배하여 사망하다.
   – 임강왕 공위 재위 4개월. 초나라 편에 서다.

진 – 한왕漢王 유방 재위 35개월. 성고에 머물며 상처를 치료하다. 함곡
     관으로 들어가 역양에 이르러 역양 저잣거리에 사마흔의 목을 효
     수하다. 4일을 머물다가 다시 광무로 돌아오다. 한신의 사자를 보내
     제왕에 책봉해달라고 청하다. 유방이 대로하여 제나라를 공격하려
     고 하다.

조 – 조왕 장이. 재위 1개월. 유방에 의해 왕위에 올라 한단邯鄲에 도읍
     을 정하다.

위 – 한나라 속군이 되다. 팽월, 노관, 유가가 양 땅에서 유격전을 벌이
     다. 전횡이 한신에게 패배하여 팽월에게 투항하다.

제 – 제왕 전광. 재위 21개월 만에 망하다. 제왕 전횡. 재위 1개월. 제나
     라와 초나라 연합군이 한신에게 참패하고 용저가 죽다. 제왕 전광
     이 포로가 되다. 전횡이 자립하여 제왕이 된 후 다시 관영을 공격
     하다가 영하嬴下에서 패배하여 팽월에게 귀의하다. 관영이 박양博陽
     을 함락시키고 제나라 상국 전광을 잡다. 조참이 전기田旣를 공격
     하여 교동膠東을 빼앗다.

연 – 연왕 장도. 재위 35개월. 한나라 편에 서다.

한 – 한왕韓王 신. 재위 26개월. 초나라에 포로로 잡히다.

12월 (4) – 서초 패왕 항우. 재위 36개월.

정월 (4)   – 서초 패왕 항우. 재위 37개월.

2월 (4)

초   – 서초 패왕 항우. 재위 38개월. 광무에 주둔하다.
      – 임강왕 공위. 재위 7개월. 초나라 편에 서다.
진   – 한왕漢王 유방. 재위 38개월. 광무에 주둔하다. 장량을 보내 한신을
        제왕으로 봉하다.
조   – 조왕 장이. 재위 4개월.
위   – 한나라 속군이 되다. 팽월, 노관, 유가가 양 땅에서 유격전을 벌이다.
제   – 왕齊王 한신. 재위 1개월. 임치臨淄에 도읍을 정하다. 유방에 의해
        왕위에 오르다.
연   – 연왕 장도. 재위 38개월. 한나라 편에 서다.
한   – 한왕韓王 신. 재위 29개월. 초나라에 포로로 잡히다.

3월 (4) – 서초 패왕 항우. 재위 39개월.

4월 (4)

초   – 서초 패왕 항우. 재위 40개월. 광무에 주둔하다. 무섭武涉을 보내
        한신에게 중립을 지키라고 유세하다.
      – 임강왕 공위. 재위 9개월. 초나라 편에 서다.
진   – 한왕漢王 유방. 재위 40개월. 성고와 광무에 머물다.
조   – 조왕 장이. 재위 6개월.
위   – 한나라 속군이 되다. 팽월, 노관, 유가가 양 땅에서 유격전을 벌이
        다.
제   – 제왕 한신. 재위 3개월. 초나라 사신 무섭이 와서 한신에게 유세하
        다. 괴통이 한신에게 유세하다.
연   – 연왕 장도. 재위 40개월. 한나라 편에 서다.
한   – 한왕韓王 신. 재위 31개월. 초나라에 포로로 잡히다.

488   초 망

5월 (4) – 서초 패왕 항우. 재위 41개월.

6월 (4)

초	– 서초 패왕 항우. 재위 42개월. 광무에 주둔하다.
	– 임강왕 공위. 재위 11개월. 초나라 편에 서다.
진	– 한왕漢王 유방. 재위 42개월. 광무에 주둔하다.
조	– 조왕 장이. 재위 8개월.
위	– 한나라 속군이 되다. 팽월, 노관, 유가가 양 땅에서 유격전을 벌이다.
제	– 제왕 한신. 재위 5개월. 한나라 편에 서다.
연	– 연왕 장도. 재위 42개월. 한나라 편에 서다.
한	– 한왕韓王 신. 재위 32개월. 초나라에 포로로 잡히다.

7월 (4)

초	– 서초 패왕 항우. 재위 43개월. 광무에 주둔하다.
	– 임강왕 공위 재위 12개월. 초나라 편에 서다.
	– 회남왕 영포 재위 1개월. 유방에 의해 왕위에 오르다.
진	– 한왕漢王 유방. 재위 43개월. 광무에 주둔하다.
조	– 조왕 장이. 재위 9개월 만에 죽다. 아들 장오張敖가 보위를 잇다.
위	– 한나라 속군이 되다. 팽월, 노관, 유가가 양 땅에서 유격전을 벌이다.
제	– 제왕 한신. 재위 6개월. 한나라 편에 서다.
연	– 연왕 장도. 재위 43개월. 한나라 편에 서다.
한	– 한왕韓王 신. 재위 33개월. 초나라에 포로로 잡히다.

8월 (4)

초	– 서초 패왕 항우. 재위 44개월. 광무에 주둔하다. 유방의 사신 육가가 와서 유세했으나 듣지 않다. 후공侯公의 유세를 듣고 한나라와의 강화를 허락하다. 홍구鴻溝를 경계로 천하를 둘로 나누다.
	– 임강왕 공위 재위. 13개월. 초나라 편에 서다.

	− 회남왕 영포 재위. 2개월. 한나라 편에 서다.
진	− 한왕漢王 유방. 재위 44개월. 광무에 주둔하다. 육가를 항우에게 파견하여 유세했으나 성공하지 못하다. 다시 후공을 항우에게 파견하여 강화를 이루다.
조	− 조왕 장오. 재위 1개월.
위	− 한나라 속군이 되다. 팽월, 노관, 유가가 양 땅에서 유격전을 벌이다.
제	− 제왕 한신. 재위 7개월. 한나라 편에 서다.
연	− 연왕 장도. 재위 44개월. 한나라 편에 서다. 효기梟騎로 가서 한나라를 도와 초나라를 공격하다.
한	− 한왕韓王 신. 재위 34개월. 초나라에 포로로 잡히다.

9월 (4)

초	− 서초 패왕 항우. 재위 45개월. 광무에 주둔하다. 태공과 여후呂后를 송환하다.
	− 임강왕 공위. 재위 14개월. 초나라 편에 서다.
	− 회남왕 영포. 재위 3개월. 한나라 편에 서다.
진	− 한왕漢王 유방. 재위 45개월. 광무에 주둔하다. 태공과 여후가 초나라에서 돌아오다.
조	− 조왕 장오. 재위 2개월.
위	− 한나라 속군이 되다. 팽월, 노관, 유가가 양 땅에서 유격전을 벌이다.
제	− 제왕 한신. 재위 8개월. 한나라 편에 서다.
연	− 연왕 장도. 재위 45개월. 한나라 편에 서다.
한	− 한왕韓王 신. 재위 35개월. 석방되어 한나라로 돌아가다(?)2)

• 한漢 5년(기원전 202)

10월 (5)

초	− 서초 패왕 항우. 재위 46개월. 광무에서 동쪽으로 귀환하다. 한나

라 군대에 추격을 당해 양하陽夏 남쪽으로 내려가다. 고릉固陵에서 한나라 군대를 크게 격파하다.

－ 임강왕 공위. 재위 15개월. 초나라 편에 서다.

－ 회남왕 영포. 재위 4개월. 한나라 편에 서다.

진 － 한왕漢王 유방. 재위 46개월. 항우를 추격하여 양하로 가다. 고릉에서 대패하다. 장량의 계책을 이용하여 한신과 팽월을 불러와서 연합군을 구성하다.

조 － 조왕 장오. 재위 3개월.

위 － 한나라 속군이 되다. 팽월이 군사를 이끌고 진陳으로 가다. 유가와 노관이 군사를 이끌고 수춘壽春으로 가다.

제 － 제왕 한신. 재위 9개월. 군사를 이끌고 남하했다가 다시 서진하다.

연 － 연왕 장도. 재위 46개월. 한나라 편에 서다.

한 － 한왕韓王 신. 재위 37개월. 한나라 편에 서다.

11월(5)

초 － 서초 패왕 항우. 재위 47개월. 진하陳下 싸움에서 대패하다. 대사마 주은周殷이 초나라를 배반하다. 팽성을 잃다.

－ 임강왕 공위. 재위 16개월. 초나라 편에 서다.

－ 회남왕 영포. 재위 5개월. 영포가 구강으로 가서 주은을 만나다. 유가가 수춘을 포위하자 대사마 주은이 초나라를 배반하고 서舒 땅의 병력으로 육六 땅을 도륙했다. 그리고 구강의 모든 군사를 동원하여 영포를 환영하고 함께 성보城父 땅을 도륙했다.

진 － 한왕漢王 유방. 재위 47개월. 진하에서 항우를 크게 격파하다.

조 － 조왕 장오. 재위 4개월. 한나라 편에 서다.

위 － 한나라 속군이 되다. 팽월이 진하로 가서 군사를 합하다.

제 － 제왕 한신. 재위 10개월. 진하로 가서 군사를 합하다. 팽성을 함락시키다.

연 － 연왕 장도. 재위 47개월. 한나라 편에 서다.

한 － 한왕韓王 신. 재위 37개월. 한나라 편에 서다.

- 12월 (5)

초 − 서초 패왕 항우. 재위 48개월 만에 망하다. 해하_{垓下} 전투에서 대패 하다. 항우가 포위망을 뚫고 오강_{烏江}에 이르러 자결하다. 곡성_{穀城} 에 장사지내다.
− 임강왕 공위. 재위 17개월 만에 망하다. 노관과 유가가 기습하다. 공위는 패배하여 포로가 되었다가 처형되다. 한나라 속군이 되다.
− 회남왕 영포. 재위 6개월. 해하로 가서 연합군을 편성하다.

진 − 한왕_{漢王} 유방. 재위 48개월. 해하 전투에서 대승을 거두다. 군사를 이끌고 노_魯 땅으로 가서 항우를 곡성에 장사지내다. 다시 정도_{定陶} 로 돌아와 한신의 군사 지휘권을 회수하다. 노관과 유가가 임강왕 공위를 공격하여 죽이다. 항백 등 4명을 제후로 봉하다.

조 − 조왕 장오. 재위 5개월.

위 − 한나라 속군이 되다. 팽월이 해하로 가서 연합군을 편성하다.

제 − 제왕 한신. 재위 11개월. 한신이 해하로 가서 연합군을 편성하다.

연 − 연왕 장도. 재위 48개월. 한나라 편에 서다.

한 − 한왕_{韓王} 신. 재위 39개월. 한나라 편에 서다.

- 정월 (5)

초 − 초왕 한신. 재위 1개월. 하비_{下邳}에 도읍을 정하다. 한신이 제왕에 서 초왕으로 옮기다. 정도에서 유방을 황제로 옹립하다.
− 장사왕 오예. 재위 1개월. 임상_{臨湘}에 도읍을 정하다. 유방에 의해 왕위에 오르다. 정도에서 유방을 황제로 옹립하다.
− 회남왕 영포. 재위 7개월. 정도에서 유방을 황제로 옹립하다.

진 − 한왕_{漢王} 유방 정도에서 황제에 즉위하다. 도성은 낙양으로 정하다.

조 − 조왕 장오. 재위 6개월. 정도에서 유방을 황제로 옹립하다.

위 − 양왕_{梁王} 팽월. 재위 1개월. 정도에 도읍을 정하다. 유방에 의해 왕위에 오르다. 정도에서 유방을 황제로 옹립하다.

제 − 제왕 한신 초왕으로 옮기다. 제나라가 한나라의 속군이 되다. 전횡이 동해로 망명하다.

연 − 연왕 장도. 재위 49개월. 정도에서 유방을 황제로 옹립하다.

한 − 한왕_{韓王} 신. 재위 39개월. 정도에서 유방을 황제로 옹립하다.

- 기원전 232년, 진왕秦王 정政 15년. (1세)
  - 초나라 하상下相(장쑤성 쑤첸宿遷)에서 출생.
  - 진秦나라 군대가 이목李牧에게 패배하다. 연燕 태자 단丹이 진나라에 인질로 잡혀 있다가 연나라로 도망쳐 돌아가다.

- 기원전 231년, 진왕 정 16년. (2세)
  - 한韓나라 남양南陽 대리 군수 등騰이 진나라에 항복하다.

- 기원전 230년, 진왕 정 17년. (3세)
  - 내사內史 등騰이 한韓나라를 공격하여 한왕韓王 안安을 사로잡다. 한나라가 망하다.

- 기원전 229년, 진왕 정 18년. (4세)
  - 진나라 장수 왕전王翦과 양단楊端이 조趙나라를 공격하다.

- 기원전 228년, 진왕 정 19년. (5세)
  - 진나라가 조나라 도성 한단邯鄲을 함락시키고 조왕趙王 천遷을 사로잡다. 조나라가 대代 땅으로 옮겨가다.

- 기원전 227년, 진왕 정 20년. (6세)
  - 형가荊軻가 진왕 정을 암살하려 했으나 실패하다. 진나라 장수 왕전과 신승辛勝이 연나라를 공격하다.

- 기원전 226년, 진왕 정 21년. (7세)
  - 진나라가 연나라 도성 계薊를 함락시키다. 연나라가 요동遼東으로 옮겨가다. 진나라 장수 왕분王賁이 초나라를 공격하다. 한나라 신정新鄭에서 반란이 일어나다.

- 기원전 225년, 진왕 정 22년. (8세)
  - 진나라 장수 왕분이 대량大梁을 물바다로 만들다. 위왕魏王 가假가 항복하

여 위나라가 망하다. 전 진나라 상국 창평군昌平君 웅계熊啓가 초나라 장수 항연項燕과 손을 잡고 진나라에 대항하다. 진나라 장수 이신李信과 몽무蒙武가 초나라를 공격하다 대패하다.

- 기원전 224년, 진왕 정 23년. (9세)
  - 진나라 장수 왕전王翦이 초나라 도성 수춘壽春을 빼앗고 초왕 부추負芻를 사로잡다.

- 기원전 223년, 진왕 정 24년. (10세)
  - 초나라 장수 항연이 창평군을 초왕으로 옹립하다. 진나라 장수 왕전과 몽무가 초나라 군사를 대파하다. 창평군이 전사하고 항연은 자결하다. 초나라가 망하다.

- 기원전 222년, 진왕 정 25년. (11세)
  - 진나라 장수 왕분이 요동을 공격하여 연왕 희喜를 사로잡다. 연나라가 망하다. 대 땅을 공격하여 대왕代王 가嘉를 사로잡다. 조나라가 망하다.

- 기원전 221년, 진왕 정 26년. (12세)
  - 항우가 항량을 따라 관중으로 가다.(?)
  - 진나라 장수 왕분이 제齊나라를 공격하여 제왕齊王 건建을 사로잡다. 제나라가 망하다. 진나라가 천하를 통일하다. 천하의 부호 12만 호를 함양咸陽으로 옮기게 하다.

- 기원전 220년, 진시황 27년. (13세)
  - 진시황 제1차 순행.

- 기원전 219년, 진시황 28년. (14세)
  - 진시황 제2차 순행.

- 기원전 218년, 진시황 29년. (15세)
  - 진시황 제3차 순행. 장량이 박랑사博浪沙에서 진시황을 공격했으나 성공하지 못하다.

- 기원전 217년, 진시황 30년. (16세)
  - 진나라 장수 도수屠睢가 남월南越 정벌에 나섰으나 실패하다.

기원전 216년, 진시황 31년. (17세)
- 밖에서 스승을 모시다.
- 진시황이 난지蘭池에서 도적을 만나다.

기원전 215년, 진시황 32년. (18세)
- 진시황 제4차 순행. 진나라 장수 몽염蒙恬이 흉노를 치다.

기원전 214년, 진시황 33년. (19세)
- 진나라 장수 임효任囂가 남월을 공격하다. 몽염이 황하를 건너 장성을
  쌓다.

기원전 213년, 진시황 34년. (20세)
- 항우가 항량을 따라 오중吳中으로 피난하다.(?)
- 진시황이 50만 군사와 백성을 동원하여 영남을 지키다. 책을 불태우다.(분
  서焚書)

기원전 212년, 진시황 35년. (21세)
- 직도直道를 닦다. 아방궁을 건축하다. 방사方士를 처벌하다.

기원전 211년, 진시황 36년. (22세)
- 백성 3만 호를 북하北河와 유중楡中으로 옮기다.

기원전 210년, 진시황 37년. (23세)
- 항우가 항량을 따라 오현吳縣에서 진시황의 행차를 구경하다.
- 진시황 제5차 순행. 7월, 진시황이 사구沙丘에서 죽다.

기원전 209년, 진2세 원년. (24세)
- 항량을 따라 회계會稽에서 군사를 일으키다.
- 진2세 천하 순행. 진승陳勝과 오광吳廣이 대택향大澤鄉에서 군사를 일으키
  다. 각지에서 호응이 잇따르고 여섯 나라六國가 다시 서다.

기원전 208년, 진2세 2년. (25세)
- 항량을 따라 장강을 건너 북상하다. 설현薛縣에서 회왕懷王을 옹립하다. 유
  방과 연합하여 동아東阿를 구원하다. 복양濮陽 동쪽에서 진나라 군사를 격
  파하다. 성양成陽을 도륙하고 삼천三川 군수 이유李由를 옹구雍丘에서 죽이
  다. 장함이 정도定陶에서 항량의 군대를 격파하다. 항량이 전사하다. 회왕

이 팽성彭城으로 옮겨 친정親政하다. 항우가 팽성 서쪽으로 회군하다.
- 진2세가 이사李斯를 죽이다. 조고趙高가 승상이 되다.

기원전 207년, 진2세 3년. (26세)
- 항우가 송의宋義를 죽이고 군사권을 탈취하다. 거록성鉅鹿城 아래서 왕리王離의 군대를 섬멸하다. 제후의 군대가 모두 복속하다. 진나라 장수 장함이 20만 대군을 거느리고 투항하다.
- 조고가 진2세를 시해하다. 진나라가 황제 칭호를 폐지하다.

기원전 206년, 한漢 원년. (27세)
- 진왕 자영子嬰이 항복하여 진나가가 망하다. 항우가 신안新安에서 진나라에서 항복한 병졸을 생매장하여 죽이다. 제후 연합군 40만을 거느리고 관중으로 진입하다. 홍문연에서 유방과 화해하다. 자영을 죽이고 함양에 불을 지르다. 스스로 서초西楚 패왕霸王에 되어 천하를 19국으로 나누다.
- 전영田榮 초나라에 반발하고 자립하여 제왕齊王이 되다. 항우가 군사를 이끌고 제나라를 정벌하다. 한왕韓王 한성韓成을 주살하고 정창鄭昌을 한왕에 봉하다.

기원전 205년, 한 2년. (28세)
- 의제義帝를 죽이다. 전영을 공격하여 죽이고 전가田假를 제왕으로 삼다. 정예병 3만으로 팽성을 기습하여 연합군 56만 명을 크게 격파하다. 서쪽 형양에서 전투를 벌이다. 항성項聲과 용저龍且를 파견하여 회남淮南을 공격하다. 항타를 파견하여 위나라를 돕다.
- 한신이 위나라와 대代나라를 공격하여 승리하다.

기원전 204년, 한 3년. (29세)
- 진평陳平의 반간계에 얽혀들다. 범증范增이 죽다. 형양을 포위하여 기신紀信을 죽이고 성고成皋를 함락시키다. 한왕 유방이 무관武關으로 탈출했다는 소식을 듣고 군사를 이끌고 남하하다. 종공終公을 시켜 성고를 지키게 하다. 또 군사를 이끌고 팽성을 격파하다. 서쪽으로 가서 형양을 함락시키고 주가周苛, 종공樅公, 한왕신韓王信을 사로잡다. 다시 성고를 함락시키다. 공鞏 땅에서 가로막히다. 또 동쪽 팽월을 공격하러 가면서 조구曹咎에게 성고를 지키게 하다.
- 한신이 조나라를 점령하고 연나라를 귀의케 하다.

기원전 203년, 한 4년. (30세)

- 노관, 팽월을 공격하여 양梁 땅 10여 성을 함락시키다. 조구, 사마흔이 성고에서 패배하고 성을 잃다. 종리매鍾離昧가 형양을 지키다가 한나라에게 포위되다. 항우가 회군하여 광무에 군사를 주둔하고 유방과 대치하다. 유방에게 화살을 쏴서 부상을 입히다. 용저를 파견하여 제나라를 구원하게 했으나 패배하다. 무섭武涉을 한신에게 보내 중립을 유지해달라고 유세하다. 육가가 와서 강화를 요청했으나 허락하지 않다. 후공侯公의 유세를 듣고 한나라와 강화를 허락하다.
- 한신이 제나라에서 초나라 연합군을 대파하고 제왕에 책봉되다.

기원전 202년, 한 5년. (31세)

- 항우가 광무에 주둔하다. 한나라와 강화로 동쪽으로 돌아가다가 한나라 군대에 추격당해 양하陽夏 남쪽으로 내려가다. 고릉固陵에서 한나라 군대를 대파하다. 진하陳下에서 제후 연합군에 패배하다. 해하垓下에서 대패하고 오강烏江에서 자결하다. 곡성穀城에 묻히다.
- 한신이 진하와 해하로 군대를 옮겨 초나라를 대파하다.

- 기원전 228년, 진왕秦王 정政 19년. (1세)1>
  - 초楚나라 회음淮陰(장쑤성 화이안淮安)
  - 진秦나라가 조趙나라 도성 한단邯鄲을 함락시키고 조왕趙王 천遷을 사로잡다. 조나라가 대代 땅으로 옮겨가다.

- 기원전 227년, 진왕 정 20년. (2세)
  - 형가荊軻가 진왕 정을 암살하려 했으나 실패하다. 진나라 장수 왕전과 신승辛勝이 연나라를 공격하다.

- 기원전 226년, 진왕 정 21년. (3세)
  - 진나라가 연나라 도성 계薊를 함락시키다. 연나라가 요동遼東으로 옮겨가다. 진나라 장수 왕분王賁이 초나라를 공격하다. 한나라 신정新鄭에서 반란이 일어나다.

- 기원전 225년, 진왕 정 22년. (4세)
  - 진나라 장수 왕분이 대량大梁을 물바다로 만들다. 위왕魏王 가假가 항복하여 위나라가 망하다. 전 진나라 상국 창평군昌平君 웅계熊啓가 초나라 장수 항연項燕과 손을 잡고 진나라에 대항하다. 진나라 장수 이신李信과 몽무蒙武가 초나라를 공격하다 대패하다.

- 기원전 224년, 진왕 정 23년. (5세)
  - 진나라 장수 왕전王翦이 초나라 도성 수춘壽春을 빼앗고 초왕 부추負芻를 사로잡다.

- 기원전 223년, 진왕 정 24년. (6세)
  - 초나라 장수 항연이 창평군을 초왕으로 옹립하다. 진나라 장수 왕전과 몽무가 초나라 군사를 대파하다. 창평군이 전사하고 항연은 자결하다. 초나라가 망하다.

- 기원전 222년, 진왕 정 25년. (7세)
  - 진나라 장수 왕분이 요동을 공격하여 연왕 희_喜를 사로잡다. 연나라가 망하다. 대 땅을 공격하여 대왕_{代王} 가_嘉를 사로잡다. 조나라가 망하다.

- 기원전 221년, 진왕 정 26년. (8세)
  - 진나라 장수 왕분이 제_齊나라를 공격하여 제왕_{齊王} 건_建을 사로잡다. 제나라가 망하다. 진나라가 천하를 통일하다. 천하의 부호 12만 호를 함양_{咸陽}으로 옮기게 하다.

- 기원전 220년, 진시황 27년. (9세)
  - 진시황 제1차 순행.

- 기원전 219년, 진시황 28년. (10세)
  - 진시황 제2차 순행.

- 기원전 218년, 진시황 29년. (11세)
  - 진시황 제3차 순행. 장량이 박랑사_{博浪沙}에서 진시황을 공격했으나 성공하지 못하다.

- 기원전 217년, 진시황 30년. (12세)
  - 진나라 장수 도수_{屠睢}가 남월_{南越} 정벌에 나섰으나 실패하다.

- 기원전 216년, 진시황 31년. (13세)
  - 진시황이 난지_{蘭池}에서 도적을 만나다.

- 기원전 215년, 진시황 32년. (14세)
  - 진시황 제4차 순행. 진나라 장수 몽염_{蒙恬}이 흉노를 치다.

- 기원전 214년, 진시황 33년. (15세)
  - 진나라 장수 임효_{任囂}가 남월을 공격하다. 몽염이 황하를 건너 장성을 쌓다.

- 기원전 213년, 진시황 34년. (16세)
  모친이 세상을 떠나다. 고창_{高敞}에 장사지내다.(?)
  - 진시황이 50만 군사와 백성을 동원하여 영남을 지키다. 책을 불태우다.(분서_{焚書})

기원전 212년, 진시황 35년. (17세)
- 밖에서 스승을 모시다. 향리를 떠돌며 남의 집에서 밥을 빌어먹다. 남창정 장南昌亭長의 아래로부터 모욕을 당하다.(?)
- 직도直道를 닦다. 아방궁을 건축하다. 방사方士를 처벌하다.

기원전 211년, 진시황 36년. (18세)
- 낚시를 하다가 표모漂母(빨래하는 아낙네)의 밥을 얻어먹다.(?)
- 백성 3만 호를 북하北河와 유중榆中으로 옮기다.

기원전 210년, 진시황 37년. (19세)
- 불량배의 가랑이 아래로 기어나가는 모욕을 당하다.(?)
- 진시황 제5차 순행. 7월, 진시황이 사구沙丘에서 죽다.

기원전 209년, 진2세 원년. (20세)
- 회음에서 조용히 시국을 관망하다.
- 진2세 천하 순행. 진승陳勝과 오광吳廣이 대택향大澤鄕에서 군사를 일으키다. 각지에서 호응이 잇따르고 여섯 나라六國가 다시 서다.

기원전 208년, 진2세 2년. (21세)
- 장강을 건너 북상하여 항량의 군대에 들어가다.
- 진2세가 이사李斯를 죽이다. 조고趙高가 승상이 되다.

기원전 207년, 진2세 3년. (22세)
- 낭중郞中이 되어 항우를 수행하다. 거록 전투에 참전하다.
- 조고가 진2세를 시해하다. 진나라가 황제 칭호를 폐지하다.

기원전 206년, 한漢 원년. (23세)
- 항우를 수행하여 관중으로 들어가다. 실망 끝에 초나라 진영을 떠나다. 유방을 수행하여 한중漢中으로 들어가다. 연오連敖, 치속도위治粟都尉 직을 거쳐 한나라 대장이 되다. 한중의 군사를 이끌고 관중을 공격하여 승리하다. 폐구廢丘에서 장함章邯을 포위하다.
- 진나라가 망하다. 항우가 스스로 서초西楚 패왕霸王이 되어 천하를 19국으로 분할하다.

- 기원전 205년, 한 2년. (24세)
  - 형양榮陽으로 가서 유방을 구원하고 경색京索 사이에서 초나라 군사를 격
    파하다. 북방 전장을 열고 위魏나라와 대代나라를 격파하다.
  - 유방이 팽성에 대패하여 형양으로 물러나다.

- 기원전 204년, 한 3년. (25세)
  - 배수진으로 조趙나라를 격파하다. 연燕나라를 압박하여 한나라에 귀의하
    게 하다.
  - 유방과 항우가 낙양　형양 지역에서 대치하다.

- 기원전 203년, 한 4년. (26세)
  - 제나라와 초나라 연합군을 대파하고 제왕으로 책봉되다. 무섭과 괴통의 삼
    분천하 제의를 거부하다.
  - 유방과 항우가 형양의 광무간廣武澗에서 대치하다.

- 기원전 202년, 고제高帝 5년. (27세)
  - 제나라 군사를 이끌고 유방을 구원하다. 진陳에서 초나라 군대를 격파하다.
    해하垓下 전투에서 연합군을 지휘하여 항우를 크게 격파하다. 유방에게 지
    휘권을 뺏기고 초왕楚王으로 옮겨지다. 하비下邳에 도읍을 정하다.
  - 유방이 황제에 즉위하다.

- 기원전 201년, 고제 6년. (28세)
  - 진陳으로 가서 유방을 알현하다. 모반죄로 체포되어 낙양으로 압송되다. 뒤
    에 사면되어 회음후淮陰侯에 책봉되었으나 장안長安에 연금되다.
  - 유방이 아들 유비劉肥를 제왕齊王에, 종형의 아들 유가劉賈를 형왕荊王에, 형
    유희劉喜를 대왕代王에 동생 유교劉交를 초왕楚王에 봉하다.

- 기원전 200년, 고제 7년. (29세)
  - 한신은 계속 장안에 연금되다.
  - 유방이 군사를 이끌고 한왕신韓王信을 공격하다가 평성平城에서 흉노에게
    포위되다. 유방은 대왕 유희의 왕위를 폐지하고 후侯로 강등시킨 후 자신의
    아들 유여의劉如意를 대왕에 봉하다.

- 기원전 199년, 고제 8년. (30세)
  - 장안에 계속 연금되다.

- 한나라와 흉노가 화친하다.

• 기원전 198년, 고제 9년. (31세)
- 장안에 계속 연금되다.
- 조왕 장오張敖의 왕위를 폐지하고 대왕 유여의를 조왕으로 옮기다.

• 기원전 197년, 고제 10년. (32세)
- 장안에 계속 연금되다.
- 대국代國 승상 진희陳豨가 반란을 일으키다.

• 기원전 196년, 고제 11년. (33세)
- 한신이 모반죄로 피살되다. 삼족이 모두 처형되다.
- 유방은 아들 유항劉恒을 대왕代王에 봉하다. 모반죄로 양왕梁王 팽월을 주
  살하고, 그의 삼족을 멸하다. 아들 유우劉友를 회양왕淮陽王에 봉하다. 조타
  趙佗를 남월왕南越王에 봉하다. 회남왕淮南王 영포가 반란을 일으켰다가 패
  배하여 죽다. 아들 유장劉長을 회남왕에 봉하다. 형의 아들 유비劉濞를 오왕
  吳王에 봉하다. 연왕燕王 노관盧綰이 흉노로 도주하다. 아들 유건劉健을 연왕
  에 봉하다.

후공을 대신하여 항우에게 유세하는 글代侯公說項羽辭

소식蘇軾

한나라는 초나라와 싸우다가 팽성에서 패했다. 태공은 샛길로 달아나다가 초나라의 포로가 되었다. 항우는 태공을 군영 안에 안치하고 인질로 삼았다. 한왕漢王(유방)은 변론가 육가를 보내 풀어줄 것을 청했으나 항우는 들어주지 않았다. 이후에 후공을 보내 유세하자 마침내 항우는 허락하고 태공을 귀환시켰다. 후공의 변론은 육가보다 뛰어났다. 역사에는 그가 항우에게 유세한 내용이 빠져 있어 내가 당시의 사정을 탐색하여 보충하는 의미로 「후공을 대신하여 항우에게 유세하는 글」을 지었다.

한왕漢王 4년, 변론가 육가를 동쪽으로 보내 항왕에게 태공을 돌려보내줄 것을 유세했다. 육가는 항우의 마음을 움직이지 못하고 돌아왔다. 한왕은 여러 날 불쾌했다. 좌우 측근들도 아무 계책을 내지 못했다. 그때 군영 안에서 이름조차 알려지지 않은 후공이란 인물이 앞으로 나서며 말했다.

"진나라가 무도하여 그 맹독이 천하에 퍼지고 있습니다. 남의 아비를 죽이고 남의 자식에게 형벌을 내리는 모양이 마치 풀을 베는 듯합니다. 대왕께서 민간에서 떨쳐 일어나 헌신적으로 대의를 높이 세위 잔적을 제거하자 만민은 저마다의 고통을 해결해달라고 호소하고 있습니다. 진나라가 멸망하여 천하는 다시 안정을 찾았고, 이에 만백성의 아버지, 아들, 아내가 모여 서로를 지켜주고 있으니 그 경사가 막대합니다. 이제 태공과도 만세토록 이어지는 기쁨을 누리셔야 합니다. 그런데 불행하게도 태공께서 강포한 원수에게 억류되어 있으니 아침부터 한밤중까지 대왕의 근심은 더욱 무거워지고 있습니다. 신이 듣건대 임금이 근심하면 신하는 치욕으로 여겨야 하고 임금이 치욕을 당하면 신하는 죽어야 한다고 했습니다. 아직까지 대왕의 신하 중에는 충성을 다해 기이한 계책을 써서 태공의 수레를 귀환시키거나, 대의를 실천하고 절개를 다해 항우의 악랄한 야심을 꺾은 사람이 없습니다. 신은 세상 사람들이 우리 한나라에 인재가 없다고 수군댈 것이 걱정입니다. 이 모든 것은 신들의 죄입니다. 신이 먼저 나라를 욕되게 한 죄를 받고자 합니다."

한왕이 탄식하며 말했다.

"나는 효성도 부족하고 용기도 부족하오. 태공께서 초나라 군영에서 밖으로 끌려다니며 치욕을 당하신 지 벌써 3년이나 되었소. 나는 천하대계를 생각하느라 아직 죽지도 못하고 있소. 그래서 나는 아침부터 밤까지 애달프게 동쪽을 향해 아버지를 그리워하고 있소. 어찌하면 좋겠소?"

후공이 말했다.

"비록 신은 불민하오나 대왕께서 가죽 수레 1승乘과 기마병 10명을 빌려주시면 아침에 초나라 성벽으로 치달려가서 저녁에 태공과 함께 수레를 타고 돌아오겠습니다. 그렇게 하시겠습니까?"

한왕은 심하게 꾸짖으며 말했다.

"썩어빠진 유생이로구나! 어찌 그리 쉽게 말을 내뱉는가? 며칠 전 천하의 변론가인 육가를 저들에게 파견했으나 그는 지혜가 궁해지고 언변이 막혀 머리를 싸매고 쥐구멍을 찾다가 낭패한 몰골로 돌아와 겨우 목숨을 건졌다. 그런데 네 어찌 쉽게 말하는 것인가?"

후공이 말했다.

"어떤 일을 반드시 해내리라 기대했던 사람이 달성하지 못하면 기운이 상하고, 성공할 것으로 믿었던 일을 그르치면 신념이 꺾입니다. 대왕께서는 며칠 전 육가를 보내실 때 반드시 해낼 수 있는 사람이며 성공할 수 있는 일이라는 기대를 가지셨습니다. 그런데 육가가 곤욕을 치르고 돌아왔기 때문에 지금 대왕께서는 기운이 상하고 신념이 꺾이게 된 것입니다. 그러니 신을 천시하시는 것은 당연한 일입니다. 또한 대왕께서는 육가에게서 믿음을 잃으셨으므로 사신으로 보낼 만한 인물이 없어 걱정하고 경계하시는 것입니다. 그러나 이것은 태공이 돌아올 기약이 없음을 드러내는 태도이며, 또 천하에 쓸 만한 선비가 없다고 생각하는 모습입니다."

한왕이 말했다.

"내 어찌 어버이를 잊었겠느냐. 네 따위가 어찌 이 일을 처리할 수 있겠느냐. 또 항왕은 음험하고 불인不仁한 자인데 헛되이 심기를 건드렸다가 결국 (우리 아버지께선) 그자와 썩어문드러지도록 함께 살아야 할 것이다."

후공이 말했다.

"옛날 조趙나라 평원군平原君은 진秦나라의 침략에 고통을 당하다가 초楚나라와 합종책을 맺으려고 동반할 사람 20명을 모집했습니다. 대체로 집안의 식객 수천 명 가운데 19명을 뽑았으나 한 명을 채우지 못했습니다. 그때 가장 말석에 있던 문객 모수毛遂가 함께 가기를 청했습니다. 그는 신분이 낮았으나 평원군은 가리지 않고 동행하게 했습니다. 강국 초나라에 도착하자마자 모수는 조정에 서서 초왕을 꾸짖으며 유세하여 합종책을 확정하는 공적을 이루었습니다. 이전에 조왕趙王 무신武臣이 연燕나라에 포로가 되었을 때 그의 신하 진여陳餘와 장이張耳는 엄밀히 인선한 사신을 보내 조왕의 귀환을 요청했습니다. 그렇게 보낸 사람이 열 무리나 되었지만 한 명도 조왕을 데려오지 못했습니다. 그런데 하인 하나가 사신으로 가기를 청하더니 아침밥이 지어지기도 전에 조왕과 함께 수레를 타고 귀환했습니다. 이것은 대왕께서 익히 아시는 일입니다. 신은 오늘 대왕의 모수와 하인이 되기를 원하는데, 대왕께서는 유감스럽게도 어찌 평원군, 진여, 장이의 견문에 의지할 수 없다고 생각하십니까?"

한왕이 말했다.

"좋다!"

그리고 바로 수레 10승과 기마병 100명을 정비하여 후공과 함께 보냈다. 후공은 초나라로 가서 새벽에 군영의 문을 두드렸다. 그는 항왕을 배알하며 말했다.

"신이 듣건대 한왕의 부친 태공을 포로로 잡으셨다니, 신이 생각하기로 대왕께서 한나라에 승리할 수 있는 방법을 얻은 것을 경하드립니다. 그런데 며칠 전 한왕이 사신을 보내 태공의 귀환을 요청했을 때 대왕께서는 허락하지 않으시고 삶아 죽이겠다고 하셨습니다. 신이 생각하기로 이것은 대왕께서 초나라를 긍휼히 여기지 않는 일이므로 조문을 드립니다."

황왕은 눈을 부릅뜨고 대로하여 후공을 꾸짖었다.

"네놈이 스스로 무덤을 파는구나! 네 주인을 위해 유세를 한다면서 요행을 바라려 하느냐? 내가 친히 너와 겨뤄보리라! 그 아비를 잡은 것이 진실로 기꺼운 일이라더니 내가 초나라를 긍휼히 여기지 않는다고 말한 것은 무슨 까닭이냐?"

후공이 말했다.

"신은 미천한 몸으로 한나라의 사신이 되어 대왕을 알현하고 있으므로 대왕께서는 신이 한나라를 위해 유세하는 것이 초나라에도 충성하는 것이라 생각하지 못하실 것입니다. 대왕께서는 잠시 신의 말을 들어주십시오. 만약 제 말이 쓸 만하다면 초나라와 한나라에 큰 이익이 될 것이고 두 군왕에게도 지극한 기쁨이 될 터이니, 이 어찌 신의 사사로운 행운에 그치겠습니까? 그러나 제 말이 쓸모가 없다면 신은 천천히 저 뜨거운 솥으로 걸어 들어가 태공의 팽형烹刑을 뒤따르게 될 것입니다. 신을 그렇게 죽여도 늦지는 않을 것입니다."

항왕이 말했다.

"태공이 돌아갈 수 없음은 틀림없는 사실이다. 너는 이제 무슨 말을 하려느냐?"

후공이 말했다.

"대저 한왕은 자신의 권리를 대왕께 빼앗기자 원망을 품고 서쪽 한중으로 갔습니다. 그런 후 고향으로 돌아가려는 병사들의 소망에 순응하고, 씩씩한 호걸 대오를 거둬들이고, 양梁 땅과 한중의 군사를 모두 동원하고 파촉巴蜀의 식량을 운반해 와서 삼진三秦을 병탄하고 제나라와 위나라를 평정했습니다. 그리고 날마다 군사를 이끌고 동진하여 하루아침에 대왕과 천명을 겨루려 하고 있습니다. 대왕께서 한왕의 뜻을 살펴보십시오. 한왕이 천하를 통일하고, 제후의 조공을 받고, 종묘사직을 세우고, 황제의 명칭을 정해 만세의 대업을 이루려 하겠습니까? 아니면 구구하게 필부의 절개나 따르며 증삼曾參의 효도를 행하는 데 그치려 하겠습니까? 또 한왕은 군사를 합치고 보루를 연결한 후 초나라와 거듭된 전투로 자웅을 겨루어 천하의 삼분의 이를 차지하고 있습니다. 대왕께서는 군사도 꺾이고 장수도 잃어 스스로를 구하기에도 겨를이 없습니다. 무릇 기책을 운용하고 승부수를 던져 대왕의 강적이 된 것은 한왕과 그의 장수들의 일처리가 훌륭해서입니까? 아니면 태공이 그렇게 만든 것입니까? 이것은 보통 사람이나 어린아이라도 알 수 있는 이치입니다. 태공은 단지 보잘 것 없는 사람일 뿐이므로 그가 초나라와 한나라의 경중을 좌우할 수는 없습니다. 대왕께서 다행히 그를 포로로 잡으셨지만 화가 될지 복이 될지는 그를 어떻게 이용하느냐에 달려 있습니다. 타당한 방법을 얻어서 이용하면 강해질 수 있지만, 그렇지 못하면 망할 뿐더러 그를 포로로 잡지 않은 것만 못하게 될 것입니다. 대왕께서 그를 오래 억류하고 계신 까닭은 본래 한왕에게 요구하는 바가 있어서이며, 그렇게 요구하는 것이 맞는 일입니다. 그러나 요구하여 결과를 얻을 수 있다면 그 권위는 나에게 있지만, 요구하여 결과를 얻을 수 없으면 상대방에게 권위가 있게 됩니다. 권위를 갖기 위해서는 싸워서 반드시 이겨야 합니다. 저들에게 요구하는 것은 명분이고, 태공을 송환하는 것은 실

초 망

리입니다. 대왕께서 명분으로써 뜻을 이룰 수 없다면 실리에서 조속히 효과를 얻을 수 있어야 합니다. 두 가지를 모두 잃고 스스로 우환을 남겨서는 안 됩니다. 이러한 까닭에 신은 대왕을 위해 이 일을 신중히 처리하려는 것입니다. 대왕께서는 일찍이 태공을 도마 위에 올려놓고 한왕에게 명령을 내린 적이 있지만 한왕은 이렇게 대답했습니다. '태공을 반드시 삶아 죽이겠다면 내게도 그 고깃국을 나눠주기 바란다.' 이 말은 친애하는 부자 관계에서 동떨어진 것입니다. 또 한왕이 바야흐로 팽성에서 곤경에 처했을 때 두 자식과 함께 수레를 타고 달아나다가 그들을 밀어서 떨어뜨리고 돌아보지 않았다고 합니다. 이러한데 그가 부친을 대하는 태도가 자식을 대하는 태도와 같지 않다고 어찌 장담하겠습니까? 태공이 초나라에 구금된 지 3년이 지났습니다. 그가 부친을 생각하는 마음이 도탑다면 무기를 버리고 갑옷을 벗은 채 무릎걸음으로 초나라 군문으로 기어와 부친을 위해 머리를 조아리고 하루의 목숨이라도 구걸해야 할 것입니다. 그러나 그는 지금 군사를 다그치고 전투를 독려하는 데 급급하여 초나라와의 전쟁에만 골몰하고 있습니다. 이것은 천하에 뜻을 둔 행동이지 부친을 위한 행동이 아닙니다. 그런데 지금 대왕께서는 태공을 돌려보내지 않은 채 실리와 명분까지 얻으려 하시니 초나라를 긍휼히 여기지 않으신다고 신이 말씀드린 것입니다."

항왕은 다소 노기를 누그러뜨리며 천천히 말했다.

"진실로 내가 원수로 여기는 자는 한왕일 뿐이오. 그의 부친이 무슨 관계가 있겠소? 또 한왕은 여러 번 자기 자신을 나의 수중에 맡기었소. 그러나 나는 항상 그를 쉽게 풀어줬소. 그런데 지금은 동쪽을 향해 초나라를 멸망시킨 후에야 싸움을 그치겠다고 말하고 있소. 그래서 나는 그를 증오하게 되었고, 그의 부친을 죽여 젓갈을 담가 한때의 쾌감이라도 느끼려는 것이오. 그러니 어떻게 그를 돌려보낼 수 있겠소?"

후공이 말했다.

"외람스럽지만 대왕께서 은혜를 베푸시어 신의 말에 귀 기울여주시면 신이 그 일의 불가함을 말씀 올리겠습니다. 가장 먼저 대의의 기치를 세우고 포악한 진나라를 토벌한 나라는 오직 초나라였습니다. 대대로 현명한 행동을 하며 천하에 명성을 드날린 나라도 오직 초나라였습니다. 천하의 호걸들이 앞 다투어 투신하려던 나라도 오직 초나라일 뿐입니다. 튼튼한 갑옷에 날카로운 무기를 들고 병졸들보다 앞장섬으로써 가는 곳마다 적을 물리치는 데는 대왕보다 뛰어난 자가 없었습니다. 강인한 병사와 용감한 장수들을 거느리고 백전백승한 싸움 또한 대왕보다 뛰어난 사람이 없었습니다. 제후들을 두려움에 떨게 하고 오직 명령을 시행하는 데에 대왕보다 뛰어난 사람이 없었습니다. 땅을 가르고 제후국을 점거하며 수십 개 성을 공략하는 데에도 대왕보다 뛰어난 사람이 없었습니다. 대왕께서는 이런 훌륭한 능력으로 천하를 호령하고, 제후의 조공을 받고, 황제의 명칭을 세우시고자 오늘날까지 기다린 것 아니겠습니까? 그러나 8년을 그렇게 하시는 동안 지혜는 막히고 군사들은 패배하여 강역은 나날이 축소되었으니, 이제 한나라보다 약세에 놓이게 되었습니다. 대왕께서는 이렇게 실패한 까닭을 일찍부터 알고 계셨습니까?"

항왕이 말했다.

"나는 그동안 그 까닭을 몰랐소. 그것은 공의 말이 맞소. 공께서 내가 실패한 까닭을 말씀해보시오."

후공이 말했다.

"대왕께서는 도박에 대해 알고 계십니까? 가진 돈이 비슷하면 배짱이 비슷해지고, 배짱이 비슷해지면 상대방과 대적할 수 있으니, 그때에는 한순간에 승부의 기세를 결정해야 합니다. 지금 대왕께서는 한나라와 도박을 하고 계십니다. 그런데 자리를 깔고 맨손으로 준비를 해놓았는데 패를 돌리기도 전에 갑자기 자신의 밑천을 상대에게 넘겨줘버린다면 막상 판이 시작되었을 때는 밑천이 모자라고 배짱이 사라져 빈손으로 상대와 겨루게 되어 대왕의 승세는 사라져버릴 것입니다. 대저 인의예지仁義禮智는 천하를 얻을 수 있는 밑천이요, 적을 제압할 수 있는 도구입니다. 그런데 대왕께서는 밑천과 도구를 내버린 채 이제 할 수 있는 게 없다고 여기십니다. 이런 까닭에 한나라가 이 모든 것을 얻어서 틀어쥐고 있습니다. 이에 저들이 스스로 군사를 이끌고 동쪽으로 진격하면서도 대왕을 아예 없는 사람처럼 간주하는 까닭입니다."

항왕이 말했다.

"밑천과 도구를 내버렸다는 게 무슨 말씀이오?"

후공이 말했다.

"대저 진나라 백성이 삶을 영위하지 못하게 된 지는 오래되었습니다. 한왕은 관중으로 들어가 그들의 재산에는 추호도 손대지 않고 진나라의 엄격한 법망을 풀어주기 위해 '약법삼장約法三章'을 시행했습니다. 백성은 크게 기뻐하며 한왕이 진나라의 왕이 되지 못할까 두려워했습니다. 그런데 대왕께서 관중에 들어오셔서는 재산에 불을 지르고 사람을 도륙하여 진나라 때보다 더 혹독하게 했으니 진나라 사람들이 실망한 것입니다. 사람들이 어찌 이런 행동을 어질다 여기겠습니까? 또 처음에 대왕과 제후들은 관중에 먼저 들어간 자가 그곳의 왕이 되기로 회왕과 약속했습니다. 한왕은 죽음을 무릅쓰고 일생의 계책을 내어 함곡관에서 결전을 벌인 후 진나라 임금을 사로잡고 대왕을 기다렸습니다. 그러나 대왕께서는 약속을 어기고 그를 남정南鄭으로 좌천시켰습니다. 사람들이 어찌 이런 행동에 신의가 있다고 여기겠습니까? 대왕의 집안은 대대로 초나라 장수를 지냈고, 대의의 깃발을 내건 뒤에는 이전 왕실의 후사를 세우지 않고는 천하를 호령할 수 없다 하여 회왕을 옹립한 뒤 명령을 따르겠다고 했습니다. 그런데 천하가 안정되자 억지로 회왕을 의제義帝로 추대하더니 추방하여 살해했습니다. 사람들이 이런 행동을 어찌 의롭다고 여기겠습니까? 범증의 충성, 진평의 지혜, 한신의 용기는 걸출한 자질이라 할 만합니다. 그래서 천하를 다투는 인재들은 자신의 존망存亡을 결정할 수 있는 사람으로 이 세 사람을 듭니다. 그러나 범증은 의심을 받아 죽었고, 진평과 한신은 버려진 채 등용되지 못했습니다. 사람들이 이런 행동을 어찌 지혜롭다고 여기겠습니다. 이러한 까닭에 한왕이 관중으로 들어갔을 때 천하 사람들은 그의 어진 행동에 귀의했고, 그가 다시 돌아와 삼진을 평정하자 천하 사람들은 그의 신의 있는 행동에 귀의했고, 또 의제를 위해 소복을 입고 장례를 치르는 의로운 행동에 귀의했고, 진평과 한신을 임용하는 지혜로운 행동에 귀의했습니다. 이 네 가지는 대왕께서 갖고 있던 밑천이자 도구였으나, 그것

초 망

들을 내버리고 쓰지 않았기 때문에 한나라에서 얻어 단단히 틀어쥐고 있습니다. 이러한 까닭에 대왕께서는 아직까지도 수레를 멈출 수 없는 것입니다. 지금 형세에서 한왕은 자본이 두둑한 부자이고, 대왕은 빈궁한 사람입니다. 천하 사람들은 시장에 온 사람들입니다. 사람들은 빈궁한 사람을 따르지 않고 자본이 두둑한 부자를 따르게 마련입니다. 지금 대왕이 의지할 만한 하나의 자본은 태공으로, 이는 하늘이 초나라를 돕기 위한 것입니다. 그런데 오늘 태공을 돌려보내지 않고 구구한 신의만 내세우며 아침저녁의 위급함만 해소하려 하시니, 신은 한나라 사람들이 더욱 분노하는 가운데 전사들까지 우리를 배반할까 두렵습니다. 이것은 대왕께서 또 마지막 자본을 한나라에게 던져주는 일이라 장차 아무것도 가진 것 없이 가난뱅이로 전락하게 될 것입니다. 이것이 바로 신이 대왕을 한심하게 여기는 까닭입니다. 대저 남을 제압하는 일과 남에게 제압당하는 일, 그리고 남을 이기는 일과 남에게 패배하는 일을 어찌 함께 거론할 수 있겠습니까? 대왕께서 깊이 생각해주시기 바랍니다."

항왕이 말했다.

"과인이 한나라에 은혜를 베푸는 것도 이제 한계에 도달했소. 태공을 돌려보내는 순간 유방은 나를 배반할 것이오. 그의 부친이 여기에 있는데도 날마다 싸움을 몰아붙이는데 태공이 돌아간다면 그의 기세를 더욱 북돋워줄 뿐이오."

후공이 말했다.

"그렇지 않습니다. 신이 듣건대 적을 포용하는 사람은 강해지고 적을 분노케 하는 자는 망한다고 합니다. 지금까지 대왕께서는 한나라를 품어서 제어하지 못하고, 분노를 촉발시켜 싸우려고만 하고 있습니다. 신의 생각으로는 하늘이 대왕의 고충을 수렁에 빠뜨려 장차 외로운 초나라를 끝장내려 하는 듯합니다. 대왕께서 진실로 은혜로운 마음으로 한 사신을 시켜 태공을 호송하게 하고 또 한왕에게 이렇게 말을 전하십시오. '지난날 태공께서 외지에서 유랑하다가 우리 군영으로 흘러와 기거하게 되었고, 우리가 그분의 세수와 목욕을 시봉한 지 3년이 지났소. 그런데 한왕께서는 바야흐로 그것이 잘못되었다고 심하게 질책하시는구려. 그러한 까닭에 우리 군신君臣 모두는 태공의 귀환에 대해 논란을 벌이지 않기로 했소. 이제 한왕께서 칙령으로 어가를 보내 태공을 맞아 가시오. 과인은 한왕께서 아침저녁으로 태공께 문안인사를 여쭙고 시봉하는 기쁨이 오래 지연될까 걱정스러울 뿐이오. 어찌 과인이 한왕의 명령을 받들지 않을 수 있겠소. 삼가 나의 신하로 하여금 태공의 수레를 호송하여 환궁하게 해드리겠소. 과인도 오늘부터 한왕과 더불어 원한과 허물을 떨쳐버리고 옛날의 우호를 지속할 수 있기를 바라오. 한왕께서 과인에게 보답할 것이 있는지는 저 하늘과 땅이 알고 있을 것이오.' 이와 같이 했는데도 한나라가 갑옷을 벗고 무장을 풀어 대의에 보답하지 않는다면 그 잘못은 저들에게 있게 됩니다. 이를 기회로 대왕께서는 병졸을 호령하여 한왕을 추격하십시오. 이것이 옛날 진秦나라가 진晉 혜공惠公*을 사

---

* 춘추시대 진晉나라 군주. 진 헌공獻公과 소융小戎 윤씨允氏의 딸 사이에서 태어났다. 진晉 문공文公의 이복동생이나 문공이 보위를 사양하여 진나라 임금이 되었다. 진秦 목공穆公의 도움으로 즉위했으나 목공과의 약속을 배반했고, 목공의 도움 요청을 거절했다. 이후 한원韓原 전투에서 대패하고 목공의 포로가 되었다.

초 망

로잡은 방법입니다. 지금 대왕께서는 신의 말에 귀 기울인 것을 욕스럽게 여기지 않으셨으나, 이제 신이 태공의 귀환 명령을 받지 못하고 돌아간다면 한왕은 군영 앞에서 통곡하며 이렇게 말할 것입니다. '초나라가 우리를 원수로 여기는 마음이 깊다. 사신은 다시 돌아왔으나 태공께선 돌아오지 못하셨다. 나는 대의를 높이 내걸고 잔적을 제거하고 만민을 구제하겠노라 선언했는데 결국 불구대천의 원수만 만들었으니 무슨 면목으로 천하 사람을 볼 수 있겠는가? 오늘날 초나라가 있으면 한나라는 존재할 수 없고, 한나라가 있으면 초나라는 존재할 수 없게 되었다. 내 장차 초나라 군대의 앞에서 죽는 한이 있더라도 다시 돌아오지 않을 것이다.' 한왕은 이런 감정으로 병사들의 마음을 분노케 하고 무기를 정비하여 초나라 군사를 추격할 것입니다. 이것이 옛날에 오자서伍子胥가 초 평왕의 시신에 매질*한 방법입니다."

항왕이 말했다.

"좋소. 공의 말에 따라 지금은 태공을 삶아 죽이지 않겠소. 공은 돌아가서 한왕에게 군사를 풀라고 하시오. 내가 그 즉시 태공을 돌려보내겠소."

후공이 말했다.

---

* 오자서, 기원전 559~기원전 484, 본명은 오운伍員이고 자가 자서子胥다. 본래 초나라 사람으로 부친은 초나라 태사太師 오사伍奢이고, 형은 초나라 당군棠君 오상伍尙이다. 아버지와 형이 모두 초 평공平公의 간신 비무기費無忌의 참소를 받아 억울하게 죽었다. 오자서는 원한을 품고 송나라와 정나라를 거쳐 오나라에 정착했다. 그는 오왕 합려闔閭를 패자霸者로 만들었고, 원한을 갚기 위해 초나라로 쳐들어가 종묘사직을 파괴하고 평왕의 시신에 매질을 했다. 나중에 오왕 부차夫差와 불화하여 부차가 내린 촉루검으로 자결했다.

"그 또한 불가한 일입니다. 지혜는 빠른 결단이 필요하고, 용기는 반드시 실천이 필요합니다. 신속히 결단하면 후회가 없고 반드시 실천하면 공적을 놓치지 않습니다. 초나라의 용장 왕릉王陵이 한나라로 망명하자 대왕께서는 그를 불러들이려 그의 모친을 구금하셨습니다. 그러나 그의 모친은 비분강개한 모습으로 사자를 마주하고는 아들을 위해 거취의 대의를 설파한 뒤 아들이 돌아오지 못하도록 칼 위에 엎어져 죽었습니다. 이 때문에 천하 사람들은 그의 모친을 어질고 지혜롭다고 생각하며 죽음을 애도하지 않는 사람이 없었습니다. 지금 태공은 대왕의 군영에 유폐되어 우울하게 지낸 지 오래되었습니다. 그런데 오늘 사신이 왔다가 되돌아갔다는 소문을 들으면 자신이 사면되지 못한다고 생각할 것입니다. 신이 생각하옵건대 태공이 의지할 데 없는 이 상황에 오랜 분노와 치욕을 이기지 못하고 하루아침에 자결함으로써 왕릉의 모친이 실행에 옮겼던 대의를 따른다면 대왕께서는 후회하게 될 것입니다. 이렇게 되면 한나라 군사의 예봉을 돌릴 수 없을 것입니다. 신은 듣건대 올 때 놓쳐서는 안 되는 것은 시운時運입니다. 실행할 때를 놓쳐서는 안 되는 것이 기회입니다. 지금 대왕께서는 식량이 부족하고 군사가 지쳐 있어 한나라와 맞설 수 없지만 한신의 군대는 승승장구의 예봉으로 진군해올 것입니다. 그런 상황이 되면 대왕께서 군사를 풀고 동쪽으로 돌아가려 해도 할 수 없을 것입니다. 신은 바라옵건대 대왕께서 이번 시운에 맞춰 그 기회를 잘 이용하여 태공을 조속히 돌려보내시고, 한왕과 약속을 정하여 천하를 중간에서 나눠 홍구鴻溝 서쪽은 한나라 땅으로 삼고 그 동쪽은 초나라 땅으로 삼으십시오. 그런 후 갑옷을 벗고 어전에 올라 동제東帝란 칭호를 쓰면서 동방의 제후를 어루만지십시오. 또 군사들을 쉬게 하고 군량미를 비축하면서 천하의 변화를 기다리십시오. 한왕은 늙었고 전쟁을 싫어하므로 무엇을 더 바라겠습니까? 그저 대대로 대왕의 서쪽 울타리가 되어 초나라를 섬길 것입니다."

항왕은 크게 기뻐했다. 항왕은 후공의 계책을 듣고 그를 상객上客으로 삼고 태공을 불러와 술을 마련하고 성대한 잔치를 벌이며 사흘 동안 즐긴 후 귀환하게 했다.

태공과 여후가 도착하자 한왕은 몹시 기뻐했고 군사들은 모두 만세를 불렀다. 한왕은 그날 바로 후공을 평국군平國君에 봉하면서 이렇게 말했다.

"이분은 천하의 변론가다. 이분이 가서 거주하는 곳은 나라가 기울 것이다. 이 때문에 평국군이라 부르고자 한다."

代侯公說項羽辭

蘇軾

漢與楚戰, 敗於彭城. 太公間走, 見獲於楚. 項羽常置軍中以爲質. 漢王遣辯士陸賈說項羽請之, 不聽. 後遣侯公, 羽許之, 遂歸太公. 侯公之辯, 過陸生矣. 而史闕其所以說羽之辭, 遂探其事情以補之, 作『代侯公說項羽辭』.

漢王四年, 遣辯士陸賈東說項王, 請還太公. 項羽弗聽, 賈還. 漢王不懌者累日. 左右計無所出. 侯公在軍中, 而未知名, 乃趨進而言曰:

"秦爲無道, 荼毒天下, 戮人之父, 刑人之子, 如刈草菅. 大王奮不顧身, 建大義, 除殘賊, 爲萬民請命. 今秦氏已誅, 天下且定, 民之父子室家, 皆得保完以相守也, 其慶大矣. 宜與太公享萬歲無窮之歡. 不幸太公拘於強仇, 以重大王夙夜之憂. 臣聞主憂臣辱, 主辱臣死. 大王諸臣, 未有輸忠出奇, 以還太公之屬車, 蹈義死節, 以折項羽之狼心者, 臣恐天下有以議漢爲無人矣, 此臣等之罪也. 臣願先即辱國之誅." 漢王嘻曰:"吾惟不孝不武, 而太公暴露拘辱於楚者, 三年矣. 吾重念天下大計, 未獲即死之, 此吾所以早夜痛心疾首東向而不忘也. 顧爲之奈何?"

侯公曰:

"臣雖不敏, 願大王假臣革車一乘, 騎卒十人, 臣朝馳至楚壁, 而暮與太公驂乘而歸, 可乎?"

漢王慢罵曰:

"腐儒, 何言之易也. 夫陸賈天下之辯士, 吾前日遣之, 智窮辭屈, 抱頭鼠竄, 顚狽而歸, 僅以身免. 若何言之易也!"

侯公曰:

"待人以必能者, 不能, 則喪氣. 倚事之必集者, 不集, 則挫心. 大王前日之遣賈也, 恃之爲必能之人, 望之有必集之事. 今賈乃困辱而歸, 是大王氣喪而心挫也, 宜有以深鄙臣也. 且大王一失任於陸賈, 乃遂懲艾以爲無足使令者, 是大王示太公之無還期, 待天下爲無士也."

漢王曰:

"吾豈忘親者耶, 顧若豈足以辦此? 且項王陰忮不仁, 徒觸其鋒, 與之俱靡耳."

侯公曰:

"昔趙平原君苦秦之侵, 欲結楚從也, 求其可與從適楚者二十人. 蓋擇於門下也, 食客數千, 得十九焉, 其一人無得也, 最下客毛遂請行. 平原君不擇而與之俱, 卒至強楚, 廷叱其王, 而定從於立談之間者, 毛遂功也. 日者, 趙王武臣見獲於燕, 以其臣陳餘·張耳之賢, 擇人請王, 往者十輩, 無一返者. 終於養卒請行, 朝炊未終, 乃與趙王同載而歸. 此大王之所知者. 臣乃今日願爲大王之毛遂·養卒, 大王何慊不辱平原·餘·耳之聽哉."

漢王曰:

"善."

即飭車十乘, 騎卒百人, 以遣侯公.

侯公至楚, 晨扣軍門, 謁項王曰:

"臣聞漢王之父太公爲俘囚, 臣竊慶大王獲所以勝於漢者. 前日漢王遣使請之, 而大王不與, 至將烹焉, 臣竊吊大王似不恤楚矣."

項王瞋目大怒, 叱侯公曰:

"若自薦死, 乃欲爲而主行說以僥幸也. 且吾親與人角, 而獲其父, 固將甘心焉. 今乃言無恤者, 何也?"

侯公曰:

"臣以區區之身, 備漢之使, 而有謁於大王, 故大王以臣爲漢遊說而忘忠楚也. 大王試幸聽之. 使其言有可用, 則楚漢之大利, 兩君之至歡, 豈臣之私幸也. 使其言無可用, 則臣徐蹈鼎鑊, 以從太公之烹, 蓋未晚也."

項王曰:

"太公之不得歸必矣, 若將何言?"

侯公曰:

"夫漢王失職, 怏怏而西, 因思歸之士, 收豪傑之伍, 舉梁漢之師, 下巴蜀之粟, 並三秦, 定齊魏, 日引而東, 以與大王決一旦之命, 大王視其志, 固將一天下, 朝諸侯, 建七廟, 定大號, 爲萬世基業耶? 抑將區區徇匹夫之節, 爲曾參之孝而已者耶? 且連兵帶壘, 與楚百戰以決雌雄, 乃有天下三分之二, 大王軍覆將死, 自救不暇, 凡所以運奇決勝爲大王之勍敵者, 在漢王與諸將了事耶? 抑太公實爲之也耶? 雖庸人孺子固知之. 然則太公, 獨一亡似人耳, 不足爲楚·漢之輕重. 大王幸虜獲之, 而禍福實系焉, 視其用之如何耳. 得所以用而用之者強, 失所以用而用之者亡. 苟爲失其所用, 未若不獲之爲善也. 大王所以久拘而不歸者, 固以要之. 要之誠是也. 且要而能致之, 則權在我. 要而不能致, 則權在人. 權之所在, 以戰必克. 則要者, 名也; 歸者, 實也. 大王苟不得志於名, 當速效於實, 無爲兩失而自遺其患. 是以臣竊爲大王慎惜此舉也. 大王固嘗置之俎上而命之矣, 彼報之曰:'必欲烹之, 願分一羹焉.' 且父子相愛之情, 豈相遠哉. 方漢王窘於彭城, 二子同載, 推墮捐之, 弗顧也, 安知其視父不與子同也. 太公之囚楚者, 三年矣, 彼誠篤於愛父, 固將捐兵解甲, 膝行頓顙楚之轅門, 爲之請一旦之命, 今勵士方力, 督戰方急, 無一日而忘與楚從事, 此其志在天下, 無以親爲也. 大王今不歸之, 以收其實, 將久留之, 以執其名, 故曰似不恤楚也."

項王怒氣少息, 徐曰:

"顧吾所仇者漢王爾, 其父何與耶? 且漢王親以其身投吾掌握者, 數矣, 我常易而釋之, 今乃曰東向必欲亡楚而後已, 故吾深仇之, 欲菹醢其父, 聊快於一時, 況與之歸耶?"

侯公曰:

"辱大王幸賜聽臣, 臣請言其不可者. 夫首建大義誅暴秦者, 惟楚. 世爲賢明顯名於天下者, 惟楚. 天下豪傑樂從而爭赴者, 惟楚. 被堅執銳爲士卒先, 所向摧靡, 莫如大王. 兵強將武, 百戰百勝, 莫如大王. 諸侯畏懼, 惟所號令, 莫如大王. 割地據國, 連城數十, 莫如大王. 大王持此數者以令天下, 朝諸侯, 建大號, 何待於今. 然而爲之八年, 智窮兵敗, 土疆日蹙, 反爲漢雌. 大王嘗自知其所以失乎?"

項王曰:

"吾誠每不自知, 如公言焉, 公試論吾所以失者."

侯公曰:

"大王知夫博者事乎? 夫財均則氣均, 氣均則敵偶, 然後勝負之勢, 決於一時. 今大王求與漢博, 方布席徒手未及投地, 而驟以己資推遣之, 已而財索氣竭, 徒手而校之, 則大王之勝勢去矣. 夫仁義禮智, 所以取天下之資, 而制敵之具也. 大王乃棄資委具, 以爲無所事, 以故漢皆獲而收執之, 此所以自引而東, 視大王如無也."

項王曰:

"何謂棄資委具?"

侯公曰:

"夫秦民之不聊生久矣. 漢王之入關也, 秋毫無所犯, 解秦之罟, 約法三章, 民大慶悅, 惟恐其不王秦也. 大王之至, 燔燒屠戮, 酷甚於秦, 秦人失望, 何以爲仁? 大王始與諸侯受約懷王, 先入關者, 王之, 漢王出萬死不顧一生之計, 叩關決戰, 降俘其主, 以待大王, 而大王背約, 遷之南鄭, 何以爲信? 大王以世爲楚將, 方擧大義, 不立其後, 無以令天下, 遂共立懷王而棄聽之, 及天下且定, 乃陽尊爲帝而放殺之, 何以爲義? 以范增之忠, 陳平之智, 韓信之勇, 皆人傑. 爭天下者, 視此三人爲之存亡. 然而增死於疑, 平·信去而不用, 何以爲智? 是以漢王於其入關也, 天下歸其仁. 其還定三秦也, 天下歸其信. 爲義帝縞素也, 天下歸其義. 其用平·信也, 天下歸其智. 此四者, 大王素有之資, 可畜之具, 惟其委棄而不用, 故漢皆得而收執之, 是以大王未得所以稅駕也. 方今之勢, 漢王者, 高資富室也. 大王者, 竇人也. 天下者, 市人也. 市人不趨竇人而趨高資富室, 明矣. 然則大王今日之資, 恃有一太公爾. 天所以相楚也. 今不歸之, 以伸區區之信義, 紓旦夕之急, 臣恐漢人怒氣益奮, 戰士倍我, 是大王又以其資遺漢, 且將索然而爲窮人矣. 此臣所以爲大王寒心也. 夫制人之與見制於人, 克人之與見克於人, 豈同日而語哉. 願大王熟計之."

項王曰:

"孤所以恩漢者亦至矣. 然去輒背我, 今其父在此, 猶日急鬥, 誠一旦歸之, 徒益其氣爾."

侯公曰:

"不然. 臣聞懷敵者強, 怒敵者亡. 大王於漢, 未能懷而制之, 乃欲怒而鬥之, 臣意天溺大王之衷, 將遂孤楚矣. 大王誠惠辱一介之使護太公, 且致言於漢王曰:'前日太公播越於外, 羈旅敝軍, 獲侍盥沐者三年於茲, 而君王方深督過之, 是以下國君臣未敢議太公之歸. 今君王敕駕迎之, 孤恐久稽君王旦暮問安侍膳之歡, 敢不承令, 敬遣下臣衛送太公之屬車以還行宮. 孤亦願自今之日, 與君王捐忿與瑕, 繼平昔之歡, 君王有以報不穀者, 皇天後土, 實與聞之.' 如此而漢不解甲罷兵以答大義, 則曲在彼矣. 大王因之號令士卒, 以趨漢王, 此秦所以獲晉惠公也. 今大王不辱聽臣, 臣無所受命而歸, 漢王固將慟哭於軍曰: '楚之仇我者深矣, 使者再返, 而太公不歸矣, 且號爲擧大義, 除殘賊, 拯萬民, 終之有不共戴天之仇, 何面目以視天下, 今日之事, 有楚無漢, 有漢無楚, 吾將前死楚軍, 不返顧矣.' 漢王持此感怒士心, 整甲而趨楚軍, 此伍子胥所以鞭平王之屍也."

項王曰:

"善. 吾聽公, 姑無烹. 公第還, 語而主令罷兵, 吾今歸之矣."

侯公曰:

"此又不可. 夫智貴乎早決, 勇貴乎必爲. 早決者無後悔, 必爲者無棄功. 王陵, 楚之驍將也, 一旦亡去漢, 大王拘執其母, 將以還陵也, 而其母慷慨對使者爲陵陳去就之義, 敕陵無還, 遂伏劍而死. 故天下皆賢智其母, 而莫不哀其死也. 今太公幽囚鬱抑於大王之軍, 久矣. 今聞使者再返, 而大王無意幸赦還之, 臣竊意其變生於無聊, 不勝恚辱之積, 一旦引決, 以蹈陵母之義, 則大王追悔前失, 雖欲回漢軍之鋒, 不可得矣. 臣聞來而不可失者, 時也. 蹈而不可失者, 機也. 方今大王糧匱師老, 無以支漢, 而韓信之軍, 乘勝之鋒, 亦且至矣, 大王雖欲解而東歸, 不可得矣. 臣願大王因其時而用其機, 急歸太公, 與漢王約, 中分天下, 割鴻溝以西爲漢, 以東爲楚. 大王解甲登壇, 建號東帝, 以撫東方之諸侯, 亦休兵儲粟, 以待天下之變. 漢王老, 且厭兵, 尙何求哉, 固將世爲西藩, 以事楚矣."

項王大悅. 聽其計, 引侯生爲上客, 召太公, 置酒高會三日而歸之.

太公·呂后旣至, 漢王大悅, 軍皆稱萬歲. 卽日封侯公平國君, 曰:

"此天下辯士, 所居傾國者, 故號平國君焉."

단장설 하短長說 下

왕세정王世貞

『단장설』은 상, 하 양편으로 나뉘어 있고 총 40칙則 14만868자다. 내용은 역사 이야기다. 상편은 23칙으로 전국 시대 중후반에서 진秦나라 멸망까지의 다양한 역사 일화를 서술하고 있다. 하편은 17칙으로 초한楚漢 전쟁에서 전한前漢 초년까지의 다양한 역사 일화를 서술하고 있다.*

『단장설』은 명나라 문호 왕세정이 기존 역사를 보완한 저작이다. 그는 옛 역사에 의지하는託古 형식에 기대 지하에서 역사를 보완할 만한 문자가 출토되었다고 공언하면서 죽간의 기록을 정리했다고 했다. 이 언급은 후대 독자들에게 적지 않은 곤혹감을 안겨줬다. 가장 최근의 연구에 근거할 때 이 책은 출토 문헌이 아니라 왕세정 자신의 창작임이 분명하지만, 그 내용은 결코 근거 없는 날조가 아니라 간접 자료를 이용하고 이미 알려진 사실史實에 근거하여 역사의 공백에 합리적인 추측과 상상을 가미한 것이다. 따라서 사료학적으로는 위서僞書임에 틀림없으나, 문학적으로는 의고문擬古文의 수작이다. 또 역사학적으로 진실에 상당히 근접해 있고, 철학

---

* 단장短長이란 말은 본래 어떤 사건이나 사물의 시비是非나 우열優劣을 비평한다는 뜻으로, 흔히 전국 시대 종횡가나 변론가의 유세를 대상으로 한다. 전국 시대를 다룬 역사 저작『전국책戰國策』을 '단장短長'이라 부르기도 한다.

적으로 논리적 진실성이 담겨 있다.

『단장설』은 왕세정의 문집 『엄주산인 사부고弇州山人四部稿』에 맨 처음 수록되었다. 명나라 만력萬曆 후기에 이광진李光縉(1549~1623)은 『사기평림史記評林』을 증보하고 개정할 때 『단장설』의 전문을 권두에 삽입했다. 오랜 세월이 흐르는 동안 이 책의 유통은 상당히 제한적이어서 학계에도 아는 사람이 많지 않고 관심을 기울인 사람도 드물었다. 나는 모든 역사는 추측과 상상에 기반하고 있다는 생각 아래 『초망楚亡』을 집필하는 과정에 이 책 하편의 내용을 많이 이용했다. 이에 이 책의 내용을 부록으로 게재한다. 게재한 문장은 일본 급고서원汲古書院에서 1972년에 출판한 『화각본 정사 사기和刻本正史史記』를 근거로 삼았다. 또 이 판본이 근거로 삼은 원본은 『사기평림』 이광진 증정본增訂本이다. 각 단락의 제목과 문자 교정은 나의 제자 후지타 유코藤田侑子의 석사 논문 「『단장설』 연구『短長說』的研究」에 근거했다.(이 논문의 일부가 2014년 『스지쓰석사논문보就實修士論文報』 13호에 실렸다.) (『단장설』 상上 23칙은 생략함)

『단장설』 하

왕세정이 말했다.

"제齊 땅 들판에서 밭을 갈던 사람이 무덤으로 보이는 땅에서 대전大篆으로 쓰인 죽간 한 질을 발견했는데, 그 제목이 「단장短長」이었다. 문장도 취할 만한 게 없었고, 기록된 사실도 군데군데 역사 기록과 어긋나 있었다. 유향劉向의 『전국책戰國策』 서문을 살펴보면 『전국책』을 다른 이름으로 국사國事, 단장短長, 장서長書, 수서修書라고도 한다 했다. 따라서 어쩌면 이것은 『전국책』에서 빠진 유세 책문策文은 아닐까? 그러나 진秦나라 및 전한 초기 일이 많이 실려 있으므로 문제文帝와 경제景帝 때의 호기심 많은 선비가 가탁假託해서 지은 것인 듯하다. 나는 이 글의 내용 중에 왕왕 영씨嬴氏(진秦)와 항씨項氏(초楚)를 칭송하고 화덕火德(한漢)을 깎아내리면서 황당하고 무리하게 묘사한 부분을 이상히 여겼다. 그러나 상산사호商山四皓*가 건성후建成侯 여석지呂釋之**를 위해 일했다는 것은 위조된 수식이라고 한 부분이나 회음후 한신이 반박 상소를 올리지 않았다고 한 대목은 거의 사리에 가까운 듯했다. 그리하여 이제 그것을 채록하여 패관잡기稗官雜記에 도움을 주고자 한다. 모두 40칙이다.

제24칙 '항왕신조제대부項王晨朝諸大夫' 장章

항왕이 새벽에 여러 대부와 조회를 열었다. 한생韓生이 항왕을 알현하며 말했다.

"대왕! 관중에서 왕이 되는 일에 마음을 두십시오. 관중은 사방이 요새이고 땅이 비옥해 도읍으로 삼을 만하니 놓쳐서는 안 됩니다!"

---

* 상산商山에 은거한 네 명의 늙은이라는 뜻. 동원공東園公 당병唐秉, 하황공夏黃公 최광崔廣, 기리계綺里季 오실吳實, 녹리선생甪里先生 주술周術을 가리킨다. 진시황이 임명한 70명의 박사 중 네 사람으로, 진나라 말기 혼란을 피해 상산에 은거했다. 한 고조가 태자 유영劉盈을 폐위하려 하자 장량長良의 초청으로 태자궁으로 내려와 유영이 태자 지위를 보존할 수 있도록 힘을 썼다고 한다. 그러나 이 글에서는 그런 전설은 사실이 아니고, 장량이 가짜 상산사호를 만들어 태자를 보호했다고 주장한다.
** 한 고조 유방의 부인인 여후의 둘째오빠. 황태자 유영을 보호하기 위해 노력했다. 유영은 나중에 보위에 올라 혜제惠帝가 되었다.

초망

항왕은 묵묵히 앉아 대답하지 않았다. 그러자 아보亞父(범증)가 말했다.

"한생의 말은 참으로 훌륭합니다! 진나라는 호랑이처럼 관중에 웅거한 채 동쪽을 바라보고 천하를 공격하면서 만세의 대업을 튼튼히 했습니다."

패공沛公(유방)이 소문을 듣고 놀라며 말했다.

"거의 맞는 말이다. 항왕은 호랑이인데 관중에 웅거하여 험준한 산을 등에 지고 천하 사람들을 어육魚肉으로 만들 기회를 엿보고 있다. 나도 그렇게 될 것이다."

자방子房(장량)이 말했다.

"두려워할 것이 없습니다. 항백項伯을 만나보십시오."

그리하여 밤에 항백을 만나 말했다.

"어떤 사인舍人이 대왕大王(항우)께서 관중에서 왕 노릇을 하려 하신다고 말했습니다. 패수灞水와 산수滻水* 가의 좋은 땅과 주택 그리고 과수원과 채마밭, 귀한 상점 중에서 가장 좋은 것을 그대는 마음대로 가질 수 있게 되었소. 재주 없는 나는 망명 온 노예의 처지이니 감히 그 우수리라도 받을 수 있도록 부탁드리겠소."

항백이 말했다.

"예예! 군후의 도움을 받았으니 아마도 몫이 있을 것입니다."

또 물었다.

"감히 묻건대 대왕께서 거느리는 군사는 얼마나 되오?"

---

* 장안長安의 위수渭水로 흘러드는 지류. 흔히 도성 근교를 가리키는 말로 쓰인다.

대답했다.

"40만은 탄탄합니다."

또 물었다.

"애초에 장강長江을 건너 북향하여 초나라 위해 싸운 군사는 얼마나 되오?"

대답했다.

"10만이 넘을 겁니다. 사람 중에 고향 떠나기를 좋아하는 것이 인지상정이겠습니까?"

말했다.

"인지상정이 아니오. 신성新城(신안) 전투에서 진나라 군사들 중 생매장 당한 군사는 얼마나 되오?"

대답했다.

"20만입니다."

또 물었다.

"20만의 아버지, 형, 아들, 아우 등 친척은 얼마나 되오?"

대답했다.

"얼마인지 알 수 없습니다. 무려 백만은 될 것입니다."

또 물었다.

"감히 묻건대 대왕께서 진나라 군사를 생매장한 건 무슨 까닭이오?"

대답했다.

"무신군武信君(항량)의 원수를 갚기 위함이었소."

이에 일어나 탄식하며 말했다.

"슬프다! 그대는 일찍이 좋은 일을 생각지도 않다가 이제 다행히 좋은 시절을 만났구려! 무신군을 위해 복수를 했다면 진나라 군사를 위해 복수할 사람도 있을 것이오. 품속에 칼을 품고 대왕과 그대의 배를 찌르려 하는 자들이 전문적으로 생겨날 것이오. 대왕의 병졸이 40만이라 해도 다른 제후왕을 따르는 자가 30만이라면 대왕의 병졸은 10만 명뿐일 것이오. 그중에서 고향 떠나기를 싫어하는 자가 열에 여덟 명이 된다면 도망치지 않고 이곳에 남아 대왕을 보위하려는 자는 열에 두 명밖에 되지 않을 것이오. 대저 2만 명의 병졸로 백만 명의 원민怨民을 억누르려면 그들로 하여금 날마다 엄격하게 원민을 감시하면서 그 틈을 잘 살펴야 할 것이오. 그러므로 파수와 산수가의 좋은 땅과 주택 그리고 과수원과 채마밭이 억만금이 나간다 해도 그대가 어찌 그 땅을 마음대로 처리할 수 있겠소? 대저 오획烏獲* 같은 용사가 단잠을 자고 싶다 한들 원수가 열 명이라면 짧은 옷을 입은 백정들에게 상을 주고 빙 둘러서서 지키게 해도 목숨이 날아갈 게 분명한 일이오."

항백이 말했다.

"좋은 말씀이오."

그리고 들어가서 항왕에게 말했다.

"객客 중에 신성 전투를 칭송하며 이곳 백성의 집을 자기 집으로 삼고 또 백성을 마음대로 부리며 침식까지 제공받는 자가 있다고 하오. 두려워해야 할 일이오."

---

* 중국 전국 시대 진秦나라의 역사力士. 『사기』 「진본기」에 따르면 진 무왕이 용력이 뛰어난 사람을 좋아하여 임비任鄙, 맹열孟說, 오획 같은 자를 중용했다고 한다.

항왕이 말했다.

"아보께서 자주 조심하라고 말씀을 하셔서 나도 잊지 않고 있습니다. 부귀를 이루고도 고향으로 돌아가지 않으면 마치 비단 옷을 입고 밤길을 가는 것과 같으니 누가 알아주겠습니까?"

이튿날 한생이 다시 터무니없는 말을 늘어놓자 바로 그를 삶아 죽였다.

제25칙 아보위항왕亞父謂項王 (1)

아보가 항왕에게 말했다.

"적을 잘 이기는 사람은 적에 대한 책략을 잘 마련하고, 그렇지 못한 사람은 적의 책략에 잘 말려듭니다. 대왕께서는 한나라를 위하는 일이 지나칩니다. 신이 한신을 추천했으나 대왕께서 중용하지 않으셔서 한나라에서 그를 중용하고 있습니다. 신이 진평을 주천했으나 대왕께서 중용하지 않으셔서 한나라에서 그를 중용하고 있습니다. 한왕은 대왕께서 의제義帝를 죽이게 해놓고는 그것을 대왕의 죄로 만들었고, 대왕께서는 의제를 죽였습니다. 이제 또 한왕은 대왕께 신을 버리게 하는 일을 꾸미고 있는데 대왕께서는 먼저 신을 미워하고 있습니다."

제26칙 아보위항왕亞父謂項王 (2)

아보가 항왕에게 말했다.

초망

"나무껍질을 파먹는 보통 좀벌레는 천두淺蠹라 하고, 나무속을 파먹는 나무좀蚝蠹은 전두全蠹라고 합니다. 신은 불초하지만 어려서 진나라에 대해서 조금 공부한 적이 있고, 진나라가 육국에 대해 이간책을 잘 썼다는 사실도 알고 있습니다. 처음에는 응후應侯(범저)의 책략을 이용하여 신임을 받는 적국의 선비를 쫓아내기 위해 밤낮으로 수레를 몰고 함곡관 밖으로 나가 잔약한 왕들을 위협하고 도우면서, 국사를 잘 다스리거나 병졸을 조련하지 못하게 했습니다. 동쪽에서는 부절을 꺾어버리고, 남쪽에서는 적을 꾸짖고, 북쪽으로 가서는 거리낌 없이 군대의 힘으로 압박하며 진나라로 귀의하도록 힘썼습니다. 그리하여 진나라는 편안히 앉아서도 천하의 권력 중 열에 일곱을 제어하게 되었습니다. 진나라는 그래도 미흡하다고 생각했습니다. 대저 타국에서 벼슬을 하면서도 고국을 생각하는 건 각기 자기가 태어난 고향이 있기 때문입니다. 신의 있는 선비를 믿는 경우도 있지만 신의 있는 선비를 의심하는 경우도 있으므로, 진나라는 밤낮으로 수레에 황금을 싣고 함곡관 밖으로 나가서 여러 나라의 총신들의 틈을 비집고 들어가 유혹했습니다. 이후 천하의 모든 권력을 제어할 수 있게 되었습니다. 제후국의 잔약한 왕들도 각각 자신의 신하를 현명하게 여기고 처음에는 의심하지 않았습니다. 위무기魏無忌(?~기원전 243) 신릉군信陵君은 천하의 어진 공자로, 약한 다섯 나라의 군사를 모아 효산崤山과 민지澠池 밖에서 강한 진나라를 꺾었습니다. 이에 진나라는 진비晉鄙(?~기원전 257)의 문객을 이용하여 그를 이간시키며 이렇게 말했습니다. '실제로는 이 사람이 위왕魏王이지요?' 그러자 신릉군은 마침내 병을 핑계로 물러났습니다. 강력한 조趙나라 장수 염파廉頗가 상당上黨을 가로막자 진나라는 마음이 불쾌하여 인상여藺相如의 문객을 시켜 평원군平原君(?~기원전 251)을 이간시키며 이렇게 말했습니다. '이 사람은 마음을 바꿔 먹고 항복할 것입니다. 진나라에서는 오직 마복군馬服君(조사)의 아들 조괄趙括(?~기원전 260)만 두려워할 뿐입니다.' 이에 조괄이 염파를 대신해 군사를 지휘하다가 45만 병졸을 잃었습니다. 무수武遂 전투에서 진나라는 이목李牧(?~기원전 229)을 맞아 곤경에 처했습니다. 그래서 곽개郭開(기원전 264~기원전 224)를 이용하여 이간책을 쓰며 말했습니다. '이목은 임금을 위해 축수祝壽를 하면서도 몰래 비수를 잡고 임금을 시해하려 했습니다.' 조왕趙王이 그 말을 믿고 그를 죽게 만들었습니다. 연왕燕王은 태자 단丹(?~기원전 226)을 죽여서까지 진나라와 강화하지 않으려 했으나 대왕代王 가嘉(기원전 250?~?)가 연왕을 이간시키며 이렇게 말했습니다. '진나라는 태자 단의 머리를 얻으면 만족할 것이니 연나라에서 전쟁이 사라질 것입니다.' 연나라가 태자 단의 머리를 바쳤으나 진나라 군사는 아침에 요수遼水 가로 건너왔습니다. 다섯 나라가 군사를 합치자 제나라는 멸망을 두려워하며 합종책에 따르려 했습니다. 그러자 후승后勝이 진나라에 매수되어 왕을 이간시키며 말했습니다. '제나라는 진나라를 부지런히 섬겼습니다. 이에 진나라는 차마 작은 무기로라도 동쪽 제나라를 겨냥하지 않을 것입니다.' 제나라에서는 아무 방비도 하지 않았고 제왕齊王 건建(기원전 280?~기원전 221)은 송백松柏 숲에서 굶어죽으면서 뒤늦게 후승의 이간책을 알았습니다. 진나라는 얼마나 교묘하고 육국은 얼마나 어리석습니까? 이 때문에 첩자를 이용하는 일은 어렵지만, 친척을 첩자로 심어 이간질하는 일은 쉽습니다. 그렇지만 모든 이간질이 쉬운 건 아닙니다. 영명한 군주가 친척·측근에 대한 총애를 줄이면 이간책은 금방 탄로 납니다. 골육지친의 몸으로 임금의 폐부에 해당하는 직책을 맡아 행복과 불행을 함께하면 아침 저녁으로 적의 이간질에 말려들 수 있습니다. 항백項伯과 같은 자는 바로 나라의 중심을 파먹는 좀벌레이므로 영명한 군주라 해도 간과 할 수 없습니다."

제27칙 아보기사왕이귀팽성야亞父旣謝項王而歸彭城也

아보는 항왕에게 사직하고 팽성으로 돌아갔다. 가슴이 답답하고 속이 타서 입술까지 갈라 터졌으며, 울화가 치밀어 올라 얼굴마저 온 통 붉어졌다. 육식은 거의 입에 대지 않고 미음이나 몇 숟갈 뜰 뿐이 었다. 한밤중에 일어나 앉았으나 생각이 뒤엉키고 어지러웠다. 이에 점술사를 불러놓고 거북을 가져와 몸소 맑은 물로 씻은 후 계란을 바르며 기도를 올렸다.

"영험하신 거북의 신령이시여! 저 범증은 늙었지만 어찌 감히 국가 대사를 잊을 수 있겠습니까? 감히 여쭙겠나이다!"

그리고 바로 초나라를 위해 점을 쳤다.

"전쟁이 언제 그치겠습니까?"

거북 껍질의 갈라진 형상이 위쪽은 위로 들려 있었고 아래쪽은 열려 있었다. 형상의 몸체는 밖이 높고 튼튼해보였다. 다시 점을 쳤다.

"저 범증의 병이 위험하겠습니까?"

거북 껍질의 갈라진 형상이 위쪽은 열려 있었고 균열된 선 안팎이 마구 어지러웠다. 형상의 몸체는 절단된 모습이었다. 아보는 참담한 모습으로 우울하게 말했다.

"점술사는 앞으로 오라!"

점술사가 앞으로 와서 꿇어앉으며 말했다.

"소인은 우둔하여 감히 하늘의 일은 묻지 못하고 사람의 일만 묻겠습니다. 군후君侯께서는 애초에 무신군武信君(항량)을 수행하면서 일찍이 어느 분을 옹립하자고 계책을 올렸습니까?"

아보가 대답했다.

"회왕을 옹립하자고 했다."

점술사가 물었다.

"무신군은 옹왕雍王(장함)에게 패배했는데, 군후께서는 어찌하여 먼저 무신군에게 조심하라고 말해주지 않았습니까?"

범증이 대답했다.

"내가 벌써 알려줬지만 무신군은 적을 가볍게 여기며 내 말을 듣지 않았다. 그리고 그때 나는 양성에 있었다."

점술사가 또 물었다.

"항왕이 마음대로 경자관군卿子冠軍 송의宋義를 죽일 때 군후께서는 왜 저지하지 않았습니까?"

범증이 말했다.

"그게 무슨 말인가? 경자관군은 말재주로 대장이 된 자에 불과하다. 또 두 마음을 먹고 적과 내통했다. 또 당시 초나라 군사는 지쳐 있었다. 그때 만약 진나라 군사가 조나라를 멸망시키고 더욱 강성해졌다면 우리 군사들은 소문을 듣고 기세가 꺾여 틀림없이 패배했을 것이다. 대저 한 호흡 사이에 생사존망이 달린 긴급한 때에 우리 대왕(항우)이 아니었다면 그 누가 초나라를 안정시킬 수 있겠는가?"

점술사가 말했다.

"잘 알겠습니다. 대왕께서 진나라에서 항복한 병졸 20만을 신안에서 생매장해서 죽일 때 군후께선 왜 저지하지 않았습니까?"

범증이 대답했다.

"나도 물론 저지했다. 그러나 대왕께선 불안감을 갖고 있었다. 항복한 진나라 병졸들이 원한을 품고 이미 모의하고 있었기 때문이다. 육국의 관리와 백성은 진나라 군사들의 손에 머리가 잘리고, 배가 갈라지고, 팔다리가 잘리고, 위장이 찢어지는 폭행을 당했다. 그리고 10세世가 흘렀고 이제 다행히 복수를 할 수 있게 되었다. 또 진나라 사람 한 사람이 조나라 사람 두 사람에게 사죄를 해도 오히려 부족할 것이다. 대체로 대왕께서도 한마디 말씀을 하시며 저지하려 했지만 장졸들이 이미 칼을 고슴도치처럼 빼들었으니 누가 그걸 막을 수 있겠는가? 제후들이 20만 진나라 군사를 처형하는 게 불가하다고 말하면서 진나라가 10세 동안 제후의 군사를 그 100배나 살육하는 건 가능하다고 말할 수 있는가? 나 범증은 쉽게 동의하지 못하겠다."

점술사가 말했다.

"대왕께서 자영을 죽이고 진왕의 궁궐을 불태울 때 군후께서는 왜 저지하지 않았습니까?"

범증이 대답했다.

"그런 일이 있었다. 진왕 자영子婴은 진나라의 공자다. 우리 초나라 선군 회왕懷王은 진나라에게 기만을 당해 객사했고, 초왕 부추負芻는 진나라의 포로가 되어 유폐된 채 죽었다. 또 우리 대왕의 조부 항연과 숙부 항량도 모두 진나라와 싸우다가 죽었다. 대저 제후왕 중에서 먼저 항복하고도 목숨을 온전히 보존한 자가 누구인가? 각자가 원한을 품고 있으니 누가 저지할 수 있겠는가? 진나라 도성 안팎의 궁궐 중에서 정궁은 거대하면서도 체계를 이루지 못했고, 별궁은 제후왕의 옛 궁궐을 본뜨지 않은 것이 없었다. 그것을 계속 남겨두도록 용인할 수 있겠는가? 이러한 까닭에 그것을 불태울 때 저지하지 않았다."

점술사가 또 물었다.

"대왕께서 의제와의 약속을 어기고 진나라를 한왕 유방에게 분봉하지 않았습니다. 군후께서는 왜 저지하지 않았습니까?"

범증이 대답했다.

"대왕께선 약속을 어기지 않았다. 그것은 공로를 따져서 분봉한 결과였다. 당시에 하북河北을 구원하는 일은 어려웠고, 관중으로 들어가는 일은 쉬웠다. 진나라의 강군과 맞서는 일은 어려웠고, 진나라의 틈새를 파고드는 일은 쉬웠다. 만약 유방과 송의가 함께 북상하여 조나라를 구원했다면 우리 대왕께서 관중으로 들어갔을 것이다. 우리가 관중으로 들어갔다면 진나라는 멸망하여 초나라가 되었을 것이고, 한왕 유방과 송의는 패배했을 것이다. 그리고 결국 우리 초나라까지 패배하여 진나라가 되었을 것이다. 또 한왕은 보고도 하지 않고 갑자기 진나라를 점령했다. 그리고 함곡관을 폐쇄한 후 우리 군사의 진격을 저지했다. 이것은 한나라가 먼저 약속을 어긴 것이지 결코 우리 대왕께서 먼저 약속을 어긴 것이 아니다."

점술사가 또 물었다.

"그럼 대왕께선 왜 끝내 관중에 도읍을 정하지 않았습니까?"

범증이 대답했다.

"회왕과의 약속을 지켜 초나라와 한나라를 서로 다른 땅에 나눠 놓기 위해서다. 게다가 항왕의 군사들 중에는 서쪽 진나라 사람이 없고 모두가 초나라 본토의 장졸들이다. 어느 누가 고향 초나라를 생각하지 않겠는가?"

점술사가 앞으로 나서며 축하의 인사를 했다.

"천명에 대해 점을 치면 군후께선 불행하지만, 인사人事에 대해 점을 치면 하늘이 군후를 도울 것입니다. 그렇다 해도 의제가 강가에서 죽은 일에 대해 묻고자 합니다. 그것은 정말 도적들이 한 짓입니까? 아니면 누구의 명령을 받은 것입니까? 군후께서는 이 일을 알고 있습니까? 아니면 모르고 있습니까? 다시 한 번 양심에 점을 쳐보십시오."

아보는 대답할 수 없었다. 그날 밤 아보는 등에 종기가 나서 7일 만에 죽었다.

제28칙 한왕욕구초이청태공부득漢王欲媾楚以請太公不得

한왕은 초나라와 화해하고자 태공을 송환해줄 것을 요청했으나 성공하지 못했다. 당시 문객 중에 후생侯生이라는 자가 있었다. 그의 콧대는 납작했고 무릎은 구부정했으며, 흐리멍덩한 눈에 가는귀까지 먹은 데다 가슴팍은 불룩하고 등은 구부정한 모습에 의복까지 남루했다. 알자謁者를 따라 들어와 한왕을 알현하며 말했다.

"신이 대왕을 위해 초나라와 우호를 맺겠습니다."

한왕이 그를 꾸짖었다.

"어찌 말을 그렇게 쉽게 하느냐? 지모가 뛰어난 장량이나 진평 같은 사람, 변론이 뛰어난 수하隨何나 육가陸賈 같은 사람도 사신의 임무를 감당하지 못했다. 어찌 말을 쉽게 하느냐?"

후생이 말했다.

"대왕께선 태공의 송환을 요청하실 겁니까? 요청하지 않으실 겁니까? 태공의 송환을 요청하실 것이면 천하의 선비가 하는 말을 어찌 그리 가볍게 거절하십니까? 신이 잘생긴 모습으로 대왕을 알현했다면 대왕께서는 그 모습을 보고 신을 뽑으실 겁니다. 그런데 어찌하여 대장을 임명할 때는 잘생긴 장창을 대장으로 임명하지 않고, 그저 그런 외모의 한신을 장수로 임명하셨습니까?"

항왕이 말했다.

"좋소! 선생은 먼저 초나라로 가시오. 성공하면 부귀를 함께 하겠소."

후생은 마침내 동쪽으로 가서 항왕을 알현하며 말을 했다.

"한왕의 사신이 대왕을 뵙습니다."

인사가 채 끝나기도 전에 항왕이 칼을 잡고 벼락같이 고함을 질렀다.

"유방은 지 애비를 찾아가고 싶지 않다더냐? 찾아가고 싶다면 승상 소하蕭何를 보내지 않고 어찌 철없는 유생을 보내 이 몸을 희롱한단 말이냐?"

그리고 솥을 대령하여 물을 끓이게 했다. 후생이 말했다.

"처음에 신은 대왕을 영웅이라 생각했는데, 지금 보니 영웅이 아님을 알게 되었습니다. 대왕께서는 한왕보다 못하십니다."

항왕이 말했다.

"무슨 말이냐?"

대답했다.

"한왕이 진실로 태공을 모시고 가려 했다면 승상 소하를 보냈을 것입니다. 그런데 신을 보낸 것은 그러고 싶지 않은 것입니다. 대왕께서 한왕을 왕으로 책봉했는데도 한왕은 마치 못 들은 것처럼 행동합니다. 한중왕에 책봉되었으면서도 그것을 대왕의 죄로 돌리며 대왕께서 약속을 어기고 천하를 우롱했다고 했습니다. 강가에서 일어난 일[항우가 영포를 시켜 남쪽 강가에서 의제를 시해한 일]도 한왕은 마치 못 들은 것처럼 행동합니다. 강가에서 의제가 죽자 의제의 죽음을 대왕의 죄로 돌리며 대왕께서 임금을 시해하고 천하를 우롱했다고 합니다. 물을 끓여놓고 한왕에게 질문하며 태공을 삶아 죽이려던 일도 한왕은 마치 못들은 것처럼 행동합니다. 틀림없이 태공이 죽으면 이것도 대왕의 죄로 돌리며 '항왕이 우리 부친을 죽인 것은 의롭지 못한 짓이니 천하 사람들과 함께 보복하기를 청합니다'라고 할 것입니다. 지금 대왕께서 다행히 태공을 사면하면 한왕은 말문이 막혀 강화를 청할 것입니다. 한나라 군신은 서로 이렇게 모의했습니다. '우리가 승상 소하를 보내면 황금과 비단을 싣고 가서 신하를 칭하고 땅을 할양하면서 태공의 송환을 요청해야 한다. 그럼 초왕은 틀림없이 기뻐하며 태공을 보내줄 것이다. 태공이 돌아오고 나면 우리는 전쟁의 실마리를 만들 수 없다.' 이렇게 해서 신을 보내기로 결정했습니다. 신과 태공을 삶아 죽이시면 그 후 바로 한나라 군신의 계책에 말려들게 됩니다. 대저 어떤 계책을 단숨에 결정하는 사람을 영英이라하고, 어떠한 결단을 곧바로 내리는 사람을 웅雄이라고 합니다. 대왕께서는 용맹함으로 좋은 계책을 가로막고 결단을 내리지 않고 있으며, 이미 참화를 겪고 있으면서도 적에게 실리를 내주고 있습니다. 신은 이 때문에 대왕을 영웅이 아니라고 말한 것입니다. 대왕께서는 강함으로 한나라를 대하기보다 부드러움으로 한나라를 대하는 것이더 낫습니다. 그리고 바로 이렇게 천하에 포고하십시오. '한나라 땅과 군사에 대해 과인은 이득을 취하지 않겠다. 한왕은 일찍이 과인과 형제가 되기로 약속했다. 나는 그의 부친을 차마 해칠 수 없어서이제 돌려보낸다. 만백성도 편히 쉴 수 있기를 바란다.' 그럼 한왕은안으로는 부친으로부터 핍박을 받을 것이요 밖으로는 명분의 핍박을 받을 것이니, 감히 초나라를 배반하면서까지 천하에서 참화를 야기하지 못할 것입니다."

항왕은 칼을 집어넣고 무릎을 모으며 말했다.

"참으로 시원한 말씀이오. 무지몽매한 상태에서 깨어나는 것 같구려!"

그리고 바로 태공에게 예를 갖추고 후생으로 하여금 수레를 몰게하여 태공을 한나라로 돌려보냈다. 한왕이 기뻐하며 말했다.

"이 변론가가 가는 곳에는 나라가 기울 것이다."

이 때문에 후생을 평국군平國君에 봉했다.

제29칙 서초패왕사사마西楚霸王使司馬

서초 패왕이 사마司馬를 시켜 서신을 받들고 한나라의 제후왕, 열후列侯, 대장, 호군護軍, 중위中尉, 졸정卒正, 인리人吏에게 보내 이렇게 알렸다.

"한왕 유방은 간악무도하여 과인을 배반하고 저주하며 자기 부친까지 버렸다. 또 술에 빠져 현인을 업신여기며 하늘의 정벌을 자초하고 있다. 우리 양편 군사는 흉악한 진나라에게 핍박을 받아 좋은 상황에서 만나지 못했지만 서로의 속마음을 드러내보였다. 옛날 우리 무신군께서 설薛 땅에서 적을 토벌할 때 유방은 기실 도적떼를 거느리고 함께 가기를 청했다. 이에 범 같은 기병 5000명과 장수 10명을 하사하여 유방의 정예 부대로 삼게 했다. 과인은 신속하게 하북을 휩쓸고 진나라의 모든 군사를 죽였다. 유방은 그 틈을 타서 함곡관으로 들어가 텅 빈 땅을 점거하고 진나라의 통치를 해체했다. 이렇게 하면서도 칼날에 피도 묻히지 않았으니 이게 과연 누구의 덕분인가? 그런데도 유방은 끝내 간사한 수단으로 과인을 팔며 관문을 가로막았다. 의제의 일개 사자使者가 관문을 가로막고 들어오지 못하게 하여 과인이 토벌했다. 사실 꼬리를 흔들며 살려달라 했기 때문에 과인이 용서하고 죽이지 않았다. 생각건대 그의 공은 보잘 것 없지만 파촉과 한중의 왕으로 봉했고, 이 때문에 공로가 많은 신하를 두루 사방으로 천하를 분봉했던 것이다. 과인은 아무 이득도 취하지 않고 제후왕들과 짐을 덜고 쉬기를 바랄 뿐이었다. 그런데 유방은 또 몰래 군사를 기르고 계략을 마련하여 삼진三秦 땅을 도둑질하고 다섯 나라를 강탈한 뒤 무기를 가득 마련하여 덕 있는 사람을 겨냥하고 있다. 또 유언비어들을 모아 과인을 모독하고 아랫사람을 선동했다. 영씨嬴氏의 진나라는 맹독을 만들어 온 천지를 도륙하며 10세世 동안 사람을 죽였다. 이에 무기를 들고 분노하며 기꺼이 보복에 나섰다. 신안에서 항복한 병졸을 죽인 일은 비록 과인이 먼저 나섰지만 기실 제후왕과 관리와 백성의 뜻이었다. 진나라는 만백성의 고혈을 짜서 아방궁을 짓고 만대에 사치를 과시했다. 과인은 그것을 근심했다. 여섯 나라 임금의 궁궐을 모방한 건물도 그 나라 자손과 신하들이 그것을 보고 가슴 아파하고 괴로워하며 불같은 노여움에 몸을 떨었다. 진나라는 육국의 왕을 포로로 잡아갔는데 그중에서 대우를 잘 받은 경우가 굶어 죽은 경우였으니, 자영子嬰을 죽이는 일을 감히 잊을 수 있겠는가? 의제께서 갑자기 돌아가신 일도 호위무사들이 제대로 처신하지 못한 일을 과인의 죄로 돌리고 있는데, 제군들은 그 강가에 가서 물어보라. 또한 소문을 듣건대 유방은 파촉 땅을 나와 동쪽으로 함곡관을 엿보고 있었다고 한다. 그러니 의제가 어찌 큰 참화에서 벗어날 수 있었겠는가? 또 유방은 제나라의 여러 전씨田氏를 부추겨 왕명을 배반하고 제나라에서 나를 끌어내 팽성彭城으로 들어가게 했다. 과인은 부득이하게 사수泗水와 수수睢水 지역에서 전투를 해야 했다. 유방은 전투에 익숙하지 못해 군사를 크게 잃었다. 과인은 그를 용서하고 추격하지 않았다. 유방은 또 노약자를 위협하고 군대의 위용을 과시하며 나를 엿보았다. 과인은 부득이하게 형양에서 전투를 해야 했다. 유방은 또 방어에도 익숙하지 못해 군사를 크게 잃었다. 과인은 또 그를 용서하고 추격하지 않았다. 유방은 또 나의 동맹국을 탈취하고 나의 우방국을 위협하며 나의 심복을 이간시켰다. 귀신처럼 음험한 짓을 했고, 해충처럼 악랄한 짓을 했다. 과인이 함부로 행동하고 싶었던 것은 돌아가신 무신군 때문이었고 그래서 제후왕, 대부, 관리들의 불편한 마음과 함께 했다. 유방은 다행히 아침에 과인의 용서를 받았고, 과인은 저녁에 마음을 바꿔 유방의 부친과 맹약을 맺고 그를 돌려보냈다. 맹약은 이러했다. '홍구鴻溝 서쪽은 한나라 땅으로 삼고, 그 동쪽은 초나라 땅으로 삼는다.' 유방은 기뻐 날뛰며 대대로 신첩 노릇을 해서 보답하겠다고 선언했다. 유방도 땅을 밟고 하늘을 이고 있을 터이니 하늘과 땅이 그의 말을 들었을 것이다. 그 남은 목소리가 아직 입속을 맴돌 텐데 또 간사한 소인배 한두 명의 말을 잘못 듣고 고릉固陵에서 군사 대결을 벌였다. 그런데 화살과 창이 부딪치기도 전에 새처럼 흩어지고 짐승처럼 달아났다. 지금 또 제왕齊王(한신), 무왕武王(영포), 조왕趙王(장이), 양梁 상국相越을 유혹하여 토지, 황금, 비단을 주고 함께 초나라를 도모하자고 하며 이렇게 말했다. '초나라를 얻으면 천하와 함께 공유하겠습니다.' 제후왕들께서는 스스로 살펴 판단해보시오. 한나라를 도와 남의 나라를 정벌하는 것과 유방의 부친을 살려주는 일 중에 어느 것이 덕스러운 일인가? 유방은 과인의 덕을 없애려고 자기 아비까지 버려둔 채 돌아보지 않았는데 제후왕들은 과연 어떻게 대하겠는가? 과인의 군사는 지금 비록 지쳐 있지만 제후왕들께서 익히 아시듯 거록 전투와 팽성 전투의 일을 다시 한 번 떨칠 만한 힘이 있다. 유방을 베고 투항하여 관중을 잘 다스리며 대대로 우호를 맺고 저 하늘과 더불어 무궁하게 지내기를 바라노라. 유방이 마음을 고쳐먹고 스스로 후회하며 옛 봉토로 돌아가 숨는다면 과인 또한 여한이 없겠다."

제30칙 팽왕기봉량彭王旣封粱

팽월이 양粱 땅을 봉토로 받자 손님을 모아 크게 주연을 열었다.
그런데 호첩扈輒(?~기원전 233)이 몸을 구부리고 앞으로 나와 조문을
했다.

"아! 왕께서는 한왕에게 몸을 맡기셨는데 이것은 스스로를 죽이는
일입니다."

팽월이 말했다.

"무슨 까닭인가?"

호첩이 대답했다.

"왕께서 처음 일어나실 때는 거야巨野의 한 비천한 일꾼에 불과했
을 뿐, 많은 사람이 따르는 육국의 귀족처럼 잠시 관직을 잃은 사람
이 아니었습니다. 왕께서는 양나라와 초나라에서 군사를 움직이면서
한나라에 귀의했다 이반했다 했는데, 이는 마치 어떤 물건이 물 위로
떴다가 물속으로 가라앉기를 반복하는 것과 같습니다. 이런 행동은
소하와 조참의 금석金石 같이 굳은 자질과는 다른 태도입니다. 또 왕
의 공적은 다만 위나라를 호령하며 창읍을 함락시킨 일과 초나라의
군량미 보급로를 끊고 샛길로 한왕에게 식량을 보급한 일이 있을 뿐
입니다. 이는 제왕 한신처럼 땅을 공략하고 제후국을 평정한 공훈이
아닙니다. 대저 소하와 조참의 지위가 고귀하다 해도 열후列侯를 넘지
않았고, 제왕 한신의 책봉도 주상의 뜻이 아니었습니다. 그런데 왕께

서는 어떻게 편안하게 앉아 남쪽을 바라보며 왕을 칭할 수 있습니까? 또 고릉 전투 때도 한나라에서는 초나라를 징벌해야 한다고 알려왔는데 왕께서는 걱정과 의심으로 사자를 위협하며 그 요청에 응하지 않았습니다. 한나라가 초나라에 승리한 후 수양睢陽 이북에서 곡성에 이르는 땅을 떼어 왕을 책봉한다고 알려왔을 때 왕께서는 나는 듯이 달려갔습니다. 이는 양나라 임금 자리 때문에 간 것입니까? 아니면 한나라를 위해 간 것입니까? 이러한데 한나라가 어찌 왕을 순수한 신하로 보겠습니까? 그리고 그 누구도 천하에 쉽게 왕이 되지 못하지만 또 쉽게 바뀌지 않는 것도 아닙니다. 무지하고 어리석은 사람도 그 사실을 압니다. 이 때문에 신은 그것이 왕을 죽이는 일이라 말한 것입니다. 왕께서는 어찌하여 양왕의 지위를 사양하고 옛 봉작인 열후의 자리로 나아가지 않으십니까? 대저 일세一世의 왕이 되는 일과 백세 동안 열후의 지위를 유지하여 자손에게 대대로 물려주는 일 중에 어느 것이 더 좋은 일이겠습니까?"

팽왕은 큰소리를 치며 차마 사양하지 않다가 결국 나중에 낙양에서 처형되었다.

제31칙 종리장군벽한망지초鍾離將軍辟漢亡之楚

종리매鍾離昧 장군이 한나라를 피해 초나라로 망명했다. 초왕 한신이 받아들이려 하지 않자 종리매 장군은 분통을 터뜨리며 자결하려 했다. 기무궤騎無詭가 말했다.

"장군을 위해 한번 말씀을 올려보겠습니다."

이에 안으로 들어가서 초왕 한신에게 절을 올리며 축하의 말을 했다.

"왕께서는 천금으로 표모漂母에게 보답했고, 또 불량배 소년도 너 그렇게 대하여 죽이지 않으셨을 뿐 아니라 벼슬까지 줬습니다. 이에 천하의 선비들은 수레를 타고 남쪽으로 내려와 초나라로 들어오려 하고 있습니다. 그들은 평민으로서라도 왕을 받드는 걸 다행으로 여깁니다. 왕의 영웅다운 풍모는 해외에까지 두루 알려져 오늘 또 문 앞에 종리 장군이란 분이 와 있습니다. 그는 스스로 왕과 아는 사이라고 합니다."

초왕이 말했다.

"종리 장군은 옛날에 알던 사이요. 그렇지만 해하에서 천하의 형세가 판결난 이후 제나라 전횡田橫도 양왕梁王과 작별하고 섬으로 들어갔소. 종리 장군도 전횡의 일을 본받기 바라오."

또 말했다.

"덕을 덕으로 갚는 것이 상도常道이고, 원수를 덕으로 갚는 것은 변칙이지만 후덕한 일입니다. 덕을 원수로 갚는 것은 박덕한 일입니다. 왕께서는 이미 불량배 소년에게 관용을 베풀어 죽이지 않았을 뿐 아니라 벼슬까지 줬습니다. 그런데 유독 종리 장군만은 내버리신다니 이것은 왕께서 다시 변칙을 이용한 후 박덕하게 행동하시는 것입니다. 신이 생각하기에 왕께서는 이런 행동을 취해서는 안 됩니다. 또 우경虞卿은 조나라의 현명한 신하였으나 위제魏齊의 재앙을 급하게 구하려고 상국 인수도 내버리고 그와 함께 샛길로 위나라로 망명했습니다. 종리 장군의 원통함은 위제보다 심하지 않고 한나라의 포악

함도 진나라보다 심하지 않지만, 왕의 현명함은 우경보다 훨씬 뛰어
납니다. 은혜를 베푸시어 종리 장군을 내치지 마십시오."

초왕이 말했다.

"과인의 마음은 확고하오. 종리 장군은 한나라에 죄를 지었고 과
인은 한나라의 신하요. 과인은 보잘 것 없는 몸이라 종리 장군을 따
를 수 없으니 만나고 싶지 않소."

또 말했다.

"왕께선 한나라에서 신하 노릇 하는 일을 근심하시나 그 일은 근
심하지 마십시오. 대저 사방 제후들의 옥새를 한나라 황제께서 고심
하여 수여하는 것은 그들의 공적이 크기 때문입니다. 한나라 황제는
틀림없이 왕께서 종리 장군을 숨겨주다가 자신의 공명을 가리게 되
는 일을 참지 못할 것입니다. 그러나 초나라 운몽택雲夢澤의 넓은 물가
와 갈대숲의 화염으로도 종리 장군을 감출 수 있을 것이니 왕께서
낭패 보는 일은 없을 것입니다."

초왕이 말했다.

"좋소. 만나보겠소."

제32장 한지오년봉영포위회남왕漢之五年封英布爲淮南王

한나라 5년 영포英布를 회남왕淮南王에 봉했다. 영포가 밖으로 나가
는데 교만한 기색이 있었다. 수대부隨大夫[수하隨何를 가리키는 것으로
보인다]가 만나기를 청했을 때 절도 하지 않고 말했다.

"아무 탈이 없으니 참으로 다행입니다. 지금 천하 사람들이 왕보다

용력이 뛰어나다고 칭송하는 자는 오직 항왕뿐이지만, 항왕은 죽었으므로 오직 왕이 있을 뿐입니다. 한나라 제후왕들 가운데 초왕 한신이 가장 고귀하고 왕께서는 그다음입니다. 남면南面을 하고 임금 노릇을 하는 제후왕들은 본래 모두 기러기처럼 나란히 날아가려 할 뿐 감히 앞서 나가려 하지 않습니다. 그렇지만 왕께서는 천하에서 칭송되는 공적이 다섯 가지가 있습니다. 처음 장강을 건너 무신군의 약한 기세를 강하게 떨쳐 일으켜주고 진가秦嘉와 경구景駒(?~기원전 208)의 군사를 격파했으니 이것이 첫 번째 공적입니다. 2만 명의 군사로 장함章邯과 왕리王離의 예봉을 꺾고 선봉대의 으뜸이 되었으니 이것이 두 번째 공적입니다. 진나라 병졸 20만을 생매장하여 제후들의 마음을 상쾌하게 했으니 이것이 세 번째 공적입니다. 샛길로 함곡관을 격파하고 제후들의 군사를 크게 모았으니 이것이 네 번째 공적입니다. 또 형산왕衡山王(오예), 임강왕臨江王(공오)와 함께 침현郴縣에서 의제를 죽였으니 이것이 다섯 번째 공적입니다. 대저 이 다섯 가지 공적은 모두 초나라에서 이루어진 일이라 한나라와는 관계가 없습니다. 첫 번째 공적은 초나라를 위하고 한나라를 곤궁에 빠뜨린 일입니다. 두 번째 공적도 호걸들이 마음속으로 비방하는 일입니다. 왕께서는 구강 땅을 가지고 한나라에 귀의하실 때 용저龍且가 만나러 왔고 그의 토벌을 막을 수 없었습니다. 고릉 전투 때는 한나라 군대에 있었지만 승리할 수 없었습니다. 그런데도 지금 한갓 한나라에 귀의한 공적 하나로 편히 앉아 성읍을 다스리는 제후로 책봉되었고 또 교만한 기색으로 군림하고 있습니다. 신은 한나라 군막의 병사들이 홀圭을 잡고 올라와 모두 공신록을 가지고 대왕과 차별을 따질까 두렵습니다."

회남왕이 자신의 불민함을 사과하며 말했다.

"과인이 오늘 얻은 영광은 대부께서 하사하신 것이오. 황금 100일鎰과 백벽白璧 1쌍으로 대부를 위해 축수祝壽를 올리겠소."

수대부는 사양하고 그곳을 떠나며 말했다.

"나는 회남왕을 위해 공을 세웠지만 이것을 받으면 회남왕 대신 화를 당하게 된다. 나는 감히 이런 재물을 좋아하지 않는다."

제33칙 고황후위찬후高皇后謂酇侯

고황후가 찬후酇侯(소하)에게 말했다.

"상국, 어서 오시오! 황제께서 배반한 진희陳豨를 토벌하러 가시면서 경에게 이 늙은이와 나약한 아이를 부탁했소. 북쪽 오랑캐가 이 틈을 타고 뜻을 이룰 듯하오."

찬후가 관을 벗고 감사의 인사를 올리며 말했다.

"사직을 지킬 책략과 주상의 은혜로운 명령이 있는데 나라가 편안하지 않을 리가 있겠습니까?"

고황후가 말했다.

"나는 세 번이나 사자를 시켜 군영의 일을 물어봤지만 세 번 다 답변이 없었소. 짐작컨대 우환이 나라 밖에 있지 않은 듯하오. 대저 회음후는 항우를 패퇴시킨 맹장인데 중도에 제후왕에서 폐위되어 마음속 가득 원망을 품고 있소. 나는 심히 걱정스럽소. 그자가 반란을 일으키면 이 늙은이는 동이를 갈아서라도 무기를 만들어 경을 위해 앞장서겠소."

찬후가 말했다.

"신이 듣건대 입으로 종기를 터뜨리는 자는 고름을 삼킬까 봐 걱정한다고 합니다. 회음후는 공신입니다. 주상께서 아직 주살하라는 명령을 내리지 않았으니 신은 공연히 재앙의 빌미만 제공할까 두렵습니다. 또 신은 늙어서 큰일을 맡기에 능력이 부족합니다."

찬후는 빠른 걸음으로 밖으로 나갔다.

벽양후辟陽侯(심식기)가 고황후를 알현하며 말했다.

"신이 다른 날 황후마마를 모실 때는 표정에 기쁜 빛이 나타나지 않은 적이 없었습니다. 오늘은 표정에 기쁜 빛이 없습니다. 이는 신을 약하다고 여기심이 아닙니까?"

고황후가 말했다.

"아니오. 내가 회음후를 죽이려 하는데 상국이 참여하지 않겠다고 하는구려."

벽양후가 말했다.

"상국은 문신文臣이라서 쉽게 마음이 흔들립니다. 신이 출정하겠습니다."

그는 나와서 찬후를 보고 말했다.

"이 미천한 사람은 감히 백관과 함께 상국을 뵐 수 없습니다만, 상국께서 근래에 밥도 적게 드시고 잠도 편히 주무시지 못함을 남몰래 이상하게 생각하고 있습니다. 북쪽 오랑캐의 우환을 몰래 징벌하려 하시려는 듯합니다."

상국이 손을 내저으며 말했다.

"아니오."

벽양후가 말했다.

"저는 평민 출신으로 황실을 호위하는 대열에 있는 사람이라 단지 한두 마디 말만 귀동냥하며 살아왔습니다. 조금 전 황후마마께서 조회를 파한 후 탄식하며 이렇게 말씀하셨습니다. '이 늙은이가 정신이 어지러워서 한중에서 대장이 된 사람은 누가 단壇을 쌓고 임명했는 가라고 실언을 했는데 이 말이 새나가면 목숨이 없어질 듯하오. 그래서 우리 모자가 새로 밥을 먹지 못하오.'"

찬후는 몹시 두려워하며 안색이 변했고, 바로 들어가서 죽여달라고 청했다. 그리고 마침내 모략으로 회음후를 주살했다.

제34칙 묵특위선우강冒頓爲單于强

묵특(기원전 234~기원전 174)이 선우單于 칸이 되어 자주 북쪽 변경을 괴롭혔다. 고조가 근심하며 유경劉敬(누경)에게 대책을 물었다. 유경이 말했다.

"천하가 처음 평정되어 병졸이 전쟁에 지쳐 있으므로 아직 무력으로 굴복시킬 수 없습니다. 또 묵특은 힘으로 위력을 과시하기 때문에 인의仁義로 설득할 수도 없습니다. 다만 오래도록 그의 자손을 신하로 삼을 계책을 마련해야 합니다. 그런데 폐하께서 그렇게 하실 수 없을 것 같아서 걱정이 됩니다."

주상이 말했다.

"진실로 그렇다면 무엇을 할 수 없다는 것이오? 어떻게 하면 되오?"

유경이 대답했다.

"폐하께서 만약 맏공주를 묵특에게 시집보내면 묵특은 틀림없이 공주를 사모하며 연지閼氏(흉노의 왕비)*로 삼을 것입니다. 또 아들을 낳으면 반드시 태자가 되어 선우를 대신하게 됩니다. 묵특이 살아 있을 때는 그가 폐하의 사위가 되고, 죽고 나면 폐하의 외손자가 선우에 오릅니다. 외손자가 감히 외할아버지에 대항한 일을 들어본 적이 있습니까? 군사를 동원해 싸우지 않고도 저들은 점차 우리의 신하가 될 것입니다."

주상이 말했다.

"좋은 방안이오."

그러자 숙손생叔孫生**이 앞으로 나서며 말했다.

"우리 위대한 한나라는 천지를 하나로 통일하여 옛날 삼황오제三皇五帝를 뛰어넘었습니다. 그런데 아무 까닭도 없이 사랑하는 딸을 흉노에게 진상한단 말입니까? 후세에 웃음거리가 되지 않겠습니까? 저 흉노는 이리와 같은 족속입니다. 제 아버지도 불쌍히 여기지 않고 활로 쏴서 죽이는데 아내의 아버지에 대해서는 어떠하겠습니까? 묵특의 아들은 할아버지가 묵특에게 죽는 것을 보면 이렇게 말할 것입니다. '우리 아버지는 용맹하지 못하다, 어찌하여 할아버지에게는 함부로 대하면서 외할아버지에게는 함부로 대하지 못하는가?' 그렇지 않

---

* 우리 한자 자전에는 흔히 '연씨'로 읽지만 배인裵駰의 『사기집해史記集解』에서는 '焉支'라고 발음을 달아놓았으므로 우리말로 '언지' 혹은 '연지'로 읽어야 한다.
** '생生'은 흔히 유생을 가리키는 말로, 숙손통叔孫通(?~기원전 194?)을 가리키는 호칭인 듯하다.

초망

으면 10만의 기병으로 우리 변방의 목초지로 쳐들어와 이렇게 말할 것입니다. '모두가 손자인데 나는 어찌하여 한나라에 분봉된 땅이 없소? 유주幽州나 기주冀州 같은 중국 구주九州의 궁벽한 땅이라도 받아서 가축을 방목하고 싶소.' 그럼 무슨 말로 막을 수 있겠습니까?"

주상이 말했다.

"저 오랑캐는 탐욕스럽고 색色을 밝히오. 그래서 미끼를 던져주려는 것이오."

숙손생이 말했다.

"묵특은 사람들에게 미끼를 던져주는 자이지 다른 사람의 미끼를 무는 자가 아닙니다. 그자가 처음 뜻을 얻었을 때 사랑하는 왕비를 동호東胡에게 준 후 군사를 이끌고 그 뒤를 따라가서 '저놈이 갑자기 늙어서 정신이 없는가? 나는 저놈이 던져준 미끼를 이용하여 저놈을 유혹했다'라고 한 것을 보지 못하셨습니까?"

그러나 주상은 듣지 않았다. 내궁으로 들어가서 여후呂后에게 그 말을 하니 여후가 울면서 말했다.

"신첩에겐 오직 아들 하나와 딸 하나가 있는데, 어찌하여 흉노에게 버리시려 하십니까?"

주상이 탄식하며 말했다.

"아! 중전께서 딸을 흉노에게 버리기 싫어도 이미 때는 늦었소.* 어찌하여 회음후를 그렇게 죽였단 말이오?"

---

* 한 고조 유방의 맏딸 노원공주魯元公主는 기실 조왕趙王 장오張敖에게 출가했다.

제35칙 고황제위군신高皇帝謂群臣

고황제가 신료들에게 말했다.

"나는 어렸을 때 비천하여 일찍이 전국 시대에 대해 공부를 하다가 마치지 못했소. 세 명의 무안군武安君 중에서 누가 현명하오?"

육대부陸大夫(육가)가 말했다.

"무안군 소진蘇秦(?~기원전 284)이 현명한 듯합니다. 무안군 소진은 한 자의 채찍이나 한 치의 무기도 지니지 않고 한 명의 호위 무사도 없이 부드러운 말로써 연나라를 고무시켰고, 조나라를 씩씩하게 했고, 초나라를 기쁘게 했고, 제나라를 쓰러지게 했고, 한韓나라와 위나라를 사이좋게 만들었으며, 서쪽으로는 진나라를 위협했습니다. 천하대사를 상의하며 세치 혀를 놀려 황금 인수를 여섯 개나 찼습니다. 이것은 호방하고 통달한 사람의 지극한 행적입니다. 15년 동안 함곡관에서 진나라 군사가 나오지 않아 남자와 여자가 모두 노년을 맞이할 수 있게 되었으니 이것은 그의 자애로운 은혜가 사방을 드넓게 덮은 경우입니다. 신은 이 때문에 무안군 소진이 현명하다고 말씀드리는 것입니다."

무양후舞陽侯(번쾌)가 말했다.

"그렇지 않습니다. 무안군 백기白起(?~기원전 257)가 현명합니다. 백기는 장수가 되어 한나라와 위나라의 이궐伊闕, 안읍安邑, 화양華陽, 형성陘城 땅을 함락시켰고, 조나라의 상당上黨과 초나라의 언영鄢郢까지 진왕秦王의 땅으로 만들었습니다. 목 벤 수급이 100만 명이었고, 크고 작은 성을 함락시킨 곳이 200곳이었습니다. 치우蚩尤 이래로 공적이 이와 같이 위대한 사람은 아직 없었습니다. 그의 몸은 죽었지만 진나라는 그의 가르침을 이용하여 천하를 병탄했습니다. 신은 이 때문에 무안군 백기가 현명하다고 말씀드리는 것입니다."

장군 계포季布가 말했다.

"두 분은 쉬운 방법에 의지하고 어려운 방법은 거슬렀습니다. 두 분의 무안군은 의지하는 바가 없지 않았습니다. 백기는 용기에 의지했고, 소진은 두려움에 의지했습니다. 관중의 관리와 군사의 용기를 생각할 때 백기가 거느리지 않아도 형세상 승리하지 않을 수 없었을 것입니다. 육국의 두려움을 생각할 때 소진이 그들을 유혹하지 않아도 형세상 힘을 합치지 않을 수 없었을 겁니다. 신은 무안군 이목李牧(?~기원전 229)이 현명하다고 생각합니다. 무안군은 쇠락하는 조나라에서 부상당한 병졸을 조련하여 마치 썩은 나무를 뽑듯 북쪽으로 오랑캐를 꺾었고, 서쪽으로 강한 영씨嬴氏를 막아냈습니다. 허약함을 되돌려 강력함을 보여줬고, 패배를 되돌려 승리하게 했습니다. 이목이 살았을 때는 조나라도 살았고, 이목이 죽자 조나라도 죽었습니다. 신은 이 때문에 무안군 이목이 현명하다고 하는 것입니다."

황제가 말했다.

"훌륭한 말씀이오. 계 장군의 말씀이 으뜸이오."

제36칙 건성후위태자위유후建成侯爲太子謂留侯

건성후建成侯(여석지)가 태자를 위해 유후留侯(장량)에게 말했다.

"공은 옛날에 주상을 위해 수시로 비밀 모의를 했습니다. 지금 주상께서 자주 태자를 바꾸려 하시니* 태자가 임금이 되기를 바랄 수 없게 되었습니다. 공이 태자를 위해 말씀을 올리는데도 주상께서 듣지 않으시면 주상의 뒤를 이어 태자가 임금이 되는 일을 감히 바랄 수 없을 것입니다."

유후가 말했다.

"본래 관계가 소원한데 억지로 친하려 하면 일이 졸렬해지고, 지위가 비천한데 억지로 고귀함을 도모하면 일이 어그러집니다. 주상께서 어렵고 위급한 상황을 맞았을 때 자주 신의 계책을 썼습니다. 그런데 지금 천하가 안정되자 편애하는 아들로써 태자를 바꾸려 하십니다. 거의 버려진 것처럼 소원하고 비천한 제가 주상의 골육지친 사이에 끼어들면 백관에게 무슨 이득이 있겠습니까?"

건성후가 위협하며 말했다.

"비록 그렇지만 저를 위해 억지로라도 계책을 마련해주십시오."

유후가 말했다.

"이 일은 쉽게 입으로 논쟁할 수 없습니다. 돌아보건대 주상께서 불러들일 수 없었던 사람이 천하에 네 명이 있었습니다. 동황공東黃公, 기리계綺里季, 하황공夏黃公, 녹리선생角里先生이 그들인데 이 네 분은 연로하십니다. 네 분은 주상께서 사람을 업신여긴다 생각했기 때문에 산속으로 도피하여 숨어살며 의리상 한나라의 신하 노릇을 하지

---

* 한 고조 유방은 천하를 통일한 후 척부인戚夫人을 총애했다. 이 때문에 황태자 유영을 폐위하고 자신과 척부인 사이에서 태어난 유여의劉如意를 황태자로 삼으려 했다. 그러나 여씨 일족과 공신들의 보호 아래 유영이 혜제로 등극했고, 척부인과 유여의는 고조가 죽은 후 여후에게 살해되었다.

않고 있습니다. 그러나 주상께선 이 네 분을 아주 높게 생각하고 있습니다. 공께서 태자를 위해 이분들을 불러올 수 있겠습니까? 주상께서 이들을 보시면 틀림없이 기이하게 생각하여 연유를 물을 것입니다. 묻기만 해도 앞으로의 일에 큰 도움이 됩니다."

건성후가 말했다.

"좋습니다!"

이 계책을 고황후에게 아뢰고 사자에게 황금 100일鎰, 백벽 4쌍, 안거安車 4승乘을 대동하게 하여 태자의 편지를 가지고 가게 했다. 이들은 상산商山에서 길을 잡아 산속 대숲과 가시덤불을 헤치고 네 노인四皓에게 태자의 편지를 전해줬다. 편지의 내용은 이러했다.

"저는 네 분의 높으신 뜻을 오매불망 생각한 지 오래입니다. 맡은 일 처리에 급급하여 한가한 틈이 나지 않아 직접 찾아뵐 수도 없었습니다. 이제 집의 하인을 시켜 제 구구한 마음을 말씀드리고자 합니다. 무릇 네 분 선생께서는 난새鸞 같이 고아한 행동과 고니 같이 깨끗한 자태로 하늘 밖에서 노니시며 만승천자도 곡식 쭉정이처럼 여기고 곤궁과 출세를 지푸라기처럼 여깁니다. 해내 사람들은 모두 네 분의 음성에 귀 기울이며 그 명성을 사모합니다. 또 진시황은 강력한 힘으로 육국의 왕을 채찍질했지만 네 분에게는 한 치의 작은 끈조차 맬 수 없었습니다. 또 항우는 사나운 무력으로 다섯 제후를 피 흘리게 했지만 한 자의 작은 칼로도 네 분을 위협할 수 없었습니다. 그러니 저로서는 어찌 감히 더 보탤 말이 있겠습니까? 그렇지만 저는 말채찍이나 빗자루를 잡을 수도 있고 함께 청소하는 일까지 할 수 있습니다. 제가 공손히 부탁드릴 일이 있습니다. 요임금과 순

임금은 천하를 들어 소보巢父와 허유許由를 욕되게 하려 했으나 소보와 허유는 욕을 당하지 않았습니다. 세상에 나와 당唐(요)과 우虞(순)의 통치에 도움을 줄 수는 없었지만 자취를 감춤으로써 요임금과 순임금을 더욱 빛나게 했습니다. 이러한 까닭에 대나무 우거진 위수渭水로 더욱 깊이 들어갔습니다. 주周 문왕文王 때에 상보尙父(강태공)를 스승으로 삼은 일은 이와 같지 않습니다. 강태공은 80세에 문왕의 꿈에 나타났고, 90세에 매처럼 날아올랐으며, 120세에 제나라에 반석을 놓았습니다. 그리고 후손들에게 가르침을 베풀어 동해 지역에서 큰 표상이 되었습니다. 대저 천하에 소보와 허유의 행동이 있다고 해서 상보를 스승으로 삼는 일을 폐지하지는 않습니다. 네 분 선생께서 다행히 저에게 임하실 마음이 있으시면 저는 아침저녁으로 아버지처럼 모실 것입니다. 네 분 선생께서 상보를 스승으로 삼은 일을 싫어하지 않으시면 마치 세찬 강물이 넉넉히 쏟아지듯 그 은혜가 마치 구름처럼 피어오를 것이고, 또 흡사 용이 노는 것처럼 구주九州에 그 은혜가 가득 덮일 것입니다. 만대 후손에게까지 늘 새로움이 이어질 것이니 어찌 기쁘지 않겠습니까?"

네 노인은 머리카락을 풀어헤친 채 침상에서 내려와 피곤한 모습을 지으며 심드렁하게 말했다.

"노신老臣들은 태자 저하의 사자에게 누를 끼칠 수 없어서 가고 싶지 않소. 장안은 천 리 먼 길이라 노신들은 분명 길에서 해골이 될 것이오. 또 어찌 감히 아들을 아버지보다 먼저 만날 수 있겠소."

사자가 세 번이나 함께 가기를 청했으나 갈 수 없다고 했다. 이에 돌아왔다. 건성후가 근심에 젖어 말했다.

"어떻게 하면 다시 만날 수 있겠습니까?"

유후가 말했다.

"공께서 시장에서 집오리를 꿩이라 해보십시오. 그럼 모두 꿩이 아니라고 하면서 공을 비난하는 자들이 열에 아홉은 될 것입니다. 또 시장에서 산계山鷄를 난새라고 하면 아니라고 생각하면서도 공을 비난하는 사람은 열에 하나도 되지 않을 것입니다. 꿩은 늘 보는 동물이지만 난새는 늘 보는 동물이 아니기 때문입니다. 저 네 늙은이는 세상 사람을 피해 산 지 이미 오래되었습니다. 황제께서 옛날에 그들을 특별히 높게 봤을 뿐입니다."

건성후가 말했다.

"가르침을 받들겠습니다."

그리고 사자에게 비밀리에 네 노인의 모습을 묻고 가까운 곳에서 태자사인太子舍人 중 나이 많은 사람을 추천한 후 은자의 의관을 입혔다. 이에 박수를 치고는 상산의 사정을 자세하게 이야기하도록 했다. 태자가 잔치를 열자 황제는 술을 내렸고, 유후의 말을 들으며 그 뒤를 따라 들어갔다. 황제가 이상하게 생각하며 말했다.

"저들은 무엇을 하는 사람인가?"

네 노인이 앞으로 나와 황제를 마주보고 성명을 이야기했다. 황제가 깜짝 놀라며 말했다.

"내가 공들을 여러 해 동안 찾았는데 공들은 나를 피해 도망갔소. 그런데 지금 어찌하여 내 아이를 따라 놀고 있소?"

네 노인이 모두 대답했다.

"폐하께서는 선비를 가볍게 여기고 걸핏하면 욕을 합니다. 신들은 대의를 지키며 모욕을 받고 싶지 않았습니다. 이 때문에 폐하를 두려워하며 도망쳐 숨은 것입니다. 그런데 몰래 소문을 들으니 태자께서 어질고 효성스러우며, 공손하고 경건하게 선비를 좋아하고, 그래서 목을 길게 빼고 바라보며 태자를 위해 죽고자 하지 않는 사람이 없다고 합니다. 이 때문에 신들이 이곳으로 온 것입니다.”

황제가 말했다.

“노고가 많으시구려! 부디 끝까지 태자를 잘 보호하도록 하시오!”

네 노인은 황제를 위한 축수가 끝나자 종종걸음으로 떠나갔다. 황제는 눈길로 전송했다. 그리고 척부인戚夫人을 불러 지시했다.

“나는 태자를 바꾸려 했으나 저 네 노인이 태자를 보좌하고 있소. 태자의 우익羽翼이 이미 생겼으니 태자를 바꾸기는 어렵소. 여후가 진정한 당신의 주인이오.”

그리하여 장안 사람들은 모두 태자가 상산사호商山四皓를 굴복시킬 만한 능력을 지녔다고 이야기했다.

제37칙 한고제주회남왕漢高帝誅淮南王

한 고제가 회남왕 영포를 주살하고 돌아오다가 패沛 땅에서 장막을 치고 주연을 베풀며 매우 즐거워했다. 이윽고 술이 나오자 신료들에게 권하며 말했다.

“나는 옛날의 제왕 중에서 누구와 비견할 만하오?”

찬후 소하가 말했다.

“요순입니다.”

고제가 불쾌하게 생각하며 말했다.

"상국의 아부가 지나치구려! 내가 어찌 감히 요순 임금이 되기를 바랄 수 있겠소?"

악군鄂君(악천추)이 말했다.

"폐하께서 요순보다 못하다고 말씀하시는 건 겸손이 지나치신 것입니다. 요순이 오히려 폐하보다 못합니다. 무릇 요임금은 후侯였고, 순임금은 천자의 사위였습니다. 그런데 폐하께선 평민에서 몸을 일으켰고 작은 봉토도 없었으니, 요순이 폐하보다 못한 첫 번째 이유입니다. 영씨와 항씨의 강력함은 힘으로 대항하기 어려웠습니다. 옛날온 세상에 홍수가 났을 때 요임금은 우禹를 시켜 9년 동안 치수하여겨우 일을 끝냈습니다. 그런데 폐하께서는 5년 만에 세상을 평정했으니, 요순이 폐하보다 못한 두 번째 이유입니다. 요순의 영토는 천 리도 되지 않는 가까운 거리입니다. 지금 폐하의 영토는 해내외에 펼쳐져 있어서 모두들 폐하의 신첩臣妾이 아닌 사람이 없으니, 요순이 폐하보다 못한 세 번째 이유입니다. 요임금은 공공共工, 곤鯀, 환두驩兜를등용했다가 일을 망쳤지만 폐하께서는 삼걸三傑(장량, 소하, 한신)을 선발하여 재상과 장수로 삼아 마치 메아리나 그림자가 호응하는 것처럼 함께 움직였으니, 요순이 폐하보다 못한 네 번째 이유입니다. 신은이 때문에 폐하의 겸손이 지나치시고 상국의 아부가 지나치지 않다고 말씀드리는 것입니다."

황제가 매우 기뻐하며 말했다.

"비록 그렇더라도 요순은 빼고 나를 다른 임금에 비유해주시오."

악군이 말했다.

"진시황과 같습니다."

황제는 심하게 화를 내며 칼을 잡고 꾸짖었다.

"네 이놈! 내가 삼척검三尺劍을 들고 무도한 진나라를 징벌했음은 어린아이도 알고 있다. 진시황이 어떤 놈이기에 나를 모욕할 수 있단 말이냐?"

악군이 재배하며 말했다.

"진시황의 성스러운 위엄으로도 폐하를 욕되게 하지는 못할 것입니다. 그러나 어리석은 저는 눈길 닿는 대로 행적을 보았고, 귀에 들리는 대로 이야기를 들었습니다. 폐하께서 다행히 저를 용서하신다면 폐하와 진시황의 유사한 점을 열거해보겠습니다. 대저 진시황은 황제를 칭했고, 폐하께서도 그 호칭을 따라 쓰며 고치지 않았습니다. 진시황은 군현郡縣을 개척하고 황실의 사사로운 영지를 왕기王畿보다 크게 만들었는데, 폐하께서도 그 제도를 따르며 고치지 않았습니다. 진시황은 승상, 태위, 어사, 구경九卿을 설치했고 폐하께서도 그 제도를 따르며 고치지 않았습니다. 진시황은 하늘의 궁궐을 모방하여 기궁冀宮을 건축했는데, 폐하께서도 미앙궁未央宮을 짓고 그 높다란 모습을 고치지 않았습니다. 진시황은 황금색 수레 1000승에 둑기纛旗를 꽂고 1만 기병을 거느렸는데, 폐하께서도 깃발을 빽빽하게 꽂고 그 제도를 고치지 않았습니다. 진시황은 유학자를 싫어했고, 폐하께서도 유학자를 싫어하십니다. 진시황은 태자를 배척했고, 폐하께서도 태자를 여러 번 배척하려 했습니다. 그러나 진시황은 술을 좋아하지 않았는데, 폐하께선 술을 좋아하십니다. 진시황은 한韓나라를 징벌했고, 위나라를 물바다로 만들었고, 조나라를 휩쓸었고, 연나라를 꺾었고, 초나라를 멸망시켰고, 제나라를 가두는 등 군대의 행진을 멈추지 않았습니다. 그런데 폐하께서는 수수에서 피를 흘렸고, 형양에서 도망쳤습니다. 진시황은 몽염을 시켜 오랑캐를 북쪽으로 쫓아내고 변경 만 리 안에 말 발자국이 없게 했습니다. 그런데 폐하께서는 백등산白登山에서 흉노에게 곤경을 당하며 7일 동안 아무것도 먹지 못하다가 몸을 굽혀 뇌물을 주고 겨우 풀려났습니다. 진시황은 오령五嶺 아래로 내려가 남월南粵을 개척했지만, 폐하께서는 남월왕이 된 위타尉佗(?~기원전 137)의 상투를 풀게 하거나 옷깃을 여미게 하지도 못했습니다. 진시황의 시대에는 여섯 나라 임금의 후예가 백성 사이에서 숨도 쉬지 못하게 했지만, 폐하께서는 장도臧荼, 경포黥布가 반란을 일으키지 못하게 할 수 없었습니다. 진시황의 시대에는 왕전王翦과 이신李信이 저택 창문 아래에서 편안하게 일생을 마쳤지만, 폐하께서는 한신과 팽월의 멸문지화를 막지 못했습니다. 이로써 말씀드리자면 폐하께서는 아마도 진시황보다 못하신 듯합니다."

황제는 오랫동안 묵묵히 앉아 있다가 술잔을 들고 스스로 벌주를 마시며 말했다.

"삼가 악군의 가르침에 감사드리오."

제38장 고제붕高帝崩

고제가 세상을 떠나자 곡역후曲逆侯(진평)는 여수呂嬃의 참소를 두려워하여 군대를 버려두고 궁궐로 달려와 매우 슬프게 곡을 했다.* 그러면서 상막喪幕 앞에서 그간의 일을 아뢰었다. 태후도 슬퍼하며 말했다.

"수고했소. 나가서 쉬시오."

곡역후는 굳이 황실 숙위宿衛를 시켜달라고 청했다. 이에 태후는 그를 낭중령郎中令으로 임명하며 말했다.

"어린 황제를 가르쳐야 하니 오래 머물도록 하시오."

곡역후는 키가 크고 살결이 희며 아름답게 생겼다. 수시로 벽양후 심이기와 함께 숙위 당번을 섰는데 그 외모가 벽양후를 훨씬 능가했다. 벽양후도 스스로 곡역후보다 못하다고 생각했다. 태후도 자주 눈길을 보내며 음식을 하사했고 좋은 술도 수차례 보냈다. 곡역후는 두려움을 느끼고 벽양후에게 자신의 문객을 보냈다.

"진후陳侯(진평)께서 삼가 저를 사자로 보내 군후를 배알하고 마음속 이야기를 전하라고 했습니다. 진후는 비록 은혜를 입어 일찍 귀하게 되었지만 외신外臣에 불과합니다. 어찌 감히 군후에게 참람된 짓을 할 수 있겠습니까? 다만 태후의 눈길을 받고 있을 뿐입니다. 이러다가 어느 날 목숨을 잃고 군후에게 근심을 끼칠까 두렵습니다. 황제께서 이미 성장하셨으므로 사부를 섬길 필요가 없습니다. 진후께서는 숙위 직을 사양하고 외신이 되기를 요청했습니다."

벽양후도 마음속으로 그렇게 생각했고, 또 이런 비난이 많아질 것으로 여겼다. 그리고 말했다.

---

* 여수는 한 고조 유방의 황후인 여후呂后의 여동생으로, 번쾌樊噲에게 시집갔다. 고조 유방이 말년에 번쾌의 반란을 의심하고 진평 등을 보내 번쾌를 죽이게 했다. 이때 진평이 모든 계책을 마련하여 군사를 이끌고 번쾌를 체포했다. 이 과정에서 고조 유방이 세상을 떠나자 진평은 번쾌의 부인인 여수와 처형인 여후의 보복이 두려워 궁궐로 달려와 먼저 곡을 하며 잘 보이려 했다.

"그렇게 하도록 하겠다."

이에 태후에게 몰래 이야기를 나눌 시간을 요청했다. 벽양후가 말했다.

"곡역후는 어떤 신하입니까?"

태후가 말했다.

"충신이오. 선제께서도 그 사람을 믿고 황실의 혈족을 부탁했소. 지금은 자신의 임금을 가르치면서 열흘이 지나도록 세수도 하지 않고 아침 일찍 일어나 밤늦게야 일을 마치는데 마치 자신의 집도 잊은 듯하오."

벽양후가 자리에서 일어나 공경의 예를 표시하며 말했다.

"곡역후가 충신이라는 건 천하에 모르는 사람이 없습니다. 그러나 그는 외모가 아름다운지라 젊어서 형수에게 잘못된 행동을 했습니다. 이 일도 천하에 모르는 사람이 없습니다. 지금 신은 은총을 받아 숙위 직에 근무하고 있습니다만 모습이 추해서 아무 비방도 듣지 않고 있습니다. 곡역후의 만분의 일 정도로만 생겼다 해도 비방이 신에게 파급되었을 터이니 신이 어찌 죽음을 피할 수 있었겠습니까?"

태후가 불쾌하게 생각하며 말했다.

"모습이 곡역후와 같다고 해서 나와 무슨 상관이오?"

그리고 벽양후를 나가게 했다. 비록 그렇지만 이들을 중용하지 않을 수 없었으니 안국후安國侯 왕릉王陵를 우승상으로 삼았고, 곡역후를 좌승상으로 삼았다.

영음후頴陰侯(관영)가 대장군이 되어 동쪽으로 제齊를 공격했다. 제나라 애왕哀王(유양, ?~기원전 179)이 그에게 서찰을 보내 이렇게 말했다.

"고제께서는 삼척검을 들고 포악한 진나라를 징벌하고 천하를 얻었습니다. 이는 기실 군후 및 대신大臣 두세 분의 힘에 의지한 바입니다. 부절을 나눠 봉토를 정하고 도성 근교에서 제후국을 열어 대대로 그 지위를 이어가게 되었습니다. 천하 만방의 억조창생이 바치는 조공품을 군후 및 대신 두세 분과 함께 나눌 수 있게 되었습니다. 혜제惠帝께서 돌아가신 후 고후가 국사를 처리하게 되자 자기 집안사람을 사사롭게 쓰고, 황실 친척을 주살하고, 종묘사직을 없애고, 천지신명조차 섬기지 않고 있습니다. '백마지맹白馬之盟'*은 사라지고 여러 여씨呂氏들이 제후왕으로 봉해지고 있습니다. 군후 및 대신 두세 분은 이 소식을 듣고 이렇게 말한 적이 있습니다. '도처에서 진상을 감추고 중추 기관을 장악하는데도 지금의 어린 임금은 돌아가신 혜제의 혈육이 아니라서 보위가 불안정하다. 공신과 종친의 봉록과 재산 가운데 주요 부분을 탈취해가고 있으니 아침저녁 사이에 사직이 바뀔 것이다.' 과인(제 애왕)은 미미한 존재라서 감히 종묘사직의 큰 계책에 참여하지 못합니다. 오직 군후와 대신 두세 분께서 고황제의 영

---

* 한나라 초기 고조 유방은 팽월, 영포, 한왕신, 노관 등의 반란을 진압한 후 황실의 안정을 유지하기 위해 여러 공신과 백마를 잡아 그 피를 입에 바르며 맹약을 맺었다. 그 주요 내용은 황실 친척인 유씨劉氏가 아닌 사람을 제후왕에 봉해서는 안 된다는 것이다.

령에게서 은혜를 얻기를 바랍니다. 지금 효산과 함곡관 사이에 군사가 주둔하고 있고 군후께서 장차 과인을 주살하려 한다는 말이 떠돌고 있습니다. 그러나 과인은 감히 믿지 못하겠습니다. 과인은 나이가 어려서 군후를 알지 못합니다. 일찍이 저는 선왕先王*으로부터 듣기를 옹구雍丘에서 승리할 때 군후께서 실로 고황제의 복심을 선포했다고 들었습니다. 고황제께서 영씨의 진나라를 없애고 항씨의 초나라를 소탕할 때 곁에 있던 전우 100명 중 10명이 죽었고, 이들의 공으로 오늘날 벼슬을 받고 제후에 봉해져서 지위가 삼공三公에 이르게 된 것입니다. 군후의 곁에 있던 전우 100명 중 10명이 죽었는데 군후가 또 부귀를 누리는 것은 고황제를 위해서입니까? 여후를 위해서입니까? 지금 다행히 사직의 신령들께서 여씨로 하여금 오히려 태아검太阿劍**을 군후에게 하사하게 했으니 군후께서 일찌감치 계책을 정하지 않으면 모두 죽게 될 것입니다. 그럼 대신 두세 분과 무슨 면목으로 지하에서 고황제를 뵐 수 있겠습니까?"

영음후는 부끄러워하면서도 깜짝 놀라며 말했다.

"이 아이가 밤낮으로 절치부심하는구나!"

그리하여 공경스럽게 제왕과 우호를 맺었다.

---

* 유비劉肥(기원전 221~기원전 189)를 말한다. 전한의 황족으로 고제 유방의 서장남이며 유방이 여후와 만나기 전 교제하던 조씨의 아들이다. 제왕에 봉해졌고 아들 유양이 제왕을 이었다.
** 태아보검太阿寶劍이라고도 한다. 춘추시대 말기 월나라의 명검장 구야자歐冶子와 간장干將이 함께 만든 것으로 알려져 있다. 흔히 임금의 위엄을 상징하는 보검이란 의미로 쓰인다.

제40칙 회남왕지추벽양후야淮南王之椎辟陽侯也

회남왕淮南王(유장, 기원전 198~기원전 174)이 벽양후를 죽인 후* 관冠을 벗고 북쪽 대궐을 향해 절을 하며 감사의 인사를 올렸다. 문제文帝는 아우 회남왕과 친해야 했기 때문에 차마 죽일 수 없었으나 분노를 금치 못했다. 문제는 내궁으로 들어가 태후를 알현하고 죄를 청했다.

"저에게 아우가 있는데 제대로 가르치지 못해서 고황제의 대신을 마음대로 죽였습니다. 저는 아우를 사구司寇(법관)에게 보낼 수가 없으니, 이제 용서하고 감히 그 불법에 사죄를 드리려 합니다."

태후가 말했다.

"주상께선 고황제를 잊지 않고 계시오?"

문제가 대답했다.

"어찌 감히 잊을 수 있겠습니까?"

태후가 말했다.

---

* 회남왕은 평소 벽양후 심이기를 어머니의 원수로 여겨 원망했다. 한 고조 8년(기원전 199), 조왕 장오의 신하 관고 등이 고제를 암살하려다가 실패한 일로 이때 장오의 옛 측실이자 고제의 총애를 받은 조趙씨도 연좌되어 옥에 갇혔다. 조씨의 동생 조겸趙兼은 심이기를 통하여 여후에게 조씨의 목숨을 구걸했지만 여후는 질투심에 들어주지 않았고, 심이기 또한 애써 부탁하지 않았다. 결국 조씨는 회남왕을 낳았고 원한에 사무쳐 스스로 목숨을 끊었다. 한 문제 3년(기원전 177) 회남왕은 입조했다가 심이기를 찾아가 만나기를 청했다. 심이기는 나왔다가 회남왕이 휘두른 철추에 맞았고, 회남왕의 종자 위경魏敬에게 목을 베였다.

"주상께서도 여후呂后의 심복이 척부인에게 '인체人彘'*라는 혹형을 가한 일을 알고 있소?"

문제가 대답했다.

"알고 있습니다."

태후가 말했다.

"고황제께서 살아계시면 벽양후에게 인체 형벌을 가할 사람이 없을 것이오. 회남왕이 고황제께서 주살하려던 사람을 대신하여 죽인 것이오. 그게 무슨 죄가 되겠소."

문제는 서둘러 왕관을 하사했다.

『短長說』下

王世貞曰: "耕於齊之野者, 地墳, 得大篆竹册一帙曰 "短長". 其文無足取, 其事則時時與史抵牾云. 按劉向敍『戰國策』, 一名國事, 一名短長, 一名長書, 一名修書. 所謂短長者, 豈戰國逸策歟? 然多載秦及漢初事, 意亦文章之世好奇之士假托以撰者. 余怪其往往稱嬴項薄炎德, 誕而不理. 至謂四皓爲建成侯僞飾, 淮陰侯毋反狀, 乃庶幾矣. 因錄之以佐稗官一種, 凡四十則.

(『短長說』上二十三則, 略)

第二十四則 "項王晨朝諸大夫" 章

項王晨朝諸大夫. 韓生見曰: "大王有意幸王關中, 關中四塞地, 肥饒可都, 勿失也!"

項王默未答. 亞父曰: "善哉韓生言也. 秦以虎踞東面, 而笞捶天下, 固萬世業也."

沛公聞之, 驚曰: "殆矣! 夫項王虎狼也, 而據關中, 是負嵎而伺肉人也, 吾且肉矣!"

---

* 사람을 돼지처럼 만드는 일종의 혹형이다. 한 고조 유방이 죽고 난 다음 여후가 척부인에게 행한 형벌이다. 먼저 사지를 잘라낸 후 코를 제거하고 눈을 파내고 귀에 주물을 부어 넣고 독약을 먹여 성대를 파괴하고 측간에 던져 넣는 혹독한 형벌이다.

子房曰: "無恐也, 請得見項伯."

乃夜見項伯曰: "舍人言大王乃肯王關中, 灞滻之旁美田宅園圃百一之賈, 君擅甲焉. 不佞亡臣之餘敢請其羨."

項伯曰: "唯唯, 賴君之庇, 庶幾有之."

曰: "敢問大王之所與將者師幾何?"

曰: "四十萬人固也." "渡江而北爲楚者師幾何?"

曰: "十萬有奇. 人之好去鄉者情乎."

曰: "非情也. 新城之役, 秦師之就坑者幾何?"

曰: "二十萬人." "二十萬人之爲父兄若子弟親戚者何?"

曰: "不可幾也, 亡慮百萬." "敢問大王之坑秦師也何故?"

曰: "爲武信君."

乃起歎曰: "嗟夫, 君之不蒭計良也, 今幸乃遇良. 爲武信君報也者, 則爲秦師報也者. 其懷刃而欲制大王與君之腹專矣! 大王之卒四十萬人, 其從諸侯王而國者三十萬人, 則王卒十萬人, 不好去鄉者十之八, 則毋跳而留衛王者十之二矣. 夫以二萬之卒, 而欲壓百萬之怨民, 使之日耽耽焉而計其隙. 即灞滻之旁美田宅園圃以億計, 君安得長擅之乎? 夫使烏獲酣寢, 十其仇, 褰短衣而環侍, 即毋烏獲明矣."

項伯曰: "善." 入言之項王曰: "客有稱新城之役者, 宮其室, 侔其人, 寢食其共, 惴惴焉."

項王曰: "亞父亟請之, 吾非忘之也. 富貴不歸故鄉, 如衣繡夜行, 誰知者?"

明日韓生復流訕, 乃烹韓生.

第二十五則"亞父謂項王(一)"章

亞父謂項王曰: "善勝敵者策敵者也, 不善勝敵者策於敵者也. 甚矣大王之爲漢也, 臣薦韓信而大王不用, 已令漢用之矣. 臣薦陳平而大王不用, 已令漢用之矣. 漢欲大王殺義帝, 以爲大王罪, 大王殺之矣. 今者又欲大王棄臣, 大王固先厭臣矣."

第二十六則"亞父謂項王(二)"章

亞父謂項王曰: "木蠹膚者淺蠹也, 蠹衷者全蠹也. 臣不肖少嘗習於秦, 知秦之善因六國之間也. 始用應侯策走信士, 日夜蜚而之函谷之外, 以害脅諸屛王而相之, 毋事治事練卒. 務以東折符南罶敵, 而北肆兵而歸重於秦, 偃然而坐, 制天下之權十七. 秦猶以爲未也. 夫吳冠而越吟, 人得其自也. 有信信有疑信, 則日夜蜚黃金而走函谷之外, 以隙乘諸幸臣而誘之. 而後天下之權十全制也. 諸屠王各賢其臣而不疑自. 魏無忌天下之賢公子也, 收五弱挫強鷙於崤澠之外. 秦因晉鄙客而間之曰: '是陰王乎?' 公子卒謝病免. 角尉文君上黨陥而未快志也, 又使藺卿之舍人間於平原君曰: '此夫易與且降矣, 獨畏馬服君子耳.' 馬服君子代尉文君, 而喪四十五萬人. 武遂之役, 秦難李牧也. 則以郭開間曰: '牧爲壽捍匕首行弑也.' 趙王信之而洴亡. 燕王不欲誅太子丹以媾, 代嘉爲秦間曰: '秦欲得太子丹頭而飽, 無所事燕也.' 丹頭獻而兵朝度遼水之上矣. 五國兵而齊懼亡, 欲從. 后勝爲之間曰: '齊謹秦, 秦不忍以尺刀東向也.' 齊不備而王建餓於松柏, 而後知后勝也. 是何秦之巧, 而六國之拙也! 故用間難也, 因間易也. 雖然猶未盡易也. 自夫英主鮮幸, 而間則破也. 若乃處骨肉之地, 當肺腑之任, 休戚均焉, 而且暮爲敵間. 如伯者此全蠹也, 雖英主不得破矣.'

第二十七則"亞父旣謝項王而歸彭城也"章

亞父旣謝項王而歸彭城也, 邑邑刺刺, 唇燥吻涸, 淫火四上焚於大宅, 肉食鮮進, 數引漿勺, 中夜起坐, 彷徨顚錯. 乃召卜師取龜躬以淸水澡之, 以卵祓之, 祝之曰: "玉靈夫子增雖耄老敢忘家國, 其敢以請."

則爲楚卜曰: "兵庶幾戡哉?"

其兆首仰足開, 身作外強情. 則又卜曰: "增病矣, 其得無殆乎?"

其兆首上開, 內外交駭, 身節折. 亞父慘然不悅曰: "卜師前."

卜師乃前跽曰: "下走愚, 不敢以天請, 敢以人請也. 君侯之初從武信君也, 爲策誰立."

亞父曰: "立懷王."

曰: "武信君之敗於雍王也, 君侯奈何不先言之?"

曰: "固言之, 而武信君愎弗聽也, 然吾時在襄城."

曰: "君王之擅殺卿子冠軍也, 而胡弗止也?"

亞父曰: "何哉! 夫卿子冠軍以口將者也, 而又多外心, 且師老矣! 秦克趙而強, 我聞克而餒必敗. 夫一呼吸而存亡系焉, 非君王其誰安楚!"

卜師曰: "善! 君王之坑秦降卒二十萬新安也, 而胡弗止也?"

曰: "吾固止之, 而君王方有恐也. 其秦卒怨且有謀, 夫六國之吏民, 剒項刲腹斷肢屠胃於秦人之手者十世矣, 而今幸得復. 且以秦人之一謝趙人之二, 而猶未足也. 蓋君王一言之而衆刃蝟發, 誰能已也? 以諸侯僇秦二十萬而不可, 以秦僇諸侯十世而百倍之可, 吾未之敢信也."

曰: "君王之誅子嬰而燒秦宮室也, 而胡弗止也?"

曰: "有之. 夫子嬰者, 秦公子也. 我楚之先懷王而以詐死, 王負芻而以幽死, 君王之大父燕與武信君, 而皆以鬥死. 夫諸侯王之先降而全者誰也? 其各修怨焉, 夫誰能止? 都城之內外, 若朝宮者大而不可訓, 其離宮則孰非諸侯王之故, 而忍存之. 夫是以弗止也."

曰: "君王之倍帝約, 而弗予漢秦也, 而胡弗止也?"

曰: "君王非倍約也, 以程功也. 當是時救河北難, 入關易. 支秦之勁難, 乘秦之隙易. 籍令漢王與卿子偕而北也, 我君王之入關也. 我入關秦且折而楚, 漢王與卿子敗, 敗而彭城繼之, 楚亦折而秦. 且漢王不待報而遽有秦, 閉關以扞我, 是漢先倍約也, 非君王也!"

曰: "然則君王胡以不遂都關中?"

曰: "以存約也, 示與漢兩置之. 且君王綱紀之仆靡西人焉, 而皆楚卒也, 誰能無楚思?"

卜者前賀曰: "卜之天而君侯左也, 卜之人天且爲右焉. 雖然義帝江之役其真盜乎, 抑有以受乎? 君王其與聞乎, 抑弗聞也? 請更卜之心."

亞父不能答, 夕疽發於背, 七日而亞父卒.

第二十八則 "漢王欲媾楚以請太公不得" 章

漢王欲媾楚以請太公不得. 客有侯生者, 尰膕膝攣, 淚目泥耳, 前仰後俯, 衣褐. 因謁者見曰: "臣請爲王媾楚."

漢王叱曰: "而胡言之易也! 謀若良·平, 辯若隨·陸, 弗敢任行. 而胡言之易也!"

侯生曰: "王請太公耶, 弗請太公耶? 請太公也, 而以輕絕天下之士何也? 令臣必貌見王, 王必貌取人, 則胡不以將張蒼而將韓信?"

王曰: "善! 子先之, 富貴且共之."

侯生遂東見項王曰: "漢王之使陪臣來謁."

媾未畢, 項王按劍疾聲若霆霓, 曰: "季不欲得父耶? 欲得父而不以丞相何來, 令豎儒來調乃公也!"

趣鼎提烹之. 侯生曰: "臣始以爲大王英雄也, 乃今知大王非英雄也, 大王乃不如漢王."

項王曰: "何謂也?"

曰: "漢王誠欲得太公, 則遣丞相何來. 遣臣來, 是不欲得太公也. 大王之王漢王也, 漢王如不聞也; 既王漢, 因以王漢爲大王罪曰, 負約而愚天下. 江之役漢王如不聞也; 義帝死, 乃以死義帝爲大王罪曰, 弒君而愚天下. 鼎之問太公且就烹, 漢王如不聞也; 必太公死, 乃以是爲大王罪曰, 殺吾父弗義, 請與天下共報之. 大王幸赦太公, 漢王語塞請和也. 漢之君臣相與謀曰: 吾遣丞相何往, 齎金帛稱臣, 割地以求太公. 楚王必喜而予太公. 予太公吾毋以爲兵端也. 乃定使臣. 烹臣與太公, 而後漢君臣之計中. 夫決謀之謂英, 立斷之謂雄. 大王勇掩謀而不斷, 已食其禍, 而食敵以實利也. 臣故曰大王非英雄也. 大王以直予漢, 則毋若以曲予漢. 正告天下曰: 漢之土地甲兵, 寡人無所利焉, 漢王嘗與寡人約爲兄弟, 吾不忍其父而歸之. 以庶幾息肩元元. 漢王內逼親外逼名, 必不敢畔楚而構禍於天下."

項王室劍斂膝曰: "快乎先生之言, 如發矇也."

禮太公使侯生御而歸漢. 漢王悅曰: "此辯士所居傾國."

因封侯生平國君.

第二十九則"西楚霸王使司馬"章

西楚霸王使司馬奉書漢之諸王·列侯·大將·護軍·中尉·卒正·人吏:"漢王劉季奸回不道, 倍詛棄父, 酗酒嫚賢, 以干天伐. 惟我兩軍追於凶殘, 不以好見, 敢布腹心. 昔我武信君有討於薛, 季實帥群盜而請啓行, 爰錫虎賁五千驃·將十人, 以爲季紀綱之僕. 寡人迅掃河北, 遏劉全師. 季得抵間以入崤函之險, 蹈空解理, 兵刃不血, 伊誰之故? 季遂鬻寡人以奸而距嶢關, 義帝一介之使, 逆閉不內, 寡人以爲討. 實搖其尾, 寡人寬之, 弗誅. 念厥功剪茅壓紐, 王有巴漢, 惟是故裔勞臣, 瓜分天下. 寡人亡所利焉, 庶幾與諸侯王息肩. 季復潛兵布謀, 以盜三秦, 強劫五國, 衷刃向德. 飭撫浮憯, 汙蠛寡人, 簀鼓其下. 嬴秦爲毒. 屠割寰宇, 十世之殤, 奮其武怒, 甘心於報. 新安之役, 雖寡人先之, 實諸侯王吏民意也. 秦鑿元元之膏以建阿房, 示萬世侈, 寡人有憂焉. 六王之宮厥亦有孫子臣士, 瘠胸疾首, 鬱爲烈炎. 秦獲六王, 良者餓死, 敢忘子嬰之儌? 惟義帝之暴終, 以侍衛不處, 爲寡人罪, 君其問諸水浜! 抑聞之, 季也出蜀而東窺關, 帝豈已大故耶? 季又聳諸田畔我王命, 以牽我於齊, 而入我彭城. 寡人不獲已, 乃泗雎之役. 季不習於戰, 大棄其師. 寡人寬之弗追. 季又跳劫老弱, 張兵威而窺我. 寡人不獲已, 乃有榮陽之役. 季又不習於守, 大棄其師. 寡人寬之弗追. 季又擄奪我同盟, 挑釁我與國, 離間我腹心, 爲鬼爲蜮, 爲蜂爲蝎. 寡人欲有肆焉, 爲先武信君之故, 與諸侯王大夫吏之不寧. 季幸旦赦, 寡人夕改也, 盟季父而歸之. 約曰: '鴻溝以西爲漢, 以東爲楚.' 季踴躍稱報世世臣妾. 季履后土而戴皇天, 皇天后土實聞斯言. 餘腥在齒, 復謬聽一二憸壬, 稱兵固陵. 矢鏃未交, 鳥潰獸散. 今者復誘齊王·武王·趙王·梁相國, 以土地金帛而謀楚曰: '得楚與天下共之.' 諸侯王自視, 與季父孰親? 佐漢而伐人國, 與活季父孰德? 季已滅寡人德, 棄父不顧, 其何有於諸侯王也? 寡人甲雖敝, 足以一奮, 諸侯王所習巨鹿·彭城事者, 斬季降, 請以關中事之, 世世鄰好, 與天無極. 季能革心自悔, 竄還故封, 寡人亦無所恨."

第三十則"彭王既封梁"章

彭王既封梁, 大置酒會客. 扈輒傴而前吊曰: "嗟夫! 大王之以身托王是也, 是殉王也." "何故?"

曰: "大王之起, 巨野一役夫耳, 非六國素貴衆附而暫失職者也. 大王遊師於梁楚, 其附離漢, 若沉而若浮. 非有蕭·曹金石之素也. 大王之功, 獨有狗魏下昌邑, 絕楚糧道, 間給軍食耳. 非齊王信略定之勳也. 夫蕭·曹之貴不益侯, 而齊王之立非主上之意也. 大王安得偃然南面而稱孤哉? 且固陵之役, 漢以誅楚告, 而大王恐疑恫喝而不應也. 漢以勝楚, 捐睢陽以北至穀城王大王告, 而大王翩然來也. 是以梁而來也, 抑爲漢而來也者. 漢焉得以純臣視大王也? 且夫天下不一而人易王也, 天下一而王不易王也. 無智愚知之. 臣故曰, 殉王也. 大王盍謝梁而就侯之故封乎? 夫以一世王而身裂, 孰與百世侯而子孫不絕也?"

彭王嚄唶不忍辭也, 後竟有洛陽事.

第三十一則"鍾離將軍辟漢亡之楚"章

鍾離將軍辟漢亡之楚. 楚王信欲弗納, 鍾離將軍恚且自剄也. 騎無詭謂曰: "請爲將軍嘗之."

乃入拜賀曰: "大王行千金報漂母, 又闊略惡少年而不誅且官之, 天下之士靡不南向憑軾而入楚, 以得奉大王布衣之間爲幸. 大王之英風薄海外, 今者門有一鍾離將軍, 自言與大王有連也."

楚王曰: "鍾離將軍故有連也. 雖然, 垓下之決, 田王亦旣辭梁王而之島矣. 願鍾離將軍之事田王也."

曰: "德德者常也, 德讎者變也, 然而厚也. 讎德者薄也. 大王既以幸寬惡少年而不誅且官之, 而獨棄鍾離將軍, 是大王再用變而後居薄也. 臣竊爲大王不取也. 且夫虞卿, 賢臣也, 急魏齊之禍, 捐相印而與之間行亡命. 鍾離將軍怨不勝魏齊, 漢暴不勝秦, 而大王之賢遠過虞卿. 幸毋以他却也."

楚王曰: "固也, 鍾離將軍得罪漢, 而寡人漢臣也. 寡人眇眇之身, 不足以殉鍾離將軍, 不願見也."

曰: "大王虞臣漢也, 則請毋虞臣漢. 夫什方侯之璽, 漢皇帝腐心而授之, 爲其功大也. 漢皇帝必不忍以大王之匿鍾離將軍, 掩大王功明矣. 且楚國雲夢之渚, 折蘆之炎,亦足以藏鍾離將軍而無虞."

楚王曰: "諾. 請見之."

第三十二則"漢之五年封英布爲淮南王"章

漢之五年封英布爲淮南王, 出而有驕色. 隨大夫請見, 不拜曰: "幸甚無恙, 今天下稱雄勇於大王者, 獨項王耳. 項王滅, 獨大王在. 漢之諸王, 楚王信最貴, 大王次之. 其諸南面而王者, 固皆雁行弗敢先也. 雖然, 大王之所稱功烈於天下者五耳: 初渡江, 振武信君之弱而起之, 以破秦嘉景駒軍, 一也. 以二萬人北撓邯離之銳, 而爲軍鋒冠, 二也. 坑秦卒二十萬以快諸侯, 三也. 取間道破函谷關以與大會兵, 四也. 又與衡山臨江王爲郴之續, 五也. 夫是五功而皆在楚, 漢弗與也. 其一功爲楚窘漢者也, 其二功又豪傑之所腹誹也. 大王以九江歸漢, 龍且來見, 討弗能拒. 固陵之役在軍, 軍不能勝. 今徒以一歸誠故, 而偃然而當列城邑之封, 又以驕色御之, 臣恐漢幕之士自執圭而上, 皆得持功籍而與王差計也."

淮南王謝不敏曰: "孤之獲有此日也, 大夫之賜也, 請以黃金百鎰, 白璧一雙, 爲大夫壽.

隨大夫辭而去之, 曰: "吾以爲淮南王功也, 是吾且代淮南王禍也, 吾弗敢愛也."

第三十三則"高皇后謂鄲侯"章

高皇后謂鄲侯曰: "相國來! 帝討叛狶, 托君以老婦弱子. 胡婾自逡也."

鄲侯免冠謝曰: "唯社稷之策, 與主上之寵命, 不有寧也!"

后曰: "吾三使使問軍中事, 而三不答也, 意者憂不在外歟? 夫淮陰侯蠱項之勁也, 而中廢, 意怏怏. 吾甚憂之. 其反也, 老婦請厲碭盎而爲君先."

鄲侯曰: "臣聞之, 決癰者虞其咽. 淮陰侯, 功臣也, 主上未有命誅之, 臣思挑禍也, 且臣老不足以任大事."

鄲侯趨出. 辟陽侯見曰: "臣異日得侍后, 未見不色懌者也, 今者乃不色懌也. 毋以臣委弱歟?"

后曰: "否. 吾欲甘心淮陰侯, 相國不與也."

辟陽侯曰: "相國文吏, 易搖. 臣請征之."

出見鄲侯曰: "下走不敢從百執事以見, 竊怪相國鮮食惡寢, 中若負隱懲胡慝也."

相國謝曰: "無有."

曰: "不佞得從良家侍環衛之列, 唯是一二語與聞之. 日者皇后朝罷而歎曰: '老婦諆過言漢中之帥誰壇而拜者, 得無生語泄乎? 吾母子不食新矣."

酇侯大恐色變, 入請死. 遂謀誅淮陰侯.

第三十四則"冒頓爲單于強"章

冒頓爲單于強, 而數苦北邊. 高祖患之, 以問劉敬. 敬曰: "天下初定, 士卒罷於兵, 未可以武服也. 冒頓以力爲威, 未可以仁義說也. 獨可以計久遠子孫爲臣耳, 然恐陛下不能爲."

上曰: "誠可. 何爲不能? 顧爲奈何?"

劉敬對曰: "陛下誠能以適長公主妻之, 彼知漢適女, 必慕以爲關氏. 生子必爲太子, 代單于. 冒頓在, 固爲子婿; 死則外孫爲單于. 豈聞外孫敢與大父抗禮者哉? 兵可無戰以漸臣也."

上曰: "善."

叔孫生進曰: "大漢方一宇宙超三五, 乃無故而飾愛女以爲匈奴御? 得無貽笑後世哉! 夫匈奴, 豺狼也. 其父之不恤, 而手鏑之以死, 何有於婦父? 冒頓之有子也, 而見其大父之死於冒頓也, 則曰吾父且不武, 何以獨忍吾大父, 而弗忍外父也? 不然而以十萬騎入塞牧, 曰: '均而孫也, 吾何以無漢分地? 請得九州之偏若幽冀者寓牧焉.' 奚辭扞之?" 上曰: "虜貪而好色, 故餌之."

叔孫生曰: "冒頓, 餌人者也, 非爲人餌者也. 不觀其初得志, 而以其所愛關氏予東胡, 而兵隨其後. 彼豈其遽耄昏哉? 而我乃用彼之餌人而餌之乎?"

上不聽. 入宮以語呂后, 后大啼泣曰: "妾唯一子一女, 奈何棄之匈奴?"

上乃歎曰: "唉! 而之不欲棄女匈奴也晚矣. 則胡以磔淮陰侯也?"

第三十五則"高皇帝謂群臣"章

高皇帝謂群臣曰: "吾少也賤, 嘗習於戰國而未竟也. 夫三武安君孰賢?"

陸大夫曰: "武安君秦似賢. 夫武安君不假尺棰寸兵一介之衛, 綏頰而鼓燕·厲趙·懾楚·靡齊·膠韓魏, 而西脅秦. 天下之權, 舒縮三寸之舌, 佩金者六. 此豪達之極操也. 十五年函谷不出兵而男女獲老, 此慈惠之宏覆也. 臣故曰武安君秦賢."

舞陽侯曰: "不然, 武安君起賢. 白起將而摧韓魏伊闕·安邑·華陽·陘城野, 王趙上黨·楚鄢郢, 首虜百萬, 城大小二百. 自蚩尤以還, 未有績烈若是偉者也. 身死而秦用其教以吞天下, 臣故曰武安君起賢."

季將軍曰: "因易也, 反難也, 二武安君無無因者. 起因勇也, 秦因怯也. 以關中吏士之勇, 即非起將之, 勢不得不勝也. 以六國之怯, 即非秦誘之, 勢不得不合也. 武安君牧賢也. 夫武安君當衰季之趙, 厲殘傷之卒, 北摧虜·西遏強嬴若拉朽然. 反弱而見強, 反負以要勝. 牧存趙存, 牧亡趙亡. 臣故曰武安君牧賢."

帝曰: "善夫, 季將軍之言將矣!"

第三十六則"建成侯爲太子謂留侯"章

建成侯爲太子謂留侯曰: "君故爲主上時時秘謀, 今數欲易太子, 太子不敢以望君. 君爲言太子而主上不聽也, 萬歲後太子不敢以望君."

留侯曰: "地疏而計親者拙也, 位賤而圖貴者悖也, 且上數在困急中幸用臣策. 今天下安定, 以愛欲易太子. 夫以疏賤幾棄之人, 而處於骨肉之間, 百臣等何益?"

建成侯劫曰: "雖然爲我強計之."

曰: "此未易口舌爭也. 顧上有不能致者天下四人, 東黃公·綺里季·夏黃公·甪里先生, 四人者老矣, 皆以爲上慢侮人, 故逃匿山中, 義不爲漢臣. 然上高此四人. 公能爲太子致之乎? 爲太子致之而見之, 上必異而問之. 問之而事可大助也."

建成侯曰: "善!"

言之高皇后, 使使者齎黃金百鎰·白璧四雙·安車四乘, 以太子書, 由商山而道, 披箐棘貽四皓曰: "寡人之竊寤寐高誼久矣, 屬卒卒無燕閑之間, 不敢以身過, 請使家令布其區區. 夫四先生鷟矯鵠擧, 遊於空外, 糠秕萬乘, 草芥窮顯, 使海內傾響而慕聲. 且以秦皇帝之強捶六國王, 而不能以寸組被四先生; 以項氏之暴血五諸侯, 而不能尺刃脅四先生, 寡人則何敢言? 雖然寡人可以執鞭箠, 而共掃除之役無不爲也. 寡人竊有請也. 堯舜欲以天下辱巢·許, 故巢·許弗辱也, 出不能加治於唐虞, 而遁足增華於堯舜, 是故其入箕渭益深也. 若師尚父之於文王則不然, 八十而非熊, 九十而鷹揚, 百有二十而盤石於齊, 施於孫子, 大表東海. 夫天下不以巢·許而廢師尚父. 四先生有意肯幸臨寡人, 寡人且夕事之如父. 四先生即不厭師尚父, 一沛其餘, 卷舒若雲, 又似遊龍, 九有被施. 萬代若新, 豈不快哉!"

四皓委髮蛻趴, 佯憊不屬曰: "老臣不足以辱太子使者, 庶無所之. 長安千里之遙, 老臣固道路之遺骨也. 且焉敢以子先父也?"

使者三請不可, 乃返. 建成侯憂曰: "若之何更見?"

留侯曰: "子爲之號鷟於市而曰鶴也, 其曰非鶴, 而訕之者十九. 號山雞於市曰鷟也, 其不即以爲鷟, 而訕之者十不一也. 夫鶴恒見, 而鷟不恒見也. 四皓之辟世人久矣, 帝向者固高之特耳之耳."

建成侯曰: "請受敎."

秘使者問狀貌, 所近而推得之舍人中老者, 爲隱衣冠, 抵掌而談商山甚悉. 及太子燕, 上置酒, 受留侯辭以從. 上怪問曰: "彼何爲者?"

四人前對言姓名. 上乃大驚曰: "吾求公數歲, 公辟逃我. 今公何自從吾兒遊乎?"

四人皆曰: "陛下輕士善罵, 臣等義不受辱, 故恐而亡匿. 竊聞太子仁孝·恭敬·愛士, 天下莫不延頸欲爲太子死者, 故臣等來耳."

上曰: "煩公, 幸卒調護太子!"

四人爲壽已畢, 趨去. 上目送之. 召戚夫人指示曰: "我欲易之. 彼四人輔之, 羽翼已成, 難動矣. 呂后眞而主矣."

長安人人謂太子能屈四皓也.

第三十七則"漢高帝誅淮南王"章

漢高帝誅淮南王還, 張飮沛, 歡甚. 已而酒見群臣, 倨謂曰: "吾孰與古帝王稱?"

酅侯曰: "堯舜."

帝不懌曰: "相國過諛吾, 吾焉敢望堯舜哉!"

鄂君曰: "唯陛下過損以不如堯舜, 即堯舜不如也. 夫堯唐, 侯也; 舜, 天子之介婿也. 陛下起布衣, 無尺寸之籍, 其不如一也. 嬴·項之強難爲力, 故百倍水鞏, 堯使禹治之, 九年而甫畢, 陛下五載而大定, 其不如二也. 唐虞之甸不千里而近, 今薄海內外, 罔不臣妾, 其不如三也. 堯擧共工·鯀·驩兜而僨事, 陛下拔三傑而將相之, 動若響應, 其不如四也. 臣故曰陛下過損也, 非相國過諛也."

帝大悅曰: "雖然, 請舍是而擬我."

鄂君曰: "秦始皇哉!"

帝怒甚, 按劍而叱曰: "豎子吾提三尺誅無道秦, 童子知之. 始皇何人而辱我?"

鄂君再拜曰: "始皇聖之威也, 以不足辱陛下乎則可. 然愚者任目睹跡, 從耳程響. 陛下幸赦之, 請得擧其似. 夫始皇稱皇帝, 陛下因之不改. 始皇斥郡縣, 湯沐之奉大於王畿, 陛下因之不改. 始皇立丞相·太尉·御史九卿, 陛下因之不改. 始皇築冀宮象天闕, 陛下之未央·崔嵬不改. 始皇爲黃屋左纛千乘萬騎, 陛下之旌斿鬱然不改. 始皇惡儒, 陛下亦惡儒. 始皇斥太子, 陛下亦數欲斥太子. 然而始皇不好酒, 陛下好酒. 始皇之誅韓灌魏鹵趙斬燕滅楚囚齊, 兵不留行; 陛下血睢水而跳滎陽. 始皇使蒙恬北逐胡·築長城, 萬里之內無馬跡; 陛下之困白登, 七日不食, 卑賂以脫. 始皇下五嶺, 拓南粤; 陛下不能使尉佗解椎而正襟. 始皇之世, 六王之裔脅息黔首; 陛下不能使臧荼·黥布之毋反. 始皇之世, 韅信終牖下; 而陛下不能使韓彭之毋族. 由此言之, 陛下殆不如也."

帝默然良久, 乃擧爵自罰曰: "敬以謝鄂君之規."

第三十八則 "高帝崩" 章

高帝崩, 曲逆侯畏其呂嬃之讒也, 舍軍而馳至宮, 哭甚哀. 因奏事喪前, 太后哀之曰: "君勞, 出休矣."

曲逆侯固請得宿衛. 太后乃以爲郎中令曰: "傅敎帝, 居久之."

曲逆侯爲人長白姣麗, 時時與辟陽侯審食其並宿衛, 其美逾辟陽侯, 即辟陽侯亦自以弗如也. 而太后數目屬之. 勞賜餐稱, 上尊相繼. 曲逆侯心恐. 乃使其舍人謁辟陽侯曰: "陳侯敬使, 使謁君侯, 敢布腹心. 陳侯雖幸蚤貴, 然外臣也, 豈敢以僭君侯. 惟是長信之目屬焉, 懼一旦之失身以爲君侯憂. 帝長矣, 無所事傅, 侯請得辭宿衛爲外臣."

辟陽侯心然之耳, 且又多之也. 曰: "是能讓."

乃請間於太后曰: "曲逆侯何如臣也?"

太后曰: "是忠臣也, 先帝信之而托肺腑. 今其傅人主也, 十日而不洗沐, 蚤起晚罷, 若忘其有家者."

辟陽侯起避席曰: "曲逆侯之爲忠臣, 天下莫不聞. 然其美麗也, 少而有佚行於嫂, 天下亦莫不聞. 今臣幸而得待宿衛, 以貌寢故無譏者. 以曲逆侯之萬一而波及臣也, 臣何所逃死?"

太后不懌曰: "若貌曲逆侯耳, 吾何有也?"

爲出之. 雖然不可以不重, 乃拜安國侯右丞相, 而曲逆侯爲左丞相.

第三十九則 "潁陰侯爲大將軍東擊齊" 章

潁陰侯爲大將軍東擊齊, 齊哀王貽之書曰: "高帝提三尺劍, 誅暴秦, 有天下, 實賴君侯及二三大臣之力. 剖符定封以啓湯沐, 世世勿絶, 唯是庶邦兆民之供, 與君侯二三大臣共之. 惠帝崩, 高后用事, 私其家人, 誅僇懿親, 翦滅宗祀, 弗神其鬼, 白馬之盟蔑焉, 以王諸呂. 君侯及二三大臣實與聞之曰: '委曲旁连以濟大幾, 今少主非先惠帝遺體, 巋巋負乘, 祿産實鑿其牙, 且夕改社.' 寡人渺小之區, 非敢以與宗廟大策. 唯君侯與二三大臣, 是希以徼惠於高皇帝. 今者崤函之間有兵師焉, 云君侯將之以誅寡人, 寡人未敢信也. 寡人少, 不能知君侯. 嘗聞之先王言, 雍丘之起, 君侯實布腹心. 高皇帝削嬴掃項百十鄰死, 以有今日爵列通侯, 位至三事. 君侯所鄰死百十, 且富貴者爲高皇帝耶, 爲呂后也. 今幸社稷之靈, 呂氏倒持太阿以授君侯, 君侯不蚤定計卽不諱, 與二三大臣何面目見高皇帝於地下?"

潁陰侯大慚詫曰: "此嬰之日夜切齒而腐心者也."

敬與齊王連和.

第四十則 "淮南王之椎辟陽侯也" 章

淮南王之椎辟陽侯也, 免冠詣北闕謝. 文帝以親親故不忍誅, 而怒不已也. 入見太后而請罪曰: "臣有弟不能訓, 而擅僇高皇帝之大臣. 臣不能屬司寇, 而寬之敢謝不法."

太后曰: "帝毋忘高皇帝耶?"

曰: "何敢忘!"

曰: "帝亦知呂后之人彘戚夫人乎?" "知之."

曰: "高皇帝而在也, 其能無人彘辟陽侯哉. 淮南王代帝, 而行高皇帝誅者也. 何罪?"

其速賜王冠.

이 책『초망』은『진붕』의 속편이다.『진붕』에 부록으로 넣은 참고 자료도 모두 이 책에서 참고한 것이기 때문에 여기에도 함께 싣는다. 하지만 내용의 발전에 따라 그리고 새로운 고고학적 발견과 새로운 연구 성과의 발표에 따라 나는 이 자료도 조금 보충했다. 보충한 자료는 본래의 참고 자료 뒤에 붙여서 연속성을 유지하도록 했다.

1. 역사저술류

黃仁宇,『萬曆十五年』, 中華書局, 1982, 2006(증보판)

顧頡剛,『秦漢的方士和儒生』, 上海古籍出版社, 1982

西島定生,『武帝之死』, 載『日本學者硏究中國史論著選譯』3, 中華書局, 1993

伏爾泰,『路易十四時代』, 吳模信等譯, 商務印書館, 1997

吉本,『羅馬帝國衰亡史』, 席代岳譯, 臺北, 聯經出版, 2011

鹽野七生, 『ロ_ーマ人の物語』, 東京, 新潮社, 1992

李開元, 『秦崩, 從秦始皇到劉邦』, 三聯書店, 2015

2. 전기류

吳晗, 『朱元璋傳』, 人民出版社, 2003

林語堂, 『蘇東坡傳』, 作家出版社, 1995

朱東潤, 『張居正大傳』, 東方出版中心, 1999

安作璋·孟祥才, 『漢高帝大傳』, 河南人民出版社, 1997

張文立, 『秦始皇評傳』, 陝西人民出版社, 1996

鶴間和幸, 『秦の始皇帝』, 吉川弘文館, 2001

藤田勝久, 『司馬遷とその時代』, 東京大學出版社, 2001

李開元, 『秦謎, 重新發現秦始皇』, 北京聯合出版公司, 2015

堀敏一, 『漢の劉邦』, 研文出版, 2004

佐竹靖彦, 『劉邦』, 中央公論新社, 2005

普魯塔克, 『希臘羅馬英豪列傳』, 席代岳譯, 臺北, 聯經出版, 2009

3. 고적류

司馬遷, 『史記』, 中華書局, 1989

班固, 『漢書』, 中華書局, 1975

司馬光, 『資治通鑑』, 中華書局, 1976

洪興祖, 『楚辭補注』, 中華書局, 1983

梁玉繩, 『史記志疑』, 中華書局, 1981

王先謙, 『荀子集解』, 中華書局, 1988

王先謙, 『漢書補注』, 中華書局, 1983

陳奇猷, 『韓非子集釋』, 上海人民出版社, 1974

張雙棣, 『淮南子校釋』, 北京大學出版社, 1997

楊守敬注·熊會貞疏, 『水經注疏』, 江蘇古籍出版社, 1989

顧祖興撰, 賀次君·施何金點校, 『讀史方輿紀要』, 中華書局, 2005

長澤規矩也解題, 『和刻本正史史記』, 汲古書院, 1972

王象之撰, 趙一生點校, 『輿地紀勝』, 浙江古籍出版社, 2012

周振甫, 『周易譯注』, 中華書局, 1991

蘇東坡, 『蘇軾文集』, 中華書局, 1986

韓兆琪, 『史記箋證』, 江西人民出版社, 2005

王叔珉, 『史記斠證』, 中華書局, 2007

4. 원사료

馬非百, 『秦集史』, 中華書局, 1982

楊寬, 『戰國史』, 上海人民出版社, 1998

林劍鳴, 『秦史稿』, 上海人民出版社, 1981

王子今, 『秦漢交通史』, 中央黨校出版社, 1994

霍印章, 『秦代軍事史』(『中國軍事史』 第四卷), 軍事科學出版社, 1998

陳梧桐·李德龍·劉曙光, 『西漢軍事史』(『中國軍事史』 第五卷), 軍事科學出版社, 1998

葛劍雄, 『西漢人口地理』, 人民出版社, 1986

周振鶴, 『西漢政區地理』, 人民出版社, 1987

馬新, 『兩漢鄉村社會史』, 齊魯書社, 1997

臺灣三軍大學編, 『中國歷代戰爭史』, 第二卷, 中信出版社, 2012

李孝聰, 『中國區域歷史地理』, 北京大學出版社, 2004

后曉榮, 『秦代政區地理』, 社會科學出版社, 2009

5. 전문연구류

郭沫若, 『十批判書』, 科學出版社, 1962

勞榦, 『勞榦學術論文集』, 藝文印書館, 1976

陳夢家, 『漢簡綴述』, 中華書局, 1980

譚其驤, 『長水集』, 人民出版社, 1987

田餘慶, 『秦漢魏晉史探微』, 中華書局, 1993

錢穆, 『先秦諸子系年』, 河北敎育出版社, 2002

李開元, 『漢帝國的建立與劉邦集團: 軍功受益階層研究』, 三聯書店, 2000

辛德勇, 『歷史的空間與空間的歷史』, 北京師範大學出版社, 2005

藍永蔚, 『春秋時期的步兵』, 中華書局, 1979

張傳璽, 『秦漢問題研究』, 北京大學出版社, 1985

張大可, 『史記研究』, 甘肅人民出版社, 1985

辛德勇, 『秦代政區與邊疆地理研究』, 中華書局, 2009

陳蘇鎭, 『"春秋"與"漢道": 兩漢政治與政治文化研究』, 中華書局, 2011

邢義田, 『治國安邦』, 中華書局, 2011

6. 고고류

袁仲一, 『秦始皇陵的考古發現與研究』, 陝西人民出版社, 2002

王學理, 『咸陽帝都記』, 三秦出版社, 1999

徐衛民, 『秦公帝王陵』, 中國靑年出版社, 2002

王輝, 『秦出土文獻編年』, 臺北, 新文豐出版公司, 2000

7. 지도류

譚其驤主編, 『中國歷史地圖集』, 第二冊, 中國地圖出版社, 1982

史念海主編, 『西安歷史地圖集』, 西安地圖出版社, 1999

國家文物局主編, 『中國文物地圖集』, 陝西分冊(上·下), 西安地圖出版社, 1998

國家文物局主編, 『中國文物地圖集』, 河南分冊, 中國地圖出版社, 1991

國家文物局主編, 『中國文物地圖集』, 江蘇分冊, 中國地圖出版社, 2008

8. 일본 학술서류

增淵龍夫, 『中國古代の社會と國家』, 岩波書店, 1996

西嶋定生, 『中國古代國家と東アジア世界』, 東京大學出版社, 1980

守屋美都雄, 『中國古代の家族と國家』, 東洋史研究會, 1968

佐藤武敏, 『司馬遷の硏究』, 汲古書院, 1997

栗原朋信, 『秦漢史の硏究』, 吉川弘文館, 1986

藤田勝久, 『"史記"戰國史料の硏究』, 汲古書院, 1997

鶴間和幸, 『秦帝國の形成と地域』, 汲古書院, 2013

藤田勝久, 『"史記"秦漢史の硏究』, 汲古書院, 2015

현지답사의 탁월한 행간 메우기

여러 해가 지났다. 이 책 원본 마지막 쪽 메모에 "2015.11.11 초역
完"이라고 쓰여 있으므로 거의 6년에 가까운 세월이 흘렀다. 본래
『동주열국지』(2015) 완역본을 출간하고 나서 바로 의뢰받은 책이므
로, 『원본 초한지』『삼국지평화』『제왕의 스승』보다 훨씬 앞서 번역을
완료했다. 하지만 출판 일이 대개 그렇듯 모든 책은 자신만의 운명이
있는 듯하다. 이제 그 운명이 도래하여 마침내 이 책이 세상에 모습
을 드러낼 수 있게 되었다.

이 책은 『진붕秦崩』이라는 책과 한 세트를 이룬다. 하지만 한 세트
라고 해도 각각은 독립성이 강하기 때문에 꼭 『진붕』을 읽고 나서
『초망』을 읽어야 한다거나, 『초망』을 읽기 위해 반드시 먼저 『진붕』을
읽어야 하는 것은 아니다. 그렇더라도 어느 한 권만 읽는 것으로 그
친다면 뭔가 허전한 느낌을 감추기 어려울 듯하다. 『진붕』과 『초망』은
독립성을 유지하면서도 서로 조화를 이루는 교묘한 이중주다.

어떤 역사든 완벽한 역사는 없다. 모든 역사에는 공백이 있기 마

련이다. 이 책의 저자 리카이위안은 그 공백을 문학적 상상력, 새로운 사료, 현지답사를 통해 메우려 한다. 리카이위안은 한신이 거짓으로 자오도를 수리하는 척하면서 몰래 진창도로 나가 관중을 평정하는 과정을 현지답사하고, 고대의 한수가 한나라 초기에 지진으로 끊기기 전에는 지금보다 훨씬 상류까지 연결되어 있었음을 증명한다. 그에 따르면 후대의 제갈량은 한신의 경로를 따라 관중으로 진출하여 한나라를 부흥하려 했지만 이미 물길이 끊긴 한수 상류는 제갈량의 출입을 쉽게 허락하지 않았다고 한다. 지리적 조건에서 제갈량은 이미 실패를 안고 있었던 셈이다.

자신의 근거지인 팽성을 유방에게 뺏긴 항우가 다시 팽성을 함락하고 유방을 거의 망국 지경으로 몰아넣은 팽성대전의 공백도 리카이위안은 세밀한 현지답사를 통해 성공적으로 복원한다. 흔히 역대 사가들은 항우가 지금의 산둥성 허쩌시荷澤市 부근에서 출발했거나 이수이沂水강 물길을 따라 바로 팽성으로 접근한 것으로 분석해왔지만, 리카이위안은 항우가 이수이강을 따라 내려오다가 중간 지점인 지금의 치양啓陽에서 서북 방향으로 낮은 둔덕을 넘어 페이청費城과 볜현卞縣을 거친 후 쓰허泗河강 물길을 따라 내려와 팽성을 기습했을 것으로 추정한다. 3만의 소수 정예병을 이끌고 60만 대군이 지키는 팽성을 탈환하기 위해서는 유방 군사의 이목에 노출되는 공개 노선을 따랐을 리가 없기 때문이라는 것이다.

이밖에도 리카이위안은 한중시를 탐방하고 소하가 한신을 추격한 유적지를 확인하여 바로잡는가 하면 정형도井陘道 일대를 답사하여 한신의 배수진 전장을 확인하는 등 곳곳의 역사 흔적을 직접 찾아가서 의심스러운 사서史書의 행간을 메우기 위해 노력하고 있다.

또 그는 『사기』의 저자 사마천의 딸이 한 선제 때 승상을 지낸 양창楊敞의 부인이고, 양창의 증조부가 초나라 항우와 마지막 결전을 벌인 양희楊喜라는 점에 착안하여, 『사기』 「항우세가」의 마지막 대목인 해하 전투와 오강 전투의 기록이 매우 생생한 것은 바로 양희의 집안에 전해 내려온 전쟁 승리담을 사마천이 자신의 사위 양창에게서 직접 들었기 때문이라고 추정한다.

게다가 리카이위안은 초나라 고열왕의 서자 창평군 웅계熊啓가 기실 진시황의 부친인 진나라 장양왕의 고종사촌임을 증명하면서, 장신후 노애의 반란을 진압하고 어린 진시황을 보좌한 창평군이 항우의 숙부 항량에 의해 초나라 마지막 왕으로 추대된 내막을 설득력 있게 밝혀낸다.

지금 우리에게 전해오는 어떤 역사든 결국 수많은 공백이 존재하는 만큼 이런 공백을 메우기 위한 리카이위안의 방법과 노력은 대중서와 학술서를 아우르는 새로운 역사서 쓰기의 형태로 인정받을 만하다.

리카이위안이 새로운 역사서 쓰기를 통해 궁극적으로 바라보는 지점은 어디일까? 그는 진시황, 유방, 항우가 남긴 자취의 공백을 메우며, 우리 현실을 비춰보는 거울로서의 역사에 글쓰기의 중점을 두고 있다. 특히 리카이위안은 당시 천하의 형세를 외면하고 자신의 고향 근처인 팽성으로 도성을 옮긴 항우의 행적을 새롭게 분석하면서, 정치인이 대다수 민심을 어기고 자신의 욕망과 권력 구현에만 혈안이 되면, 결국 패가망신의 나락으로 떨어질 수밖에 없음을 설득력 있게 드러내고 있다.

이와 같은 이 책의 미덕에 의지하여, 나는 이미 번역 출간한 『동주열국지』와 『원본 초한지』의 미진한 점을 이 책이 일부분 메워줄 수 있으리란 바람을 갖고 있다. 이 책을 기획한 후 오랜 시간 노심초사한 노승현 선생에게 고마운 마음을 전한다. 아울러 이 책 출간의 모든 과정에 헌신한 글항아리 편집진의 노고에도 감사의 마음을 드린다.

2021년 7월

곤산 기슭 청청재靑靑齋에서

옮긴이 김영문

찾아보기

배수진 전장背水戰場

초망 楚亡

초판 인쇄 2021년 7월 30일
초판 발행 2021년 8월 11일

지은이 리카이위안
옮긴이 김영문
펴낸이 강성민
편집장 이은혜
기획 노승현
편집 이승은
마케팅 정민호 김도윤 정승민
홍보 김희숙 이소정 이미희 함유지 김현지 박지원

펴낸곳 (주)글항아리 | 출판등록 2009년 1월 19일 제406-2009-000002호
주소 10881 경기도 파주시 회동길 210
전자우편 bookpot@hanmail.net
전화번호 031-955-2696(마케팅) 031-955-2560(편집부)
팩스 031-955-2557

ISBN 978-89-6735-934-8 03910

geulhangari.com